सराउंडेड

बाय इडियट्स

सराउंडेड

बाय इडियट्स

मानव व्यवहार के चार प्रकार
"उन्हें कैसे समझें, जिन्हें समझ पाना मुश्किल है।"

थॉमस एरिक्सन

अनुवाद : मुकेश कुमार

HINDI EDITION

Paperback: 978-819697479-4

Any references to historical events, real people, or real places are used fictitiously. Names, characters, and places are products of the author's imagination.

Printed by:

Sanage Publishing House LLP
Mumbai, India

sanagepublishing@gmail.com

अनुक्रम

प्रस्तावना

कई साल पहले, बिल बोनस्टेटर और उनके पुत्र डेविड ने डीआईएससी (DISC) विधि पर आधारित एक क्रांतिकारी सॉफ्टवेयर प्रणाली विकसित की- यह मानव संवाद का वर्णन और व्यवहार का वर्गीकरण करने का एक तरीक़ा है और यही विधि इस पूरी पुस्तक में उपयोग की गयी है। दुखद बात यह है कि बिल की मृत्यु हो गयी है, लेकिन डेविड आज भी उनकी कंपनी 'टीटीआई सक्सेस इंसाइट्स' को चला रहे हैं। ग्रामीण आयोवा से उत्पन्न इस विधि का उपयोग अब दुनियाभर के व्यापारियों और कॉर्पोरेशनों द्वारा किया जाता है, जो उनके शुरुआती अनुभव से प्राप्त हुई थी।

इसका आदान-प्रदान एक सवाल से हुआ था। एक सरल, विशिष्ट सवाल से : क्या खेती के सामान बेचने वाला एक सेल्समैन किसी खेत को देखकर ज़्यादा बीज बेच सकता है?

ग्रामीण आयोवा में बड़ा होने के बावजूद, मैंने अपने पिता को विलियम मोल्टन मार्स्टन के 'इमोशंस ऑफ नॉर्मल पीपल' के मूल तत्वों का अनुपालन करते हुए देखा था। उस समय, मेरे पिता ख़रीददार की प्रोफाइल पर ध्यान केंद्रित करने में व्यस्त रहे। खेती-किसानी के सामान बेचने वाले सेल्समैन को और उनके किसान ग्राहकों को बेहतर समझाने के लिए मार्स्टन के मूल तत्वों का पाठ पढ़ाया करते थे। मुझे आज भी उन दिनों की बातें याद हैं, जब मेरे पिता एक टेबल पर बैठकर गर्म मांस और भूने हुए भुट्टों के साथ अपने कामों पर गौर कर रहे थे, लोगों को देख अचानक वह बोल उठे- वृक्ष की सेवा करो? निश्चित रूप से ये वही नीले लोग हैं। नई और प्रयोगशील इमारतें? तुम लाल रंग वाले एक व्यक्ति को देख रहे होगे।

हालाँकि, हम लोग एक दूसरे के काफ़ी करीब थे, लेकिन हमारे रास्ते बिल्कुल जुदा थे। मेरे पिता, एक वास्तविक उद्यमी और हर अर्थ में एक लाल/नीले व्यक्तित्व वाले लोगों का प्रतिनिधित्व करने वाले थे। इन दिनों वे अपना कौशल प्रदर्शित करने में लगे थे। सलाहकार फर्म और एजेंसियों का निर्माण कर रहे थे, जिससे कि सेल्समैन को अपने सामानों की बिक्री करने में आसानी हो। आयोवा विश्वविद्यालय में लेखा और कंप्यूटर विज्ञान का अध्ययन करने के बावजूद मेरा झुकाव अपनी लाल/नीली प्रकृति की ओर बना रहा। फ्री टाइम मैं कंप्यूटर लैब में बिताता था, अपने अंगुलियों के पोरों से कंप्यूटर प्रोग्राम में जान डाल देता था। जब मैं पढ़ाई कर रहा था, मेरे पिता अपनी पूरी शक्ति से लोगों को समझने में लगे थे।

मैं और मेरे पिता हमेशा एक दूसरे के काफ़ी करीब रहे। ज़्यादातर हफ़्ते हम एक-दूसरे से बातें करते रह जाते थे, हालाँकि हम अपने जीवन में अलग-अलग रास्ते पर थे। जब मैं आयोवा विश्वविद्यालय में पढ़ रहा था, तब मेरे पिता ने मुझसे अपने कारोबार में योगदान करने के बारे में बात की। उन्होंने पूछा, क्या तुम अपनी सॉफ्टवेयर विकसित करने की क्षमता को मेरे मानव व्यवहार के विश्लेषण के साथ जोड़ सकते हो? मैं उत्सुक था, मजेदार कोडिंग वाले काम के लिए तैयार था और तब मैं अपने जीवन की सबसे रोमांचक यात्रा की ओर बढ़ गया। हमने मिलकर एक सॉफ्टवेयर प्रणाली बनायी, जो मानव व्यवहार के बारे में रिपोर्ट उत्पन्न करती थी। यह दिन-दूनी, रात-चौगुनी बढ़ने वाला था और जल्द ही हम 3.5 इंच के फ्लॉपी डिस्क्स और चौबीस पृष्ठों की रिपोर्ट के माध्यम से एक व्यक्ति की क्षमता को किसी के भी सामने लाने का सामर्थ्य हासिल कर सकते थे। मेरे पिता और मैंने इसी कार्य को करने के लिए 1984 में आयोवा में टीटीआई सक्सेस इंसाइट्स कंपनी बनायी।

समय बीतने पर हमने अमेरिका के मध्य-पश्चिमी भाग में पड़ने वाले शीतकाल से बचने के लिए अपने परिवार को स्कॉट्सडेल, एरिजोना में शिफ्ट किया। यहाँ खिली धूप थी और ठंड भी नहीं के बराबर। कुल मिलाकर मौसम अच्छा था। नौवीं दशक के उत्तरार्द्ध में हमने अपने प्रसिद्ध मूल्याँकनों का वितरण करने के लिए वेब का उपयोग करना शुरू किया। आज, हमारा व्यवसाय पूरी दुनिया में वितरकों के साथ बहुत अच्छा चल रहा है।

अब तक, आपको संदेह हो सकता है कि आप इस तरह से अलग क्यों हैं। बड़े कैनवास में सोचें, तो मानव व्यवहार जटिल और अस्पष्ट होता है। कुछ मामलों

में हमारे चारों ओर के लोग बेवकूफ़ साबित होते हैं। मानव व्यवहार को समझना एक अनंत कार्य है, एक व्यक्ति के पीछे जो चुनौतियाँ हैं, वह क्यों है और कैसे है, को जानने के लिए अनंत का पीछा करना होता है। कोई जो आपसे अलग तरीक़े से व्यवहार करता है, को अज्ञान, ग़लत या बेवकूफ़ के रूप में वर्गीकृत करना आसान है, परंतु खतरनाक भी है। आज की दुनिया एक और सटीक समझ की मांग करती है, जहाँ आप एक व्यक्ति का आकलन उसकी ताक़तों और कमज़ोरियों के आधार पर होता है।

मेरे पिता की मृत्यु हो चुकी है, लेकिन मानव संवाद की व्याख्या का हमारा उद्देश्य आज भी बरकरार है। इस पुस्तक में मेरे पिता ने बिक्री के दौरान दी जाने वाली ट्रेनिंग में लागू किए गए अवधारणाओं के बारे में लिखा है और उन्हें एक और जटिल स्थिति, हम सबके चारों ओर स्थित मूर्खों को समझने के लिए लागू किया है।

जब आप इसे पढ़ते हैं, तो मुझे लगता है कि आप एक **लाल, पीले, हरे** और **नीले** लोगों के महत्त्व को समझने में समर्थ हो सकते हैं। मैं आशा करता हूँ कि आप प्रत्येक प्रकार के लोगों के साथ प्रभावी तरीक़े से पेश आ सकते हैं और उन्हें कुछ व्यावहारिक सलाह भी दे सकते हैं। लेकिन सबसे महत्त्वपूर्ण सीख, जो आप ले जा सकते हैं, वह यह है कि वे मूर्ख नहीं हैं, जो आपके चारों ओर हैं। बल्कि, वे व्यक्ति के रूप में अपना योगदान देने और परिस्थिति को समझने के योग्य हैं।

कोई भी इस पुस्तक में दिए गए मानदंडों का उपयोग जीवन के खेल में आगे बढ़ने के लिए कर सकता है। और इसे इस प्रकार समझें : अगर आप इन सिद्धांतों को समझ नहीं पाते हैं और सिद्ध करने में ख़ुद को असमर्थ पाते हैं, तो आप चारों ओर से मूर्खों द्वारा घिरे रहेंगे। और कोई भी ऐसा नहीं चाहता है।

—डेविड बोनस्टेटर
मुख्य कार्यकारी अधिकारी
टीटीआई सक्सेस इंसाइट्स

परिचय

आदमी जो बेवकूफ़ों से घिरा हुआ था

मैं हाई स्कूल में था, जब मैंने पहली बार महसूस किया कि मैं दूसरों के बजाय कुछ खास लोगों के साथ बेहतर तरीक़े से घुलमिल गया। कुछ दोस्तों के साथ बातचीत करना मुझे बहुत आसान लगता था; टॉपिक कोई भी हो, हमारी भाषा नहीं गड़बड़ाती थी, हम हमेशा सही शब्दों का इस्तेमाल करते थे और सब कुछ सुचारू रूप से चलता रहता था। हमारे बीच कभी कोई विवाद नहीं हुआ और हम एक दूसरे को पसंद करते थे। हालाँकि, अन्य लोगों के साथ कुछ भी ठीक नहीं रहा, सब कुछ ग़लत हो गया। मैंने जो कहा, उसे अनसुना कर दिया गया, जो मुझे समझ में नहीं आया कि ऐसा क्यों हुआ।

कुछ लोगों से बात करना इतना आसान क्यों था, जबकि अन्य पूरी तरह से दिमाग़ से पैदल थे? चूंकि मैं छोटा था, इसलिए निश्चित रूप से मेरे साथ ऐसा कुछ नहीं था, जो मुझे रात में जगाए रखती। हालाँकि, मुझे अभी भी वह उलझन याद है कि क्यों कुछ बातचीत स्वाभाविक रूप से प्रवाहित होती हैं, जबकि अन्य शुरू ही नहीं होतीं, भले ही मैंने ख़ुद को किसी भी परिस्थिति में ढाल लिया हो। यह समझ से बाहर था। लोगों को परखने के लिए मैंने अलग-अलग तरीक़ों का इस्तेमाल करना शुरू किया। मैंने समान संदर्भों में अलग-अलग लोगों के सामने वही बातें कहने की कोशिश की, बस यह देखने के लिए कि उनकी प्रतिक्रिया कैसी होती है। कभी-कभी यह वास्तव में काम करता था और एक दिलचस्प चर्चा हो जाती थी। कुछ अन्य मौकों पर, तो कुछ भी नहीं हुआ। लोग बस मुझे ऐसे घूरते थे, जैसे कि मैं किसी दूसरे ग्रह से हूँ और कभी-कभी यह कुछ ज़्यादा ही महसूस होता था।

जब हम छोटे होते हैं, तो चीज़ों को बहुत सरलता से सोचते हैं। मेरे सर्कल के कुछ दोस्तों ने इस पर सामान्य तरीक़े से प्रतिक्रिया व्यक्त की, जिसका मतलब था कि वे स्वाभविक रूप से अच्छे लोग हैं और इसलिए मैंने मान लिया कि उन लोगों में कुछ गड़बड़ है, जो मुझे समझ नहीं पाए। इसकी और क्या व्याख्या हो सकती है? मैं हर समय सभी के लिए एक जैसा था! कुछ लोगों के साथ बस कुछ ग़लत था। तो मैं बस इन अजीब और कठिन लोगों से बचने लगा, क्योंकि मैं उन्हें समझ नहीं पाया था। आप चाहें तो इसे युवाओं का भोलापन कह सकते हैं, लेकिन इसी भोलेपन ने कुछ मनोरंजक परिणामों को भी जन्म दिया। हालाँकि, बाद के वर्षों में यह सब बदल गया। एक व्यक्ति के रूप में, एक दोस्त के रूप में, एक सहयोगी के रूप में, एक बेटे के रूप में, एक पति के रूप में और मेरे बच्चों के पिता के रूप में, सब कुछ नया था।

यह पुस्तक मानव संवाद के बीच की विविधताओं का वर्णन करने के लिए शायद दुनिया की सबसे व्यापक रूप से इस्तेमाल की जाने वाली विधि के बारे में है। इस विधि को (DISA) संक्षिप्त रूप में डीआईईएसए कहा जाता है, जो डोमिनेंस, इंड्यूसमेंट, सबमिशन और एनालिटिक एबिलिटी सिस्टम के लिए है। ये चार शब्द व्यवहार के प्राथमिक प्रकार हैं, जो बताते हैं कि लोग अपने मिजाज के बारे में ख़ुद को लेकर क्या सोचते हैं। इनमें से प्रत्येक व्यवहार प्रकार लाल, पीले, हरे और नीले रंग से जुड़ा है। इस प्रणाली को आमतौर पर डीआईईएससी प्रणाली भी कहा जाता है, जहाँ संक्षिप्त नाम का अंतिम अक्षर विश्लेषणात्मक क्षमता के बजाय अनुपालन के लिए होता है। कई उत्कृष्ट परिणामों के साथ मैंने बीस वर्षों से इस प्रणाली की विविधताओं का उपयोग किया है।

लेकिन, विभिन्न प्रकार के लोगों को संभालने में आप वास्तव में कुशल कैसे बनते हैं? बेशक इसके लिए कई तरीक़े हैं। सबसे आम तरीक़ा है, मामले पर शोध करना और मूल बातें सीखना। लेकिन सिर्फ़ सैद्धांतिक हिस्सा सीखने से आप विश्व स्तरीय वक्ता नहीं बन जाते। जब आप इस ज्ञान का उपयोग करना शुरू करते हैं, तभी आप इस क्षेत्र में वास्तविक कार्य क्षमता विकसित कर सकते हैं। जैसे- बाइक चलाना सीखने से पहले आपको बाइक पर बैठना होगा। तभी आपको एहसास होता है कि आपको करना क्या है।

जब से मैंने इन विषयों का अध्ययन करना शुरू किया कि लोगों के काम करने और उनके संवाद करने में क्या अंतर हैं, मैं कभी भी एक जैसा नहीं रहा, इसके

अंतर को समझने के लिए मुझे कड़ी मेहनत करनी पड़ी। मैं अब उतना स्पष्ट नहीं हूँ, लोगों को सिर्फ़ इसलिए जज कर रहा हूँ, क्योंकि वे मेरे जैसे नहीं हैं। कई सालों से, ऐसे लोगों के साथ मेरा धैर्य कहीं अधिक रहा है, जो मेरे जैसे नहीं हैं। मैं यहाँ यह नहीं कहूँगा कि मैं कभी विवादों में शामिल नहीं होता, ठीक वैसे ही जैसे- मैं आपको यह समझाने की कोशिश नहीं करता कि मैं कभी झूठ नहीं बोलता, लेकिन ये दोनों चीज़ें अब बहुत कम होती हैं। मेरे पास स्टीयर को धन्यवाद देने के लिए एक बात ज़रूर है, वह यह कि उन्होंने इस विषय में मेरी रुचि जगायी। उनके बिना शायद यह किताब कभी नहीं लिखी जाती।

लोग कैसे ख़ुद को एक-दूसरे से जोड़ते हैं और संवाद करते हैं, इसके बारे में अपना ज्ञान बढ़ाने के लिए आप क्या कर सकते हैं? एक अच्छी शुरुआत यह हो सकती है कि आप इस किताब को पूरी तरह पढ़ें, न कि केवल पहले तीन अध्याय। अगर समय ने साथ दिया तो, कुछ ही मिनटों में आप वही यात्रा शुरू कर सकते हैं, जो मैंने बीस साल पहले शुरू की थी। मैं वादा करता हूँ कि आपको इसका पछतावा नहीं होगा।

एक बात ध्यान देने योग्य है : जब मैं किसी विशिष्ट व्यक्ति से संबंधित उदाहरणों का संदर्भ नहीं देता, वहाँ मैंने इस पुस्तक को पढ़ने को सरल बनाने के लिए 'उसे' और 'वह' का उपयोग किया है। मुझे पता है कि आपके पास अपने विचारों में 'उसे' या 'वह' डालने के लिए पर्याप्त कल्पना है, जहाँ यह उचित हो सकता है।

1

श्रोता की शर्तों पर होती है बातचीत

क्या यह सुनने में अजीब नहीं लगता है? मैं इसे समझाता हूँ। किसी व्यक्ति से आप जो कुछ भी कहते हैं, वह उसके संदर्भों, पूर्वाग्रहों और पूर्वकल्पित विचारों के माध्यम से वर्गीकृत किया जाता है और इन सबसे जो बचता है, वह अंततः ऐसा संदेश है, जिसे वह समझता है। वह इस बात को समझा सकता है कि आप क्या कहना चाहते हैं, वह आपके इरादे से बिल्कुल अलग तरीक़े से ख़ुद को व्यक्त करना चाहता है। वास्तव में आपसी वार्तालाप के दौरान जो सबसे बड़ी बात समझने की है, वह यह कि बातचीत स्वाभाविक रूप से इस बात पर निर्भर करती है कि आप किससे बात कर रहे हैं, ऐसा बहुत कम होता है कि पूरी बात ठीक उसी तरह से समझ में आए, जैसा आपने अपने मन में सोचा था।

यह जानकर निराशा हो सकती है कि आपके साथ बातचीत में शामिल लोग जो समझते हैं, उस पर आपका नियंत्रण बहुत कम है। अपनी बातों को उन्हें समझाने के लिए आप कुछ नहीं कर सकते। इससे कोई फ़र्क़ नहीं पड़ता कि आप दूसरे व्यक्ति को समझाने के लिए कितनी समझदारी से काम लेते हैं, आप इसके बारे में इससे ज़्यादा कुछ नहीं कर सकते। यह आपसी वार्तालाप की कई चुनौतियों में से एक है। आप श्रोता के कार्य करने के तरीक़े को आसानी से नहीं बदल सकते। हालाँकि, ज़्यादातर लोग इस बात से अवगत और संवेदनशील हैं कि वे दूसरों से कैसा व्यवहार पाना चाहते हैं। दूसरे लोग आपसे कैसा व्यवहार चाहते हैं, इसके साथ ख़ुद को समायोजित करके, आप बातचीत में अधिक प्रभावी हो जाते हैं।

यह इतना महत्त्वपूर्ण क्यों है?

आप अन्य लोगों की शर्तों पर बातचीत के लिए एक बेहतर वातावरण का निर्माण कर ख़ुद को समझाने का प्रयास कर सकते हैं। ऐसा होने पर श्रोता अपनी ऊर्जा का उपयोग सचेत रूप से या अनजाने में आपके संवाद करने के तरीक़े पर प्रतिक्रिया देने के बजाय आपकी बातों को समझने के लिए कर सकता है।

हम सभी को अपने व्यवहार में लचीलापन विकसित करने की ज़रूरत है और इसलिए हमें अपनी बोलचाल की शैली को समय के अनुसार बदलने में सक्षम होना चाहिए, खासकर तब, जब हम उन लोगों से बात करते हैं, जो हमसे अलग हैं। यहाँ हमारा वास्ता एक और सच्चाई से होता है : इससे कोई फ़र्क़ नहीं पड़ता कि आप लोगों से किस तरह से बातचीत करते हैं, मिलने-जुलने के लिए कौन-सा तरीक़ा अख्तियार करते हैं, एक व्यक्ति के रूप में आप हमेशा अकेले ही रहेंगे। इससे कोई फ़र्क़ नहीं पड़ता कि आपका व्यवहार किस प्रकार का है, आपके आस-पास के अधिकांश लोग आपसे अलग तरीक़े से पेश आएंगे। आप अपनी प्राथमिकताओं या पसंद के आधार पर केवल अपने व्यवहार या बोलचाल के तरीक़े को निर्धारित नहीं कर सकते। व्यवहार में लचीलापन और अन्य लोगों की ज़रूरतों को समझने की क्षमता ही एक अच्छे संचारक की विशेषता होती है।

किसी अन्य व्यक्ति के व्यवहार की शैली और बोलचाल के तरीक़े को जानने और समझने से इस बारे में अधिक अनुमान लगाया जा सकेगा कि कोई व्यक्ति संभवतः विभिन्न परिस्थितियों में किस प्रकार से प्रतिक्रिया दे सकता है। यह समझ संबंधित व्यक्ति की मन:स्थिति तक पहुँचने की आपकी क्षमता में भी नाटकीय रूप से वृद्धि करेगी।

कोई भी तंत्र परफेक्ट नहीं है

यहाँ मैं एक महत्त्वपूर्ण बात को स्पष्ट कर देना चाहता हूँ : यह पुस्तक एक दूसरे के साथ संवाद बेहतर करने का ऐसा कोई भी दावा नहीं करती है। कोई भी किताब ऐसा नहीं कर सकती, क्योंकि जितने संकेत हम लगातार अपने आस-पास के लोगों तक पहुँचाते हैं, वे किसी भी किताब में फिट नहीं होंगे। भले ही हम इसमें शारीरिक भाषा, पुरुष और महिला के बीच होने वाले संवाद के बीच का अंतर, सांस्कृतिक अंतर और संचार में विविधता को परिभाषित करने के अन्य सभी

तरीक़ों को शामिल कर लें, फिर भी हम सब कुछ लिखने में सक्षम नहीं हो सकेंगे। हम बातचीत के मनोवैज्ञानिक पहलुओं, ग्राफोलॉजी, आयु और ज्योतिष को इसमें जोड़ सकते हैं, पर फिर भी 100 प्रतिशत पूर्ण और सही तस्वीर प्राप्त नहीं कर सकते हैं।

अमेरिकन जर्नल ऑफ बिजनेस एजुकेशन (जुलाई/अगस्त, 2013) के अनुसार, डीआईएसए टूल का उपयोग करके अबतक 50 मिलियन से अधिक मूल्याँकन किए जा चुके हैं। इतनी सूचनाओं के बावजूद दो लोगों के बीच होने वाली चर्चा एक आकर्षक और पेचीदा विषय बनी हुई है। लोग एक्सेल स्प्रेडशीट की तरह नहीं हैं। हम हर चीज़ की गणना नहीं कर सकते। यह इतने जटिल हैं कि इसका पूरा वर्णन करना संभव भी नहीं है। यहाँ तक कि सबसे छोटा बच्चा भी किताब में बतायी जा सकने वाली किसी भी तर्क से कहीं अधिक जटिल है। फिर भी, हम मानव संवाद की बुनियादी बातों को समझने की कोशिश कर ख़ुद को बड़े संकटों से बचा सकते हैं।

यह कुछ समय से चल रहा है

'हम देखते हैं कि हम क्या करते हैं, लेकिन हम यह नहीं देखते कि हम जो करते हैं, वह क्यों करते हैं। इस प्रकार, हम जो देखते-समझते हैं, उसके माध्यम से ही हम एक-दूसरे के आकलन और मूल्याँकन का काम करते हैं।'

उपरोक्त शब्द मनोविश्लेषक कार्ल जंग के हैं। व्यवहार के अलग-अलग पैटर्न ही हमारे जीवन में गतिशीलता पैदा करते हैं। जब मैं व्यवहार पैटर्न का उल्लेख करता हूँ, तो मेरा मतलब केवल एक उदाहरण से नहीं है, जिसमें यह बताया जा सके कि एक व्यक्ति कैसे कार्य करता है, इसका मतलब दृष्टिकोण, विश्वास और नज़रिए के एक पूरे सेट से है, जो एक व्यक्ति के कार्य करने के तरीक़े को नियंत्रित करता है। हम व्यवहार के कुछ पैटर्न में ख़ुद को पहचान सकते हैं, लेकिन व्यवहार के अन्य रूपों को हम न तो पहचानते हैं और न ही समझते हैं। इसके अलावा, हम में से प्रत्येक अलग-अलग परिस्थितियों में अलग-अलग कार्य करते हैं, जो हमारे आस-पास के लोगों के लिए ख़ुशी या जलन का स्रोत हो सकता है।

यद्यपि व्यक्तिगत कार्य निश्चित रूप से सही या ग़लत हो सकते हैं, क्योंकि व्यवहार का वास्तव में कोई निश्चित पैटर्न नहीं है, जिसके सही या ग़लत होने का अनुमान नहीं लगाया जा सकता है। उचित व्यवहार या ग़लत व्यवहार जैसी कोई

चीज़ नहीं होती। आप वही हैं, जो आप हैं और यह सोचने का कोई मतलब नहीं है कि ऐसा क्यों है। चाहे आप कैसे भी हों, आप ठीक हैं। इससे कोई फ़र्क़ नहीं पड़ता कि आप कैसा व्यवहार करना पसंद करते हैं, इससे कोई फ़र्क़ नहीं पड़ता कि आपको लोग कैसे समझते हैं, आप अपनी जगह पर ठीक हैं। बेशक, उचित सीमा के भीतर।

एक आदर्श स्थिति में यह कहना आसान होगा, मैं एक विशेष प्रकार का व्यक्ति हूँ और यह ठीक है, क्योंकि मैंने इसे एक किताब में पढ़ा है। मैं ऐसा ही हूँ और मैं इसी तरह व्यवहार करता हूँ। क्या निश्चित रूप से यह कहना सही होगा, ताकि अपने आचरण के साथ आपको ग़लत व्यवहार करना पड़े? क्या आप हमेशा वैसा ही कार्य करने और व्यवहार करने में सक्षम हो सकते हैं, जैसा आप उस समय महसूस करते हैं? आप ऐसा कर सकते हैं। आप बिल्कुल वैसा ही व्यवहार कर सकते हैं, जैसा आप चाहें। आपको बस ऐसा करने के लिए सही स्थिति ढूंढनी है।

ऐसी दो स्थितियाँ हैं, जिनमें आप सिर्फ़ वही हो सकते हैं, जो आप हैं :

पहली स्थिति तब होती है, जब आप एक कमरे में अकेले होते हैं। फिर इससे कोई फ़र्क़ नहीं पड़ता कि आप कैसे बोलते हैं या क्या करते हैं। यदि आप चिल्लाते हैं और कसम खाते हैं या यदि आप चुपचाप बैठकर जीवन के महान रहस्यों पर विचार करना चाहते हैं या आश्चर्य करते हैं कि फैशन मॉडल हमेशा इतने पागल क्यों दिखते हैं, तो इससे किसी को कोई नुक़सान नहीं होता है। एकांत में आप बिल्कुल वैसा ही व्यवहार कर सकते हैं, जैसा आप महसूस करते हैं। कितना आसान है न?

दूसरी स्थिति जहाँ आप पूरी तरह से अपने जैसे हो सकते हैं, वह है जब कमरे में मौजूद अन्य सभी लोग बिल्कुल आपके जैसे हों। हमारी माताओं ने हमें क्या सिखाया है? दूसरों के साथ वैसा ही व्यवहार करें, जैसा आप अपने साथ चाहते हैं। बहुत बढ़िया सलाह और बहुत नेक इरादा है। और यह काम भी करता है, जब तक कि हर कोई आपके जैसा ही है। आपको बस उन सभी लोगों की एक सूची बनानी है, जिन्हें आप जानते हैं, जो सभी स्थितियों में बिल्कुल आपके जैसा विश्वास करते हैं, सोचते हैं और कार्य करते हैं। अब बस उन्हें कॉल करें और बाहर घूमना शुरू करें।

किसी भी अन्य स्थिति में, यह समझना एक अच्छा विचार हो सकता है कि आपके साथ कैसा व्यवहार किया जाता है और यह सीखना कि दूसरे लोग

ऐसी परिस्थिति में कैसे कार्य करते हैं। मुझे नहीं लगता कि मैं यह कहकर सुर्खियाँ बटोरूंगा कि जिन लोगों से आप मिलते हैं उनमें से अधिकांश आपके जैसे नहीं हैं।

शब्दों में अविश्वसनीय शक्ति हो सकती है, लेकिन हम जो शब्द चुनते हैं और उनका उपयोग कैसे करते हैं, वे अलग-अलग होते हैं। जैसा कि आपने इस पुस्तक के शीर्षक से देखा है, इसकी अलग-अलग व्याख्याएँ है- हाँ, आपने सही समझा, सही शब्द मिले हैं। और जब आप ग़लत शब्द का प्रयोग करते हैं, तो हो सकता है कि आप मूर्ख हों। बेवकूफ़ों से घिरा हुआ है, या नहीं?

इसका वास्तव में क्या मतलब है?

जैसा कि मैं लिख रहा था, निम्नलिखित सादृश्यता ने मुझे प्रभावित किया : व्यवहार का तरीक़ा एक टूलबॉक्स की तरह है। इसके सभी प्रकार की हमें आवश्यकता है। अवसर के आधार पर कोई उपकरण कभी सही और कभी ग़लत हो सकता है। तीस पाउंड का हथौड़ा दीवारों को गिराने के लिए बहुत अच्छा है, लेकिन अगर आप दीवार पर एक तस्वीर टांगना चाहते हैं, तो यह शायद ही आपके लिए उपयोगी हो।

कुछ लोग लोगों को अलग-अलग प्रकार के व्यवहार वालों में वर्गीकृत करने के विचार का विरोध करते हैं। हो सकता है कि आप मानते हों कि आपको लोगों को इस तरह वर्गीकृत नहीं करना चाहिए, क्योंकि लोगों को चकमा देना ग़लत है। हालाँकि, हर कोई ऐसा करता है, शायद इस किताब से अलग तरीक़े से, लेकिन फिर भी हम सभी अपने मतभेद दर्ज करते हैं। तथ्य यह है कि हम अलग हैं और मेरी राय में, अगर आप इसे सही तरीक़े से करते हैं, तो यह इंगित करना कुछ सकारात्मक हो सकता है। अनुचित तरीक़े से उपयोग किए जाने पर प्रत्येक उपकरण हानिकारक साबित हो सकते हैं। यह उपकरण से अधिक इसका उपयोग करने वाले व्यक्ति के बारे में है। यह पुस्तक मानव व्यवहार और संवाद से आपका परिचय कराता है। बाकी आप पर निर्भर है।

अब आप जो पढ़ने जा रहे हैं, उसके कुछ अंश मैंने टीटीआइ सक्सेस इनसाइट्स से एकत्र किए हैं। मैं इस अवसर पर स्यून गेलबर्ग और एडौर्ड लेविट को अपने अनुभव और प्रशिक्षण सामग्री दोनों को इतनी उदारता से साझा करने के लिए धन्यवाद देना चाहता हूँ।

इससे कोई फ़र्क़ नहीं पड़ता कि यह कितना अजीब लग सकता है, सिद्धांत रूप में, हर प्रकार का व्यवहार सामान्य है

सामान्य व्यवहार...

... अपेक्षाकृत पूर्वानुमान योग्य है।

प्रत्येक व्यक्ति समान परिस्थितियों में आदतन प्रतिक्रिया देता है। लेकिन, ऐसा होने से पहले हर संभावित प्रतिक्रिया की भविष्यवाणी करना असंभव है।

... एक पैटर्न का हिस्सा है।

हम अक्सर सुसंगत तरीक़े से प्रतिक्रिया देते हैं। इसलिए, हमें एक-दूसरे के आदर्शों का सम्मान करना चाहिए और दूसरों के सम्मान को अपना समझना चाहिए।

... परिवर्तनशील है।

वर्तमान में जो भी प्रासंगिक है, हमें उसे सुनना आना चाहिए, वैसा कार्य करना आना चाहिए, खुलकर बोलना और अपने विचार प्रकट करना सीखना चाहिए। हर कोई इसे स्वीकार कर सकता है।

... महसूस किया जा सकता है।

हमें शौकिया मनोवैज्ञानिक बने बिना मानव व्यवहार के अधिकांश रूपों का निरीक्षण और विचार करने में सक्षम होना चाहिए। हर कोई अपने आस-पास के लोगों का ध्यान रख सकता है।

... समझा जा सकता है।

हमें अभी यह समझने में सक्षम होना चाहिए कि लोग ऐसा क्यों महसूस करते हैं और वे ऐसा क्या करते हैं। हर कोई इस बारे में सोच सकता है कि ऐसा क्यों है।

... अनोखा है।

हमारे बीच समान स्थितियाँ होने के बावजूद, प्रत्येक व्यक्ति का व्यवहार उसके लिए अद्वितीय होता है। अपनी परिस्थितियों में सफल हों।

... क्षम्य है।

व्यक्तिगत ईर्ष्या और शिकायतों को खारिज करें। अपने और दूसरों के प्रति सहनशीलता और धैर्य रखना सीखें।

2

हम लोग वैसे क्यों नहीं हैं,
जैसा हमें होना चाहिए?

हम व्यवहार करना कहाँ से सीखते हैं, यह कहाँ से आता है? लोग इतने भिन्न क्यों होते हैं? अपने आपको खोजो! बहुत संक्षेप में कहूँ, तो यह आनुवांशिकता और प्रकृति का संयोजन है। हम बड़े होकर कैसा व्यवहार करेंगे, हमारे बर्ताव का पैटर्न कैसा होगा, इसकी नींव जन्म से पहले ही हमारे व्यवहार में रख दी जाती है। वंशानुगत रूप से अपने पूर्वजों द्वारा प्राप्त चरित्र और गुण हमारे व्यवहार को प्रभावित करते हैं, जो जनन स्तर पर पहले ही शुरू हो चुका होता है। वैज्ञानिकों के बीच भी यह एक विवाद का विषय है कि यह काम कैसे करता है, बावजूद इसके हम सभी इस बात से सहमत हैं कि इसका प्रभाव पड़ता है। हम सिर्फ़ अपने माता-पिता से ही नहीं, बल्कि दादा-दादी, नाना-नानी से भी गुण अर्जित करते हैं। अलग-अलग संबंधियों से अलग-अलग मात्रा में हम इसे ग्रहण करते हैं। हम सभी ने अपने जीवन में यह ज़रूर सुना है कि फलां अपने मामा/मामी की तरह दिखता/ दिखती है, वह अपने चाचा की तरह बोलता है। बचपन में मेरी तुलना मेरे चाचा बर्टिल के साथ की जाती थी, उनकी तरह मेरे बाल भी लाल थे। यह समझने के लिए कि यह आनुवंशिक रूप से कैसे संभव है, इसका विवरण देने में बहुत सारा समय लगेगा। इस समय के लिए, हम सिर्फ़ यह मान लेते हैं कि यह आनुवंशिकता हमारे व्यवहारिक विकास की नींव रखती है।

हम जब पैदा होते हैं, तो क्या होता है? अधिकांश मामलों में, बच्चों की कोई सीमा नहीं होती, वे बिना किसी सीमा के जुनूनी और साहसी रूप में पैदा होते हैं।

21

एक बच्चा बिल्कुल वही करता है, जो वह चाहता है। बच्चा कहता है, 'नहीं, मुझे नहीं करना है!' या, 'बिल्कुल कर सकता हूँ!' वह इस ख्याल में डूबा रहता है कि वह बस सब कुछ कर सकता है। बेशक ऐसे प्राकृतिक और कभी-कभी अनियंत्रित व्यवहार का उसके माता-पिता की इच्छा के साथ कोई भी जुड़ाव नहीं होता। फिर भी यह एक मूल व्यवहार पैटर्न था, जो अच्छे या बुरे की सोच किए बिना या संवाद को जाने बिना किसी और की प्रतिकृति को बदल रहा है।

बच्चे कैसे प्रभावित होते हैं?

बच्चे कई तरीक़ों से सीखते और बड़े होते हैं, लेकिन सबसे सामान्य तरीक़ा नकल करने का होता है। एक बच्चा वही करता है, जो वह अपने आस-पास देखता है, जिसमें माता-पिता कभी-कभी अनुकरण करने के लिए मॉडल बन जाते हैं। (यह प्रक्रिया स्पष्ट रूप से कैसे काम करती है, यह किसी पुस्तक का विषय नहीं है। ये हमारे बच्चों को कैसे प्रभावित करते हैं, इस पर कहीं भी विचार नहीं किया गया है।)

मौलिक मूल्य

मेरे जीवन के मूल मूल्य मेरे अंदर गहरे समाए हैं, ये मेरे व्यक्तित्व में इतने गहरे समाहित हैं कि इन्हें बदलना लगभग असंभव होता है। ये वो चीज़ें हैं, जो मुझे बचपन में मेरे माता-पिता से सीखने को मिली थी या जब मैं बहुत छोटा था, तो स्कूल में सीखने को मिली थीं। मेरे मामले में यह 'पढ़ाई करो और अच्छे मार्क्स लाओ' या 'लड़ाई करना ग़लत बात है' से कुछ ज़्यादा नहीं थी। इसका मतलब यह है कि मैंने किसी अन्य व्यक्ति पर आजतक हाथ नहीं डाला है। मैंने स्कूल में तीसरी ग्रेड के बाद से कभी लड़ाई नहीं की और मुझे याद आता है कि मैंने तब के बाद से हार भी गंवाई थी। (वह वाकई मज़बूत थी।)

एक और महत्त्वपूर्ण बात यह है कि सभी लोग बराबर होते हैं, सभी में अपनी मौलिकता है। क्योंकि मेरे माता-पिता ने बचपन में मुझे यह सब कुछ सीखाया था। मैं यह जानता था कि किसी भी व्यक्ति को उसके मूल, लिंग, या रंग के आधार पर विभाजित करना सही नहीं है, किसी के साथ इस आधार पर न्याय या अन्याय करना सही नहीं लगता। हालाँकि, हम में से कई ऐसे मूल्यों से बंधे होते हैं। हमें यह प्राकृतिक रूप से पता होता है कि क्या सही है और क्या नहीं। कोई भी व्यक्ति मेरे पास से इन मूल मूल्यों को छिन नहीं सकता।

मनोवृत्ति और दृष्टिकोण

अगला स्तर मेरा दृष्टिकोण है, जो बिल्कुल भी मौलिक मूल्यों के समान नहीं है। दृष्टिकोण वे चीज़ें हैं, जिनके बारे में मैंने अपने अनुभवों के आधार पर या अपनी स्कूली शिक्षा, हाई स्कूल, कॉलेज या अपनी पहली नौकरी के बाद के तजुर्बे से निकाले गए निष्कर्षों के आधार पर राय बनायी है। जीवन में बाद के तजुर्बे भी दृष्टिकोण का निर्माण कर सकते हैं।

एक बार एक रिश्तेदार ने मुझसे कहा था कि उसे सेल्सपर्सन पर भरोसा नहीं है। सेल्सपर्सन के बारे में मज़बूत भावनाएँ रखने वाली वह निश्चित रूप से अकेली नहीं है, लेकिन उसके मामले में इसका परिणाम हास्यप्रद रूप में सामने आया। वह कुछ भी बिना वापस किए नहीं ख़रीद सकती थी। एक स्वेटर, एक सोफा, एक कार - ख़रीदने की प्रक्रिया अंतहीन है। हर तथ्य की जाँच और पड़ताल करनी पड़ती थी। इससे कोई फ़र्क़ नहीं पड़ता कि उसने पहले इसे लेकर कितना शोध किया, वह हमेशा अपनी ख़रीदारी बाद में वापस करना चाहती थी।

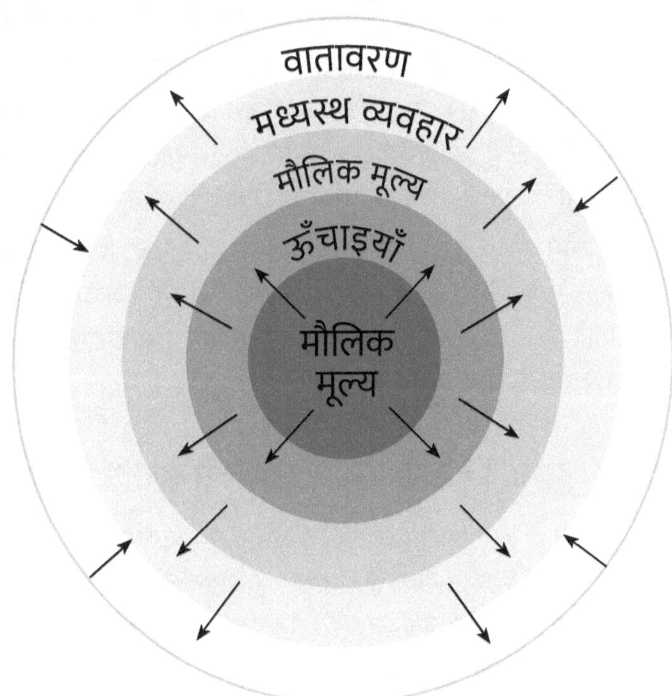

एक बार जब मुझे इस पैटर्न की समझ हो गयी, तो मैंने पूछा कि उसने ऐसा क्यों किया और उसने अपने दृष्टिकोण के पीछे के कारण की व्याख्या की : 85 फीसदी सेल्समैन ठग प्रवृत्ति के होते हैं। उसे यह बताने के बावजूद कि मैं भी एक सेल्समैन हूँ, उसके ऊपर इसका कोई बड़ा प्रभाव नहीं हुआ। आज तक, मुझे यह नहीं पता है कि मैं उन 85 प्रतिशत में से हूँ या उन ख़ुशकिस्मत 15 प्रतिशत में आता हूँ। महत्त्वपूर्ण बात यह है कि मेरा दृष्टिकोण ही इन सभी को बदल सकता है। शायद कई सेल्समैन ने मेरे रिश्तेदारों को कई बार बुरी तरह से धोखा दिया था और इसलिए उन्होंने सेल्समैन पर भरोसा न करना सीख लिया था। हालाँकि, अगर उनके पास कोई सकारात्मक अनुभव होते, तो उनकी राय बदल सकती थी।

परिणाम

मेरे मूल मूल्य और मेरे दृष्टिकोण दोनों का व्यवहार के चयन करने में गहरा प्रभाव पड़ा। इन सभी ने मेरे मूल व्यवहार का रूख निर्धारित किया है, वही वास्तविक आदमी, जो मैं बनना चाहता था। मेरे मूल व्यवहार का अर्थ यही है कि मैं पूरी तरह से बाहरी वातावरण से प्रभावित हुए बिना पूरी आजादी से कैसे काम करता हूँ।

आप शायद पहले ही यहाँ की समस्याओं पर नज़रें टिकाए बैठे हैं : हम कब पूरी तरह से बाहरी प्रभावों से मुक्त होते हैं? जब मैं इस प्रश्न की चर्चा विभिन्न संदर्भों में लोगों के साथ करता हूँ, तो हम सभी आमतौर पर इस बात से सहमत होते हैं : केवल जब हम सो रहे होते हैं, तभी हम पूरी तरह से बाहरी प्रभावों से मुक्त होते हैं।

लेकिन, लोग अलग होते हैं। कुछ लोग कुछ नहीं सोचते। वे हमेशा ख़ुद में ही होते हैं। उन्होंने कभी भी सोचा नहीं है कि उन्हें कैसे देखा जाता है। जितना अधिक आपको स्वयं का ज्ञान होगा, उतनी ही अधिक संभावना है कि अपने आस-पास के लोगों के साथ घुलमिल पायेंगे।

दूसरों ने वास्तविकता में मुझे कैसे देखा?

आपके आस-पास के लोग अक्सर आपका संशोधित व्यवहार देखते हैं। आप एक विशिष्ट परिस्थिति की व्याख्या करते हैं और उस मूल्यांकन के आधार पर कार्रवाई कैसे करना है, इस बात का चयन करते हैं। यह व्यवहार है, जिसे आपके आस-पास के लोग अनुभव करते हैं। यह सब एक मास्क की तरह है, जो आप किसी निश्चित परिस्थिति में फिट होने के लिए पहनते हैं। हम सभी के पास कई अलग-

अलग मास्क होते हैं। काम के लिए अलग, तो घर के लिए अलग। यह एक आम बात है और शायद ससुराल वालों के लिए एक और। यह पुस्तक साइकोलॉजी में कोई एडवांस्ड कोर्स नहीं है, लेकिन मैं यह स्थापित कर संतुष्ट हूँ कि हम सभी विभिन्न तरीक़ों से स्थितियों की विवेचना करते हैं और उसके अनुसार बनावटी रूप से कार्रवाई करते हैं।

चेतन हो या अचेतन, आस-पास के कारक मुझे एक विशेष कार्रवाई का चयन करने के लिए ख़ुद को सक्षम बनाते हैं।

और हम ऐसे ही काम करते हैं। इस सूत्र को देखें :

व्यवहार $= f\,(P \times Sf)$

व्यवहार, व्यक्तित्व और परिस्थितिक तत्वों का एक संयोजन है। व्यवहार वह है, जिसे हम देख सकते हैं।

व्यक्तित्व वह है, जिसे हम समझने की कोशिश करते हैं।

आस-पास की चीज़ें वे तत्व हैं, जिन पर हमारा प्रभाव होता है।

निष्कर्ष : हम हमेशा किसी-न-किसी रूप में एक-दूसरे पर प्रभाव डालते हैं। ट्रिक यह है कि बदलते समय में क्या छिपा है, सतह के नीचे क्या है, यह समझना ज़रूरी है। और यह पुस्तक पूरी तरह से मानव व्यवहार के बारे में ही है।

3

एक प्रणाली का परिचय

इस पुस्तक के अंत में आपको बताया जाएगा कि DISA प्रणाली कैसे विकसित हुई है, इसकी पृष्ठभूमि की पूरी जानकारी मिलेगी, लेकिन संभावना यह है कि आप शायद इसकी सबसे दिलचस्प प्रक्रियाओं में डूबना चाहते हैं। अभ्यास करने के दौरान सब कुछ कैसे काम करता है, यह तो आप बस पढ़ ही सकते हैं। अन्यथा, आप हमेशा पृष्ठ 265 पर सीधे जा सकते हैं।

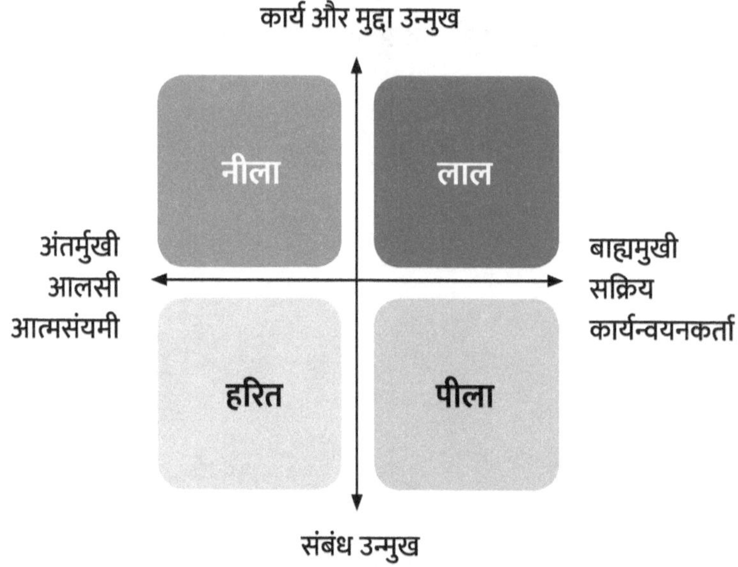

विश्लेषणात्मक (नीला)

- धीमी प्रतिक्रिया
- संगठित होने के लिए अधिकतम प्रयास
- संबंधों में न्यूनतम रुचि
- ऐतिहासिक टाइम फ्रेम
- सतर्कतापूर्ण कार्रवाई
- लुभाने की प्रवृत्ति से बचें

प्रभुत्वकारी (लाल)

- त्वरित प्रतिक्रिया
- नियंत्रण के लिए अधिकतम प्रयास
- सतर्कता के लिए न्यूनतम रुचि
- संबंध
- वर्तमान टाइम फ्रेम
- सीधी कार्रवाई
- लुभाने की प्रवृत्ति से बचें

स्थिर (हरा)

- स्थिर प्रतिक्रिया
- जुड़ने के लिए अधिकतम प्रयास
- परिवर्तन में न्यूनतम रुचि
- वर्तमान समय
- समर्थनशील क्रिया
- संघर्ष को नकारने की प्रवृत्ति

प्रेरक (पीला)

- त्वरित प्रतिक्रिया
- शामिल होने के लिए अधिकतम प्रयास
- नियमितता में न्यूनतम रुचि
- भविष्य का समय
- आकस्मिक क्रिया
- अकेलेपन को नकारने की प्रवृत्ति

जैसा कि आप देख सकते हैं, यहाँ चार मुख्य प्रकार के व्यवहार शैली हैं, जिनमें से प्रत्येक का एक रंग से संबंध होता है। यह किताब इन्हें पहचानने के बारे में है। बहुत जल्दी, जब आप विभिन्न रंगों के बारे में पढ़ना शुरू करेंगे, तो आपके दिमाग़ में विभिन्न चेहरे आ सकते हैं। कभी-कभी, शायद, आपका ख़ुद का चेहरा भी।

लगभग 80 प्रतिशत लोग दो रंगों का संयोजन होते हैं, जो उनके व्यवहार पर हावी रहता है। लगभग पांच प्रतिशत लोगों के व्यवहार पर केवल एक रंग ही हावी हो पाता है। बाकी अन्य तीनों रंगों से डोमिनेट किए जाते हैं। इस किताब के माध्यम से मैं एकल रंगों पर ध्यान केंद्रित करता हूँ, क्योंकि वे व्यक्ति के व्यवहार

के मौलिक घटक होते हैं। यह केक के उस रेसिपी की तरह है, जिसे पकाने से पहले हमें उसके सभी घटकों को समझना बेहद ज़रूरी है। पूरी तरह हरा व्यवहार, या किसी और रंग के साथ हरा, सबसे आम है। सबसे कम आम बिल्कुल लाल व्यवहार, या एक अन्य रंग के साथ लाल व्यवहार है।

लाल	पीला	हरा	नीला
प्रबल	वाचाल	धैर्य	बुद्धिमत्ता
महत्त्वाकांक्षी	उत्साही	शांत	रुटिन के अनुसार
दृढ़-इच्छाशक्ति	प्रेरणास्पद	स्व-नियंत्रित	दूर
लक्ष्य-उन्मुखी	रचनात्मक	विश्वसनीय	सही
दबाव	आशावादी	शांतचित्त	षड्यंत्रकारी
समस्या के हल	सामाजिक	भरोसेमंद	असुरक्षा का एहसास
प्रवर्तक	स्वेच्छाचारी	दयालु	ज़रूरत के हिसाब से
निर्णयात्मक	व्यक्तिपूर्ण	समझदार	योजनात्मक
नवाचारी	मोहक	लंबा	विश्लेषणात्मक
अधीर	जीवंत	स्थिर	सजग
नियंत्रणकारी	स्वार्थी	सतर्क	समय की आवश्यकता
सम्मानजनक	संवेदनशील	सावधान	विचारशील
प्रदर्शन-मुखी	अनुकूलनशील	सहायक	विधि के अनुसार
शक्तिशाली	प्रेरणादायक	अच्छा सुनने वाला	तथ्यों की तलाश
परिणाम-मुखी	लोगों का ध्यान	मददकारी	गुणवत्ता-मुखी
शुरुआत करनेवाला	साहसी	निर्माता	विचारपूर्ण
तेज़	संवाद में तेज़	स्थिर	नियमपूर्ण
समय के पालक	लचीला	अनिच्छुक	तर्कपूर्ण
विचारों से भरे	सामाजिक	भावना	सवाल-जवाब
तीव्र	खुलापन	विचारणीय	निभाने वाला
सपाट	कल्पनाशील	विचारणीय	दर्शाने वाला
स्वतंत्र	लचीला	दयालु	संकोची

जिन लोगों से आप मिलते हैं, उनमें से कई लोगों में ऐसे गुण होते हैं, जो आप कभी-कभी चाहते हैं कि काश ये आपमें भी होते- आपको इन लोगों से ईर्ष्या भी

महसूस हो सकती है। वे उन चीज़ो में आसानी से महारत हासिल कर लेते हैं, जिनसे आपको जूझना पड़ता है। हो सकता है कि आप लाल रंग वालों की तरह अधिक निर्णायक बनना चाहें, या शायद आप चाहते हों कि आपके लिए पीले रंग वालों की तरह अजनबियों के साथ बातचीत करना आसान हो। संभव है कि आप चाहें कि आप इतना ज़्यादा चिंता न करें, जैसे कि हरे रंग वाले करते हैं और यह आसान भी है और शायद आप अपने शेड्यूल को बेहतर रखना चाहते हैं, कुछ ऐसा जो नीले रंग वालों के लिए स्वाभाविक है।

स्वाभाविक रूप से, यह दूसरे तरीक़े से भी काम करता है। आप ऐसी चीज़ें पढ़ने जा रहे हैं, जो आपको इस बात का एहसास करने में मदद करेंगी कि आप भी दूसरों पर कुछ ज़्यादा ही हावी हो जाते हैं, ठीक वैसे ही जैसे लाल रंग वाले लोग करते हैं। या कि आप बहुत ज़्यादा बातें करते हैं, कुछ ऐसा जो पीले रंग वाले लोग करते हैं। या फिर यह हो सकता है कि आप बहुत आराम से चीज़ों को लेते हैं, किसी भी चीज़ में शामिल नहीं होते, जो हरे रंग वालों की सबसे बड़ी कमी है। या फिर आप हमेशा हर बात पर संदेह करते हैं, हर जगह खतरे को देखते हैं, बिलकुल नील रंग वालों की तरह। यहाँ आप अपनी ख़ुद की कमियों को देखना सीख सकते हैं और उनसे निपटने के लिए उचित उपाय कैसे कर सकते हैं, इस बात की भी आपको जानकारी मिलने वाली है।

इससे कोई फ़र्क़ नहीं पड़ता कि आप अपने बारे में क्या सीखते हैं और दूसरों से क्या ग्रहण करते हैं। खामियों को रेखांकित करें और सुधार के साथ जुड़ें।

4

———

लाल व्यवहार

एक असली अल्फा को पहचानने के तरीक़े
और उसके रास्ते में न आने के उपाय

हमें क्या करना चाहिए? हम इसे अपने तरीक़े से करेंगे। अब!

यह एक प्रकार का व्यवहार है, जिसे हिप्पोक्रेट्स ने अपने मानव स्वभाव के सिद्धांत में कोलेरिक कहा था। इन दिनों आप किसी लाल व्यक्ति को बहादुर और महत्त्वाकांक्षी के साथ-साथ उग्र स्वभाव वाला, उकसाने वाला या प्रभावशाली भी कह सकते हैं। आप तुरंत एक लाल व्यक्ति को पहचान लेते हैं, क्योंकि वह अपनी पहचान को छुपाने का प्रयास करता है, पर समर्थ नहीं हो पाता।

लाल व्यक्ति ख़ुद में गतिशील और प्रेरित है। उसके जीवन में लक्ष्य होते हैं, जिसके बारे में दूसरे लोगों के लिए सोचना भी मुश्किल हैं। क्योंकि उनके लक्ष्य इतने महत्त्वाकांक्षी होते हैं कि उन्हें हासिल करना लोगों के लिए असंभव प्रतीत होता है। लाल रंग वाले लोग हमेशा आगे बढ़ते हैं, हमेशा अपने आप को और मज़बूती से पुश करते हैं और कभी हार नहीं मानते हैं। अपनी क्षमता में उनका विश्वास अद्वितीय होता है। वे अपने अंदर इस विश्वास को इतना मज़बूत कर लेते हैं कि वे कुछ भी प्राप्त कर सकते हैं, अगर वे कड़ी मेहनत के साथ काम करें।

वैसे व्यक्ति जिनके व्यवहार में लाल रंग वालों की तरह गुण होते हैं, वे बहिर्मुखी स्वभाव वाले होते हैं और चुनौतियों का आनंद लेते हैं। वे त्वरित निर्णय लेने में सक्षम होते हैं और अक्सर मुख्य भूमिका निभाने और जोखिम लेने में ख़ुद

को सहज महसूस करते हैं। एक सामान्य धारणा यह है कि लाल रंग वाले लोगों की प्रकृति नेताओं वाली होती है। ये लोग आग्रहपूर्वक आदेश ग्रहण करते हैं और हेड बनकर उभरते हैं। वे इतने प्रेरित होते हैं कि वे रास्ते में आने वाली तमाम बाधाओं के बावजूद अपने मक़्सद को हासिल कर लेते हैं। प्रतिस्पर्धी परिस्थितियों में उनका स्वभाव आदर्श होता है। किसी सीईओ या प्रेसिडेंट के व्यवहार में लाल रंग वाले बहुत सारे गुणों का होना असामान्य नहीं होता है।

इस तरह की प्रतिस्पर्धा लाल रंग के लोगों द्वारा किए गए सभी कार्यों में शामिल होती है। यह कहना कि वे हमेशा दूसरों को चुनौती देना और उनसे प्रतिस्पर्धा करना चाहते हैं, शायद पूरी तरह से सत्य न हो, लेकिन अगर आप उनकी चुनौती को स्वीकार करते हैं, तो कुछ जीतने का मौका आपके हाथ भी लग सकता है, है कि नहीं? प्रतिस्पर्धा की विशिष्ट प्रकृति उतना महत्त्वपूर्ण नहीं है; जितना कि लाल रंग वाले इसे अपनी पूरी क्षमता के साथ पूरा करके दिखाते हैं।

मेरे पूर्व पड़ोसी में से एक पेले प्रतिस्पर्धा को इतना पसंद करते थे कि उन्होंने दूसरों के साथ मुकाबले को पूरी तरह से अपनी रुचियों में शामिल कर लिया था। मुझे बगीचे में काम करना पसंद है और इसलिए मैं इसके लिए कुछ समय निकालता हूँ। पेले को बगीचे का शौक नहीं था, लेकिन जब उन्होंने लोगों को मेरे सुंदर बगीचे की प्रशंसा बार-बार करते हुए सुना, तो उन्होंने भी एक सुंदर बगीचा बना लिया। उन्होंने एक के बाद एक कई प्रोजेक्ट शुरू किए, जिनका उद्देश्य बेहद स्पष्ट था, मुझसे प्रतिस्पर्धा करना। उन्होंने अपनी पत्नी को चौंका दिया, जब वह फूलों के नए पौधों को लगाने के लिए ज़मीन खोदने लगे और अविश्वसनीय शानदार पौधों का एक इंद्रधनुष रंग बोने व लॉन को एक गोल्फ कोर्स जितना सुंदर बनाने की ओर आगे बढ़ने लगे। उन्हें बस यह जानना होता था कि मैं आगे कौन-सा पौधा ख़रीदने जा रहा हूँ, या बगीचे को लेकर मेरी आगे की योजना क्या है। मालूमात हासिल करते ही वह अपने बगीचे की ओर चल देते, इससे पहले कि आप उनके बारे में कुछ कहें।

'मुझे बताएँ कि आप वास्तव में क्या सोचते हैं, हाँ, सच में बोलें'

आप लाल रंग वाले लोगों को अन्य रंगों वाले लोगों के व्यवहार पैटर्न से भी पहचान सकते हैं। कौन सबसे तेज़ आवाज़ में बोलता है? लाल रंग वाले। किसी भी विषय

को समझाने की बारी आते ही पूरी कौन आगे बढ़ता है? लाल रंग वाले। किसी भी सवाल का जवाब हमेशा सबसे पहले कौन देता है? फिर से लाल रंग वाले। किसी भी रात्रिभोज के दौरान सभी विषयों पर टिप्पणियाँ कौन करता है? और कौन एक देश का मूल्याँकन किसी वीडियो में देखे गए कुछ अंशों के आधार पर करेगा? फिर से लाल!

लाल रंग वाले लोगों के जीवन में हमेशा कुछ-न-कुछ होता रहता है। वे बैठे नहीं रह सकते। उनका मानना था कि खाली दिमाग़ शैतान का घर होता है। चार दिनों की ज़िंदगी है; तुरंत कुछ करना ज़रूरी है। क्या आप इस प्रकार के लोगों को पहचानते हैं? ये हमेशा चलते रहते हैं। मार्ग बंद होने पर किनारे हटें और रास्ता बनाते हुए चलो आगे बढ़ें।

लाल रंग वाले लोगों को मुंहफट कहलाने में कोई दिक़्क़त नहीं है। जब भी उनसे कोई विशिष्ट सवाल पूछा जाता है, तो वे अक्सर बिना किसी सोच-विचार या हिचकिचाहट के अपने ख्यालात को बयाँ कर देते हैं। वे देखते हैं कि बातों को खोखले शब्दों में उलझाने की कोई आवश्यकता नहीं है। जब भी कोई विचार उनके दिमाग़ में आता है, तो सभी को तुरंत इसका पता हो जाता है। उनके पास अधिकांश बातों पर कोई-न-कोई सलाह या राय ज़रूर होती है और वे अपने विचारों को तेज़ी और कुशलता से प्रस्तुत भी करते हैं।

एक सामान्य टिप्पणी यह है कि लाल रंग वाले लोग बहुत ईमानदार होते हैं, क्योंकि उनमें लोगों के सामने अपने व्यक्तिगत सत्य को व्यक्त करने का साहस होता है। उन्हें यह समझ में नहीं आता कि हर बात में फुसफुसाहट क्या है। उन्होंने तो बातों को सिर्फ़ वैसे ही प्रस्तुत किया है, जैसे कि वे हैं।

अगर आपको अतिरिक्त ऊर्जा वाले किसी व्यक्ति की आवश्यकता है, तो टीम या प्रोजेक्ट ग्रुप में किसी लाल रंग वाले व्यक्ति को शामिल करने का विचार कर सकते हैं। अन्य लोग जब हार मान चुके होते हैं, तब भी वे लगातार लड़ते रहते हैं। ऐसा इसलिए है, क्योंकि वे सफल होने का निश्चय कर चुके होते हैं, तब ही वे निरंतर संघर्षरत रहते हैं। एक ऐसा काम, जो थकाऊ या अर्थहीन हो गया हो, लाल रंग वाले उसे पूरी तरह से नज़र-अंदाज़ कर सकते हैं।

मैं इस प्रक्रिया को मनोबल या मानसिक विभाजन कहता हूँ। अगर कार्य महत्त्वपूर्ण होता है, तो लाल रंग वाले उसे पूरा करने के लिए किसी भी हद तक जा सकते हैं। अगर उन्हें यह बेमतलब का काम लगेगा, तो उसे कचरे में डाल देंगे।

लाल लोग अक्सर ख़ुद को इस रूप में देखते हैं :

प्रेरित	दृढ़	महत्त्वाकांक्षी
निर्णायक	प्रतिस्पर्धी	स्वतंत्र
उत्सुक	निर्धारित	समय के प्रति जागरूक
प्रेरक	दृढ़-इच्छाशक्ति	परिणामोन्मुखी

क्या मैं कुछ जीत सकता हूँ? उस मामले में, जब मैं प्रतिस्पर्धा में हूँ

लाल रंग वालों को प्रतिस्पर्धा करना पसंद है। वे उस मामूली विरोध की सराहना करते हैं, जो प्रतिस्पर्धी होने के साथ-साथ और जीत के गौरवशाली क्षण का भी हिस्सा हैं। वे ऐसी प्रतियोगिताएँ जीतने का भी आनंद लेते हैं, जिनका शायद अस्तित्व ही नहीं है, सिवाय इसके कि शायद यह उनके ख़ुद के दिमाग़ की उपज हो। यह सड़क पर धीमी गति से चलने वाले किसी व्यक्ति को पार करना, सबसे अच्छा पार्किंग स्थान ढूंढना, या फिर पारिवारिक सदस्यों के साथ कोई खेल, जिसमें वे हावी होना चाहते हैं। इस तथ्य के जानने के बावजूद कि इसका उद्देश्य सिर्फ़ बच्चों का मनोरंजन करना है और खेल में शामिल अन्य वयस्कों में से कोई भी प्रतिस्पर्धा में शामिल नहीं है। लाल रंग वालों के लिए यह सब स्वाभाविक है, क्योंकि वह ख़ुद को हमेशा विजेता के रूप में देखते हैं।

मैं आपको एक उदाहरण देता हूँ। मैंने एक बार एक कंपनी के लिए काम किया था, जहाँ के सीईओ लाल रंग का प्रतिनिधित्व करते थे। वह ऊर्जावान और कुशल थे और अविश्वसनीय रूप से हरफनमौला भी। कोई भी बैठक इतनी छोटी और सकारात्क नहीं थी, जितनी इस सीईओ के साथ की गयी बैठक में महसूस हुआ। लेकिन प्रतिस्पर्धात्मक नहीं होना उनका एक कमज़ोर पक्ष था। युवावस्था में वे यहाँ फुटबॉल खेले चुके थे और हर वसंत ऋतु में वे यहाँ इस विशेष कार्यस्थल

पर वे एक फुटबॉल टूर्नामेंट आयोजित कराया करते थे। कंपनी में शामिल होने से पहले ही वे यहाँ लोकप्रिय हो चुके थे।

स्वाभाविक रूप से, उन्हें भाग लेना पड़ा। उनसे पहले किसी अन्य सीईओ ने ऐसा नहीं किया था, लेकिन समस्या यह नहीं थी। समस्या यह थी कि मैदान पर उतरते ही वे अलग इंसान बन जाते थे। अपने प्रतिस्पर्धी अभियान के चरम पर आग उगलते हुए वे अपने रास्ते में आने वाले किसी भी व्यक्ति को रौंद डालते थे।

यह सिलसिला कुछ वर्षों तक जारी रहा, जब तक किसी को उनसे यह कहने की हिम्मत नहीं हुई कि वह थोड़ा ज़्यादा ही तनाव में खेल रहे हैं, खेल इतना गंभीर नहीं होना चाहिए था। सीईओ को समझ में नहीं आया। उन्होंने खेल के नवीनतम विज्ञापन को उठाया और दिखाया कि इसे फुटबॉल टूर्नामेंट कहा जाता है। उन्होंने कहा कि टूर्नामेंट प्रतियोगिताएँ हैं और यदि आप प्रतिस्पर्धा करते हैं, तो आप जीतने के लिए इसमें शामिल होते हैं। एकदम सरल है!

उन्होंने ट्रैफिक में, फुटबॉल मैदान में, व्यवसाय में हर जगह प्रतिस्पर्धा की। कोई भी क्षेत्र ऐसा नहीं था, जिससे उन्होंने प्रतिस्पर्धा नहीं की हो। उन्होंने यह देखने के लिए भी कॉम्पिटिशन की कि वह दूसरों से कितनी जल्दी किताब पढ़ सकता है। दूसरे लोग आराम पाने के लिए जो करते हैं, उन्होंने उसे प्रतिस्पर्धा में बदल दिया। प्रति घंटे एक सौ पेज पढ़ लेना उनके लिए सामान्य था।

उनकी पत्नी ने उन पर अपने पांच और छह साल के बच्चों के साथ मेमोरी कार्ड गेम खेलने पर भी प्रतिबंध लगा दिया था। चूंकि, उनकी याददाश्त उससे बेहतर थी, वे ज़्यादातर समय जीत जाते थे और अपनी हताशा में उन्हें डराने लगते थे।

इससे पहले कि आप यह निष्कर्ष निकालें कि इस आदमी के साथ सहानुभूति रखने की कोई दरकार नहीं है, हमें उसके इरादों पर गौर करने की ज़रूरत है। इस प्रकार का गहन और प्रतिस्पर्धी व्यवहार अक्सर अन्य लोगों को परेशान करता है क्योंकि उन्हें लगता है कि यह सब दूसरों पर हावी होने और उन्हें दबाने के लिए है। यह बिल्कुल ग़लत है। हालाँकि, उसके इरादे में कभी भी दुर्भावना नहीं थी। उसका बस यही चाहना था कि वह जीते।

यह लाल रंग वाले लोगों के लिए सबसे बड़ी चुनौतियों में से एक है। यह आम बात नहीं है कि दूसरे लोग उनके कारगुजारी के कारण परेशान या डरे हुए महसूस करते हैं। आगे इस किताब में मैं आपके साथ कुछ सामान्य तरीक़ों को साझा करूँगा, जिससे कि आप ऐसे व्यक्तियों से निपटने के काबिल हो सकते हैं।

समय धन है

लाल रंग वालों के लिए 'तेज़' 'अच्छा' के समानार्थी है। अगर आप किसी मीटिंग में हैं और अचानक देखते हैं कि वहाँ उपस्थित एक और सहभागी कुछ बिल्कुल अलग चीज़ करने में अपना समय लगा रहा है, तो हो सकता है कि यह लाल रंग वाला कोई व्यक्ति है, जिसकी मीटिंग में कोई रुचि नहीं है। अगर आप और ध्यान से देखें, तो आपको पता चलेगा कि उसका दिमाग़ कहीं और हैं - उदाहरण के लिए, चर्चा की जा रही प्रक्रिया के अगले चरण पर। क्योंकि लाल रंग वाले लोग तेज़ विचारक होते हैं, वे बाकी सभी से बहुत पहले आगे बढ़ जाते हैं।

लाल रंग वाले लोगों को कुछ चीज़ें आलस्य से अधिक परेशान करती हैं। यदि कोई बैठक या चर्चा लंबी खिंचती है, तो वह बीच में ही पूछ डालता है कि क्या वास्तव में मुद्दे को लंबा खींचना आवश्यक है। 'हम पहले ही इस पर बीस मिनट तक चर्चा कर चुके हैं। अब इसे साथ में खत्म करें! यह केवल कुछ मिलियन का निवेश है। इससे ज़्यादा और क्या हो सकता है?'

यदि आप इसके बारे में सोचते हैं, तो वे अक्सर सही मालूम होते हैं। दूसरे लोग कोई निर्णय लेने में जब कठिनाई महसूस कर रहे होते हैं, वहीं लाल रंग वाले लोग सब कुछ सामान्य रूप से चालू रखने के लिए त्वरित निर्णय लेने के लिए तैयार रहते हैं। टीम में अगर कोई लाल रंग वाला व्यक्ति हो, तो किसी भी चीज़ पर चर्चा अनंत काल तक नहीं की जा सकेगी। आखिरकार, कुछ न करने के बजाय कुछ करना हमेशा बेहतर होता है, है ना?

फायदा स्पष्ट है। हम उन लोगों के बारे में बात कर रहे हैं, जो कभी भी ऐसी किसी भी चीज़ पर समय बर्बाद नहीं करते, जो आगे बढ़ती ही नहीं है। जैसे ही किसी काम में स्पष्टता नहीं रह जाती है, या बहुत अधिक समय लग रहा होता है, लाल रंग वाले यह सुनिश्चित करेंगे कि काम में ऊर्जा बनी रहे और चीज़ों को गति मिले। फिर दोगुने समय में किया जाएगा यह काम।

लगभग पंद्रह साल पहले मैंने लगभग एक दर्जन कर्मचारियों वाली एक छोटी-सी कंसल्टेंसी कंपनी के लिए काम करना शुरू किया। यह उद्यमिता की महान भावना और व्यापारिक सौदों को उत्कृष्ट गति देने वाला उत्कृष्ट संगठन था। उनके इतने कुशल होने का एक कारण यह था कि कंपनी का संस्थापक एक लाल रंग वाला व्यक्ति था। ब्योर्न के लिए कोई भी चीज़ इतनी तेज़ी से आगे नहीं बढ़ सकती थी। किसी भी बैठक में आवश्यकता से अधिक समय नहीं लगा।

नई नौकरी के दूसरे या तीसरे हफ़्ते में एक दिन मैं ट्रैफिक जाम में फंसा गया, तभी मेरा सेल फोन बजा। मैंने डिस्प्ले की ओर देखा और पाया कि यह ब्योर्न था। मैंने कॉल का उसी तरह उत्तर दिया जैसा मुझे कंपनी में काम करना शुरू करने से पहले निर्देश दिया गया था। अभिवादन, अपना नाम और कंपनी के नाम के साथ। अधीरता से उसने मुझे रोका और जल्दी से अपना प्रश्न बोल दिया।

क्या तुम मुझे खोज रहे थे?

'नहीं', मैंने उत्तर दिया और एक गहरी सांस ली, मैं कुछ और कहने के लिए तैयार हो गया था। मुझे मौका नहीं मिला।

उसने कहा, ठीक है। और चुप हो गया।

आठ सेकेंड

अप्रिय? खैर, उस समय हम वास्तव में एक-दूसरे को जानते तक नहीं थे। हालाँकि, मुझे यह स्वीकार करना होगा कि पूरे प्रकरण ने मुझे थोड़ा चिंतित कर दिया था। कम-से-कम फोन करने वाले उस अवसर पर। कंपनी में केवल तीन सप्ताह मेरे बीते थे और कंपनी प्रमुख ने ख़ुद मुझे फोन किया, वह और चिढ़ा हुआ लग रहा था!

जब हम एक-दूसरे को जानने लगे और मुझे पता चला कि ब्योर्न भी लाल रंग को प्रतिनिधित्व करनेवालों में से था, मैंने उससे पूछा कि वह फोन पर इतना डिस्टर्ब क्यों था। बेशक उसे कॉल तक याद नहीं थी, लेकिन उसने कहा कि वह शायद यह जानने की कोशिश कर रहा था कि क्या मैं उसे ढूंढ रहा हूँ। जब उसे पता चला कि मैं नहीं ढूंढ रहा था, तो आगे बात करने की कोई भी ज़रूरत उसे समझ में नहीं आयी। वक़्त शिष्टाचारपूर्ण विनम्र फूलों वाले वाक्याँशों या विदाई वाले लंबे भाषणों पर बर्बाद करने का बिलकुल नहीं था।

लेकिन उसी समय, यहाँ एक ऐसा व्यक्ति था, जिसमें सामान्य से ज़्यादा काम करने की क्षमता थी। ब्योर्न काम के औसत दिनों में आम लोगों से ज़्यादा काम करने में कामयाब रहते थे। फिर भी उनमें किसी भी खाली समय का अधिकतम लाभ उठाने की असाधारण क्षमता है। यदि उसके शेड्यूल में पांच मिनट का भी अंतराल है, तो वह इस समय का उपयोग कोई ई-मेल, फोन कॉल और कुछ मीटिंग मिनट्स को व्यवस्थित करने में करता है। बाहर से देखने पर यह अनावश्यक लग सकता है। लेकिन, लाल रंग वाले लोगों को निष्क्रियता पसंद नहीं है। उनका मानना

है कि काम जारी रहना चाहिए। इसमें तात्कालिकता की भावना जोड़ें और बहुत कुछ पूरा हो जाएगा।

आसमान की भी सीमा है, ऐसा है क्या?

लाल रंग वालों के मुताबिक, एक यथार्थवादी बज़ट किसी कायर के लिए होता है। यदि हम अपने आप को निर्णायक बिंदु तक नहीं ले जाते हैं, तो इसका मतलब है कि हमने पर्याप्त प्रयास नहीं किया है। लाल रंग वालों को मुश्किल काम पसंद है, इसलिए उनकी महत्त्वकांक्षा का स्तर आमतौर पर असीम होता है। कठिन परिस्थितियों और चुनौतियों का प्रबंधन करने की क्षमता लाल रंग वालों के व्यवहार का परिभाषित गुण है।

जब लाल रंग के गुण वाले लोग अपना लक्ष्य निर्धारित करते हैं, तो कई चीज़ें घटित होती हैं। सबसे पहले, वह यह जानना चाहता है कि सबसे अनुकूल परिस्थितियों में किसी विशिष्ट कार्य को कितनी अच्छी तरह से किया जा सकता है। अगर सभी उन्नीस मानदंड पूरे होते हैं और हम सब थोड़ी-सी अतिरिक्त मेहनत करते हैं, तो परिणाम अद्भुत होंगे। इसका मतलब यह है कि उत्कृष्टता के उस असंभव स्तर से नीचे की कोई भी चीज़ उनके लिए उबाऊ है, क्योंकि उस परिणाम को प्राप्त करने की कोई संभावना नहीं होती है।

कुछ भी असंभव नहीं है। अंतर बस इतना है कि असंभव थोड़ा और लंबा समय लेता है। बहुत संभावना है कि इस अभिव्यक्ति को किसी लाल रंग वाले ने ही बनाया हो।

स्वाभाविक रूप से, यह प्रोजेक्ट के प्रकार के बारे में भी है। असंभव-सा लगनेवाले किसी एक बज़ट को निर्धारित कर लेना ही काफ़ी नहीं है। यदि लाल रंग वाले किसी व्यक्ति को सेल्स का काम पसंद नहीं है, तो वह बज़ट को नज़र-अंदाज़ करेगा। चूंकि वह ख़ुद ही सभी फैसले प्राथमिक रूप से लेना पसंद करता है, तो उसे शायद ही कुछ ऐसा करने के लिए फुसलाया जा सकता है, जिसे वह करना चाहता ही नहीं है। अन्य रंगों की तुलना में लाल रंग वाले स्वयं से कुछ अधिक ही मांग रखते हैं। और वे कड़ी मेहनत करने के लिए हमेशा तैयार रहते हैं। मैं यह कहने में शायद कोई ग़लती नहीं कर रहा हूँ कि कोई भी अन्य रंग वाले उतनी मेहनत नहीं करते हैं, जितना लाल रंग वाले करते हैं। मुझमें यह कहने का साहस है कि लाल रंग वाले किसी को भी कड़ी-से-कड़ी टक्कर दे सकते हैं।

लाल रंग वालों की महत्त्वाकांक्षा को देख हमें इस बात पर भ्रमित नहीं होना चाहिए कि उन्हें किसी भी प्रकार से सत्ता की लालसा है, वे सारी मेहनत (जहाँ भी वे हैं) ऊँचे पदों पर पहुँचने के लिए नहीं कर रहे हैं। और अगर लोग ऐसा समझते भी हैं, तो उन्हें कोई समस्या नहीं है, क्योंकि वे निडर हैं। 'शीर्ष पर सिवाय अकेलापन और तेज़ हवाओं के कुछ भी नहीं है' जैसी अभिव्यक्तियाँ भी उन्हें नहीं डरा पातीं। लेकिन, लाल रंग वालों के लिए सत्ता उद्देश्य नहीं है। हालाँकि, यह उन लोगों के लिए उपयोगी है, जो अपने निर्णय स्वयं लेना पसंद करते हैं और किसी भी मामले पर दूसरों का इंतजार करने से बचते हैं।

वास्तव में एक लाल रंग वाला व्यक्ति कल्पना से बिलकुल परे होता है। यह सच है कि उसमें अहंकार की भावना है, उसका आत्मसम्मान बहुत मज़बूत है, पर अन्य रंगों वाले स्थिति और प्रतिष्ठा को उतना महत्त्व नहीं देते हैं। कारण साफ है: लाल रंग वाले आमतौर पर इस बात की कभी परवाह नहीं करते कि दूसरे क्या सोचते हैं। वे यहाँ उनके लिए नहीं है, वे यहाँ अपने लिए हैं।

मुझे आपको बताने दें कि वास्तव में चीज़ें कैसी हैं

लाल रंग वाला व्यक्ति वह सब कुछ समर्पित कर देता है, जो उसके पास है। या फिर वह कुछ पाने के लिए अपनी सारी शक्तियों का उपयोग करता है। जब किसी चीज़ के बारे में उसकी कोई राय होती है या वह चाहता है कि हममें से बाकी लोग उससे सहमत हों, तो वह इसके लिए सबसे पहले और सबसे अधिक कोशिश करता है।

एक बार मैं एक ऐसी मीटिंग में था, जहाँ बड़ी संख्या में लोग तो थे, पर सभी एक-दूसरे से अनजाने। कोई भी एक-दूसरे को नहीं जानता था। यह सलाहकारों का एक समूह था, जो संभावित सहयोग पर चर्चा करने के लिए बैठक कर रहे थे। उस समय दुनिया में मंदी का दौर चल रहा था और हम सभी के पास कोई विजन नहीं था, हम इस कमी को लेकर चिंतित थे। जब हम चेयरपर्सन के आने का इंतजार कर रहे थे, तब तक हमने थोड़ी देर तक हर मुद्दे के बारे में कुछ बातचीत की।

मेज के एक छोर पर एलिसाबेथ बैठी थी, जिनकी हर बात पर एक दृढ़ राय थी। बिना किसी संदेह के स्पष्ट स्वर में उन्होंने अचानक कहा, बेशक मंदी के बावजूद कंपनी को अभी भी प्रति सप्ताह 50 मिलियन डॉलर से अधिक कमाने

की उम्मीद है। लगभग पंद्रह कंसल्टेंटों, सभी उच्च प्रशिक्षित, चिंतनशील और बुद्धिमान लोगों ने सहमति में सिर हिला दिए। जरा कल्पना करें-50 मिलियन डॉलर! प्रति सप्ताह!

जब एलिसाबेथ ने इस बात पर विस्तार से बताया कि परामर्श की इस दुनिया में स्थिति को कैसे हल किया जाना चाहिए, मैंने आंकड़ों के बारे में थोड़ा सोचना शुरू किया। न जाने ये आंकड़े कहाँ से आए, मैं चुप रहा। हो सकता है यह सच हो; यह दूर की कौड़ी भी हो सकती है। ईमानदारी से कहूँ, तो मैं नहीं जानता था। बैठक के आधिकारिक तौर पर शुरू होने की प्रतीक्षा करते हुए मैंने गणना करना शुरू कर दिया कि प्रति सप्ताह 50 मिलियन डॉलर प्रति वर्ष में कितना होगा। हिसाब के लिए मेरे पास कागज कम पड़ रहे थे।

मीटिंग के बाद मुझे अपनी अटकलों का जवाब मिल गया। मैं अपनी अगली मीटिंग में जाने के लिए टैक्सी में बैठा था, ड्राइवर ने रेडियो चालू कर दिया। समाचार में इस ख़बर की घोषणा कर दी गयी कि फलां कंपनी को हफ़्ते भर में 2 से 2.5 मिलियन डॉलर कमाने की उम्मीद है। मुझे समझ में आ गया कि एलिसाबेथ को समाचार से इसकी जानकारी मिली। मैंने समझ लिया कि 2 या 2.5 मिलियन डॉलर प्रति हफ़्ते वाकई 50 मिलियन डॉलर की तुलना में वास्तविक था, जिसका उसने उल्लेख किया था।

लेकिन, जरा एक मिनट रुकिए तो। यहाँ वास्तविकता के साथ थोड़े सामंजस्य की भी आवश्यकता है। क्यों किसी ने प्रतिक्रिया नहीं दी? कमरे में किसी ने भी उंगली नहीं उठायी या उसके कहे पर सवाल नहीं उठाया। क्यों?

क्योंकि ऐसा लगा कि वह बोलकर बहुत आश्वस्त थी! उसके चेहरे पर निश्चिंतता के भाव थे; उसका चेहरा दृढ़ था और जब उसने अपने आंकड़ों को पेश किया, तो उसकी आवाज़ में विश्वास था, उसकी आवाज़ में बिलकुल भी हिचकिचाहट नहीं थी।

यही तरीक़ा है, लाल रंग वालों के काम करने का। जब वे किसी चीज़ पर विश्वास करते हैं, तो वे लोगों को बताते हैं कि यही एकमात्र सत्य है, जो अस्तित्व में है। हालाँकि, कुछ लोग ऐसे भी होते हैं, जो दावा कर सकते हैं कि यह भ्रामक है, क्योंकि अब हम जानते हैं कि कंपनी हर हफ़्ते 2.5 मिलियन डॉलर की कमाई कर रही है, लगभग 50 मिलियन डॉलर की नहीं। लेकिन मेरा यह यकीन है कि एलिसाबेथ ने वास्तव में वही कहा था, जिस पर उसे सचमुच उसे विश्वास था। उसने

चीज़ें बदल दी थीं, इसमें कोई संदेह नहीं था और निश्चित रूप से उसे विवरणों में कोई दिलचस्पी नहीं थी। लेकिन मेरा कहना यह है कि जब उसने पूरी तरह आश्वस्त होकर यह घोषणा की कि कंपनी हर हफ़्ते छह महीने का राजस्व कमा रही है, तो हम सभी इसके झांसे में आ गए।

या, मेरे एक अच्छे दोस्त के शब्दों में कहूँ, तो इसे करने के दो तरीक़े हैं - मेरा तरीक़ा और ग़लत तरीक़ा।

प्रवाह के साथ केवल मृत मछलियाँ ही जाती हैं

लाल रंग वाले लोग न केवल बातों की तह तक जानेवाले होते हैं, उनपर नई रोशनी डालने वाले होते हैं, बल्कि उन्हें परिणामोन्मुखी और निर्णयात्मक भी कहा जा सकता है। लाल रंग वालों के लिए यह काफ़ी नहीं है कि वे किसी भी चीज़ को वैसे ही करें, जैसे कि दूसरे सभी करते हैं। और चूंकि यह थोड़ा मुश्किल है, इसका मतलब यह नहीं है कि हमें इससे बचना चाहिए।

लाल रंग वाले लोग निर्णय लेने से डरते नहीं हैं। जब दूसरे लोग उसी मुद्दे पर निर्णय लेने में हिचकिचाते हैं, सोचते रहते हैं और जोखिमों का मूल्याँकन करते रहते हैं, लाल रंग वाले निर्णय ले डालते हैं, भले ही दूसरों के लिए यह विवादास्पद ही क्यों न हो। एक लाल रंग वाले व्यक्ति का संकल्प आमतौर पर अदम्य होता है। एक बार जब वह निर्णय कर चुके होते हैं, तो फिर वह पूरी तरह से उसी दिशा में आगे बढ़ जाते हैं।

उनकी निर्भीकता उन्हें उन चीज़ों को देखने के लिए प्रोत्साहित करती है, जो दूसरों को हिचकिचाने पर मजबूर करती है। चीज़ें आमतौर पर जब कठिन हो जाती हैं, तो ऐसे मौकों पर वे ख़ुद को योद्धा के रूप में पेश करते हैं। मुश्किल चुनौतियों या कठिन निर्णयों से पीछे नहीं हटते हैं। इसमें कोई संयोग नहीं है कि बहुत सारे उद्यमी लाल रंग का प्रतिनिधित्व करने वाले हैं। नई व्यापारिक गतिविधियों को स्थापित करना, खासकर अगर वे पूरी तरह से व्यापार की नई परिकल्पनाओं पर आधारित हों, वर्तमान अर्थव्यवस्था के आधार पर दिल को बहुत बड़ा करना होता है। जब आप ऐसा कुछ रहे हैं, तो सिर्फ़ किस्मत का साथ मिलना ही काफा नहीं है, काम को आगे बढ़ाने के लिए एक मज़बूत मानसिकता की भी आवश्यकता होती है, जिसे समझने वाला कोई हो, जो यह समझता है कि जीवन में रोजाना कई तरह के जोखिम आते रहते हैं और सब कुछ ठीक कई सालों की कठिन मेहनत से ही

होता है। लाल रंग वाले लोग इसे पहले ही समझ जाते हैं और उन्हें इससे किसी प्रकार का भय नहीं होता है।

क्या आपको अपने अपार्टमेंट परिसर में किसी समस्या का समाधान करने के लिए किसी की आवश्यकता है? हो सकता है कि आप अपने फ्लैट मालिक के ग़लत पक्ष में हों, जो कहता है कि यहाँ कुछ भी ग़लत नहीं है। या हो सकता है कि जिस ठेकेदार ने छत की मरम्मत की और नई लिफ्टें लगायीं, वह लापरवाह था और उसने इसकी जिम्मेदारी नहीं ली होगी। जब भी आप चीज़ों को ठीक करने की कोशिश करते हैं, तो अनुत्तरित कॉलों और ग़लत पतों की आड़ में आपको रोक दिया जाता है। आप बस हार मानने ही वाले हैं कि अचानक आपको अपने ऊपर दूसरी मंज़िल पर रहने वाले लड़के की याद आती है। क्या वह किसी प्रकार से लाल रंग वालों का प्रतिनिधित्व करनेवाला नहीं है? क्या वह वही नहीं था, जिसने पिछली बैठक में परिसर में लोगों के खिलाफ जाने और कचरा नीति को बदलने का साहस किया था? हाँ, वह वहीं लड़का है!

दूसरे मंज़िल से उस लड़के को सीधे फ्लैट मालिक के पास भेज दें और तब आप देखेंगे कि चीज़ें अपने आप घटित होने लगेंगी। शायद आपको उसे थोड़ा प्रोत्साहित करना पड़ेगा, उसे समझाना होगा कि उसको भी इससे बहुत कुछ फायदा हो सकता है। अंत में वही सभी चीज़ों को लाइनअप करेगा, वह मालिक को अपने वश में करेगा और ठेकेदार को सही रास्ते पर लाएगा।

और उसकी नींद सिर्फ़ इसलिए ख़राब नहीं होगी कि इस प्रक्रिया में कोई उससे नाराज हो गया।

आमतौर पर लाल रंग वाले बहुत शक्तिशाली होते हैं। वे अपने संवाद में अत्यंत स्पष्ट होते हैं और आपको लाल व्यवहार वालों की पहचान करने के लिए दूर तक देखने की ज़रूरत नहीं है। बेशक, पिछले कुछ वर्षों में कई लाल रंग वालों ने ख़ुद को कुछ हद तक नियंत्रित करना सीख लिया है, लेकिन यह आमतौर पर बहुत लंबे समय तक नहीं रहता है। वे पूरी ताक़त से वापस आयेंगे और वह सब कुछ जो उनसे जुड़ा है।

इससे पहले यह इतना बेहतर नहीं था, आगे बढ़ो और नाम कमाओ

लाल रंग वाले व्यक्ति को जब पता चलता है कि किसी समस्या का एक बेहतर समाधान मौजूद है, तो वह इसे लिए अपनी पुरानी मान्यताओं को छोड़ने में तनिक भी वक्त नहीं लगाएगा। ऐसे लोग तेज़ी से सोचते हैं और अगर यह बेहतर है, तो इस पर काम शुरू करने में वे थोड़ा भी वक्त नहीं गंवाते। इसका एक फायदा यह भी है कि अगर उसके पास कोई विचार नहीं होता है, तो वह दूसरों के विचारों को नकारता भी नहीं है। विकास के रास्ते पर आगे बढ़ने के लिए वह कुछ भी करने को तैयार होता है।

कभी-कभी निर्णय थोड़े जल्दी भी लिए जा सकते हैं, लेकिन निर्णयों को हमेशा बदलते रहने की उनकी यह क्षमता उनके व्यक्तित्व को मज़बूत और समय के साथ परिवर्तनशील बनाती है। और यदि ऐसा कुछ भी समय तक स्थिर रह गया, तो शायद कुछ हफ़्तों तक, तो वह चीज़ों को और बेहतर बनाने के लिए वे कुछ और बदल देंगे। कुछ लोगों को यह तनावपूर्ण लग सकता है, लेकिन जब आप किसी लाल रंग वाले से पूछते हैं कि जो चीज़ सही काम कर रही थी, उसे बदलने की क्या आवश्यकता पड़ गयी, तो उत्तर हो सकता है कि क्योंकि ऐसा मैं कर सकता था।

स्वाभाविक रूप से इसके नकारात्मक पहलु भी हैं। लाल रंग वाले व्यक्ति बहुत जल्दी ही किसी भी चीज़ से बोर हो जाते हैं और इसलिए उन्हें इसे बदल देने का मन करता है। उनके आस-पास के लोग नहीं जानते कि आगे क्या होने वाला है। जब हरे रंग और नीले रंग वाले लोग नई व्यवस्था को समझ चुके होते हैं और आखिरकार यह समझ जाते हैं कि उन्हें कैसे काम करना चाहिए। यही समय है जब लाल रंग वाले पहले ही अगला कदम तय कर चुके होते हैं।

लाल रंग के व्यवहार के बारे में निष्कर्ष

तो अब आपका क्या ख्याल है? क्या आपके संपर्क में लाल रंग वाला कोई व्यक्ति है? क्या आपके ऐसे किसी को जानते हैं? यदि आप लाल रंग वाले कुछ प्रसिद्ध लोगों को जानना चाहते हैं, तो स्टीव जॉब्स, एफडीआर, वीनस विलियम्स, या मार्गरेट थैचर के बारे में पढ़ें। बराक ओबामा और मदर टेरेसा भी लाल रंग वाले लोगों की प्रतिनिधि हैं।

हाँ, यह सच है। यदि आप मदर टेरेसा के कार्यों पर गौर करें, तो आपको समझ में आएगा कि वह बहुत दृढ़ और बलशाली थीं। गरीबों और दुखियों के कल्याण के लिए उन्हें किन-किन चीज़ों का सामना करना पड़ा और दुनिया के प्रमुख नेताओं के सामने उन्हें किस संघर्ष से गुज़रना पड़ा, अगर आप इस पर गौर करें, तो आपको यह समझ में आएगा कि वह बहुत ही दृढ़ प्रतिज्ञ और बलशाली थीं। एक सामान्य लाल प्रोफाइल वाली।

5

पीला आचरण

किसी ऐसे व्यक्ति को कैसे पहचानें जिसका दिमाग़ सातवें
आसमान पर है और उसे ज़मीन पर लाना है।

"यह मजेदार है! मुझे इसे करने दें"

इस हिप्पोक्रेटिक दुनिया में, अब हम भविष्य के प्रति ख़ुद में विश्वास रखनेवाले लोगों के पास आ गए हैं। ऐसे लोगों के बारे में बताने के लिए और कौन-से शब्दों का इस्तेमाल किया जा सकता है? आशावादी और ख़ुश-मिज़ाज व्यक्ति, जो जीवन के प्रति सकारात्मक दृष्टिकोण रखता है। शब्दकोश ही संभावनाओं से ओत-प्रोत ऐसे लोगों की प्रशंसा के लिए शब्द सुझा सकता है... उन शब्दों के बारे क्या ख्याल है? वास्तव में, यह पीले लोगों का उत्कृष्ट वर्णन है। ये ऐसे ख़ुश-मिज़ाज लोग हैं, जो जीने के लिए जीते हैं, हमेशा मौज-मस्ती के मौके तलाशते रहते हैं। पीले लोगों के लिए जीवन एक दावत की तरह है, जहाँ वे हर निवाले का स्वाद ले रहे होते हैं। वे मस्ती और हंसी से प्रेरित होते हैं। और हों भी क्यों नहीं? उनके लिए सूरज हमेशा कहीं चमक रहा होता है।

क्या आप किसी ऐसे व्यक्ति को जानते हैं, जिसे चमकता हुआ सूरज दिखाई दे रहा होता है, वहीं दूसरों को काले बादल नज़र आ रहे होते हैं? क्या आप किसी ऐसे व्यक्ति से मिले हैं, जो महीनों तक कोई अच्छी ख़बर न मिलने पर भी हंस सके? अगर ऐसा है, तो फिर आप वास्तव में एक पीले से मिले हैं। किसी पार्टी में

आपने देखा होगा कि हर कोई एक विशेष व्यक्ति, पुरुष या महिला के इर्द-गिर्द घूमता है, कभी आपने सोचा कि ऐसा क्यों है? इन सबका जवाब पीले लोग हैं, ये वे हैं, जो हंसने की इच्छा रखने वाले लोगों का मनोरंजन करते हैं। पीले लोग यह सुनिश्चित करते हैं कि माहौल हमेशा अपने चरम पर हो, ताकि हर कार्यक्रम एक शानदार पार्टी बन जाए। जहाँ उन्हें मनोरंजक माहौल नहीं मिलता है, तो वे दूसरी जगह चले जाते हैं, जहाँ का माहौल बेहतर होता है।

पीले रंग के लोगों को पहचानना आसान है। ये वे लोग हैं, जो हर समय बात कर रहे होते हैं, चुप या गंभीर रहना इनके स्वभाव में ही नहीं होता। ये वे लोग हैं, जो प्रश्न पूछने के बजाय उत्तर देते हैं और अक्सर ये ऐसे प्रश्नों का उत्तर दे जाते हैं जिन्हें किसी ने पूछा भी नहीं है। वे सवालों का जवाब एक ऐसी कहानी के माध्यम से देते हैं जिसका इस मुद्दे से कोई लेना-देना हो भी सकता है और नहीं भी। लेकिन, वास्तव में इससे कोई फ़र्क़ नहीं पड़ता, क्योंकि वह आपका मूड बना देता है, आप मन ही मन ख़ुशी का अनुभव करते हैं। इसके अलावा, उनका अटल सकारात्मक रवैया लंबे समय तक आपके परेशानी में डूबा रहने नहीं देगा। दरअसल, वे परेशानी को महसूस करने को ही असंभव बना देते हैं।

मैं तो यहाँ तक कहूँगा कि पीले रंग का प्रतिनिधित्व करने वाले लोग अन्य रंगों की तुलना में अधिक लोकप्रिय होते हैं। हालाँकि, मैं ऐसा कैसे कह सकता हूँ? आप इसे ख़ुद अनुभव करें। ख़ुद पर आजमाएँ। वे लोगों का मनोरंजन करते हैं, लोगों का मूड अच्छा रखते हैं। उनके आस-पास जो भी चीज़ें होती रहती हैं, हमेशा मजेदार होती हैं। वे जानते हैं कि भीड़ में हर किसी का ध्यान कैसे अपनी ओर खींचना है और उसे कैसे कायम रखना है। वे हमें महसूस कराते हैं कि हम उनके लिए स्पेशल हैं। उनका आपके आस-पास होना हमेशा फ़ायदेमंद है।

ऐसे लोग आम तौर पर थोड़े तुनक-मिजाज भी होते हैं। लाल की तरह, पीले रंग के लोग तुरंत निर्णय लेने में पीछे नहीं रहते हैं, लेकिन वे शायद ही कभी यह समझा पाते हैं कि निर्णय लेते समय तर्कसंगत तर्क का उपयोग क्यों करना चाहिए। एक अधिक संभावित प्रतिक्रिया यह हो सकती है, 'यह अभी सही लगा।' और निश्चित रूप से, मन की भावनाओं को कम करके नहीं आंका जाना चाहिए। अध्ययनों से पता चला है कि मन की भावनाएँ हमारे विचार से कहीं अधिक सही और शक्तिशाली होती हैं। लेकिन हम यहाँ जिस तरह की भावना के बारे में बात कर रहे हैं, वह उस तरह की नहीं है। पीले लोग अक्सर ऐसे निर्णय लेते हैं, जो

केवल महसूस करने पर आधारित होते हैं, इसमें कभी कोई विचार शामिल नहीं होता है।

मेरी एक बहन है, जो पीले लोगों का प्रतिनिधित्व करती है। मारिता अपने बात-व्यवहार में इतनी सहज है कि मैंने किसी को उसके बारे में एक भी नकारात्मक शब्द बोलते कभी नहीं सुना। कभी नही। मैं पक्षपाती हो सकता हूँ, लेकिन मैं ऐसे किसी व्यक्ति से नहीं मिला, जो उससे मिलते ही उसे पसंद नहीं करने लगता हो। मिलने वाले प्रत्येक व्यक्ति के साथ घुलमिल जाना उसका स्वभाव था, उसकी अद्भुत क्षमता थी।

मारिता के पास हमेशा कुछ-न-कुछ मनोरंजक बातें सुनाने के लिए हुआ करती थीं। हालाँकि, इनमें से कुछ बातें इतनी अनोखी होती थी कि कभी-कभी मुझे उससे पूछना पड़ता था, मारिता जब तुम यह सब कह रही होती हो, तो तुम्हारे दिमाग़ में क्या कुछ चल रहा होता है। जोरदार हंसी के साथ वह जवाब देती, सच में! पर वह मैं तो नहीं थी!

जब भी मैं मारिता और उसके पति लीफ से मिलने जाता, ख़ुश होकर वहाँ से निकलता था। कई मायनों में यह मेरे लिए नकारात्मकता को दूर करने का एक सरल माध्यम था। उन दोनों में जो सबसे अच्छी बात थी, वह यह कि अपने आस-पास मौजूद सभी चीज़ों में ख़ुशी देखना। आशा की एक छोटी-सी किरण में भी अंधकार को दूर करने की अतुलनीय क्षमता होती है। मेरे लिए यह बहुत आनंददायक होता। यह मेरे स्वभाव को सहज कर देता था। वर्षों तक, मैं सोचता रहा कि ऐसा क्यों था और अंत में मैं इस निष्कर्ष पर पहुँचा कि पीले रंग वालों का व्यवहार लोगों में ख़ुशी बांटना ही है।

अगर मैं अपनी बहन से कहता, ऐसा लगता है कि बारिश होने वाली है, तो वह बिलकुल सामान्य तरीक़े से जवाब देती, मुझे तो ऐसा नहीं लगता। खिड़की की ओर इशारा करते हुए मैंने उससे कहा, लेकिन देखो, बारिश वास्तव में हो रही है। बाहर काफ़ी अंधेरा है; बारिश खत्म होने से पहले बिजली गरज सकती है। वह बोली- ज़रूर। वह कहती है, लेकिन उसके बाद सूरज निकलेगा! बस, इंतजार करो और देखो। फिर वह हंसती है। दोबारा। जब बाहर बारिश हो रही होती है, तो वह बेधड़क मस्ती करती हुई सोफे पर बैठ जाती है। और मैं, बाकी सभी लोगों के साथ हंसने लगता हूँ क्योंकि इसका विरोध करना असंभव है।

जितने लोग उतना मजा!
आपके मित्र मेरे भी मित्र हैं...

जिन लोगों के व्यवहार में पीला रंग शामिल होता है, वे लोग संबंध विकसित करने में माहिर होते हैं। वे बहुत ही उतावले और बेहद प्रेरक हो सकते हैं। वे दूसरों के लिए अपनी भावनाओं के बारे में बात करने में बेहद उत्तेजित, उत्साहित और ख़ुश होते हैं। कभी-कभी तो अजनबियों के लिए भी उनका व्यवहार नहीं बदलता है।

पीले रंग का प्रतिनिधित्व करने वाले लोग किसी से भी बात कर सकते हैं। वे बिल्कुल भी शर्मीले नहीं होते, वे जिन लोगों से मिलते हैं, बड़ी आत्मीयता से मिलते हैं। अजनबियों के प्रति भी उनका दृष्टिकोण बेहद सकारात्मक होता है। वे ऐसे दोस्त होते हैं, जिनसे अभी तक आप नहीं मिले हैं।

बहुत से लोग नोटिस करते हैं कि पीला हमेशा मुस्कुराता और हंसता रहता है। यह निस्संदेह पीला की ताक़त में से एक है। उनकी आशावादिता अजेय है। जब दूसरे लोग कह रहे होते हैं कि कुछ भी ठीक नहीं हो रहा, सामने सिर्फ़ अंधेरा ही अंधेरा है, तब वे कहते हैं- कितना सुंदर दृश्य है, कुछ अच्छा होनेवाला है!

लाल रंग की तरह ही पीले रंग में भी बहुत ऊर्जा होती है। उन्हें ज़्यादातर चीज़ें दिलचस्प लगती हैं। वे सबसे अधिक जिज्ञासु लोग होते हैं, जिनसे आप कभी भी मिल सकते हैं। नई चीज़ें भी सुखद होती हैं और पीले लोग ऊर्जा का एक बड़ा हिस्सा काम को करने के नए तरीक़े खोजने में खर्च करते हैं।

छुट्टियों के सबसे अधिक अवसर किसे मिलते हैं, आपको क्या लगता है? पीले रंग को। सेल फोन में पड़े अधिकांश कॉन्टैक्ट्स को? पीला सही है। फेसबुक पर सबसे ज़्यादा दोस्त को? अभी भी आपको पीले के संकेत मिल रहे हैं। हर जगह उनके मित्र होते हैं और वे अप टू डेट रहने के लिए सभी के साथ संपर्क बनाए रखने में माहिर होते हैं। येलो जानना चाहते हैं कि और क्या चल रहा है। वे वहाँ होना चाहते हैं, जहाँ कुछ हो रहा है और वे हर जगह अपनी उपस्थिति दर्ज कराना सुनिश्चित करना चाहते हैं।

पीले लोग अक्सर ख़ुद को इस रूप में देखते हैं :

उत्साही	आकर्षक	बेबाक
प्रेरक	आशावादी	लचीला
नि:संकोची	रचनात्मक	हाजिरजवाब
संतुष्ट करने वाला	कोई झंझट नहीं	समझदार

'क्या यह आश्चर्यजनक नहीं है?
मैं इसे टुकड़ों में बहुत पसंद करता हूँ!'

अगर कुछ ऐसा है, जो पीले व्यवहार को विशिष्ट बनाता है, तो यह असीमित आशावाद और उत्साह है। कुछ चीज़ें लंबे समय तक उनके अच्छे मूड को उनसे दूर कर सकती हैं। पीले रंग का पूरा अस्तित्व एक ही चीज़ पर केंद्रित है, अवसरों और समाधानों की खोज में लगे रहना।

अपने समय में, हिप्पोक्रेट्स ने पीले लोगों को सांगुइन कहा था। इसका सीधा-सा अर्थ है, आशावादी। उनके लिए कोई समस्या वास्तव में है ही नहीं। उनका एक ही विचार होता है, सब अपने आप ठीक हो जाएगा। लेकिन, ऐसा तो कहीं होता नहीं है क्योंकि दुनिया केवल चिंताओं और कठिनाइयों से भरी है। बावजूद इसके, पीले रंग के व्यक्ति जीवन को सकारात्मक दृष्टिकोण के साथ देखते हुए अपने आस-पास के लोगों को मनोरंजक चुटकुले सुनाकर, कुछ अच्छी कहानियाँ बताकर ख़ुशी ही बांटते हैं।

मुझे नहीं पता कि पीले रंग के लोगों को इतनी जबरदस्त ऊर्जा कहाँ से मिलती है, लेकिन जो भी हो, ये मौज-मस्ती करने और ख़ुद को सामाजिक एकजुटता के लिए समर्पित करने से पीछे नहीं हटते हैं। सभी को ऐसी मुहिम में शामिल होना चाहिए और पीला किसी को भी कभी भी उदास नहीं होने देगा।

माइके मेरा एक अच्छा दोस्त है, जो पीले रंग के लोगों के समूह का प्रतिनिधित्व करता है। उसके जीवन में चुनौतियाँ भरी पड़ी है। उसकी पत्नी ने उसे छोड़ दिया, उसके बच्चों को स्कूल में कई परेशानियों से दो-चार होना पड़ा। कई मौकों पर उसके नियोक्ता दिवालिया हो गए, उसकी नौकरी चली गयी। मैं यह भी नहीं गिन सकता कि कितनी बार उसकी कार दुर्घटना हुई है, उसके घर में चोरी हुई है, या उसके महंगे सामानों की लूट हुई है। कभी-कभी जब मैं देखता हूँ कि मिकी कॉल कर रहा है, तो मैं मुश्किल से उसके फोन का जवाब देने की हिम्मत कर पाता हूँ। सच कहूँ तो, जितने लोगों से मैं आज तक मिला हूँ, उन सबमें मिकी अब तक का सबसे मनहूस आदमी है।

लेकिन, उसका सबसे रोचक पहलू यह है कि इन सारी बातों में से कोई भी उसे परेशान नहीं करता है। स्वाभाविक रूप से, दुर्घटना होने पर वह परेशान हो जाता है, लेकिन वह इस परेशानी को लंबे समय तक ढोता नहीं है। अंदर ही अंदर, ज़्यादातर समय बस वह बुदबुदाता रहता है।

मुझे याद है, जब हम दोनों काफ़ी छोटे थे। उसने एक पुराना अल्फा रोमियो ख़रीदा था। यह दो दरवाजों वाली एक टू-सीटर थी। यह पूरी तरह से जंग लगी हुई एक कार थी। हालाँकि, यह किसी चमत्कार से कम नहीं था कि यह भी चालू हालत थी। माइके के पास करीब एक हफ़्ते तक कार रही जब वह एक लैम्पपोस्ट से टकराया और ड्राइवर की तरफ से बाहर तक नहीं निकल सका। जब मैंने दुर्घटना के बारे में सुना, तो मैं चिंतित हो गया और यह जानने के लिए फोन किया कि क्या वह ठीक है। उसका जवाब था? यह अच्छा था! मैं अभी दूसरे दरवाजे से निकला हूँ!

आशावादी सलाहकार की फिर से वापसी

पीले रंग के व्यक्ति सकारात्मक और ख़ुश-मिज़ाज होते हैं, वे अपने आस-पास के लोगों में ख़ुशी और गर्मजोशी फैलाते हैं। उनके पास आशा की कोई सीमा नहीं होती। अनंत आशाओं के साथ वे सभी प्रतिकूल स्थितियों का काफ़ी प्रभावी ढंग से सामना करते हैं।

ऐसे में कौन परेशान हो सकता है, जब कोई हर समय अच्छी चीज़ों की ओर इशारा कर रहा हो?

ऐसे व्यक्ति से कैसे कोई प्रेरित नहीं होगा, जो आधा खाली गिलास को भी सकारात्मक तरीक़े से देखता है, उसमें किसी भी तरह की नकारात्मकता से इंकार करता है?

मेरी एक ग्राहक एक दवा कंपनी में सेल्स डायरेक्टर है। मैरिएन ने कंपनी में अपने तरीक़े से काम किया, जिसे हम लंबा रास्ता कहते हैं। उसके प्रबंधक और सहकर्मी सभी इस बात से सहमत हैं कि वह केवल एक चीज़ के कारण इतनी सफल रही हैं : अपने आस-पास के लोगों को प्रेरित करने की उनकी अद्भुत क्षमता।

कई मौकों पर मैंने उसे सेल्स मीटिंग करते देखा है। मेरा मानना है कि मैं लोगों को प्रेरित करने में सक्षम हूँ, लेकिन जब मैरिएन आ जाए, तो आपको बस चुपचाप बैठ जाना होगा। मैरिएन के प्रभावी बातों से कुछ मिनटों के भीतर कमरा इतना प्रेरित हो जाता है कि अगर वह विक्रेताओं को खिड़की से कूदने के लिए कहें, तो वे ऐसा करेंगे, भले ही वे पांचवीं मंजिल पर हों। वह सब कुछ इतना सरल बना देती है।

'खिड़की से बाहर कूदना एक अच्छा विचार है! हम ऐसा कर सकते हैं। चलो कूदें!'

और समूह उसके पीछे चल पड़ता है। मैरिएन की आशावादिता और जीवन के प्रति उज्ज्वल दृष्टिकोण से प्रभावित होकर लोग नकारात्मक ख्यालों को तो अपने जेहन तक में नहीं लाते। उपलब्धि हासिल करने का यह महान और अभूतपूर्व तरीक़ा है। लोगों को प्रेरित करके उनके आत्मविश्वास को अविश्वसनीय स्तर तक बढ़ाने की उसके पास अद्भुत क्षमता थी।

मैंने एक बार मैरिएन को एक क्रुद्ध ग्राहक के साथ डील करते हुए देखा था, जिसे लग रहा था कि मैरिएन की संस्था ने उसके साथ ग़लत व्यवहार किया है। यह ऐसी स्थिति नहीं थी, जिसके बारे में ज़्यादातर लोग सपने देखते हैं! बाद में यह पता चला कि मैरिएन के लिए यह कोई समस्या ही नहीं थी। ग्राहक की तरफ लगातार मुस्कुराकर और उसकी नकारात्मक टिप्पणियों को सुनने से इनकार करके, उसने उसे एक गुस्से वाले चेहरे से एक कोमल मुस्कान और अंत में जोरदार हंसी में बदल दिया। ऐसा कैसे हो सकता है? मुझे नहीं लगता कि वह भी अंतर्निहित प्रक्रिया की ऐसी व्याख्या कर सकती है। यह उसके लिए स्वाभाविक था।

क्या होगा, अगर हम सब कुछ उल्टा कर दें?

आपको पीले रंग से अधिक साधन संपन्न कोई नहीं मिलेगा। अगर कुछ ऐसा है जिसमें पीले रंग के पास अभिरुचि है, तो वह समस्याओं में वहाँ समाधान देख रहा होता है, जहाँ अन्य नहीं देख रहे होते हैं। पीले रंग में चीज़ों को अपने पक्ष में मोड़ने की अनोखी क्षमता होती है। सीधे शब्दों में कहें तो, वे कुछ अलग हटकर सोचते हैं और हर विपरीत परिस्थिति को पलट देते हैं। आप इसे जो चाहें कह सकते हैं, लेकिन उनकी सोच हमेशा किसी निर्धारित पैटर्न का पालन नहीं करती है।

वे तेज़ी से आगे बढ़ते हैं : पीले रंग की बुद्धि बहुत तीव्र होती है, जिसका अर्थ है कि इसे बनाए रखना मुश्किल हो सकता है। कभी-कभी उन्हें अपने अफलातूनी विचारों को समझाने में भी मुश्किल हो सकती है।

मेरा एक अच्छा दोस्त अपने घर पर काम करना पसंद करता है। इंटीरियर और गार्डन डिजाइन से जुड़ी हर चीज़ उसे आकर्षित करती है। मुझे संदेह है कि रोबन अपनी वास्तविक नौकरी को छोड़ चुपचाप से हमेशा के लिए इंटीरियर डिजाइनिंग का काम करने लगेगा।

मैंने इसे ख़ुद देखा है। मैंने उसकी पत्नी से भी सुना है कि वह चीज़ों को लेकर उसके पीछे कैसे जाता है, कैसे उसके बारे में सब कुछ जानता चाहता है। वह बगीचे में घूमता है और उसकी पत्नी दस से उलटी गिनती शुरू करती है। सात पर पहुँचते-पहुँचते रॉबन कहते हैं, हनी, मेरे पास एक विचार है।

रोबन की रचनात्मकता के कुछ कारण हैं। चीज़ों को तसवीरों के रूप में सोचना उसके लिए आसान है। वह अपने सामने चीज़ों को उनके अस्तित्व में आने से बहुत पहले ही देख सकता है। उसमें हिम्मत भी है; वह नई चीज़ों को आजमाने से नहीं डरता; या उनके बारे में बात करने के लिए। आमतौर पर, जब वह इन विचारों की कल्पना करता है, तो उसका मुंह उसके दिमाग़ के समानांतर काम करता है।

मैंने पीले रंग के एक ऐसे व्यक्ति के साथ काम किया है, जो बिना किसी आइडिया या सोच के सड़क तक पार नहीं करता था। वह अपने आस-पास की चीज़ों तक को देखकर कुछ बिजनेस आइडिया सामने लेकर आ जाता था। कैसे यह काम करता है? मैं वास्तव में नहीं जानता। लंबे समय तक हम उससे ऐसे आइडियाज को प्राप्त करते रहे। जब हम अपनी या किसी की भी कमज़ोरियों के

बारे में बात करना शुरू करते हैं, तो पीला उसपर कैसे अपनी प्रतिक्रिया देगा, इस पर ज़रूर ध्यान दें। पीले रंग के लोगों की शायद ही कभी कोई सीमा होती है।

इस बात को इस तथ्य से भी मदद मिलती है कि उनके सोचने का तरीक़ा ही अलग होता है।

एक पीला व्यक्ति रचनात्मक मोड में होने पर सामान्य तरीक़ों से परे जाने की हिम्मत करता है। निश्चित रूप से, किसी व्यवसाय की संरचना और उसमें काम कर रहे लोगों का पदानुक्रम एक प्रकार की सीमा होती है, लेकिन पीले रंग के लोग ऐसी चीज़ों के बारे में शायद ही कभी चिंतित होते हैं। वास्तव में, वे अक्सर यह जानते नहीं हैं कि ऐसी कोई सीमाएँ भी हैं।

नए सुझावों या विचारों के लिए क्या आपको कोई मदद चाहिए? अगर ऐसा है, तो सबसे पहले आप किसी पीले रंग के व्यक्ति को ढूंढें, जिसे आप जानते हैं। क्या आप भी इसी सोच में फंसे हुए हैं? क्या किसी पुरानी समस्या पर आपको नए दृष्टिकोण अपनाने की आवश्यकता है? किसी पीले व्यक्ति से बात करें। हो सकता है कि वह जो भी विचार या योजना आपको दे, आप उसका उपयोग करने में सक्षम न हों, पर पीले रंग के लोगों के लिए यथार्थवाद कोई कारण नहीं है। एक चीज़ दूसरे किसी चीज़ के होने का कारण बन सकती है और फिर अचानक आपके पास कुछ ऐसा हो जाता है, जो काम कर जाता है।

एक पेंगुइन को बर्फ बेच देना

पीले रंग का प्रतिनिधित्व करने वाले लोग बहुत ही प्रेरक होते हैं। ऊर्जा और आशावाद इनमें कूट-कूट कर भरा होता है। जहाँ दूसरों को कुछ नहीं दिखायी देता है, वहीं पीले लोग अवसर और समाधान ढूंढ लाते हैं। नकारात्मकता उनमें होती ही नहीं है।

अक्सर यह कहा जाता है कि विश्वास दिलाने और बात मनवाने के बीच अंतर होता है, पर पीले रंग वाले लोग इन सीमाओं को भी पार कर डालते हैं। वे जो कहते हैं, वह सुनने में बहुत अच्छा लगता है। मनमोहक भाषा और बोलचाल के तरीक़े से से ये लोगों को अपनी तरफ करने में वास्तव में उस्ताद होते हैं।

भाषा के संबंध में : जैसा कि मैंने बॉडी लैंग्वेज (पृष्ठ 132) पर अध्याय में वर्णन किया है, अधिकांश पीले रंग के पास इशारों में बात करने का एक समृद्ध और

विविध तरीक़ा होता है, ताकि वे आपको न केवल अपने शब्दों से, बल्कि अपने पूरे शरीर से मना सकें।

लेकिन यह सिर्फ़ ऊर्जा और इच्छाशक्ति नहीं है। पीले रंग के लोगों के पास ख़ुद को अभिव्यक्त करने का एक अनूठा तरीक़ा है, जो उनके श्रोताओं को प्रभावित करता है। अपनी बातों में वे मनमोहक कल्पनाओं का ऐसा ताना-बाना बुनते हैं कि पांचों इंद्रियाँ उनकी ओर आकर्षित हो जाती हैं और एक ऐसा प्रभाव पैदा होता है, जिसे पूरा शरीर महसूस करता है।

जाने बिना भी बहुत से पीले लोग कुशल बयानबाजी करने वाले भी होते हैं। वे सहज रूप से जानते हैं कि उनका लोकाचार, संदेश जितना ही महत्त्वपूर्ण है। इसलिए, वे आम तौर पर दोस्ताना व्यवहार करके, आपसे हाथ मिला कर एक मित्र के रूप में आपसे मेलजोल बढ़ाने के प्रति सचेत रहते हैं। छोटी व्यक्तिगत टिप्पणियाँ करके आपको महत्त्वपूर्ण महसूस कराना उनका प्रिय शगल है।

उदाहरण के लिए, बिल क्लिंटन के विचार भी कुछ ऐसे ही हैं और कई राजनेता भी इससे सहमत हैं। उनके पास इस तरह के कई करिश्मे हैं, जो पीले रंग के लोगों में स्वाभाविक रूप से मौजूद होते हैं, जैसे- किसी दूसरे व्यक्ति में नोटिस करने योग्य ऐसी कौन-सी बात है, या फिर सही सवाल पूछने की काबिलियत ताकि दूसरों को लगे कि वे आपके लिए बहुत महत्त्वपूर्ण हैं।

'मैं बहुत से लोगों को जानता हूँ, वे सब के सब, वास्तव में ऐसे में ही हैं'

अगर पीले रंग के लोगों को अपने रिश्तों को आगे बढ़ाने का मौका नहीं मिल पाता है, तो वे धीरे-धीरे मुरझा जाते हैं और खत्म हो जाते हैं। ठीक है, यह कुछ हद तक अतिशयोक्तिपूर्ण हो सकता है, लेकिन पीले रंग के लोगों के लिए व्यवहार की परिभाषा रिश्तों को आगे बढ़ाने की उनकी क्षमता के इर्द-गिर्द घूमती है।

पीले रंग के लोग लोगों को प्रेरणा देते हैं। वे अपने आस-पास के लोगों को प्रोत्साहित करते हैं। वे इसे हासिल करने के लिए अपने रिश्तों को आगे बढ़ाते हैं, आगे बढ़कर लोगों की बेहतरी के लिए बातें करते हैं। पीले रंग के लोग जानते हैं कि व्यापार का सबसे महत्त्वपूर्ण पहलू रिश्ता है। यदि आपके ग्राहक आपको लेकर सकारात्मक महसूस नहीं करते हैं, तो आपके लिए आगे बढ़ना मुश्किल होगा।

पीले रंग के लोग सब जानते हैं, सब समझते हैं। अन्य सभी की तुलना में अधिक लोग उनके परिचित होते हैं। वे सभी को पसंद करते हैं। पीले रंग के लोगों को किसी व्यक्ति को अपना मित्र कहने से पहले उसे अच्छी तरह से जानने की आवश्यकता नहीं होती है। जो लोग उन्हें पसंद नहीं करते हैं, उन्हें भी पीले रंग के लोग अपना दोस्त मानते हैं। याद रखें कि जब लाल रंग के लोग पूछते हैं कि आगे क्या किया जाना है, पीले रंग के लोग तुरंत जानना चाहते हैं कि यह कौन करेगा। पीले रंग के लोगों के लिए यह प्रश्न बहुत महत्त्वपूर्ण है। यदि टीम या समूह के लोग सही ढंग से काम को अंजाम नहीं देते हैं, तो पीले रंग के लोग अच्छा महसूस नहीं करते हैं। उन्हें अपने आप में आने के लिए कामकाजी रिश्तों की ज़रूरत होती है।

पीले रंग के लोगों के व्यवहार पर निष्कर्ष

आप क्या सोचते हैं? क्या आप कभी असली पीले रंग के लोगों से मिले हैं? ओपरा विन्फ्रे, रॉबिन विलियम्स, एलेन डीजेनरेस और कुछ अन्य काल्पनिक उदाहरण जैसे- द लॉर्ड ऑफ द रिंग्स से पिप्पिन और स्टार वार्स से हान सोलो पीले रंग के कुछ प्रसिद्ध लोगों में शामिल हैं।

6
___

हरे रंग के लोगों का व्यवहार

परिवर्तन इतना कठिन क्यों है,
इसके आस-पास तक कैसे पहुँचा जाए

'हम यह कैसे करने जा रहे हैं? यह तो ज़रूरी नहीं है, है ना?'

हरे रंग के लोग के व्यक्ति सबसे आम हैं। हर जगह आपको ऐसे लोग मिल जाएँगे। समझाने का इससे आसान तरीक़ा और क्या होगा कि वे कौन हैं? खैर, मैं उसे अन्य सभी रंगों के औसत के रूप में वर्णित करना चाहता हूँ। कृपया इसे नकारात्मक रूप में न लें; ध्यान रखें कि वास्तव में ये कौन हैं। लाल रंग का प्रतिनिधित्व करने वाले लोग जहाँ तनाव का प्रदर्शन करने वाले होते हैं, पीले रंग के लोग रचनात्मक विचार वाले होते हैं, नीले रंग के लोग मिस्टर परफेक्शनिस्ट होते हैं (पृष्ठ 27 और 28 देखें), वहीं हरे रंग के लोग सबसे संतुलित होते हैं। वे अधिक चरम व्यवहार वाले लक्षणों को तरीक़े से संतुलित करते हैं। हिप्पोक्रेट्स ने ऐसे लोगों को सुस्त कहा है। एज़्टेक ने उन्हें धरती से जुड़ा बताया है। शांत, इत्मीनान और सहज कुछ ऐसे शब्द हैं, जो ऐसे लोगों के लिए बिलकुल उपयुक्त हैं।

इसका मतलब केवल ऐसे तथ्यों को सामने लाना है जिससे पता चले सके कि हर कोई अतिवादी नहीं हो सकता और होना भी नहीं चाहिए; अन्यथा, हम कभी भी कुछ भी नहीं कर पाते। दि हर कोई ख़ुद से प्रेरित होता, तो नेतृत्व करने के लिए किसी नेता की कोई ज़रूरत ही नहीं रह जाती। अगर हर कोई उत्साही होता,

ख़ुद को ख़ुश रख पाता, तो मनोरंजन करने वाला कोई नहीं होता। और अगर हर कोई मिस्टर परफेक्शनिस्ट होता, तो व्यवस्थित कर रखने के लिए कुछ भी बचा नहीं होता।

इसका मतलब यह है कि हरे रंग का प्रतिनिधित्व करने वाले लोग उस तरह से नहीं रहते हैं, जैसे दूसरे करते हैं। वे अक्सर कठिन परिस्थितियों को भी अपने हक में करने की ताक़त रखते हैं। जहाँ लाल और पीले रंग के लोग तुरंत काम शुरू कर देते है, वहीं हरा शांति से पेश आता है। नीले रंग के लोग जहाँ काम की बारीकियों में उलझ जाते हैं, वहीं हरे रंग के लोग अपने तरीक़े से यह महसूस करने की कोशिश करते हैं कि क्या सही है और क्या ग़लत।

यदि आपका कोई दोस्त हरे रंग वाला है, तो वह आपका जन्मदिन कभी नहीं भूलेगा। वह आपकी सफलताओं को लेकर आपसे शिकायत नहीं करेगा और न ही ख़ुद के बारे में बता कर सुर्खियों में आने की कोशिश करेगा। वह आपसे आगे निकलने की कोशिश नहीं करेगा, नई व न पूरा कर सकनेवाली मांगों से वह आपको कभी भी तंग नहीं करेगा। वह आपको एक प्रतियोगी के रूप में भी नहीं देखेगा, भले ही आपको कभी भी उस स्थिति में रखा गया हो। जब तक उसे आगे बढ़कर किसी काम को करने के लिए नहीं कहा जाए, वह कमान नहीं संभालेगा। और वह नहीं करेगा-

कृपया करके एक मिनट के लिए रुकें, अब आप कुछ सोच रहे होंगे। ऐसी बहुत-सी चीज़ें हैं, जो वह नहीं करता है। तो वह करता क्या है?

आप इस तथ्य को नज़र-अंदाज़ नहीं कर सकते हैं कि हरे रंग का प्रतिनिधित्व करने वाले लोग दूसरों की तुलना में अधिक निष्क्रिय हैं। वे लाल रंग के लोगों की तरह उत्साहित नहीं हैं, पीले रंग की तरह होशियार नहीं हैं और नीले रंग की तरह व्यवस्थित नहीं हैं। अधिकांश लोगों के बारे में यही सच है।

इसी वजह से इनसे निपटना आसान होता है। वे आपको किसी तरह से बदलने नहीं देते, आप वही रहें, जो आप हैं। उनकी मांगें कभी भी अधिक व बेवजह नहीं होती और इसके पूरा न होने पर वे कभी भी अनावश्यक रूप से हो-हल्ला नहीं मचाते हैं। हरे रंग का प्रतिनिधित्व करने वाले बच्चों की विशेषताओं को आमतौर पर छोटे स्वर्गदूतों के रूप में वर्णित किया जाता है। वे खाते हैं, जब उन्हें खाने का मन करता है; वे सोते हैं, जब उन्हें सोने की इच्छा होती हैं; वे अपना होमवर्क करते हैं, जब उन्हें ऐसा करने का मन करता है।

बात सिर्फ़ इतनी ही नहीं है। किसी बात से अगर वे बच सकते हैं, तो वे ऐसा करेंगे, लेकिन किसी को नाराज नहीं करेंगे। वे किसी को कष्ट नहीं पहुँचाना चाहते हैं, यहाँ तक कि बॉस के किसी अजीब निर्णय लेने पर भी वे वापस उस विषय पर आपसे बात नहीं करेंगे। (कम-से-कम उसके सामने तो नहीं, यानी कॉफी ब्रेक के दौरान वी इस पर बात कर सकते हैं, हो सकता है कि और बाद में) वे आमतौर पर हर जगह फिट होने का प्रयास करते हैं, जो उन्हें अधिक संतुलित व्यक्ति बनाता है। उदाहरण के लिए, पीले रंग के भ्रमित लोगों को शांत करने के लिए वे आदर्श हैं। नीले रंग के लोगों को प्रोत्साहित करने में वे उत्कृष्ट हैं, जो कभी-कभी बहुत ठंडे भी पड़ जाते हैं।

हम अक्सर एक ऐसे परिवार के साथ घूमते हैं, जहाँ पति पीले रंग का प्रतिनिधित्व करता है और घूमना-फिरना पसंद करता है। मनोरंजक खेलों से लोगों को प्रसन्न करता है और किसी भी सवाल का जवाब देने में वह बहुत ख़ुशी महसूस करता है। बाकी सब उसके लिए दर्शक हैं और वह कभी भी सुर्खियों से बाहर नहीं निकलना चाहता। उसकी पत्नी हरे रंग का प्रतिनिधित्व करनेवाली है। शांत, सौम्य और जितना हो सके उतना निश्चल। जब उसका पति इधर-उधर कूदता है और खिलखिलाता है (ये अधेड़ उम्र के लोग हैं), तो वह चुपचाप सोफे पर बैठ जाती है और मुस्कुराती है। वह दूसरों की हरकतों से ख़ुद का मनोरंजन करती है और ख़ुश होती है। जब भी मैं उससे पूछता हूँ कि क्या वह कभी अपने पति की हास्यपूर्ण गतिविधियों से थकती है, तो वह धीरे से जवाब देती है, नहीं वह इतने मजे जो ले रहा है।

यह हरे रंग के लोगों की विशिष्ट विशेषता है। वे अन्य लोगों के अधिक विलक्षण व्यवहार के प्रति बहुत सहिष्णु होते हैं। क्या अब कुछ तस्वीर साफ हो रही है? हरे वे लोग हैं, जिनके बारे में शायद हममें से अधिकांश सोचते भी नहीं होंगे।

कुछ सरल और मूल बातें

हरे रंग का प्रतिनिधित्व करने वाले लोग दयालु होते हैं। किसी भी प्रकार की ज़रूरत पड़ने पर आप उनसे मदद की उम्मीद कर सकते हैं। वे रिश्तों को निभाने वाले लोग हैं। इसे बनाए रखने के लिए अपनी पूरी शक्ति के साथ वे सब कुछ करेंगे, जो उन्हें करना चाहिए। और आजीवन वे इसे निभाएँगे। वे इस बात का हमेशा ख्याल रखेंगे कि आपका जन्मदिन कब है, आपके दोस्तों का जन्मदिन कब है, आपके बच्चों का

जन्मदिन कब है, वगैरह-वगैरह। मुझे आश्चर्य नहीं होगा, अगर वे यह भी जानते हैं कि आपकी बिल्ली ने दिन में पहली बार रोशनी कब देखी थी।

यह अक्सर कहा जाता है कि हरे रंग वाले लोग सबसे अच्छे श्रोता होते हैं और यह सच है। हरे रंग वाले हमेशा अपने से ज़्यादा आप में दिलचस्पी रखेंगे और संयोग से अगर उन्हें ख़ुद में दिलचस्पी है भी तो वे इसे लेकर आपसे बात करने के बारे में सोचेंगे भी नहीं। आप अक्सर हरे रंग वालों को अपने आस-पास पाते हैं, जहाँ वे व्यक्तिगत लाभ की परवाह किए बिना दूसरों की मदद करते हैं।

वे टीम के लिए अच्छे खिलाड़ी भी साबित होते हैं। टीम, समूह, परिवार हमेशा उनकी प्राथमिकता में होते हैं और मैं तो यह भी कहूँगा कि किसी भी सोसाइटी में रहनेवाले हरे रंग के लोग हमेशा बीमारों और कमज़ोरों का ख्याल रखेंगे। वे ज़रूरतमंद मित्र का साथ कभी नहीं छोड़ेंगे; और हाँ आप मदद के लिए उन्हें किसी भी समय कॉल कर सकते हैं। वे हमेशा आपके दुखों में कंधे से कंधा मिलाकर साथ देने के लिए तैयार होते हैं।

ख़ुद में परिवर्तन लाना उनकी सबसे बड़ी ताक़त नहीं है, हालाँकि इसे अपनाने से वे पीछे भी नहीं हटते हैं। यदि आप बदलाव को सही ठहरा सकते हैं और उसे पर्याप्त समय दे सकते हैं, तो हरे रंग वाले लोग भी नई चीज़ों को आजमाने के लिए तैयार हो जाएँगे। लेकिन, एक हरा रंग वाला आपको हमेशा याद दिलाएगा कि आप जानते हैं कि आपके पास क्या है, लेकिन आप कभी नहीं जानते कि आप क्या कर सकते हैं। जिस प्रकार कहने के लिए घास हरा तो है, लेकिन यह ख़ुद से तो नहीं है।

हरे लोग अक्सर ख़ुद को इस रूप में देखते हैं:

दोस्ताना	शांत	विश्वसनीय
विचारशील	हंसमुख	धैर्यवान
उम्मीद पर खरा	स्थिर	समूह का सदस्य
विवेकशील	सावधान	अच्छा श्रोता

दुनिया का सबसे अच्छा दोस्त

जैसा कि मैंने पहले ही कहा है, ऐसे लोग स्वाभाविक रूप से मिलवत होते हैं। जब वे आपसे कहते हैं कि वे ईमानदारी से इस बात की परवाह करते हैं कि आप क्या कर रहे हैं, कैसे कर रहे हैं, तो आप भरोसा कर सकते हैं कि वे आपकी खातिर किस कदर चौकन्ने हैं। पीले रंग की तरह ही हरे रंग वाले लोग संबंधों को निभाने वाले होते हैं, दूसरों में उनकी रुचि वास्तविक और प्रामाणिक होती है।

यदि आप लोगों के एक समूह से पूछते हैं कि क्या कोई मदद के लिए हाथ बढ़ाने को तैयार है, कोई भी आपकी मदद के लिए आगे नहीं आएगा, लेकिन हरे रंग वाले कूद कर सामने आयेंगे और बोलेंगे, मुझे चुनें!' क्यों? ऐसा इसीलिए क्योंकि वह आपको मझधार में नहीं छोड़ना चाहता। वह जानता है कि अगर आपको कोई मदद नहीं मिली, तो आपको बुरा लगेगा। भले ही वह थोड़ा ढीला हो, पर वह मदद करने के लिए हमेशा एक दोस्त की तरह तैयार रहता है।

मुझे आज भी वह युवती याद है जिसके साथ मैंने वरसों पहले एक सलाहकार फर्म में काम किया था। बेशक, माजा निश्चित रूप से नीली रंग की एक प्रतिनिधि थी, लेकिन सबसे बढ़कर, वह हरे रंग का भी प्रतिनिधित्व करती थी। उसकी एक बात स्पष्ट थी : जब भी किसी ने मदद मांगी, तो उसने हमेशा हाँ कहा। एक बार नहीं, हर बार।

काम के बोझ के कारण उसके लिए बैठना मुश्किल था, लेकिन अंत में उसने सब कुछ व्यवस्थित कर लिया। हम हमेशा उसकी सहायता पर भरोसा कर सकते थे, उन सभी चीज़ों को संभालते हुए जिनके बारे में हममें से बाकी लोग भूल गए थे। उसकी मुस्कान बहुत ही स्नेही और मैत्रीपूर्ण थी, इसलिए हमने उसे रिसेप्शन में काम करने और नए ग्राहकों के साथ संपर्क बढ़ाने के लिए पहल करने को कहा। वह कभी भी ग्राहकों को कॉफी परोसने, सोफे पर रखे कुशन ठीक करने, या कौन-सा ग्राहक कितनी देर से प्रतीक्षा कर रहा है, इस पर ध्यान देने में वह कभी भी पीछे नहीं रही।

माजा कभी किसी का जन्मदिन या सालगिरह (या उनकी पत्नियों या बच्चों का, या कोई अन्य मौका) नहीं भूली। तनावग्रस्त सलाहकारों को वह अक्सर संक्षिप्त ई-मेल भेज कर याद दिलाती थीं कि हम सभी के पास परिवार हैं जिनकी देखभाल करने की भी आवश्यकता है। ज़रूर, हम सभी अपना ख्याल रख सकते थे, लेकिन अपने दयालु स्वभाव और विचार के कारण माजा ने मदद करने का हर

संभव प्रयास किया। यह उसका स्वभाव था। जब भी हमने उसे आराम करने और ख़ुद पर ध्यान देने के लिए कहते, तो वह नाराज हो जाती। वह हमारी देखभाल करना चाहती थी, इससे उसे अच्छा महसूस होता था। बेशक, सीमाएँ थीं, पर माजा लगातार इस बात का जोखिम उठाती रही कि उसके विशाल दिल का कोई फायदा न उठा पाए। वास्तव में जब ऐसे गुणों को ठीक से संतुलित किया जाता है, तो यह निःस्वार्थता में बदल जाती है, जो एक सुंदर गुण है।

हरे रंग के लोग स्वाभाविक रूप से ऐसा कर पाते हैं। कॉफी पीते समय आपके लिए अपने साथियों से यह पूछना बिल्कुल सामान्य है कि क्या वे एक और कॉफी लेना चाहेंगे। जब दूसरे रंग वाले लोग अपने-अपने खाली कप को कॉफी बनाने वाले के पास ले जाएँगे, वहीं हरे रंग वाले कॉफी का पॉट लेकर आपके पास आ जाएँगे और हर किसी के कप को फिर से भर देंगे।

हरे रंग वाले लोग हर किसी के साथ अच्छे संबंध रखना चाहते हैं, इसलिए वह उन लोगों की भी मदद करते हैं जिन्हें वे वास्तव में पसंद नहीं करते हैं। नहीं, तो किसी भी तरह की अव्यवस्था हो सकती है।

वे ज़्यादातर लोगों के बारे में अच्छा सोचते हैं और उनकी क्षमताओं पर भरोसा करते हैं। हालाँकि, कभी-कभी मन से किया गया काम भी बेहतर परिणाम नहीं दे पाता है, पर इसमें आम तौर पर दूसरे व्यक्ति की ग़लती होती है, ख़ुद हरे रंग वालों की नहीं। वे इतने नेकदिल हैं कि कभी-कभी दूसरे उसका फायदा तक उठा ले जाते हैं।

लेसे, मेरा एक अच्छा दोस्त है, जो वास्तव में एक सच्चा दोस्त भी है। इससे कोई फ़र्क़ नहीं पड़ता कि उसे क्या और कितना करना है; अगर किसी को मदद की ज़रूरत है, तो आप लेसे को हमेशा वहाँ पायेंगे, वह हमेशा ज़रूरतमंदों की मदद करने के लिए तैयार रहता है। कभी-कभी तो दूसरे लोगों के काम में हाथ बंटाने में वह इतना मशगूल हो जाता है कि अपना काम करना भी वह भूल जाता है।

वीकेंड में, वह अपने और दूसरों के बच्चों को हर उस जगह घुमाने ले जाता है, जहाँ वे जाना चाहते हैं। वह लोगों को इधर-उधर आने-जाने में सहायता भी करता है; वह ज़रूरत पड़ने पर लोगों के मांगे बिना अपने आवश्यक उपकरणों को उन्हें दे देता है। यदि आप उसे फोन करते हैं और किसी चीज़ के बारे में शिकायत करते हैं, तो वह इसे अनसुना नहीं करता, बल्कि ध्यान से सुनता है। यह सब करने में भले ही उसका बहुत समय लगता है, लेकिन वह इसका आनंद लेता है।

एक बार हरे रंग वाले ने कमिटमेंट कर दी, निश्चित हो जाएँ, काम हो जाएगा

यदि हरे रंग वाले लोग कहते हैं कि वह कुछ करेगा, तो आप आश्वस्त हो सकते हैं कि वह ऐसा ज़रूर करेगा। यदि उसे पूरा करना उसके हक में है, तो वह करेगा। ज़रूरी नहीं है कि वह इसे तुरंत कर डाले, पर एक अनुमानित समय सीमा के भीतर वह इसे ज़रूर कर दिखाएगा। हरे रंग वाले लोग किसी काम करने को पूरा करने में असफल नहीं होना चाहते, क्योंकि इससे दूसरों के लिए परेशानी हो सकती है। और क्योंकि वे टीम के अच्छे खिलाड़ी हैं, वे ऐसा कुछ भी नहीं करना चाहते हैं जिससे टीम को परेशानी हो। टीम उनके लिए स्वयं से पहले आती है, कंपनी, चालक दल, फुटबॉल टीम या परिवार सभी उनके लिए टीम के समान है। हरे रंग वाले लोग अपने आस-पास के सभी लोगों की देखभाल करते हैं, ऐसा करना उनके लिए स्वाभाविक भी है।

हरे रंग वाले लोगों के साथ लोग भी अच्छे से पेश आते हैं। उनके साथ हर कोई इतना अच्छा काम क्यों करता है, यह लोगों के बीच चर्चा का विषय है। यह सिर्फ़ इसलिए है क्योंकि उन्हें किसी तरह का विवाद पसंद नहीं है। वे हमेशा अपने आस-पास के लोगों को ख़ुश और संतुष्ट रखना चाहते हैं। यदि वे अच्छी तरह से किए गए काम से आपको ख़ुश कर सकते हैं, तो वे इसे करेंगे। दूसरों को ख़ुश करने की इच्छा हरे रंग वालों के लिए प्रेरणा शक्ति का काम करती है। यह स्वाभाविक रूप से आता है और इसके लिए किसी प्रयास की आवश्यकता नहीं होती है। निःस्वार्थता की यह भावना सर्वोच्च शांति के साथ आती है, जो आस-पास के लोगों के तनाव के स्तर को भी कम करती है।

'कोई अप्रिय आश्चर्य हमें पसंद नहीं, यह जानना अच्छा है कि क्या होने वाला है, हर बार'

आप हमेशा हरे रंग के किसी व्यक्ति पर भरोसा कर सकते हैं। कुछ संगठनों में, विश्वसनीय कर्मचारियों की आवश्यकता होती है। रचनात्मकता और आउटपुट किसी वर्क प्लेस की विश लिस्ट के शीर्ष पर नहीं हैं : संक्षेप में, आपको बस ऐसे लोगों की आवश्यकता है जो काम को समझते हैं और बिना किसी हंगामे या नाटक के इसे पूरा करते हैं।

फिर आप किसी हरे रंग वाले व्यक्ति को काम पर रखते हैं। वे काम को अच्छी तरह से करने के लिए आस-पास एक स्वस्थ और स्थिर वातावरण का निर्माण करते हैं। ऑर्डर जब तक आकर्षक तरीक़े से पेश किए जाते हैं, तब तक उन्हें ऑर्डर लेने में कोई समस्या नहीं होती है। हरे रंग वाले लोग कार्यस्थल में या घर में या परिवार के साथ, लगभग हर जगह स्थिरता और निश्चितता का आनंद लेते हैं।

जब भी कार्यस्थल में संकट पैदा होता है, शायद मंदी के कारण या जब नए प्रबंधक कार्यभार संभालते हैं, तो हम एक खास समूह में हमें सभी प्रकार के दिलचस्प व्यवहार देखने को मिलेंगे। लाल रंग वाले लोग, जो पूरी बात को कभी नहीं सुनते हैं, बस वह करने के लिए भागते हैं, जो उन्हें लगता है कि करने की ज़रूरत है। लेकिन, यह तभी तक, जब तक कि वे प्रबंधन पर खीझ निकाल न लें, क्योंकि वे उनके फैसलों से सहमत नहीं हैं। पीले रंग वाले किसी बात पर बेतहाशा चर्चा शुरू करते हैं और जो कुछ हुआ, उसके बारे में अपनी राय के बारे में सभी को आगे बढ़कर बताते हैं। काम करने के बजाय, वे ऑफिस छोड़ने तक दिनभर की चर्चाओं पर बहस करेंगे। नीले रंग वाले अपनी कुर्सी पर बैठेंगे और अपना कामकाज शुरू करेंगे, लाखों प्रश्न तैयार करेंगे जिनके उत्तर अभी तक कोई नहीं जानता है।

हरे रंग वाले लोग? वे सिर्फ़ बड़बड़ाते हैं। यदि प्रबंधन ने उनकी सुरक्षा की भावना को किसी प्रकार का नुक़सान नहीं पहुँचाया, तो वे बिना किसी शिकायत के आगे बढ़ते रहेंगे। इसके बारे में इतना बतंगड़ बनाने और परेशान होने का कोई मतलब नहीं है। हो सकता है कि आप वही काम करते रहें, जो आप पहले करते थे। यह वास्तव में चीज़ों को बहुत आसान बनाता है। हम देखेंगे कि हरे रंग वाले लोगों को हम कितना भी भटकाने की कोशिश करते हैं, लेकिन वे शांत रहने और आगे बढ़ने में अपनी महानता साबित करते हैं।

आपको हमेशा स्पष्ट पता चलेगा कि हरे रंग वाले लोग कुछ सवालों के जवाब हमेशा एक जैसा देंगे क्योंकि वह अक्सर अपनी राय नहीं बदलते हैं।

कुछ साल पहले, मैंने ग्रेगर को कोचिंग दी थी। वह कई वर्षों तक सीईओ रहे थे और उनकी प्रबंधन टीम में केवल वैस प्रबंधक शामिल थे, जो हरे रंग के लोगों का प्रतिनिधित्व करते थे। नए आइडियाज को लॉन्च करते समय उन्हें गेम खेलने में मजा आता था। इसके साथ ही वे उत्तरों के साथ छोटे-छोटे नोट्स लिखा करते

थे, जो प्रत्येक व्यक्ति से मिलने वाले जवाब के अनुमान पर आधारित होता था। अन्ना से 'ना'। स्टीफन से 'हाँ'। बर्टिल से 'शायद'। हर बार सही! ग्रेगर इन सभी को अच्छी तरह जानता था और वह यह भी जानता था कि वे उसके प्रस्तावों पर कैसी प्रतिक्रिया देंगे।

पीले रंग वाले लोगों के मामले में ऐसा नहीं होता। वे यह भी नहीं जानते कि ऐसा अवसर आने पर वे कैसे प्रतिक्रिया देंगे। यह रोमांचक ज़रूर है, लेकिन यह उनके आस-पास के लोगों के लिए उबाऊ है। हालाँकि, हरे रंग का प्रतिनिधित्व करने वाले सहायकों के साथ आपको चिंता करने की ज़रूरत नहीं है।

'कौन? मुझे? मेरा यहाँ कोई महत्त्व नहीं है, भूल जाओ कि तुमने मुझे देखा भी है'

हरे रंग का प्रतिनिधित्व करने वाले प्रत्येक लोगों के लिए समूह हमेशा पहले आएगा। स्वयं से पहले उनके लिए टीम है। इसे याद रखो। हरे रंग के लोगों के लिए यह एक मौलिक सत्य है और इसे दृढ़तापूर्वक कभी भी चुनौती नहीं दी जानी चाहिए। हरे रंग के लोगों के लिए कार्यकारी समूह, टीम, क्लब और परिवार ये सभी समूह अलग-अलग महत्त्वपूर्ण हैं। समूह की बेहतरी के लिए वह अक्सर अपनी स्वयं की आवश्यकताओं की अवहेलना करता है। उसके लिए त्याग करता है।

आप समझ सकते हैं कि समूह में जो लोग होते हैं, सभी अलग-अलग स्वभाव और व्यक्तित्व वाले होते हैं, ऐसे में यदि प्रत्येक व्यक्ति संतुष्ट है, तो समूह समग्र रूप से संतुष्ट होगा। ऐसा हो सकता है, लेकिन तब फोकस व्यक्तिगत के बजाय सामूहिक होगा। हरे रंग के लोग इसे इसी तरह से देखते हैं। अगर समूह अच्छा महसूस करता है, तो हर व्यक्ति भी अच्छा महसूस करता है।

यहाँ हरे की विचारशीलता स्पष्ट हो जाती है कि वह अपने आस-पास के लोगों के लिए असीम सम्मान रखता है। आंशिक रूप से यही कारण है कि हरे रंग के लोगों से सीधा उत्तर प्राप्त करना कठिन है। वह हमेशा बाकी सभी को संतुष्ट करने की कोशिश कर रहा होता है।

अब, मैं आपको एक बहुत ही रोचक कहानी सुनाता हूँ। कुछ साल पहले एक सहकर्मी, जिसे मैं अच्छी तरह से जानता तक नहीं था, ने रविवार को मुझे फोन किया। मैं क्रिस्टोफर के साथ केवल कुछ महीनों से काम कर रहा था, लेकिन मैं अभी तक उसके बारे में किसी प्रकार की जानकारी हासिल नहीं कर पाया था।

इसलिए रविवार की सुबह जब उन्होंने मुझे फोन किया, तो मैं हैरान रह गया। मैंने देखा कि वह कौन था, लेकिन मुझे नहीं पता था कि वह मुझसे क्या चाहता है। उन्होंने ख़ुशी के साथ मेरा अभिवादन किया और पूछा कि मैं क्या कर रहा हूँ। मैंने नया ख़रीदा था और मैं उसकी मरम्मत में व्यस्त था। क्रिस्टोफर ने पूछा कि इस विशेष रविवार को उसके एजेंडे में क्या था और मुझे याद है कि मैंने कहा था कि मैं बॉयलर को लेकर चिंतित था। यह शुरुआती सर्दी थी। तापमान हिमांक से ठीक नीचे था और पंप उस तरह से काम नहीं कर रहे थे, जैसा उसे करना चाहिए। मुझे आश्चर्य हुआ कि क्या पंप वास्तव में एक बड़ी ठंड का सामना कर सकता है।

हरे रंग का होने के नाते क्रिस्टोफर ने जिज्ञासा में कई सवाल पूछ डाले और मुझे बहुत अच्छी सलाह दी। उसके पास भी ऐसा ही एक बॉयलर था। इसके अलावा वह एक प्लंबर को जानता था। उससे मुझसे पूछा कि अगर मुझे दिलचस्पी हो, तो वह प्लंबर को आने के लिए कह सकता है और वह बॉयलर को देख सकता है। क्रिस्टोफर और मैंने कुछ देर बात की और मैं इस बात को लेकर और अधिक हैरान हो गया कि उसने वास्तव में मुझे क्यों कॉल किया था।

उसने मुझसे मेरा पता लिया और वादा किया कि वह इसे अपने प्लंबर मित्र को दे देगा। फिर, उसने मुझसे ऐसे ही पूछ लिया कि क्या शहर जाने की मेरी कोई योजना है। मैं ऑफिस से करीब पच्चीस मील दूर रहता था और उस रविवार को काम पर जाने का मेरा कोई इरादा नहीं था। मैंने क्रिस्टोफर को समझाया।

हमने थोड़ी देर और बातचीत की और अंत में मैंने उससे सीधे सीधे पूछ लिया कि वह वास्तव में क्या चाहता है। फिर उसने ख़ुलासा किया कि जब वह कुछ लंच लेने के लिए निकला था, तो उसने ग़लती से ऑफिस को लॉक कर लिया था और अब वह सिर्फ़ टी-शर्ट में ऑफिस के बाहर खड़ा था। मैं तुरंत थर्मामीटर लेकर आया। हल्की बर्फबारी के साथ तापमान तीस डिग्री के करीब था और हम लगभग पंद्रह मिनट से बाहर बात कर रहे थे! मैं तुरंत उसे कार में ले गया और हाड़ कंपाने वाली ठंड से उसे बचाया।

हरे रंग के लोगों के लिए ख़ुद की अपेक्षा बाकी सब ज़्यादा महत्त्वपूर्ण है। वास्तव में वे अपने लिए कभी कुछ नहीं मांगते।

'मुझे पता है कि वास्तव में तुम्हारा क्या मतलब है'

वे कहते हैं कि हरे रंग का प्रतिनिधित्व करने वाले लोग अंतर्मुखी होते हैं, यानी अपने भीतर की दुनिया में वे बेहद सक्रिय हैं। इसका मतलब है कि वे सिर्फ़ बात करने के लिए किसी प्रकार की चर्चा नहीं छेड़ते हैं। जब आप अपने आस-पास के लोगों की तुलना में शांत होते हैं, तो स्वाभाविक है कि आप लोगों की बातों को सुनते हैं। हरे रंग के लोग आपकी बातों को सुनेंगे। वे आपमें और आपके विचारों में रुचि रखते हैं।

लाल रंग के विपरीत, जो केवल तभी सुनते हैं जब उन्हें इससे कुछ हासिल करना होता है, या पीले रंग के लोग जो आमतौर पर बिल्कुल नहीं सुनते हैं (हालाँकि वे आमतौर पर इस तथ्य से इनकार करेंगे), हरे लोग वही सुनते व देखते हैं जो आप वास्तव में कह रहे होते हैं। उनके पास मानवीय समस्याओं को सुनने के लिए वास्तव में समय होता है। भले ही वे समस्या को लेकर कोई सुझाव या समाधान नहीं दे सकते हैं, लेकिन वे आपकी बातों को समझते हैं, वे समझते हैं कि आपने उन्हें क्या बताया है। हालाँकि, इसका अर्थ यह मत समझिए कि वे आपसे हर बिंदु पर सहमत हैं, ऐसा इसलिए है क्योंकि वे अच्छे श्रोता हैं।

अब तक, आपने शायद सभी टुकड़ों को एक साथ जोड़ने की कोशिश की है। लेकिन, अलग-अलग रंग कहाँ फिट हो पाते हैं? उनमें से प्रत्येक के लिए किस तरह का काम सबसे अच्छा होगा? ये प्रश्न तो साधारण हैं, भले ही इसका उत्तर सरल न हो। जब मैं अलग-अलग समूहों में इन मुद्दों पर बात करता हूँ, तो एक बात सामने आती है कि लाल और पीले रंग को मार्केटिंग में अच्छा होना चाहिए। यह निश्चित रूप से सत्य है। लेकिन, यहाँ पर हरे रंगे के लोगों को अक्सर नज़र-अंदाज़ कर दिया जाता है। हम विक्रेता को हमेशा कम बात करना और अधिक सुनना सिखाते हैं और हरे रंग वाले लोग ऐसा स्वाभाविक रूप से करते हैं।

हेलेना एक विक्रेता थी, जिसे कुछ साल पहले मैंने ट्रेंड किया था। वह हरे रंग वाले लोगों में से एक थी और बहुत ही सौम्य स्वभाव की थी। अधिकांश लोगों को समझ नहीं आया कि वह मार्केटिंग जैसे कठिन उद्योग में ख़ुद को कैसे बचा पायीं। लेकिन, मेरे पास एक सिद्धांत है। एक बार उसने मुझे बताया था कि कैसे वह एक सख्त मिजाज सीईओ से मिली थी, जिनका हर कोई बहुत सम्मान करता था। पूरी कंपनी में किसी को भी उसे कुछ भी बेच पाने में कामयाबी हासिल नहीं हुई थी,

लेकिन मेरी थोड़ी-सी कोचिंग के बाद हेलेना ने उनके पास जाने का फैसला किया। इसके लिए उन दोनों की एक मीटिंग तय की गयी।

जिस रेस्टूरेंट में वे लंच के लिए मिलने वाले थे, वहीं वे एक दूसरे से टकरा गए। कठोर मिजाज के सीईओ साठ के दशक के अंत वाली एक शानदार विंटेज कार से आए थे। सुंदर, चमकदार और जाहिर तौर पर बहुत खास। हेलेना ने केवल वही कहा जो वह सोच सकती थी : वाह!

इससे पहले कि दोनों एक-दूसरे का अभिवादन करते, सीईओ ने हेलेना से पूछा, 'क्या आपको कारें पसंद हैं?' हेलेना ने हाँ में सिर हिलाया। फिर उन्होंने हेलेना को बताया कि कार को ठीक करने में उनका कितना खर्च हुआ। पेंटवर्क, मेटल, इंजन आदि को ठीक कराने की लागत कितनी रही। उन्होंने हेलेना को दिखाया कि यह हुड के नीचे कैसा दिखता है। सब कुछ देखते हुए हेलेना सहमति में सिर हिलाती रहीं और बड़बड़ाते हुए ख़ुद को भरोसा दिया कि सीईओ उससे और कोई सवाल नहीं पूछेंगे। वह फोर्ड और शेवरले के बीच अंतर नहीं बता सकती थी। ऐसा करते हुए उसने बीच में टोका तक नहीं; सिर्फ़ सुना। उसके बाद सब कुछ आसान हो गया। दोनों वहाँ बैठ गए। सीईओ ने हेलेना को सेल्स एग्रीमेंट देखने के लिए कहा। उसने यह कैसे किया? इसके अलावा और दूसरा कोई भी काम न करके। खाना परोसे जाने से पहले ही सीईओ ने एग्रीमेंट पर हस्ताक्षर कर दिए।

हरे रंग के लोगों के व्यवहार को लेकर निष्कर्ष ठीक है

क्या आपके परिवार में हरे रंग का प्रतिनिधित्व करने वाला कोई है? बहुत हद तक ऐसा संभव है।

मिस्टर रोजर्स, महात्मा गांधी, मिशेल ओबामा और जिमी कार्टर हरे रंग का प्रतिनिधित्व करने वाले कुछ प्रसिद्ध लोग हैं। और, हाँ, यीशु भी। एक लड़का जो दूसरों की मदद करना जानता है।

7

नीले रंग के लोगों का व्यवहार

पूर्णता की खोज में

'हम यह क्यों कर रहे हैं? इसके पीछे क्या विज्ञान है?'

चा र रंगों में से अंतिम का प्रतिनिधित्व करने वाले लोग दिलचस्प साथी होते हैं। आप शायद उनसे मिले हैं। वह अपने बारे में कोई बात नहीं करता, लेकिन वह अपने आस-पास क्या हो रहा है, इस पर नज़र रखता है। जबकि हरे रंग वाले हाँ में हाँ मिलाते हुए आगे बढ़ते हैं, नीले रंग वाले तर्कपूर्ण सोचते हैं। हर चीज़ों व घटनाओं की पृष्ठभूमि का वह वर्गीकरण, मूल्याँकन और आकलन के माध्यम से विश्लेषण करता है।

यदि आप किसी के घर जाते हैं और वहाँ सब कुछ एक विशेष तरीक़े से व्यवस्थित मिलता है, तो आप जानते हैं कि आप नीले रंग वाले किसी व्यक्ति से मिले हैं। प्रत्येक हुक पर स्पष्ट लेबल और नाम ताकि बच्चों को पता चल सके कि उन्हें जैकेट को कहाँ टांगना है। संतुलित आहार सुनिश्चित करने के लिए छह सप्ताह के अंतराल में विभाजित डिनर मेनू, रेफ्रिजरेटर के दरवाजे पर लगा हुआ है। अगर आप उनके सामानों को देखेंगे, तो पायेंगे कि हर चीज़ की अपनी जगह है और कुछ भी जगह से बाहर नहीं है। क्यों? नीले रंग वाले लोग ख़ुद से काम करने वाले होते हैं और चीज़ों को वापस हमेशा वहीं रखते हैं, जहाँ वे हैं।

वे निराशावादी नहीं-नहीं एक यथार्थवादी भी होते हैं। वह ज़ुटियों को पवाइंट आउट करता है, वह जोखिम पर भी गौर करता है। वह अकेला रहनेवाला है, जो आस-पास के लोगों के साथ बहुत व्यावहारिक नहीं होता है। रिजर्व्ड, विश्लेषणात्मक और खोजपरक कुछ ऐसे शब्द हैं, जिन्हें आप नीले रंग वाले लोगों के साथ जोड़ सकते हैं।

'क्षमा करें, लेकिन यह बिल्कुल सटीक नहीं है'

हम सबका एक ऐसा दोस्त होता है। सोचें : आप अपने दोस्तों के साथ एक रेस्टूरेंट में बैठे हैं। बिल्लियों, फुटबॉल या स्पेस रॉकेट के बारे में चर्चा में आप मशगूल हैं। अचानक कोई बिना सोचे समझे एक टिप्पणी करता है। यह आपका मित्र लाल रंग वाला हो सकता है, जो दावा करता है कि देशभक्तों ने ग्यारह बार नेशनल फुटबॉल लीग सुपर बाउल खेला है; पीले रंग वाला ख़ुशी-ख़ुशी दावा करता है कि जब वह बच्चा था, तो वेस्ट फिली में विल स्मिथ उसका पड़ोसी था।

नीले रंग वाला आपका दोस्त अपना गला साफ करता है और कहता है कि देशभक्तों ने तो वास्तव में साल 1985 के सीज़न में ही अपनी उपस्थिति दर्ज करा दी थी और उसके बाद दस बार उन्होंने सुपर बाउल खेला है। साल 2001 के बाद से तो उन्होंने आठ बार सुपर बाउल खेला है। विल स्मिथ तो वेनफील्ड में बड़े हुए हैं, जो कि ब्लॉक के उत्तर में और खूबसूरत सेंटेनियल अर्बोरेटम से आधे घंटे की पैदल दूरी पर है। इसके अलावा, बिना पलक झपकाए दूसरे दोस्त कहते हैं, यह ध्यान रखना दिलचस्प है कि सुपर बाउल प्रीगेम में टॉस कौन जीतता है। पिछले इक्यावन मैचों में 27 बार परिणाम टेल और चौबीस बार हेड के पक्ष में आया है। और पिछले आंकड़ों के आधार पर कुल मिलाकर टॉस जीतनेवाले के गेम जीतने की संभावना थोड़ी कम है।

दोस्तों, आपको बस हार माननी होगी। यह लड़का सब कुछ जानता है। वह इसके बारे में कोई बड़ी बात नहीं करता है, लेकिन तथ्यों को पेश करने का उसका तरीक़ा आपके लिए उन पर सवाल उठाना मुश्किल बना देता है। वह जानता है कि उसे यह जानकारी कहाँ से मिली और इसे साबित करने के लिए वह सही किताब तक को पेश कर सकता है।

नीले रंग वाले लोगों के साथ भी ऐसा ही है। उन्हें पता है कि उनके बोलने से पहले चीज़ें कैसी हैं। उसके बारे में जानकारी हासिल करने के लिए उन्होंने गूगल

किया, मैनुअल को पढ़ा, शब्दकोश से भी सामग्री इकट्ठा की और बाद में पूरी तरह से तैयार एक रिपोर्ट पेश की।

लेकिन ध्यान देने वाली एक महत्त्वपूर्ण बात है : यदि प्रश्न का जवाब क्या है, इसके बारे में कोई जानकारी नहीं है, तो इस बात की संभावना कम है कि नीले रंग वाला आपका दोस्त इस विषय पर कुछ भी कहेगा। वह जो कुछ जानता है, उसके बारे में उसे सबको बताने की आवश्यकता नहीं है। बेशक, नीला रंग वाला सब कुछ नहीं जानता; पर दुनिया में ऐसा कोई नहीं है जो सब कुछ जानता है। लेकिन आप आमतौर पर इस तथ्य पर भरोसा कर सकते हैं कि वह जो कहता है वह सही है।

नीले रंग के लोग अक्सर ख़ुद को इस रूप में देखते हैं :

सटीक	सतर्क	सही
जानकारी परक	तार्किक	व्यवस्थित
शांत प्रवृत्ति	गुणवत्ता उन्मुख	चिंतनशील
नियोजित	परिपूर्ण	विनम्र

क्या आपने उपरोक्त कला के बारे में कुछ नोटिस किया? बिलकुल आपने किया। इस बार मैंने अलग-अलग विशेषताओं को एक खास अनुक्रम में सूचीबद्ध किया है, जिसे नीले रंग वाले लोग निश्चित रूप से सराहेंगे। हालाँकि, इसे लेकर मैं मुश्किल में पड़ सकता हूँ क्योंकि बाद के पृष्ठों पर मैं इन विशेषताओं में से प्रत्येक पर व्यक्तिगत रूप से चर्चा नहीं कर पाया हूँ। नीले रंग वाले ऐसे सभी लोग जो इसे पढ़ रहे हैं, जिन्होंने शायद इस ग़लती के लिए एक छोटा-सा नोट लिखा हो, तो उनसे मैं इसका संभावित स्पष्टीकरण देखने के लिए मेरी वेबसाइट पर जाने की गुजारिश करता हूँ। मैं सिर्फ़ यह कहना चाहता हूँ कि मेरा मतलब किसी भी तरह का विवाद पैदा करना नहीं था।

'यह कोई बड़ी बात नहीं, मैं बस अपना काम कर रहा था'

कोई कैसे जान सकता है कि यह सब इतना साधारण हो सकता है? विनम्र रहकर हंगामे से बचे रहना एक प्रभावशाली पहल है, भले ही आप सब कुछ जानते हों।

यह दुर्लभ ही है कि एक पूरी तरह से नीले रंग वाला व्यक्ति छत पर खड़े होकर या शोर मचाकर दुनिया को यह स्पष्ट करने की कोशिश करे कि असली विशेषज्ञ कौन है। आमतौर पर यह पर्याप्त है कि आप और नीले रंग वाले लोग इस बात को लेकर एकदम स्पष्ट हैं कि कौन सबसे अच्छा जानता है।

इस विनम्र व्यवहार के साइड इफेक्ट्स भी हैं। एक से अधिक बार मैं लोगों की भीड़ के बीच में खड़ा हुआ हूँ और उनकी समस्या को जानने और हल करने की कोशिश की है। ऐसे ही एक अवसर पर, नीले रंग वाला एक व्यक्ति दो घंटे बाद आगे मेरे सामने आया और इशारे से कुछ बताने लगा। उसके पास कभी भी कोई समस्या नहीं थी। वास्तव में नीले रंग वाले लोग तुरंत कोई कार्य नहीं करते हैं। नीले रंग वाले लोग अक्सर बड़ी तस्वीर को याद करते हैं, छोटी-मोटी एक या दो चीज़ों पर वे ध्यान नहीं देते। मैंने उससे पूछा कि उसने दो घंटे पहले कुछ क्यों नहीं कहा। और, एक ठेठ नीले रंग वाले व्यक्ति की तरह उसने जवाब दिया, ठीक है, तुमने कभी पूछा ही नहीं।

इस तरह की टिप्पणी के बाद नाराज होना लाजिमी है। लेकिन, उसी समय मैं उसे समझ गया। यहाँ ग़लती मेरी थी, वह यह कि उन्हें चर्चा में शामिल होने के लिए आमंत्रित नहीं किया गया था। वह जानता था कि उसे सब कुछ मालूम है और वह संयमित भी था।

जब नीले रंग के लोग आश्चर्यजनक तरीक़े से कुछ जबरदस्त काम करते हैं, तो उन्हें ख़ुश करने, या उनके लिए तालियाँ बजाने या पोडियम तक बुलाने की कोई आवश्यकता नहीं होती है। उसके लिए किसी प्रकार की ख़ुशी प्रकट नहीं करने पर वह आपको कोई नुक़सान नहीं पहुँचाता है। वह केवल ख़ुशी से सिर हिलाएगा, प्रशंसा स्वीकार करेगा और पुरस्कार या चेक ग्रहण करेगा और फिर अपनी डेस्क पर लौट जाएगा, इसके बाद वह अपने अगले प्रोजेक्ट पर काम करना शुरू कर देगा। वह अच्छी तरह से समझ सकता है कि हंगामे का तो कोई कारण नहीं था, वह तो केवल अपना काम कर रहा था।

'क्षमा करें, लेकिन आपने उसे कहाँ पढ़ा?
और यह कौन सा संस्करण था?'

नीले रंग वाले किसी व्यक्ति के पास शायद ही बहुत सारे तथ्य हो सकते हैं या यादों के बहुत सारे कलेक्शन भौतिक रूप में हो सकते हैं। लोग कहते हैं कि भगवान विस्तृत रूप में हैं और इसे जिसने सबसे पहले कहा था, मैं कल्पना कर सकता हूँ कि वह एक नीले रंग वाला कोई व्यक्ति रहा होगा।

नोटिस करने लायक उनमें छोटी चीज़ें कुछ नहीं होती हैं। वे विस्तृत हैं। कहीं से भी काट-छांट का विकल्प नीले रंग वाले लोगों के लिए नहीं है।

आप उन्हें रुकने के लिए कह सकते हैं। हर एक छोटी बातों का ध्यान न रखना, लोगों को महत्त्व न देने जैसा नहीं है। लेकिन, अगर आप किसी नीले रंग वाले व्यक्ति से यही बात पूछें, तो वह कहेगा, किसी भी चीज़ पर पूर्ण नियंत्रण न होना, उसपर बिल्कुल भी नियंत्रण न होने के समान है। किसी किनारे को काटने कर हमें क्या मिलता है? आप इसे कैसे जायज ठहरा सकते हैं?

यह वैसे काम नहीं करता है, जैसा आप सोचते हैं। एक नीले रंग वाले व्यक्ति को बताएँ कि वह नए अनुबंध के विवरण को अनदेखा कर सकता है और पिछले तीस पैराग्राफ को छोड़ सकता है, इसमें कुछ भी महत्त्वपूर्ण नहीं है। इसके बाद वह आपको बहुत ध्यान से देखेगा और आपकी मानसिक क्षमताओं का आकलन करेगा। ज़रूरी नहीं है कि हमेशा की तरह वह कुछ कहेगा। आपने जो कहा वह उसे पूरी तरह से अनदेखा कर देगा। वह मामले के सभी तथ्यों की जाँच करने के बजाय मामूली विवरण को याद करने में अपनी पूरी रात ख़राब करेगा।

कुछ साल पहले, मैंने पैकेजिंग उद्योग से संबंधित एक कंपनी के सीईओ को लीडरशिप प्रोग्राम बेचने की कोशिश की थी। वह स्वभाव से नीले रंग वाला एक व्यक्ति था; इसमें कोई शक नहीं था। उनके ई-मेल लंबे घुमावदार व नीरस होते थे और हमारी पहली मुलाकात के लिए उन्होंने पचास मिनट अलग से रखे थे। एक घंटा नहीं, पौना घंटा नहीं, बल्कि पचास मिनट। इसका एक कारण था : बैठक के बाद उन्हें दोपहर का भोजन करना था और भोजन कक्ष आठ मिनट की दूरी पर था। इसके अलावा, वहाँ मौजूद सज्जनों के साथ लगभग दो मिनट के लिए मुलाकात। पूरा एक घंटे का हिसाब। पचास मिनट की मुलाकात ठीक समय पर उसे वहा पहुँचा देगी।)

पहली बार जब हम मिले, तो उन्होंने मुझे आगंतुकों के लिए निर्धारित एक कोने में एक विशिष्ट कुर्सी पर बिठाया। उसने मुझसे यह नहीं पूछा कि क्या मुझे वहाँ पहुँचने में कोई कठिनाई हुई या नहीं, जबकि दिए गए पते पर पहुँच पाना बिल्कुल असंभव था। उन्होंने मुझसे न तो चाय पूछी और न ही कॉफी। अभिवादन करने पर वह मुस्कुराया तक नहीं। उन्होंने मेरे बिजनेस कार्ड को बहुत गौर से देखा और उसकी जाँच भी की।

कंपनी की ज़रूरतों को देखने के बाद मैंने उन्हें समझाया कि मैं अपने ऑफिस वापस जाकर उन्हें इससे संबंधित कोटेशन भेज दूँगा। वापस आकर मैंने सोचा कि मुझे इसके बारे में कैसे आगे बढ़ना चाहिए। आम तौर पर, मेरे प्रस्ताव दस से बारह पेज लंबे होते थे, लेकिन मुझे पता था कि इस मामले में यह पर्याप्त नहीं होगा। मैंने पूरी ताक़त लगा दी और पैंतीस से अधिक पृष्ठ लिख डाले।

मैंने उन्हें कोटेशन की एक हार्ड कॉपी मेल कर दी, क्योंकि नीले रंग वाले लोगों के लिए लिखित और छपे शब्द का अर्थ बोली गयी बातों या उसके डिजिटल रूप से कहीं अधिक है। एक-आध हफ़्ते के बाद, मैंने उन्हें फोन लगाया और आगे की पूरी जानकारी प्राप्त की। सीईओ बोले- आपके विचार दिलचस्प थे। लेकिन, उन्होंने आगे मूव करने में अपनी रुचि दिखायी। क्या वह अब पूरा कोटेशन प्राप्त कर सकते हैं? इसके लिए उन्होंने वास्तव में जो कहा वह था :

'क्या कुछ और लिखा है?'

मुझे याद है कि मैंने अपना सिर खुजाना शुरू का दिया था। मेरे विचार से मैंने कोटेशन में सभी चीज़ों का वर्णन बहुत अच्छे तरीक़े से किया था। प्रत्येक चरण का एक एजेंडा, एक स्पष्ट लक्ष्य और एक परिभाषित उद्देश्य था। मैंने उसमें पृष्ठभूमि की कुछ जानकारी, संदर्भ और उद्धरण भी दिए थे।

एक विक्रेता के रूप में, आप हार नहीं मान सकते, इसलिए मैं वापस उस कोटेशन पर आ गया। हर उस विवरण को जोड़ते हुए जो मैं सोच सकता था, मैंने उसमें आवश्यक सुधार किए। दूसरी बार, मैंने कम-से-कम पचासी पेजों का कोटेशन तैयार किया जिसमें प्रत्येक आइटम को और भी अधिक पृष्ठभूमि, नमूना अभ्यास, विश्लेषण उपकरण, टेम्पलेट्स, होमवर्क आदि के साथ दो-दो घंटे के अंतराल में विभाजित किया गया। हर एक स्तर पर विवरण इसे और प्रभावशाली बना देता।

अपने आप से संतुष्ट होकर मैंने पूरा कलेक्शन सीईओ को भेज दिया

मुझे सीईओ से इसका जवाब मिलने में कई सप्ताह लग गए। एक दिन मैंने उनसे पूछा कि क्या उन्होंने किसी तरह का निर्णय लिया, ऐसा पूछते ही उन्होंने मुझसे पूछा :

'कुछ और अधिक है?'

खैर, इस बार वह मेरे ऑफिस आना चाहते थे। नब्बे मिनट तक हम दोनों ऑफिस के कॉन्फ्रेंस रूम में टेबल के एक ही तरफ बैठे रहे और प्रोपोजल को लेकर आगे बढ़ते रहे। पहले उन्होंने प्रोपोजल के कंटेंट्स की तालिका पर गौर फरमाया। उन्होंने कानूनी कागजात पर सामान्य नियम और शर्तें (पढ़ें : अच्छी तरह छपाई को) तैयार की थी और प्रत्येक सेक्शन सवालों और नोट्स से भरा था। बाद में, उन्होंने पूरी तरह से भावहीन चेहरे के साथ कहा कि यह उनकी सबसे अच्छी बैठक थी, जिससे वह लंबे समय से जुड़े हुए थे। लेकिन वास्तव में वह जो और सोच रहे थे, बोले

'क्या कुछ और मैटर है?'

मैंने उन्हें विदा किया और थोड़ी देर बैठकर उनकी बातों पर विचार किया। और अधिक मैटर? कोई बात नहीं। मैंने ट्रेनिंग को लेकर बनायी गयी पूरी फाइल को लोगों के साथ शेयर किया (यह पहले ई-लर्निंग और वर्चुअल क्लासरूम से संबद्ध था), जिसमें पंद्रह दिनों के प्रशिक्षण के दौरान नेतृत्व के पांच अलग-अलग चरणों में प्रत्येक पंद्रह मिनट के सत्र को कवर करने वाले कम-से-कम तीन सौ पृष्ठ थे।

इसमें सारी सामग्री थी, यहाँ तक कि इस बारे में भी जानकारी थी कि कॉफी ब्रेक को कब और किस स्लॉट में रखा जाना चाहिए, प्रशिक्षण के दौरान व्यक्तियों से वास्तव में क्या प्रश्न पूछे जाने चाहिए, कमरे को कैसे सुसज्जित किया जाना चाहिए आदि। मैं कह सकता हूँ कि इसमें समय की कोई बर्बादी नहीं थी।

मैंने सोचा कि अगर मैं ये सारी बातें सीईओ के दिमाग़ में उतार दूँ, तो वह आखिर में संतुष्ट हो जाएगा।

एक महीने के बाद, उन्होंने पूछा कि क्या कोई और मैटर है?

अब वहाँ कुछ नहीं था।

एक आम ग़लत-फ़हमीयह है कि नीले रंग वाले लोग निर्णय लेने में असमर्थ होते हैं, लेकिन ऐसा नहीं है। ऐसा नहीं था कि वह सीईओ इसे टाल रहा था या वह इसको लेकर कोई निर्णय नहीं ले सकता था। उसे बस तत्काल फैसला करने की कोई ज़रूरत नहीं थी। उसके लिए तो निर्णय लेने की पूरी प्रक्रिया ही काफ़ी दिलचस्प थी। और इस बार वह फिर सोच रहा था कि क्या कोई और सामग्री है।

आश्चर्य होता है कि क्यों कुछ लोगों को इतने लंबे समय तक इंतजार करना पड़ता है, कहीं वे एकाकीपन में तो नहीं चले गए

पिछला उदाहरण नीले रंग के लोगों के व्यवहार की एक अन्य महत्त्वपूर्ण विशेषता को भी दर्शाता है। वे आम तौर पर बहुत सतर्क रहते हैं। वे अक्सर पहले अपनी सुरक्षा के बारे में सोचते हैं। जहाँ एक लाल या पीले रंग वाले एक मौके की तलाश में रहेंगे, नीले रंग वाला व्यक्ति रुक जाएगा और एक बार फिर से सारी स्थितियों पर विचार करेगा। देर होने के और भी कारक हो सकते हैं, ठीक है? कार्रवाई करने से पहले आपको उसके तह तक जाने की ज़रूरत है।

यह ख़ुद को विभिन्न तरीक़ों से प्रकट कर सकता है। यह एक तथ्य है कि नीले रंग वाले लोगों के लिए यात्रा गंतव्य से अधिक महत्त्वपूर्ण है, जोकि लाल रंग वालों के बिल्कुल विपरीत है। जाहिर है, जहाँ सोच इतनी गहरी होगी, वहाँ फैसलों के पक्ष में निर्णय होने की संभावना कम ही होगी। तुरंत कोई निर्णय नहीं लिए जा सकेंगे। इसका मतलब यह भी है कि नीले रंग वाले शायद ही कभी कोई बड़ा जोखिम उठाते हैं। यह कोई भी जोखिम न उठाने वालों के जीवन का पूर्वानुमान लगाना सुनिश्चित करता है; हम शायद इसे लेकर सहमत हो सकते हैं। मैं इस बारे में कुछ नहीं कह रहा कि यह कितना रोमांचक और प्रेरक होगा; मैं सिर्फ़ तथ्य बता रहा हूँ।

कभी-कभी नीले रंग वाले लोग कुछ भी नया शुरू करने से पूरी तरह से परहेज कर सकते हैं क्योंकि वह जोखिमों का आकलन नहीं कर सकते। मैं एक बार विक्रेता से मिला, जो नीले रंग वाले लोगों का प्रतिनिधित्व करता था। विक्रेता होते हुए उसने एक इंजीनियर के रूप में प्रशिक्षण लिया था। उसका आदर्श वाक्य था कि सबसे अच्छा सौदा अक्सर वह होता है जिसे आपने नहीं बनाया। जोखिम का मूल्यांकन एक जटिल चीज़ है और कौन जानता है कि वहाँ कौन-से खतरे छिपे हुए हैं? एक नीले रंग वाला आम तौर पर एडवांस्ड सिस्टम बनाकर हर परेशानियों

की काट निकालता है, जो उत्पन्न होने वाले संभावित जोखिमों का प्रबंधन भी करता है। वे अपने लिए तीन तरह की अलार्म घड़ियाँ लगाते हैं। वे दो घंटे पहले निकलते हैं, जबकि एक घंटे पहले निकलना भी पर्याप्त होगा। वे सुबह स्कूल जाने से पहले बच्चों के बैग की कई बार जाँच करते हैं, भले ही उन्होंने रात में ही बैग पैक कर लिया हो और रातभर में बैग को किसी ने भी छुआ नहीं हो। घर से निकलने से पहले वे वे तीन बार जाँचते हैं कि चाबियाँ उनकी जेब में हैं। वे ख़ुद से कहते हैं- हाँ, वे हैं। वे और कहाँ होंगे?

इसका फायदा साफ दिखता है। नीले रंग का प्रतिनिधित्व करने वाले लोग अनपेक्षित घटनाओं से वैसे ही अचंभित नहीं होंगे जैसे अन्य होंगे और लंबे समय में वे बहुत समय की बचत भी करते हैं।

'इससे कोई फ़र्क़ नहीं पड़ता, अगर यह आसान है, यह अभी भी सही नहीं है'

चीज़ों को ग़लत होने की अनुमति नहीं दी जा सकती। इसके लिए ही यह सारा तामझाम है। गुणवत्ता मायने रखती है। जब नीले रंग वाला कोई व्यक्ति सोचता है कि उसका काम घटिया या निम्न गुणवत्ता का होने का जोखिम है, तो काम रुक जाता है। सब कुछ भलीभांति चेक होना चाहिए। पता लगाना चाहिए क्वालिटी क्यों घटी है?

इन सभी लक्षणों के सामान्यीकरण का जोखिम उठाते हुए, मैं कहूँगा कि ऐसे अलग-अलग लक्षणों वाले इंजीनियरों की संख्या काफ़ी है। सटीक, व्यवस्थित, तथ्य उन्मुख और गुणवत्ता के प्रति जागरूक। मैं निश्चित रूप से तो यी नहीं कह सकता, लेकिन मुझे लगता है कि जापानी कार निर्माता टोयोटा के पास शायद अपने कर्मचारियों के बीच नीले रंग का प्रतिनिधित्व करने वाले इंजीनियरों का अच्छा अनुपात है। उनकी एक नीति है कि गुणवत्ता सुनिश्चित करने और मुद्दे की तह तक जाने के लिए आपको हमेशा क्यों पांच बार पूछना चाहिए। मैं कहूँगा कि यह एक पारंपरिक नीले रंग वाले लोगों का दृष्टिकोण है (जापानी मानसिकता के अतिरिक्त, जो बहुत दीर्घकालिक है और अभिव्यक्ति में नीले रंग वालों का व्यवहार है)।

मान लीजिए कि किसी को फर्श पर तेल का धब्बा मिलता है। ऐसी स्थिति में हो सकता है कि कोई लाल रंग वाला व्यक्ति अपने सबसे करीबी को लताड़ दे

और फिर उसे दाग मिटाने का आदेश दे। पीले रंग वाला व्यक्ति दाग देखता है और फिर उसे भूल जाता है, लेकिन दो दिन बाद जब वह उस पर फिसल जाता है, तो हैरान रह जाता है। हरे रंग वाला व्यक्ति भी दाग देखता है और थोड़ा अपराध बोध महसूस करता है क्योंकि यह एक समस्या पैदा करता है और हर कोई इसे अनदेखा कर रहा है।

नीला रंग वाला व्यक्ति पूछेगा, 'यहाँ तेल कैसे गिरा है?' इसका उत्तर उसे मिलता है, हो सकता है कि वहाँ गैसकेट लीक कर गया हो। यह उत्तर निश्चित रूप से नीले रंग वाले व्यक्ति के लिए असंतोषजनक है। वह पूछेगा, गैसकेट क्यों लीक कर रहा है? उत्तर मिलता है, क्योंकि यह घटिया क्वालिटी का है। नीले रंग वाला पूछता है, हमारे कारखाने में ख़राब गुणवत्ता वाले गैसकेट क्यों हैं? उत्तर मिलता है, क्योंकि क्रय विभाग को पैसे बचाने के लिए कहा गया था। हमने टाइट सीलबंद गैसकेट की जगह सस्ते गैसकेट ख़रीदे। नीले रंग वाला पूछता है, लेकिन हमें पैसा बचाने और गुणवत्ता से समझौता करने के लिए किसने कहा? वह इसी तरह सवाल-दर-सवाल आगे बढ़ता है। शायद समस्या अपने आप सुलझ जाए। हो सकता है कि हमें गड़बड़ी कहाँ हुई, इसकी रिपोर्ट मिल जाए, लेकिन समस्या को ठीक करने के लिए कुछ नहीं किया जा रहा है।

अंत में, नीले रंग वाला व्यक्ति फर्श पर तेल को पोंछने के बजाय क्रय नीतियों की समीक्षा किए जाने के रूप में समस्या का समाधान निकालने की बात कह जाता है।

यहाँ मेरा कहना यह है : एक नीले रंग वाला व्यक्ति सब कुछ 100 प्रतिशत तक सही करने के लिए गहरा गोता लगाने के लिए तैयार रहता है।

नीले रंग वालों का तर्क है कि अगर कोई कुछ करने जा रहा है, तो उसे इसे सही तरीक़े से करना चाहिए। और इसके विपरीत यदि कोई कार्य ठीक से करने योग्य नहीं है, तो नीले रंग वालों के मुताबिक, वह करने योग्य बिल्कुल भी नहीं है। इसके अलावा, क्योंकि नीले रंग वालों को झूठ बोलना आमतौर पर मुश्किल लगता है, वे हमेशा उन दोषों को इंगित करेंगे, जिन्हें वे उजागर करते हैं, यहाँ तक कि उन दोषों को भी जो उन पर ख़राब असर डाल सकते हैं।

जब मैं बच्चा था, तब माता-पिता द्वारा की जा रही एक चर्चा मुझे स्पष्ट रूप से याद है। समय-समय पर हम एक जगह से दूसरी जगह शिफ्ट होते रहे, इससे हमें घर को बेचने के लिए मजबूर होना पड़ता था। पिताजी इंजीनियर थे, बेशक

सारा काम वे ख़ुद करते थे और व्यक्तिगत रूप से वे निर्माण का पूरा प्रबंधन देखते थे।

माँ हमेशा इस बात से परेशान रहती थी कि पिताजी घूसते ही घर की खामियों और कमियों को लेकर शुरू हो जाते थे। यहाँ इधर-उधर लीक कैसे हो गया, सोफे के पीछे का पेंट क्यों उड़ा हुआ है। माँ ने आश्चर्यचकित होते हुए पूछा, आप उन्हें ऐसा क्यों कह रहे हैं? पिताजी ने उत्तर दिया, क्योंकि यह सब ग़लत है। माँ बोली- ज़रूर, लेकिन क्या आपको संभावित ख़रीदारों को यह बताना होगा? ऐसा होने पर अब वे शायद कभी घर ख़रीदना न चाहें!

ख़रीदार का समस्या समझ में नहीं आयी। एक बहुत ही सम्मानित और ईमानदार व्यक्ति के रूप में पिताजी उन दोषों को छिपा नहीं सकते थे, जो वे जानते थे है। वह इस तथ्य के साथ घर ख़रीद सकता था कि हमने शायद ही कभी उन सौदों पर भारी मुनाफा कमाया हो। वह घर के बारे में ईमानदार थे, क्योंकि उनका मानना था कि ऐसा ही होना चाहिए।

'यदि पगडंडी मानचित्र से मेल नहीं खाती है, तो पगडंडी में कुछ गड़बड़ है'

नीले रंग वाले लोगों के लिए तार्किक और तर्कसंगत सोच महत्त्वपूर्ण है। सभी भावनाओं (जितना अधिक संभव हो) और तर्क के साथ। बेशक, नीले रंग वाले लोग अपनी भावनाओं को पूरी तरह से दबा नहीं सकते हैं, लेकिन वे यह कहना पसंद करते हैं कि निर्णय लेते समय वे तर्कसंगत चर्चा ज़रूर करते हैं। वे तार्किक सोच को अत्यधिक महत्त्व देते हैं, लेकिन जब चीज़ें उनके अनुसार नहीं होती हैं, तो वे बहुत जल्दी उदास हो सकते हैं। अवसाद का इस तर्क से कोई लेना-देना नहीं है, सब कुछ भावनाओं के कारण है।

कुछ लोग एक ही कार्य को अनंत बार ठीक उसी तरह दोहरा सकते हैं, जैसा नीले रंग वाले लोग कर सकते हैं। बिना सवाल-जवाब के किसी पत्र में दिए गए निर्देशों का सटीक रूप से पालन करने की उनमें एक अनूठी क्षमता होती है, बशर्ते वे शुरुआत में इसे समझें और अनुमोदित करें।

बिना बोर या लापरवाह हुए वे ऐसा कैसे कर लेते हैं? खैर, यह तार्किक है। यदि कोई विशेष तरीक़ा सही-सही काम कर रहा है, तो उसे क्यों बदलें?

जबकि पीले या लाल रंग वाले लोग कुछ करने के नए तरीक़े खोज लेंगे, क्योंकि वे इससे ऊब गए थे, वहीं नीले रंग वाला बिना ऊबे एक ही चीज़ को बार-बार दोहराता है।

आईकेईए स्टोर से ख़रीदे गए फर्नीचर को कैसे एक नीले रंग वाला आदमी एक साथ रखेगा, इस बात पर विचार करते हैं। इसके लिए यदि कोई मैनुअल है, तो निश्चित रूप से फर्नीचर को रखने से पहले आपको इसे अच्छी तरह से पढ़ना होगा। लाल रंग वाले लोगों को विश्वास है कि वे आसानी से ऐसा कर सकते हैं। वे विभिन्न भागों को एक साथ रखते हैं और तुरंत फर्नीचर का पेंच कसना शुरू कर देते हैं, बिना यह देखे कि बॉक्स के बाकी हिस्सों में क्या है। पीले रंग वाला सारा बॉक्स फाड़ देता है, यह कहते हुए कि फर्नीचर को सही जगह पर लगाने में बहुत मजा आने वाला है। वे ख्यालों में इतने खोए रहते हैं और बेडरूम की दाहिनी दीवार के साथ लगे नए कैबिनेट के ऊपर दादी की मेजपोश और उस पर एक सुंदर फूलदान में लगे ट्यूलिप के फूल तक की एक साफ और स्पष्ट तस्वीर देख सकते हैं। वे प्रत्येक हिस्से को बिना किसी प्रयास के बेतरतीब ढंग से एक साथ रख देते हैं। वे कुछ फर्नीचर में पेंच लगा देंगे, वह भी वहाँ, जहाँ लगाना बिलकुल ही अपरिहार्य हो। एक हरे रंग वाला डीआईवाई (DIY- Do it yourself) आदमी दीवार के खिलाफ फर्नीचर के विशाल बॉक्स को झुकाता है और एक कॉफी ब्रेक लेता है। वास्तव में उसे कोई जल्दी नहीं है।

नीले रंग वाला क्या करता है? वह निर्देशों को दो बार पढ़ता है, जाँच करता है कि सब कुछ वैसा ही है, फिर पुष्टि करता है कि नए कैबिनेट के विभिन्न टुकड़े निर्देशों में दिए गए चित्रों से मेल खाते हैं। थोड़े नम कपड़े से, जो बहुत ज़्यादा गीला नहीं है, वह सावधानी से सभी अलग-अलग हिस्सों को पोंछ देता है, क्योंकि उनके धूल भरे होने की संभावना होती है। वह बॉक्स में दिए गए स्क्रू को गिनता है, ताकि अंत में अगर कुछ कम भी मिले, तो उसे आश्चर्य न हो (और यदि कुछ बचता है, तो वह बहुत अच्छी तरह से उसे अलग रख सकता है)।

नीले रंग वाले को नए कैबिनेट को एक साथ रखने में थोड़ा अतिरिक्त समय लग सकता है, लेकिन एक बार यह तय हो जाने के बाद, आप सुनिश्चित हो सकते हैं कि यह हमेशा के लिए वहाँ रखा रहेगा।

'बुराई का विस्तार में वर्णन'

कुछ साल पहले, मैं अपने आंगन का नवीनीकरण करना चाहता था। क्योंकि मैं सारे काम ख़ुद से करना पसंद करता हूँ, इसीलिए हर दिन सिर्फ़ बात करने के बजाय मैंने सोचा कि मैं ख़ुद ही सारे काम करूँगा। या कम-से-कम इसका एक हिस्सा तो ज़रूर। मेरे पिताजी सत्तर साल से अधिक उम्र के हो गए थे, पर फर्नीचर सजाने में वे मेरी मदद करने जा रहे थे क्योंकि वे जानते थे कि मुझ पर समय का दबाव है, मुझे समय कम मिलता है।

कहना आसान है, करना मुश्किल। एक मज़बूत नींव खड़ी करने के लिए हम बजरी डालने जा रहे थे। कुछ देर पहले ही पिताजी डंपर ट्रक से सारी बजरी लेकर आ गए। बजरी को गिराने के लिए डंपर में विशेष उपकरण लगे हुए थे, इसके अलावा एक विशेष फावड़ा भी था, जिससे बजरी को फैलाने का काम लिया जाता था। मुझे समझ नहीं आ रहा था कि मैं अपना फावड़ा लेकर वहाँ क्यों खड़ा हूँ। हर कोई जानता था कि इस तरह की चीज़ों के लिए आपको विशेष फावड़े का इस्तेमाल करना पड़ता है।

ट्रक आया और रास्ते में बजरी का भारी ढेर जमा हो गया। मैंने कुछ दिनों तक फावड़ा चलाने की कल्पना की और सच कहूँ तो, इसने मुझे थोड़ा थका हुआ महसूस कराया। लेकिन, मैं अभी भी चुनौती लेने के लिए तैयार था।

मेरे बूढ़े पिताजी? उन्होंने बजरी का एक टुकड़ा उठाया, उसे सूंघा, महसूस किया और फिर उसकी गुणवत्ता का आकलन किया। कुछ देर इसे रगड़ने के बाद उन्होंने इसका अनुमोदन किया और ख़ुद ही ढेर को बराबर करना शुरू कर दिया।

उन्होंने अपने हाथ से टीले की ऊँचाई नापी; फिर ढेर की परिधि। मैंने उनसे पूछा कि वह क्या कर रहे थे। उन्होंने कोई जवाब स्पष्ट नहीं दिया, लेकिन उन्होंने कुछ बुदबुदाया।

एक सौ अस्सी मीटर ऊँचा, परिधि में पांच मीटर, ढाल... हम्म... तीस सेकंड के बाद, उन्होंने कहा कि ट्रक में 8.75 और 9.25 क्यूबिक मीटर बजरी थी। मैंने उन्हें विश्वास दिलाया कि यह वास्तव में नौ घन मीटर था। उन्होंने कहा- बिल्कुल।

पिताजी ने संशयपूर्वक पूछा कि मुझे यह कैसे पता चला। मैंने बताया कि यह ट्रक पर लिखा था।

जवब सुनकर पिताजी थोड़े प्रभावित हुए। मैंने पूछा कि क्या वह बजरी के प्रत्येक टुकड़े को अलग-अलग गिनना चाहते हैं। उन्होंने इसका जवाब देना ज़रूरी नहीं समझा।

घंटों तक वह साइट के चारों घूमते रहे और फिर बजरी को पसार कर उन्होंने सब कुछ समतल कर दिया, जब तक उन्होंने यह नहीं सोचा कि सब कुछ सही चल रहा था। उन्होंने उसे एक सही स्तर तक लाने के लिए प्लम लाइन, पानी समेत सभी साधनों का उपयोग किया, ताकि कुछ भी ग़लत न हो।

बजरी को ठीक एक सेंटीमीटर प्रति मीटर के झुकाव पर डालने की ज़रूरत है। पिताजी ने पूछा, तुम क्यों पूछ रहे हो? मैंने कहा- किताब में ऐसा कहा गया है। क्योंकि वह एक कंस्ट्रक्शन इंजीनियर था, उसे वह पूरी तरह याद था। एक सेंटीमीटर प्रति मीटर, बिल्कुल, कौन जानता है कि अगर आप इस बारे में लापरवाही बरतेंगे, तो इसके क्या गंभीर परिणाम हो सकते हैं?

मोटे तौर पर एक सेंटीमीटर अनुमान और वास्तविक एक सेंटीमीटर के बीच के अंतर पर विचार करें। दूसरा सटीक है; पहले के बारे तो कुछ कहना ही नहीं। कहीं-कहीं यह एक सेंटीमीटर या दो सेंटीमीटर ऊपर हो सकता है, अगर चीज़ें ख़राब हों। और एक सेंटीमीटर से दो सेंटीमीटर तक का विचलन, जो 100 प्रतिशत का अंतर है, एक बड़ी गड़बड़ी है।

(इस कहानी के बारे में मजेदार बात वास्तव में घटी घटना नहीं है, मजा तो तब आया जब पिताजी ने इस किताब के पहले संस्करण में इसके बारे में पढ़ा। उन्होंने तर्क दिया कि वास्तव में ऐसा नहीं हुआ था। उन्होंने कई बिंदुओं पर कहानी को सही किया और दावा किया कि ट्रक में नौ नहीं, बल्कि बारह क्यूबिक मीटर बजरी था। वह यह भी जोर देकर कहते हैं कि वे विशुद्ध रूप से नीले रंग वाले व्यक्ति नहीं है, कुछ और भी हो सकते हैं।)

वह सब के साथ ऐसे ही हैं। घर पर यदि टेलीविजन, कार, माइक्रोवेव ओवन, या सेल फोन से जुड़ा कोई भी तकनीकी प्रश्न सामने आता, तो तुरंत मैनुअल पुस्तिका निकल आती थी। वह पन्नों को पलटते हुए कहते, यहाँ कहता है कि ... फिर चर्चा शुरू हो जाती, आपको क्यों लगता है कि उन्होंने ही यह सब कुछ लिखा है, अगर यह इस तरह से नहीं किया जाना हो तो?

आप इसका जवाब कैसे देते? आप निर्देश पुस्तिका के साथ कैसे बहस लड़ाते? ऐसे तर्क खोजना असंभव है, जो एक वास्तविक नीले रंग वाला स्वीकार

करेगा। (मेरे पिताजी रात में एक लाल बत्ती पर रुकेंगे, भले ही वे दस मील के दायरे में अकेले ही हों। वे ऐसा ही करते हैं।)

इस दृष्टिकोण का महान मूल्य स्पष्ट है। वह कभी मूर्ख नहीं बनेगा; उसे हमेशा वही मिलेगा, जिसके लिए उसने भुगतान किया है। यह उसे एक आंतरिक शांति देता है क्योंकि वह जानता है कि उसने सब कुछ बहुत सटीक रूप से जाँच-परख कर किया है।

यदि आप किसी नीले रंग वाले व्यक्ति को जानते हैं, तो मुझे यकीन है कि आप मुझसे सहमत होंगे। सामान्य परिस्थितियों में, वे बहुत शांत और संतुलित होते हैं। शायद इसलिए कि वे हर चीज़ पर नज़र रखते हैं।

'चुप्पी सोने के समान है'

अंतर्मुखी। पर्याप्त है ऐसा कहना। मैं वहीं रुक सकता था। नीले रंग वाले जितने लोग भी आजतक मुझसे मिले, किसी ने अनावश्यक रूप से एक भी शब्द नहीं कहा है। जैसा भी है, यही है। यानी उनके पास कहने के लिए कुछ नहीं है? क्या उनके पास चीज़ों के बारे में कोई ज्ञान नहीं है? बिल्कुल नहीं, ऐससा इसीलिए कि वे बहुत अंतर्मुखी हैं। नीले रंग वाले लोग शांत, स्थिर व्यक्ति हैं जिन्हें एज़्टेक ने समुद्र, पानी के तत्व के बराबर माना है।

बाहर से शांत, लेकिन सतह के नीचे कुछ भी हो सकता है। 'अंतर्मुखी' का मतलब चुप्पी से नहीं है; इसका अर्थ है आंतरिक दुनिया में सक्रिय। लेकिन इसका प्रभाव अक्सर शांत होता है।

सामान्य तौर पर, मेरी सलाह है कि जब नीले रंग वाले लोग वास्तव में बात करते हैं, तो उन्हें ध्यान से सुनें, क्योंकि वे आमतौर पर जो कहते हैं, उसके बारे में बहुत सोच-समझकर कहते हैं।

तो वे इतने खामोश क्यों हैं? अन्य बातों के अलावा यह इसलिए है क्योंकि पीले रंग वालों के विपरीत वे सुनने की आवश्यकता महसूस नहीं करते हैं। एक कोने में बैठे रहने और दिखाई या सुनाई न देने से उन्हें कोई फ़र्क़ नहीं पड़ता। वे केंद्रीय पात्रों से भी बड़े पर्यवेक्षक हैं, दर्शक हैं। वे ख़ुद को एक समूह के किनारे पर पा सकते हैं, जहाँ जो कुछ भी कहा जाता है, उसे वे देखते हैं, सुनते हैं, महसूस करते हैं और रिकॉर्ड करते हैं।

और यह मत भूलिए : नीले रंग वालों के मूल्यों के अनुसार, चुप रहना कुछ हद तक सकारात्मक है। अगर आपके पास कहने के लिए कुछ भी नहीं है, तो चुप रहें।

नीले रंग वालों का निष्कर्ष

क्या अब आप नीले रंग वालों के बारे में सब कुछ जानते हैं? क्या आपने अपने जीवन में कुछ नीले रंग वाले लोगों की पहचान की है? बिल गेट्स और अल्बर्ट आइंस्टीन दोनों ने सफलता पाने के लिए विस्तार और सावधानीपूर्वक अपनी प्रकृति पर ध्यान दिया। हमारे पास सैंड्रा डे ओ'कॉनर और कोंडोलीजा राइस भी हैं। और हाँ, काल्पनिक दुनिया से, स्टार ट्रेक से मिस्टर स्पॉक सभी तर्क, व्याख्या और बुद्धि के साथ एकदम सही रूप से नीले रंग वाले हैं, भले ही कुछ चुटकुले उसके पास से निकल जाएँ।

8

कोई भी संपूर्ण नहीं होता

शक्तियाँ और कमज़ोरियाँ

जैसा कि इस पुस्तक के शीर्षक से पता चलता है, हमारे आस-पास ऐसे कई व्यक्ति हैं, जिन्हें विपरीत परिस्थितियों में समझने में हमें कठिनाई हो सकती है। कुछ और भी लोग हैं, जिन्हें समझने में हमसे चूक हो जाती है। कुछ लोगों के लिए तो ऐसे लोगों से बातचीत तक करना कठिन हो जाता है, जो उनके जैसे नहीं होते हैं, क्योंकि वे स्पष्ट रूप से ग़लत तरीक़े से व्यवहार करते हैं।

स्पष्ट होने लगते हैं मतभेद

आप विभिन्न रंग वाले लोगों के बीच व्यवहार में सामान्य अंतर देख सकते हैं। पृष्ठ 84 पर दिया गया उदाहरण दिखाता है कि वे कैसे भिन्न हैं। कुछ लोगों के लिए मुद्दे की अहमियत होती है, तो कुछ के लिए आपसी रिश्ते महत्त्वपूर्ण होते होते हैं। इनमें से दो लाल और पीला रंग वाले तेज़ी से किसी विषय पर काम करते हैं, वहीं हरे और नीले रंग वाले प्रतिक्रियात्मक होते हैं, जो छोटी हो या बड़ी, रोजमर्रा की ग़लतफहमियों का अक्सर स्रोत होता है। मैं इस विषय पर पेज 229 पर वापस आऊँगा, लेकिन फिलहाल इस अवसर को मैं मौलिक व्यवहार के विभिन्न पैटर्न को उदाहरण के साथ कुछ बारीकियाँ प्रदान करना चाहता हूँ, जो प्रत्येक रंग का प्रतिनिधित्व करता है।

मैं यह नहीं कह रहा हूँ कि आप लोगों को मूर्ख कहेंगे, जैसे- स्टर, जिन्होंने इस पुस्तक की शुरुआत में मेरी आँखें खोलीं। हालाँकि, पूरी ईमानदारी से कहें, तो कभी-कभार हम सभी वहीं खड़े हो जाते हैं, जहाँ किसी टिप्पणी को भी समझ पाना मुश्किल होता है, जिसे या तो हमने सुना है या किसी को इस तरह से व्यवहार करते देखा है, जो हमारे व्यवहार के विपरीत है। और इसलिए हम मानते हैं कि वे मूर्ख हैं।

यह तर्क मानता है कि मैं हमेशा सही हूँ, जिसका निश्चित रूप से अर्थ है कि दूसरा व्यक्ति और उनके व्यवहार का तरीक़ा स्वाभाविक रूप से ग़लत है। यह एक पेचीदा सवाल है। एक बुद्धिमान व्यक्ति ने एक बार कहा था कि सिर्फ़ इसलिए कि आप सही हैं, मुझे ग़लत बताने की कोई आवश्यकता नहीं है। हम हमेशा दूसरों के दोषों और कमियों पर विशेष ध्यान देते हैं। बाल मनोवैज्ञानिकों का तर्क है कि हम अपने बच्चों के व्यवहार में जिन चीज़ों को सबसे ज़्यादा पाते हैं, वे चौंकाने वाली हैं, क्योंकि हम ख़ुद में भी उन आदतों को देखते हैं और सोचते हैं, काश हम ऐसा नहीं करते। तो, सवाल यह है कि कौन तय करता है कि किस तरह का व्यवहार सही है और किस तरह का ग़लत?

घिसी-पिटी बातों के लिए समय

पहली बात तो यह कि कोई भी ख़ुद में पूर्ण नहीं है। यह अब एक पुरानी बात हो चुकी है। लेकिन सच तो यही है कि वास्तव में कोई भी मनुष्य पूर्ण नहीं है; दुनिया में बिना किसी दोष या कमी के कोई भी नहीं है। युवावस्था में मैं लगातार एक ऐसे रोल मॉडल की तलाश में था, जो जीवन में मेरा गुरु बन सके, चाहे वह कोई पुरुष या महिला ही क्यों न हो, लेकिन कमियों से पूरी तरह मुक्त ऐसा कोई मुझे कभी नहीं मिला। मैंने अभी तक ऐसे किसी भी सिद्ध मानव का कोई निशान नहीं देखा है। जाहिर है कि सभी ऐसे ही हैं। हम अपनी कमियों के साथ जीते हैं और इसी में अपने लिए अच्छाइयों को ढूंढते हैं।

दूसरी ओर जब हम सोचते हैं कि कोई व्यक्ति मूर्ख है, तो क्या यह वास्तव में उसकी ग़लतियों और कमियों के कारण है या हम उन्हें समझने में विफल रहे हैं? एक विशेषता जो कुछ स्थितियों में उपयोगी हो सकती है, वह दूसरों में अनुपयुक्त है। यहाँ यह याद रखना महत्त्वपूर्ण है कि बातचीत आमतौर पर सुननेवाले की शर्तों पर ही होती है। आपके बारें में लोगों की जो भी राय होगी, वे आपको उसी तरह से देखेंगे। इससे कोई फ़र्क़ नहीं पड़ता कि वास्तव में आपका क्या मतलब था या आपके इरादे क्या थे। हमेशा की तरह यह बस आत्म जागरूकता के बारे में है। कठिन परिस्थितियों में कई गुण आपकी कमज़ोरियों का कारण भी बन सकते हैं, चाहे गुण अच्छा हो या बुरा।

आंतरिक व्यवहार पैटर्न की त्वरित समीक्षा

लाल रंग वाले लोग तेज़ प्रवृत्ति के होते हैं और ज़रूरत पड़ने पर कमान संभालने में उन्हें बहुत ख़ुशी महसूस होती है। परिस्थितियों को वे इस कदर ढालते हैं कि चीज़ें अपने आप तेज़ी से होने लगती हैं। हालाँकि, जब वे किसी काम को लेकर आगे बढ़ते हैं, तो वे इस पर पूरी तरह से अपना नियंत्रण चाहते हैं। ऐसा नहीं हो पाने पर वे निराश हो जाते हैं और लोगों को बहुत बुरी तरह दंडित करते हैं।

पीले रंग वाले लोग चाहे किसी के साथ भी हों, मनोरंजन उनका प्रिय शगल होता है, रचनात्मकता उनके कामों में झलकती है, वे तुरंत किसी का भी मूड अच्छा कर सकते हैं। हालाँकि, जब उन्हें आप ज़रूरत से ज़्यादा भाव देते हैं, तो वे कमरे की पूरी ऊर्जा और लोगों का ध्यान अपनी ओर खींच लेंगे, वे किसी को भी बातचीत

करने की अनुमति नहीं देंगे और उनकी कहानियाँ कम-से-कम वास्तविकता को दर्शाएगी।

हरे रंग वाले लोग दोस्ताना प्रवृत्ति के होते हैं। उनके साथ घूमना-फिरना आसान है। वे ख़ुशियाँ बांटने वाले होते हैं और वास्तव में दूसरों की परवाह करते हैं। हालाँकि, ये बहुत ही साहसी और दृढ़ प्रतिज्ञ नहीं होते हैं। जो लोग कभी भी एक ही बात पर टिके नहीं होते हैं, उन्हें संभालना मुश्किल हो जाता है। आप नहीं जानते कि वास्तव में वे क्या निर्णय लेंगे और उनकी यही कमी अन्य लोगों को परेशान कर डालती है।

नीले रंग वाले लोग विश्लेषणात्मक होते हैं। वे शांत व संतुलित होते हैं और बोलने से पहले सोचते हैं। दिमाग़ को शांत रखने की उनकी क्षमता निस्संदेह उन सभी के लिए प्रेरणा का स्रोत है, जो ऐसा करने में सक्षम नहीं हैं। हालाँकि, अपनी आलोचनात्मक सोच के कारण नीले रंग वाले लोग आस-पास के लोगों को संदेह की दृष्टि से देखते हैं और उनसे सवालिया लहजे में बातचीत करते हैं। ऐसे में सब कुछ संदिग्ध और भयावह हो सकता है।

आगे मैं इस बात पर चर्चा करूँगा कि कुछ लोग अपने व्यवहार से जुड़ी कमज़ोरियों को दूर करने और उसमें सुधार लाने के लिए कैसे आगे आते हैं। स्वाभाविक रूप से, यह एक संवेदनशील क्षेत्र है और इसमें दूसरों की सलाह को आसानी से ग़लत समझा जा सकता है। जब मैं लोगों को ट्रेंड करता हूँ, तो आमतौर पर यही वह जगह होती है, जहाँ चीज़ें गड़बड़ हो सकती हैं। देखने वाले की आँखों में बहुत कुछ होता है। वे अपने दृष्टिकोण के हिसाब से कुछ भी समझ सकते हैं, तो जैसे ही आप यह पढ़ते हैं, सावधान हो जाएँ। समझें कि कौन सही है और कौन ग़लत है? मैं व्यवहार के जिन धारणाओं के बारे में बात कर रहा हूँ, उनका वर्णन इस तरह से किया जा सकता है, जैसे- कुछ लोग यह अनुभव कर सकते हैं कि उन्हें किसी बात पर बनाया गया हो, भले ही उस व्यक्ति का इरादा पूरी तरह से अलग हो।

अलग-अलग रंगों के बारे में एक बात मैं निश्चित रूप से जानता हूँ कि प्रत्येक रंग अलग-अलग तरीक़ों से ख़ुद का मूल्याँकन करता है। लाल और पीले रंग वाले लोग अपनी ताक़त का प्रदर्शन करते हैं और मानते हैं कि उनकी कोई कमज़ोरी नहीं है। उनमें अहंकार की भावना बहुत जबरदस्त होती है और उनकी सफलता

का एक बड़ा कारण यह भी है कि वे दोषों और कमियों को लेकर बैठे नहीं रहते हैं, बल्कि अच्छे अवसरों और ख़बरों की तलाश में लगे रहते हैं। स्पष्ट रूप से समय के साथ इसे बनाए नहीं रखा जा सकता है।

इसके विपरीत, हरे और नीले रंग वाले लोग आमतौर पर अपनी कमज़ोरियों को बढ़ा-चढ़ाकर पेश करते हैं और कुछ मामलों में तो वे अपनी खूबियों तक को भी नज़र-अंदाज़ भी कर देते हैं। परिणाम स्पष्ट हैं। जब हरे या नीले रंग वाले लोगों के लिए आपकी प्रतिक्रिया सकारात्मक होती है, तो वे अति उत्साही हो जाते हैं और किसी भी काम को सही करने के बजाय उसमें गंभीर ग़लती कर डालते हैं। जाहिर है, यह अत्यधिक अनुत्पादक कार्य है।

खैर, हम जाने के लिए तैयार हैं?

लाल रंग के लोगों को कैसे महसूस किया जा सकता है

यदि आप अन्य लोगों से लाल रंग के लोगों के बारे में पूछते हैं, तो आपको जो पता चलता है, वह उस बात से बिलकुल जुदा होती है, जो स्वयं लाल रंग वाले लोगों ने ख़ुद के बारे में आपको बतायी होगी। आश्चर्य है! मेरे अपने निजी शोध से पता चलता है कि लाल रंग वाले लोग हम में से बाकी लोगों की तुलना में बेवकूफ़ों से अधिक घिरे होते हैं। लाल रंग के लोगों के बारे में आपने अब तक जो कुछ पढ़ा है, जाना है, उससे बहुत से लोग सहमत होंगे, लेकिन मैंने कुछ हटकर भी बातें सुनी हैं। आमतौर पर लोग इसके बारे में तब बात करते हैं, जब लाल रंग वाले लोग घर में मौजूद न हों, क्योंकि उनके उग्र स्वभाव से सभी डरते हैं। आपने उसे यह कहते सुना होगा कि वह सच सुनना चाहता है। वर्षों बीत जाने के बाद भी उसकी बातें कानों में गुंजती है, 'कहो जो तुम मेरे बारे में सोचते हो!' लेकिन जैसे ही आप ऐसा करते हैं, आप ख़ुद को गुस्से से लाल हुए लाल रंग वाले लोग के साथ गरमागरम चर्चा के बीच पाते हैं। इसका मतलब है कि अब आप जो पढ़ने जा रहे हैं, वह कई लाल रंग वालों के लिए पूरी तरह से नया होगा। हम में से बहुत से लोग इन बातों को पहले कभी भी लाल रंग वाले लोगों के सामने नहीं उठा पाए हैं। इसमें बहुत जोर लगाना पड़ता है।

कुछ लोग कहते हैं कि लाल रंग वाले लोग केवल जुझारू, अभिमानी और अहंकारी होते हैं। उन्हें अडिग, अधीर, आक्रामक और एक अच्छा नियंत्रक भी माना जाता है। मुझे नहीं लगता कि यह आवश्यक रूप से सही है, लेकिन मैंने लोगों

को लाल रंग वाले लोगों के व्यवहार के बारे में बातें करते, उन्हें तानाशाह और अत्याचारी बोलते हुए भी सुना है। यह लाल रंग के ख़िलाफ़ मेरे आपके बीच किसी तरह की चापलूसी नहीं है। लाल रंग वाले जन्मजात लीडर हैं और कभी-कभी उनका भी दोषपूर्ण पक्ष सामने आ जाता है।

सबसे पहले, मुझे यह कहने दें कि पहले कही गयी कोई भी बात किसी भी लाल रंग वाले को परेशान नहीं करेगी, क्योंकि वह संबंधों को निभाने की अपेक्षा अपना काम पूरा करना ज़्यादा ज़रूरी समझते हैं। इसके अलावा बाकी सब ग़लत है। आइए, देखें कि बाकी सभी का क्या कहना है।

'हर काम में इतना समय क्यों लगता है? क्या आप काम को थोड़ा तेज़ नहीं कर सकते?'

अच्छा, अब इसे आप क्या कह सकते हैं? एक व्यक्ति जो जीवन में आगे बढ़ने के लिए किसी परंपरागत ढांचे से बाहर निकलकर काम करना चाहता है, यह उसकी अधीरता का प्रदर्शन नहीं है। जब सामान्य और प्रमाणित तरीक़े बहुत अधिक समय लेते हैं, तो लाल रंग वाले लोग उन तरीक़ों को प्रमाणित करने वालों की खोज शुरू कर देंगे और तेज़ी से उस व्यक्ति की तलाश करेंगे, जो वास्तव में ऐसे निर्णय लेता है।

पहला उदाहरण जो दिमाग़ में आता है, वह मेरी खूबसूरत राजधानी की यातायात व्यवस्था थी। सभी को दूसरे से आगे निकल जाने की जल्दबाजी थी। नतीजा बेतरतीब व्यवस्था, जाम और परिणामस्वरूप देरी। इस बारे में आंकड़े भी हैं। लेकिन, चूंकि हम लाल रंग वाले लोगों के व्यवहार के बारे में बात कर रहे हैं, मैं कुछ साल पहले मेरे साथ रहे अपने एक सहयोगी के बारे में आपको बताना चाहता हूँ। ब्योर्न और मैंने शहर और उसके आस-पास घूमने के लिए परिवहन के एक प्रमुख साधन के रूप में कार का इस्तेमाल करना बेहतर समझा। सार्वजनिक परिवहन के रूप में बस का उपयोग करने में हमें बहुत लंबा समय लगा। ब्योर्न को अपने लाइसेंस से बहुत ज़्यादा प्यार नहीं था, तभी तो वह हर बार कार की स्पीड बढ़ा देता और हर बार पुलिस वाले उसका ड्राइविंग लाइसेंस जब्त कर लेते।

वह शहर से बहुत बाहर रहता था और लगभग बीस मील दूर स्थित ऑफिस तक का सफर तय करने में उसे लगभग चालीस मिनट तक लग जाते थे। कभी-कभी तो उसे ऑफिस आने में आराम से डेढ़ घंटा तक समय लग जाता था।

ब्योर्न ने शायद ही ट्रैफिक के हिसाब से अपनी ड्राइविंग स्किल को समायोजित करने की आवश्यकता महसूस की। उसकी राय थी कि यातायात के प्रत्येक नियम का पालन करने का कोई कारण नहीं है। पचास, साठ और इसी तरह की गतिसीमा तय करने वाले तमाम साइन बोर्ड उसे निर्देशात्मक नहीं, सिफारिशें लगती थीं। ये सब उसपर लागू नहीं होते थे। ये नियम-कानून ऐसे लोगों के लिए थे, जो वास्तव में कार चलाना नहीं जानते थे!

एक बार मैं ऑफिस में अपने कुछ सहयोगियों के साथ कॉफी पी रहा था और ट्रैफिक की गंभीर स्थिति पर चर्चा कर रहा था। ऐसा लगा मानो पूरा शहर ट्रैफिक जाम की कगार पर खड़ा हो गया हो। हर कोई अपनी-अपनी परेशानी बयाँ कर रहा था। ब्योर्न को पता नहीं था कि हम किस बारे में बात कर रहे हैं। उसे समस्या की बिल्कुल भी जानकारी नहीं थी। उसे देखकर ऐसा लगा कि मानो हाल ही में ट्रैफिक की हालत ख़राब हुई ही नहीं थी। जब हमने उससे थोड़ी और पूछताछ की, तो पता चला कि वह आमतौर पर बस की लेन में ही गाड़ी चलाता था। बीस मील से अधिक की दूरी के लिए यह हर तरह से सही था। हमने सोचा, वह तो वास्तव में बहुत तेज़ था। साथ में ब्योर्न ने यह भी कहा कि उसका यह तरीक़ा ठीक था। उसने कहा, आप लोग भी बस की लेन के लिए परमिट प्राप्त कर सकते हैं। उसने यही किया और इसके लिए उसे लगभग हर महीने 140 डॉलर खर्च करने पड़े।

हर चार हफ़्ते में पुलिस उसे रोकती थी, लेकिन वह काम भी ऐसा ही करता था। जरा सोचिए कि उसने कितना समय बचाया! और उसके लिए जो कुछ भी खर्च हुआ वह जुर्माना था। उसे लगा कि यह एक अच्छा सौदा है।

यह कहानी स्पष्ट रूप से दर्शाती है कि लाल लोग कैसे काम करते हैं। हालाँकि, सभी लोगों की तरह ही वे भी जानते हैं कि नियमों को तोड़ना ग़लत है; वे इसे तोड़ते हैं क्योंकि ऐसा करने से उनका काम तेज़ होता था। लाल रंग वाले लोग नियम तोड़ने को लेकर कुख्यात होते हैं। एक बार फिर, मैं आपको याद दिला दूँ कि उनका इरादा किसी काम को बिगाड़ना नहीं था, वे तो बस काम के लिए ऐसा करते थे।

काम पूरा करने के लिए लाल रंग वालों को एक या दो शॉर्टकट लेने में कोई समस्या नहीं है, बस काम ढंग से पूरा हो जाना चाहिए। कायदे-कानून के प्रति इस तरह के उदार दृष्टिकोण के साथ आप निश्चित रूप से गंतव्य पर तेज़ी से पहुँचेंगे। मैं यह भी कहूँगा कि लाल रंग वाले अक्सर इतने तेज़ होते हैं कि अगर कुछ ग़लत हो भी जाता है, तो वे तुरंत उसे सुधार कर काम को समय से पूरा करते हैं। हालाँकि,

वे किसी को इस बात की भनक तक नहीं लगने देते हैं कि वास्तव में क्या होने वाला है।

'मैं चिल्ला नहीं रहा हूँ! मैं क्रोधित नहीं हूँ! आर्राह!'

क्योंकि लाल रंग वाले लोग बातचीत में इतने स्पष्ट और मुंहफट होते हैं कि कई लोग उन्हें आक्रामक मानते हैं। यह तर्कपूर्ण है, लेकिन यह धारणा एक ही समय में अलग-अलग लोगों पर अलग-अलग होती है, यह इस बात पर निर्भर करता है कि लाल रंग वाले लोगों की टिप्पणी का शिकार कौन होता है। उदाहरण के लिए, स्वीडन में इस तरीक़े से व्यवहार करना स्वीकार्य नहीं है, हालाँकि यह जर्मनी या फ्रांस में ठीक है। मैं यह नहीं कह रहा हूँ कि इन देशों में लोग अधिक झगड़ते हैं, मेरा मतलब है कि संघर्षों के प्रति उनका दृष्टिकोण थोड़ा अलग है।

जरा सोचिए। कई कार्यस्थलों पर लोगों को स्पष्टवादी होने और बिना हिचक के प्रत्येक बात को रखने के लिए प्रोत्साहित किया जाता है। इसका सचमुच में मतलब क्या है? इसे समझना बिलकुल आसान है, इसका अर्थ है कि हम सभी को एक-दूसरे के साथ ईमानदार होना चाहिए और जो कुछ भी हम सोचते-कहते हैं, सही कहना चाहिए? हम खुला और स्पष्ट संवाद चाहते हैं। यह तो बहुत ही बढ़िया है; किसी भी संगठन के कुशल होने और बेहतर तरीक़े से काम करने के लिए महत्त्वपूर्ण चीज़ों के बारे में सीधा संवाद होना आवश्यक है।

तो खुल कर संवाद करने में कौन माहिर है? और बिना चिड़चिड़ेपन के ख़ुद के खिलाफ हुई बातों को सम्मानपूर्वक स्वीकार कर सकते हैं? उत्तर मिलेगा : कोई नहीं।

निश्चित रूप से लाल रंग वाले, उनके अलावा ऐसा करने वाले कोई और नहीं हैं। उनके लिए यह कोई मुद्दा नहीं है। हम आपसी चर्चा की बात भी क्यों कर रहे हैं? यह स्पष्ट है कि आप जो सोचते हैं, वही कहते हैं! सच को स्वीकार करने में आपको कठिनाई हो सकती है, बहुतों के लिए स्थिति तनावपूर्ण हो जाती है; चेहरे पर सच बोलने के हावभाव को बनाए रखना कठिन हो सकता है।

यहाँ मेरा लक्ष्य सही या ग़लत को परिभाषित करना नहीं है; मैं केवल यह स्थापित करना चाहता हूँ कि हम सभी अलग हैं।

तो कभी-कभी हम लाल रंग वाले लोगों के व्यवहार को धमकी देने वाला और जुझारू क्यों मानते हैं? क्या ऐसा हो सकता है कि वे तुरंत हार न मानें? क्यों

वे छोटी-छोटी बातों पर भी बहस और चर्चा करना पसंद करते हैं, यदि वे उन्हें महत्त्वपूर्ण पाते हैं? ऐसा क्यों लगता है कि वे अपनी आवाज़ उठायेंगे, लोगों को चकाचौंध करेंगे और अगर यह उनका मन करे तो मेज पर मुक्का भी मारेंगे? ऐसा क्यों है कि कभी-कभी वे बुरे व्यक्ति की तरह पेश आते हैं?

निम्नलिखित परिदृश्य की कल्पना कीजिए :

आपके पास करने को एक प्रोजेक्ट है, कुछ ऐसा जिसके पीछे आपने कुछ दिन बिताए हैं, या शायद सप्ताह भी। आपको ख़ुद पर शक होने लगता है कि क्या आप अपने काम में सफल हो गए हैं? क्या यह उतनी ही अच्छी तरह हुआ है, जितना आप चाहते थे? क्या आप इसे अपने क्लाइंट को दिखाने की हिम्मत करेंगे जैसा यह अभी है, या क्या आपको किसी ऐसे व्यक्ति से कुछ फीडबैक मांगना चाहिए जिसे आप जानते हैं कि वह आपको एक ईमानदार जवाब देगा?

तभी एक लाल रंग वाला व्यक्ति आपके पास आता है और आप एक जोखिम भरा कदम उठाते हैं। वह आपका सहकर्मी, जीवनसाथी, दोस्त, चचेरा भाई, पड़ोसी कोई भी हो सकता है और आप उनकी ईमानदारी को लेकर आश्वस्त हैं। आप खुलकर उनसे राय मांगते हैं। आप थोड़े गर्व के साथ उसे दिखाते हैं कि आपने क्या हासिल किया है और आप चरण दर चरण हासिल की गयी कामयाबी का बखान करते हैं। शायद आप इस बात पर ध्यान न दें, पर लाल रंग वाला व्यक्ति आपकी बातों से अधीर हो जाता है, वह पहले से ही तय कर चुका होता है कि अमुक विषय पर उसकी राय क्या है। वह नहीं दिखाता कि आपसे इतनी देर तक बात करते-करते वह थक गया है।

अपने हाथ को हिलाते हुए वह आपको चुप कराता है और कहता है, यह कुछ ज़्यादा अच्छा मालूम नहीं देता है। आपने जो भी किया है, वह मुझे वास्तव में पसंद नहीं है। वास्तव में, अभी यह बहुत कच्चा है, प्रारंभिक स्थिति में है। मुझे आश्चर्य है कि आपने इससे बेहतर नहीं किया, जबकि आप कर सकते थे। मुझे लगता है कि आपको पूरी प्रक्रिया को शुरू से अंत तक फिर से करना होगा।

फिर वह इसके बारे में और अधिक सोचे बिना चला जाता है। अब चाहे आप किसी भी रंग का प्रतिनिधित्व करने वाले हों, आप ख़ुद को अकेला और ठगा हुआ महसूस कर रहे हैं।

अतिशयोक्तिपूर्ण? क्या असल ज़िंदगी में ऐसा हो सकता है? इस स्तर पर भी यदि आप मानते हैं कि ऐसे बुरे लोग वास्तव में मौजूद नहीं हैं, तो जान लें कि

आपका अभी भी असली लाल रंग वाले लोगों से सामना नहीं हुआ है। या लाल रंग वाले जिन लोगों से आप मिले हैं, संभव है कि उन्होंने बेईमानी करना सीख लिया है।

इसके बारे में सोचो। किसी व्यक्ति को पूरी तरह से कम आंकने का क्या उद्देश्य है? लाल रंग वाले लोगों की मंशा क्या थी? करना तो वही था, जो आपने पूछा था। आप एक ईमानदार सलाह चाहते थे!

आपने कहा था- बिलकुल वही कहो, जो तुम सोचते हो। यह संभव है कि आपने यह भी जोड़ा होगा कि तुम्हारी बातों से मैं क्रोधित या उदास या निराश या आत्मघाती नहीं होऊँगा। ऐसे में लाल रंग वाले कहते हैं, क्या आप तैयार हैं, तो अब शुरू होती हैं असली बातें। ईमानदार से आपसे राय पूछ कर उन्होंने स्पष्ट शब्दों में, जो आपके लिए क्रूर भी हो सकती है, आपकी कमियों को उजागर करना शुरू कर दिया। लेकिन, आप बचे रहेंगे। शायद अपने आत्मविश्वास के साथ। पर आपका अहंकार पूरी तरह से खत्म हो गया होगा।

एक सलाहकार के रूप में, मैंने अनगिनत बार समझाया है कि जब कोई लाल रंग वाला व्यक्ति किसी ऐसे मुद्दे पर अपनी पूरी ताक़त लगा देता है, जो उसके लिए महत्त्वपूर्ण है, तो वह उसपर कभी भी हार मानने को तैयार नहीं होगा। और तब जो तूफ़ान उठेगा, वह बहुत ही भयावह होगा। यदि आप संघर्ष से डरते हैं, तो आपको स्वयं को उस स्थिति में नहीं रखना चाहिए। लाल रंग वालों को संघर्ष पसंद है, उन्हें इससे कोई समस्या नहीं है। लाल रंग वाले लोग जानबूझकर किसी प्रकार का संघर्ष पैदा नहीं करते हैं, लेकिन हर बार एक नई झड़प ज़रूर हो सकती है, जो अच्छी भी हो सकती है, क्या आपको ऐसा नहीं लगता? यह संवाद करने का ही एक और तरीक़ा है।

एक छोटी-सी सलाह : एक बार जब आप किसी लाल रंग वालों के चक्कर में पड़ जाते हैं, तो आप जो सबसे ख़राब काम कर सकते हैं, वह है पीछे हटना। ऐसी रणनीति आपके लिए गंभीर समस्या पैदा कर सकती है। अभी नहीं, तो बाद में सही।

'तुम वहाँ क्या कर रहे हो? मैं देख सकता हूँ कि आप क्या (नहीं) कर रहे हैं!'

किसी चीज़ को नियंत्रित करने की आवश्यकता के पीछे क्या कारण है? सीधे शब्दों में कहें, तो नियंत्रण की इच्छा एक ऐसी घटना है, जहाँ किसी व्यक्ति को

ऐसी स्थिति पर अधिकार जमाने की आवश्यकता होती है, जिसमें कोई समूह या व्यक्ति मौजूद हो। जिनके पास नियंत्रण करने की शक्ति है, वे अक्सर किसी समूह या स्थिति के अनुकूल ख़ुद को ढालने में बेहद असहज महसूस करते हैं और इससे बचने के लिए उत्सुकतापूर्वक विभिन्न रणनीतियों के साथ सामने आते हैं। बातचीत पर नियंत्रण बनाए रखने के लिए व्यवहार का एक सामान्य रूप लगातार बात करना, दूसरों के बीच में न आना और बेकार की बातों पर ध्यान नहीं देना है।

लाल रंग वालों को शायद बेहद दबंग माना जा सकता है, लेकिन यह ध्यान रखना महत्त्वपूर्ण है कि वे सिर्फ़ उन्हीं लोगों को नियंत्रित करने में रुचि रखते हैं, जो उनके आस-पास हैं। वे किसी परिस्थिति के हर पहलू को नियंत्रित करने के बारे में नहीं सोचते। (किसी चीज़ को विस्तार से जानना, उसके लिए सावधान रहना या नियंत्रण रखने में ऐसा कुछ नहीं है, जिसके लिए हम लाल रंग वाले लोगों पर आरोप लगा सकते हैं।) लेकिन, लाल रंग वाले लोगों के लिए यह महसूस करना महत्त्वपूर्ण है कि वह इस बात को प्रभावित कर सकते हैं कि लोग क्या करते हैं और कुछ विशिष्ट मुद्दों पर वे कैसे कार्य करना चाहते हैं।

नियंत्रण की इस आवश्यकता के केंद्र में यह विश्वास है कि वे किसी और से अधिक जानते हैं। और क्योंकि लाल रंग वाले किसी व्यक्ति को लगता है कि वह सबसे अच्छा जानता है, वह यह सुनिश्चित करने के लिए अपने आस-पास के सभी लोगों पर नज़र रखेगा कि वे सभी सही काम कर रहे हैं। किसी लाल रंग वाले लोगों के साथ प्लस प्वाइंट यह है कि वह सब कुछ अपने तरीक़े से करता है। नुक़सान स्पष्ट है : लेकिन हर कोई ख़ुद को नियंत्रित महसूस करता है। कुछ लोग सोचते हैं कि यह अच्छी बात है कि कोई निर्णय लेता है और नेतृत्व की मशाल थामता है, वहीं कुछ लोग ऐसे भी हैं, जो इन सब चीज़ों से बस बचना चाहते हैं।

कई साल पहले, मैंने एक कंपनी के लिए काम किया था जिसकी एक प्रबंधक लाल रंग वाली महिला थी। (वह थोड़ी नीली भी थी, नीले व्यवहार पर अनुभाग देखें।) जब वह अपने कर्मचारियों को कोई काम सौंपती, तो उसका प्रभाव काफ़ी मनोरंजक होता था। उसे आमतौर पर कुछ चीज़ों को त्यागने में कोई समस्या नहीं होती थी; वह अच्छे कार्यों को सौंपने में आगे रहती थी, जिसे करने में कई कर्मचारियों को मुश्किल हो सकती थी। हालाँकि, चूंकि वह लाल रंग से थी, इसलिए वह सोच और कार्य में बहुत तेज़ थी। व्यवहारिक रूप में देखें, तो इसका मतलब यह था कि वह एक विशिष्ट कार्य को सौंपने के बाद दूसरे कामों में लग

जाती थी और यदि दिया गया कार्य तुरंत नहीं किया गया, तो वह उस काम को ख़ुद अपने हाथों में ले लेती थी और उसे पूरा कर डालती थी। जब कर्मचारी उस काम को करने के लिए आगे बढ़ता, तो उसे अक्सर पता चलता कि यह पहले ही हो चुका था।

क्योंकि मैनेजर लाल और नीले रंग वाली थी, उसने उस कर्मचारी की तुलना में बहुत बेहतर काम किया, जिसे उस काम को पूरा करने का मौका दिया गया था। लाल का अर्थ है तेज़; नीले रंग का अर्थ कार्यान्वयन में उच्च गुणवत्ता से है। दुर्भाग्य से, जो कर्मचारी उस काम को समय से नहीं कर पाया, उसके ढीलेपन की आलोचना करने में भी वह धीमी नहीं रही। जैसा कि इस प्रबंधक का नीले रंग वाला हिस्सा काम के विवरण के साथ पूरी तरह सटीक था, वहीं लाल वाले भाग ने बहुत आसानी से उसकी आलोचना की, वह काफ़ी कठोर मानी गयी। जो हमें व्यवहार की विशेषताओं के अगले चरण में लाता है।

मैं आपकी फ़िक्र करने की कोशिश करता हूँ, बहुत अच्छा होता यदि आप थोड़े और दिलचस्प होते

क्या आप कभी किसी ऐसे व्यक्ति से मिले हैं, जिनमें किसी तरह की कोई भावना देखने को नहीं मिली हो? मेरे हिसाब से शायद नहीं। लाल रंग वाले लोगों ने कई मौकों पर साबित किया है कि वे संबंधपरक लोग नहीं हैं। इसमें ग़लत कुछ भी नहीं है। जब तक आप किसी ऐसे व्यक्ति से बात नहीं कर रहे हैं, जिसके पसंद-नापसंद आपसे मेल खाते हों, तो आपसी संबंध विकसित नहीं हो सकते। लेकिन, अगर एक लाल रंग वाला व्यक्ति किसी संबंधपरक व्यक्ति से बात करता है, जैसे पीला या हरा, तो उसे बहुत ही ठंडे दिल वाला या अमानवीय माना जा सकता है।

मैं इसे अपने निजी अनुभव के एक उदाहरण से समझाता हूँ।

मेरा एक सहकर्मी था, जिसकी मैं हमेशा बहुत सराहना करता था (ध्यान दें कि मैं सकारात्मकता के साथ शुरू करता हूँ, लोगों को परेशान करने या उनपर आरोप लगाने से बचने के लिए) और अभी भी एक पेशेवर के साथ-साथ एक अच्छे दोस्त के रूप में मैं उसका बहुत सम्मान करता हूँ। ठीक है कि वह कुख्यात ब्योर्न फिर से सामने है।

कुछ साल पहले, कंपनी में हम एक कठिन दौर से गुज़र रहे थे। इससे पार पाने के लिए हम जोरदार मेहनत कर रहे थे, दिन को दिन और रात को रात नहीं

समझ रहे थे। हफ़्तों तक हम ऐसे ही काम करते रह गए। हम ख़ुद को झोंक चुके थे, हमने एक दूसरे को थका दिया था और हम अपने-अपने परिवारों को भूल चुके थे, एक तरह से वे हमारे लिए खत्म हो गए थे। हम घुटनों पर आ गए थे। हमें एक शांत और आरामदायक छुट्टियों की बहुत जबरदस्त दरकार थी।

कंपनी की ओर से छुट्टी मिलने पर पार्टी के लिए हम एक जापानी रेस्टूरेंट में गए। हमने अपने जूते उतार दिए थे और तकिया लगाकर आराम से बैठ गए, प्रत्येक के हाथ में एक-एक ग्लास था। पारंपरिक स्वीडिश अंदाज में हमने मेनू देखा, इस बात पर नज़र रखते हुए कि दूसरे क्या ऑर्डर करने के बारे में सोच रहे थे। बेशक, हम में से कोई भी ऐसा कुछ ऑर्डर नहीं करना चाहते थे जिसे किसी और ने नहीं किया हो।

ब्योर्न इसका अपवाद था। उसने मेनू पर एक नज़र डाली और जल्दी से बता दिया कि वह क्या ऑर्डर करना चाहता है। वह अब ऑर्डर देने के लिए तैयार था, लेकिन हम में से कोई अभी तक यह फैसला नहीं कर पाया था कि क्या ऑर्डर करना है, इससे वह परेशान हो गया था। उसने सोचा कि कुछ तो करना पड़ेगा और उसने सभी से बातचीत करनी शुरू कर दी। मेरी बेटी ने अभी-अभी स्कूल बदला था और ब्योर्न इस बात को जानने को लेकर बहुत आतुर था।

'और नए स्कूल में सब कुछ कैसा चल रहा है? छोटी लेसी की पढ़ाई कैसी चल रही है?' मेरी बेटी के लिए उसकी चिंता देख मुझे सुखद आश्चर्य हुआ और मैंने उसे बताना शुरू किया। लगभग बीस सेकेंड के बाद मैंने देखा कि ब्योर्न की आँखें इधर-उधर भटकने लगीं। उसकी निगाहें रेस्टूरेंट के चारों ओर घूर रही थी। उसके चेहरे की भंगिमा थी, वह कह रही थी : वह मुझे ये सब क्यों बता रहा है?

उसने मेरी ओर मुस्कराते हुए देखा, जिसका अर्थ था कि मैंने समझा कि आप मुझे जानते हैं। आप जानते हैं कि मैं कैसे काम करता हूँ। मैं वास्तव में इसके बारे में और बात नहीं करना चाहता! और वह जल्दी ही किसी दूसरे विषय पर बात करने लगा।

आमतौर पर, मुझे उसके व्यवहार से थोड़ा-सा आहत होना चाहिए था, शायद यह मेरी बेइज्ज़ती थी। कोई इतना संवेदनहीन कैसे हो सकता है? खासतौर पर तब जब दूसरा व्यक्ति किसी ऐसी चीज़ के बारे में बात कर रहा हो, जिसके बारे में उसने ख़ुद पूछताछ की हो?

क्या इसका मतलब यह है कि ब्योर्न ठंडे दिल का है या उसे दूसरे लोगों की कोई परवाह नहीं है? बिल्कुल नहीं। वह लोगों की उतनी ही परवाह करता है, जैसे और लोग करते हैं। लेकिन जब उसे एहसास हुआ कि मेरी बेटी के साथ सब कुछ ठीक चल रहा है, तो उसने बातचीत में अपनी रुचि खो दी। सामान्य अंदाज में उसने जता दिया कि अब और बातचीत नहीं की जा सकती। बैठे-बैठे इधर-उधर की बातें करने के बजाय, कमोबेश बेमतलब की बातों में ही सही, दिलचस्पी लेने का नाटक करते हुए उसने ठीक वही कहा, जो उसने महसूस किया।

याद रखें कि हम यहाँ व्याख्याओं और धारणाओं के बारे में बात कर रहे हैं। किसी विशेष व्यवहार के पीछे की मंशा एक बात है; पर उस व्यवहार को हम कैसे लेते हैं, यह दूसरी बात है। निजी तौर पर मैं पूरी बात को हंस कर टाल देना चाहता था, क्योंकि मैं ब्योर्न को अच्छी तरह जानता था। मैं जानता था कि वह जानबूझकर कभी भी किसी का भी दिल दुखाने के बारे में सोचेगा तक नहीं। जब वह समय-समय पर लोगों के पैर की उंगलियों पर चढ़ जाता है, तो यह कभी जानबूझकर नहीं होता है, बस हो जाता है। वास्तव में, मैं अब तक जितने भी लोगों से मिला हूँ, उनमें से वह सबसे गर्मजोशी से पेश आनेवाला और उदार लोगों में से एक है। अब सिर्फ़ इतना है कि आपको इसे समझने के लिए उसे जानना होगा।

मेरी बेटी के बारे में ब्योर्न के सवाल का सही जवाब क्या होता?? 'ग्रेट', यह काफ़ी होता।

'अकेले रहने के लिए हिम्मत की ज़रूरत है,
और मैं आप सभी में सबसे मज़बूत हूँ'

शब्द 'अहंकारी' लैटिन शब्द 'अहंकार' से आया है, जिसका अर्थ है 'मैं'। मेरा 'मैं' ही, इसलिए, मेरा अहंकार है। भाषाई रूप से, हमने मज़बूत अहं और स्वार्थी लोगों के बीच किसी प्रकार के समान चिह्न को चुना है। स्वाभाविक रूप से, हमारी दुनिया में ऐसे बहुत से लोग हैं, जो स्वार्थी और अहंकारी दोनों हैं। दुनिया उनसे खचाखच भरी है। दोबारा मैं यहाँ याद दिलाना चाहता हूँ कि हम यहाँ कथित व्यवहार के बारे में बात कर रहे हैं।

यदि हम एक लाल रंग वाले व्यक्ति के बातचीत और व्यवहार के तरीक़ों पर गौर करें, तो हम समझ सकते हैं कि क्यों कई लोग उसे अहंकारी मानते हैं :

- 'मुझे लगता है कि हमें इस प्रस्ताव को स्वीकार करना चाहिए।'
- 'मुझे वह असाइनमेंट चाहिए।'
- 'यही है, जो मैं इसके बारे में सोचता हूँ।'
- 'मेरे पास एक अच्छा सुझाव है।'
- 'क्या हम इसे मेरे तरीक़े से करेंगे या ग़लत तरीक़े से करेंगे?'

पैनी नज़र और विशिष्ट हावभाव वाले किसी ऐसे व्यक्ति को आप देखेंगे, जो वही करता है, जो वह चाहता है। वे अपने हितों के लिए ज़रूर लड़ेंगे। वह सुनने वाले हर किसी व्यक्ति को बताएगा कि वह जो भी काम लेता है, वह उसे करने में सक्षम है। कुछ लोग, विशेष रूप से हरे रंग वाले यह पाते हैं कि बोलने का यह 'मैं' रूप परेशान करने वाला है। लाल रंग वाले का 'मैं' संदेश उनके दिमाग़ पर कब्जा कर लेता है। (वे इस गुण को पीले रंग वालों के साथ साझा करते हैं, जिनके पास मज़बूत अहंकार भी है।)

लेकिन हमने एक दूसरे का ख्याल रखना सीख लिया है। हम जानते हैं कि अकेले होने पर हम मज़बूत नहीं है, हमें जीवित रहने के लिए एक दूसरे की आवश्यकता है। यहाँ पर सहयोग आदर्श साबित हो सकता है और मैंने दो दशक से भी अधिक समय से इसका प्रचार किया है। इसलिए हमें लगता है कि जब लाल केवल अपने बारे में बात करते हैं, तो वे अहंकारी होते हैं। हकीकत यह है कि वे दूसरों की मदद करने से पहले ख़ुद की मदद करना सुनिश्चित करते हैं। यदि वे स्वयं के आगे बढ़ने का कोई अवसर देखते हैं, तो वे अक्सर किसी और को रौंदने के लिए तैयार रहते हैं। हो सकता है कि वे होश में ऐसा न करें, लेकिन प्रभाव तो वही होता है।

लाल रंग वाले लोग अक्सर चर्चाओं में विजेता बन कर सामने आते हैं। वे इसे बातचीत का एक स्वाभाविक हिस्सा मानते हैं। वे हमेशा जोर देकर कहेंगे कि वे सबसे अच्छा जानते हैं और बाकी सब ग़लत हैं। इस तरह का व्यवहार करना उनके अहंकार को शोभा देता है। इसका परिणाम यह होता है कि वे दोस्तों को खो देते हैं, लोग उन्हें नापसंद कर सकते हैं, उनतक कोई भी जानकारी नहीं पहुँचती क्योंकि कोई भी उन्हें अपने समूह में नहीं चाहता। जब वे इस पर ध्यान देते हैं, तो वे यह तय कर सकते हैं कि बाकी सभी लोग बेवकूफ़ हैं।

कुछ साल पहले, मैं उन छह लोगों में से एक था, जो शाम का खाना खाने के लिए टेबल पर बैठे थे। किसी पीड़ा के कारण हरे-नीले रंग वाले एक आदमी ने मुझे बताया कि उसकी तबीयत ठीक नहीं है। वह अपने नियोक्ता द्वारा उसके कंधों पर रखी गयी जिम्मेदारियों को पूरा नहीं कर सका। वह काम के भारी बोझ से बुरी तरह दबा हुआ था, इतना कि उसे रात में सोने में भी कठिनाई होती थी। इससे उसके लिए और भी तनाव पैदा हो गया क्योंकि वह जानता था कि अगर उसे रात को अच्छी तरह आराम नहीं मिला, तो उसके लिए बेहतर ढंग से काम कर पाना और भी मुश्किल हो जाएगा। उसके पास बैठी उसकी पत्नी अपनी बेचैनी छिपाने की कोशिश कर रही थी। माहौल निश्चित रूप से कमरे में किसी के लिए भी सहज नहीं था। टेबल पर मौजूद सभी लोगों ने उसकी बातों पर उत्साहजनक टिप्पणियाँ कीं और कहा कि उन्होंने कैसे सोचा कि वह ऐसी कठिन परिस्थिति को अकेले संभाल लेंगे। सभी ने सहभागिता व्यक्त की। जहाँ तक हो सके हम सभी ने उसके प्रति अपना समर्थन व्यक्त किया।

सिर्फ़ लाल रंग वाले व्यक्ति को छोड़कर। दस मिनट के बाद, टेबल पर मौजूद लाल रंग वाला एकमात्र व्यक्ति इस व्याकुल, तनावग्रस्त माहौल को देखकर आखिरकार फट पड़ा।

लाल रंग वाले व्यक्ति का विश्लेषण दिन की तरह स्पष्ट था : मुझे लगता है कि आप बहुत ज़्यादा शिकायत करते हैं। आप सिर्फ़ अपना वेतन कमा रहे हैं। 'आजतक मैं कभी बीमार नहीं पड़ा। मुझे लगता है कि लोग बहुत ज़्यादा चिंता करते हैं; मैं अगर आपकी स्थिति में होता, तो कभी शिकायत नहीं करता और मुझे वास्तव में लगता है कि आपको ख़ुद को संगठित कर लेना चाहिए।

क्या डिनर था! सच कहें तो वे लाल रंग वाले व्यक्ति ही हैं, जो हमेशा मानते हैं कि वे बेवकूफ़ों से घिरे हैं।

पीले रंग वाले लोगों को कैसे समझा जाता है

मजेदार, मनोरंजक और करीब-करीब दैवीय रूप से सकारात्मक। बिल्कुल। यह फिर से उनकी अपनी व्याख्या है। यदि आप अन्य लोगों से पीले रंग के लोगों के व्यवहार के बारे में पूछते हैं, तो आपको कुछ अलग ही तस्वीर मिल सकती है। आपने अभी तक जो पढ़ा है, उससे बहुत से लोग सहमत होंगे, लेकिन अब

आप अन्य टिप्पणियाँ भी पढ़ेंगे। नीले रंग वाले लोगों से यह पूछना विशेष रूप से मजेदार है। वे कहेंगे कि पीले रंग के लोग स्वार्थी, गंभीर या महत्त्वपूर्ण विषयों के प्रति उदासीन और अति आत्मविश्वासी होते हैं। कोई और कहेगा कि वे बहुत बोलते अधिक हैं और दूसरों की सुनते बहुत कम हैं। इसके अलावा अन्य टिप्पणियाँ भी हैं, जैसे कि वे विचलित और लापरवाह भी हो सकते हैं। हालाँकि, बात उतनी चापलूसी वाली नहीं है।

जब पीले रंग वाले लोग इन टिप्पणियों को सुनते हैं, तो दो में से एक चीज़ ज़रूर हो सकती है। या तो वे बहुत व्यथित और आहत हो जाते हैं, या फिर वह एक क्रूर तर्क शुरू कर देते हैं। यह परिस्थिति पर निर्भर करता है। आश्चर्यजनक बात यह है कि इनमें से कोई भी आलोचना समय बीतने के साथ पीले रंग वालों को बहुत अधिक पीड़ा नहीं देगी। एक ओर तो वह एक बुरा श्रोता है, वहीं दूसरी ओर उसके पास वह है, जिसे कुछ मनोवैज्ञानिक चयनात्मक स्मृति कह सकते हैं। वह केवल कुछ कठिन हिस्सों को भूल जाता है और उसका कहना आसान हो जाता है कि उसमें कोई दोष या कमियाँ नहीं हैं। अपने प्रति यह स्वयं से उसका यह सकारात्मक व्यवहार है।

आइए, देखें कि पीले रंग वाले लोगों को किस चीज़ से जूझना पड़ता है, भले ही वे इसे हमेशा नहीं जानते हों

हैलो, कोई है? मेरे साथ क्या हुआ सुनिए! आप जानना चाहते हैं, ठीक है?

इस अध्याय की शुरुआत में, मैंने बताया था कि पीले रंग वाले लोग बोलचाल में बहुत अच्छे होते हैं। मैं इसे फिर से दोहराना चाहूँगा।

पीले रंग वाले लोग बातचीत में बहुत अच्छे होते हैं। यहाँ पर मेरा जोर 'बहुत' पर है। बेहतर शब्दों को खोजने, ख़ुद को अभिव्यक्त करने और एक कहानी बयाँ करने में पीले रंग वालों को जो महारत हासिल है, वह और किसी रंग के पास दूर-दूर तक नहीं है। वे इसे इतनी आसानी से, इतनी सरलता से, इतनी सहजता से कर लेते हैं कि आप उनसे प्रभावित हुए बिना रह ही नहीं सकते। यह एक सामान्य बात है कि ज़्यादातर लोग दूसरों के सामने बोलना पसंद नहीं करते। उनके दिल की धड़कन तेज़ हो जाती है और हथेलियाँ पसीने से तर हो जाती हैं, उन्हें ख़ुद के मूर्ख बनने से डरते हैं। हालाँकि, पीले रंग वाले लोगो के लिए यह पूरी तरह से अलग है। किसी को मूर्ख बनाना इस प्रक्रिया का हिस्सा नहीं है और अगर ऐसा संभव होता,

तो लोग इसे हमेशा किसी मनोरंजक बात की तरह नहीं लेते, बल्कि वे आपको हंसा सकते थे।

हालाँकि, यह एक बहुत अच्छी बात हो सकती है। इस बात की परवाह किए बिना कि आप किसमें अच्छे हैं, इसकी एक सीमा है, सब कुछ अलग करने का एक समय होता है। पीले रंग वाले लोगों के लिए ऐसी कोई सीमा नहीं है, विशेष रूप से वैसे लोग जो बिना सोचे-समझे कुछ भी बोलते हैं। पीले रंग वाले लोगों को चुप रखने के बारे में कभी सोचा भी नहीं जा सकता है; अगर उनके पास कहने के लिए कुछ है, तो वे चुप नहीं रहेंगे। तथ्य यह है कि कोई और नहीं सोचता कि यह न तो यहाँ महत्त्वपूर्ण है और न ही कहीं और।

पीले रंग वाले लोग ज़्यादातर अपने आस-पास के लोगों की तरह ही व्यवहार करते हैं, क्योंकि उन्हें दूसरों की जो आदतें अच्छी लगती हैं, वे उसे करते हैं। और बात करने में तो वे शुरू से अच्छे रहे हैं। पीले रंग वाले लोगों के ऐसे अनगिनत उदाहरण हैं, जो बातचीत के दौरान पूरी तरह से दूसरों पर हावी हो जाते हैं। इसके बाद एक ओर से तो दिलचस्प बातें सुनने को मिलती हैं, वहीं दूसरी ओर से बेकार की बातें भी सुनने को मिलने लगती हैं।

इस असीम वाचालता से बहुत से लोग बेहद निराश हो जाते हैं। इसे अक्सर अहंकारवाद के रूप में माना जाता है। पीले रंग वाले लोगों को ध्यान में रखकर ही शायद शब्द 'विंडबैग', 'वर्बल डायरिया' और 'मोटरमाउथ' जैसे शब्द बनाए गए थे।

अनगिनत बार मैंने निम्नलिखित बातों का अनुभव किया है : लोगों का एक समूह एक बोर्डरूम टेबल के चारों ओर बैठा है। कमरे में शीर्ष पद पर बैठा एक व्यक्ति अपने विचार व्यक्त करता है; यह किसी भी चीज़ के बारे में हो सकता है। लेकिन, जब टिप्पणियों का समय आता है, तो पीले रंग वाले सभी लोग एक ही बात को दोहराते हैं, संभवतः अपने स्वयं के शब्दों के साथ विचार को भी सुदृढ़ करने की कोशिश करते हैं। (इसे पढ़ने वाली महिलाओं से मैं कहना चाहूँगा कि मैं इस तथ्य से अवगत हूँ कि महिलाओं की तुलना में पुरुषों में ऐसा व्यवहार अधिक देखने को मिलता है।) वे ऐसा क्यों करते हैं? तो ऐसा इसलिए है क्योंकि जब आप समझौते में हों, तो संकेत देना महत्त्वपूर्ण है और दूसरा वे इसे कितना अधिक बेहतर कह सकते हैं।

कुछ साल पहले, ग्रुप डायनामिक्स का अध्ययन करने वाली एक मैनेजमेंट टीम के साथ मैं काम कर रहा था। मैंने स्टॉपवॉच के साथ अभी-अभी एक सेल फोन भी ख़रीदा था। इसके उपयोग से मैं यह जान सकता था कि समूह में किसने और कितनी देर तक बात की थी।

कमरे में सीईओ और उनके सात करीबी सहयोगी थे। सेल्स मैनेजर पीटर वास्तव में पीले रंग वाला एक व्यक्ति था और उसके पास बातचीत के 19 एजेंडे में से केवल एक एजेंडा था। अच्छी तरह समझ लें कि 1:19 के अनुपात में यह था। यह एजेंडे के लगभग 5.3 प्रतिशत का प्रतिनिधित्व करता था।

सीईओ ने बैठक की शुरुआत की, लेकिन जल्द ही एक स्पष्ट पैटर्न उभरकर सामने आया। वह यह कि एजेंडे के हर एक आइटम के बारे में पीटर की राय। मैंने अपनी स्टॉपवॉच निकाल ली और मैंने जो देखा और सुना, उसपर मोहित हो गया। 69 प्रतिशत समय तक पीटर बोला। हाँ। यह सच है। अन्य छह लोगों के हिस्से में इकतीस प्रतिशत समय गया, जिसमें स्वयं सीईओ भी शामिल थे।

यदि आप पीले रंग वाले हैं, तो हो सकता है कि आपने पहले ही इस पुस्तक पर आगे बढ़कर बात करने का आरोप लगाया हो, क्योंकि संभवतः आपने पहले स्वयं को पहचाना और फिर सोचा कि यह एक बहुत ही अनुचित उदाहरण था। हर कोई सोच रहा था कि यह कैसे संभव है। एक व्यक्ति बातचीत में पूरी तरह से इतना हावी कैसे हो सकता है? यह संभव है क्योंकि पीले रंग वालों को इस बात की परवाह किए बिना कि वे इस विषय में कुछ जानते भी हैं या नहीं, उन्हें अपनी राय, विचार और सलाह देने में कोई समस्या नहीं है। अपनी क्षमता के लिए पीले रंग वाले व्यक्ति के पास एक उदार दृष्टिकोण होता है, वे उसे पहचानते हैं, उसकी इज्जत करते हैं। जब भी कोई आइडिया उनके दिमाग़ में आता है, वे अपनी बात ज़रूर रखते हैं।

लोग कहते हैं कि लाल रंग वालों के लिए विचार और कर्म एक समान होते हैं। पीले रंग वाले लोगों के लिए मैं कहूँगा कि उनके विचार और बोली गयी बातें परस्पर संबंधित होते हैं। पीले रंग वाले लोग, जो शेयर करते हैं, वह अक्सर पूरी तरह से असंसाधित सामग्री होती है, जो तमाम हावभाव के साथ उनके मुंह से बाहर निकल जाती है। किसी बात को अच्छी तरह से सोचा जा सकता है, उसे बोला जा सकता है, लेकिन यह आमतौर पर नहीं है। सबसे भ्रामक बात तो यह है कि बिना किसी अपवाद के यह बहुत अच्छा लगता है। पीले रंग वाले लोग किसी विषय पर

भले ही एक या दो बातें जानते हों, लेकिन वे इसे ऐसे प्रस्तुत करेंगे, ताकि वह हमेशा शानदार लगे। यदि आप इस प्रकार के विशेष व्यक्ति से अपरिचित हैं, तो आप उनके द्वारा कही गयी हर बात में ग़लती निकाल सकते हैं।

बहुत बार पीले रंग वाला व्यक्ति मनोरंजक और प्रेरक दोनों हो सकता है और जैसा कि मैंने कहा, वे लोगों को नए विचारों के लिए प्रेरित कर सकते हैं। लेकिन, अगर आप पीले रंग वाले किसी व्यक्ति के साथ बातचीत शुरू करते हैं, तो आपको चौकस रहने की ज़रूरत है ताकि बातचीत के दौरान जब वह सांस लेने के लिए रुके, तो आप तुरंत अपनी बात कह सकें। या मीटिंग को समाप्त कर सकें।

'मुझे पता है कि यह सही नहीं है, लेकिन बेचैनी को खत्म करने के लिए यह एक तरीक़ा है!'

पीला रंग वाला शायद ही स्वीकार करेगा कि वह लापरवाह है। लेकिन, उनके पास चीज़ों पर नज़र रखने का कोई स्वाभाविक तरीक़ा नहीं है। व्यवस्थित तरीक़े से काम करना उसे उबाऊ लगता है। ऐसे में आपको ख़ुद को परिस्थिति के मुताबिक ढालना होगा और पैटर्न का पालन करना होगा। अगर कोई ऐसी चीज़ है, जिससे पीले रंग वाले लोग बचना चाहते हैं, तो वह ख़ुद को नियंत्रित महसूस करना है।

समाधान यह है कि सब कुछ अपने दिमाग़ में रखें, पर जो काम नहीं करता, उससे बचें। सब कुछ याद रखा जाए, ऐसा संभव नहीं है। यही कारण है कि पीले रंग वाले लोग किसी चीज़ को अनिवार्य रूप से भूल जाते हैं और उसके आस-पास के लोग सोचते हैं कि वह लापरवाह है। अपॉइंटमेंट मिस करना, समय सीमा भूल जाना, आधे-अधूरे प्रोजेक्ट, सब कुछ भूल जाते हैं, क्योंकि एक बार जब उनका दिमाग़ तय कर लेता है कि काम हो गया है, तो वह पीछे नहीं हटता। वह आगे बढ़ता है। अगले प्रोजेक्ट पर जाता है। अन्य बातों का ध्यान रखता है।

विवरण। आमतौर पर किसी प्रोजेक्ट को पूरा करने के लिए आपको उसकी सटीक जानकारी चाहिए। पीले रंग के लोगों को ऐसी जानकारियों पर नज़र रखना पसंद नहीं है। मैं यहाँ तक कहने का जोखिम उठाऊँगा कि उन्हें विवरण में कोई दिलचस्पी नहीं है। वे लीपापोती करते हैं।

आमतौर पर पीले रंग वाले लोग चीजो को शुरू करने में बहुत अच्छा होते हैं। वे साधन संपन्न हैं और असीम रचनात्मकता के साथ विभिन्न प्रकार की परियोजनाओं को वे शुरू कर सकते हैं। लेकिन, वे काम को समाप्त करने में उतने

अच्छे नहीं हैं। किसी भी काम को 100 प्रतिशत पूरा करने के लिए ध्यान केंद्रित करने की क्षमता आवश्यक है, जो पीले रंग वाले लोगों के पास शायद ही होती है। जल्दी ही पुरानी बातों से उसका मन भर जाता है और वह आगे बढ़ जाता है। इसलिए हम सोचते हैं कि पीले रंग वाले व्यक्ति लापरवाह हैं। जबकि वह सोचता है कि उसका काम काफ़ी अच्छा है। हे भगवान, छोटी-छोटी बातों की चिंता आप क्यों करते हो? बाद में यह अच्छा साबित हुआ! तथ्य यह कि शर्ट से लटक रहे धागे या वर्तनी की त्रुटियों से भरे दस्तावेज नई चीज़ों के बारे में सोचने जितना महत्त्वपूर्ण नहीं है।

यह कई अलग-अलग क्षेत्रों में दोहराया जाता है। मेरे कुछ परिचित हैं, जो समय पर काम नहीं करते हैं और बाद में निराश होते हैं। जब उनके सामने कोई काम आनेवाला होता है, तो वे उसके बारे में सोचकर हमेशा प्रसन्न और उत्साहित रहते हैं, लेकिन जब काम आता है, तो वे आशावादी हो जाते हैं। इससे कोई फ़र्क़ नहीं पड़ता कि आप समय क्या निर्धारित करते हैं; पर तय है कि वे समय पर नहीं होंगे। सात बजे, साढ़े सात या आठ। यह महत्त्वहीन है। वे काम के महत्त्व की परवाह किए बिना देर कर रहे हैं। और जब वे इसके बारे में बात करते हैं, तो वे अपने पैंतालीस मिनट की हुई देरी को माल पंद्रह मिनट से कुछ अधिक समय बताकर टाल देते हैं। हालाँकि, थोड़ी देर के बाद वे वास्तव में इसे स्वयं मानते भी हैं। लेकिन, इससे कोई फ़र्क़ नहीं पड़ता कि बाकी लोग धैर्यपूर्वक प्रतीक्षा कर रहे थे क्योंकि उनकी उपस्थिति माल ही शाम का मुख्य आकर्षण बन जाती है।

'देखो, मैं एक ही समय में सभी गेंदों को उछालकर पकड़कर बाजी मार सकता हूँ!'

पीले रंग वाले लोगों द्वारा ध्यान केंद्रित करने में असमर्थ होने को लेकर हमें बात करने की आवश्यकता है। वह हमेशा नए अनुभवों के लिए तैयार रहते हैं। यह नई चीज़ों, विचारों और प्रभावों से उत्पन्न पीले रंग वाले लोगों के अविश्वसनीय खुलेपन का नकारात्मक पक्ष है। बहुत-सी नई चीज़ें हैं!

और क्योंकि पीले रंग वाले लोगों के लिए 'नया' शब्द 'अच्छा' शब्द का पर्याय है, यह सबसे अच्छा है कि उनके लिए हर समय कुछ नया होता है। नहीं तो पीले रंग वाले हमारे दोस्त अपना फोकस खो देंगे। वह पूरी कहानी, कहानी की

पृष्ठभूमि और सभी विवरण व तथ्य जो वास्तव में प्रासंगिक हो सकते हैं, को सुनने की जहमत नहीं उठा सकता। इसमें उनकी दिलचस्पी नहीं है और जल्द ही वे अपनी एकाग्रता खो देंगे।

फिर वे क्या करें? सरल है। कुछ और। वे कई और तरह के हथकंडे अपनाने के लिए एक और गेंद फेंकते हैं। इन सभी गेंदों के साथ समस्या यह है कि वे उन्हें थोड़ी देर के लिए हवा में तो रख सकते हैं, लेकिन वे उन्हें सही समय पर सही बॉक्स में नहीं डाल सकते। अब वे कमरे से बाहर चले जाते हैं और गेंद किसी और के पाले में जा गिरती है। किसी मीटिंग में वह बहुत अच्छी तरह से अपने मोबाइल फोन या अपने कंप्यूटर के साथ खेलना शुरू कर सकता है या अपने बगल वाले व्यक्ति से बातचीत करना शुरू कर देंगे। पहले तो वे सोचेंगे कि किसी को कुछ नज़र नहीं आएगा। पर यह सच नहीं है, सभी काफ़ी चिढ़ जाते हैं। लेकिन अगर कोई कुछ नहीं कहता है, तो वह ऐसा करना जारी रखेगा। यहाँ पीले रंग वाले लोग छोटे बच्चों की तरह हैं। वे किसी व्यक्ति की हद को पहचानने में दक्ष हैं। वे अपने क्रियाकलापों को तब तक जारी रखते हैं, जब तक कि कोई क्रोधित न हो जाए और अपना हाथ-पैर पटकने न लगे। और ज़ाहिर है तब पीले रंग वालों को भी पीड़ा महसूस होती है। वह बस यही चाहता था ...

जिस तरह से पीले रंग वाले लोग बैठकों के दौरान संयम नहीं रख पाते हैं, जल्दी ऊब जाते हैं, पर ख़ुद को थोड़ा-सा नियंत्रित रखें, तो परिणाम पहले की तुलना में कहीं अधिक बड़े और लाभकारी हो सकते हैं। वे प्रशासन और फॉलोअप जैसी रोजमर्रा की तुच्छ चीज़ों में अच्छे नहीं हैं। हमेशा की तरह ज्यादातर पीले रंग वाले लोग वही करेंगे, जो मैंने अभी लिखा था। अपनी नज़रों में वे हमेशा सही हैं। लेकिन, अगर हम किसी काम को पूरा करने को लेकर केवल सोचते, करते कुछ भी नहीं, तो यह किसी काम के प्रभावी कार्यान्वयन के लिए एक गंभीर खतरा हो सकता है।

नया प्रोजेक्ट है बहुत बढ़िया! ऊर्जावान और दिलचस्प लोगों की एक नई टीम तैयार करें! सब कुछ शुरू कर तैयार हो जाएँ, वो भी करें, जिनका आप मजाक उड़ा रहे थे? वह पहले ही यह कर चुका है! काम को गति देने के लिए शुरुआत में पागलों की तरह काम करना क्या ठीक है? हाँ। परंतु फिर भी? किसी परियोजना को लेकर वास्तव में क्या काम हो रहा है, या नहीं हो रहा है, इसका फॉलोअप लेना बेहद उबाऊ है। इसका अर्थ है पीछे की ओर देखना; यह सुस्त बनाता है और ऐसा

नहीं होगा। पीले रंग वाला कोई व्यक्ति अपनी एकाग्रता को लंबे समय तक बनाए रखने में सक्षम नहीं हो सकता है। इसके बजाय वह ख़ुद को इस बात के लिए राजी करेगा कि लोगों में विश्वास होना ज़रूरी है और सिर्फ़ इस बात पर भरोसा करना चाहिए कि परियोजना पूरी हो गयी है।

एक बार एक मजेदार वाकया पेश आया, जब मैंने एक बड़े वाणिज्यिक टीवी चैनल के एक सेल्स रिप्रेजेंटिटिव को प्रशिक्षित किया। वह एक चतुर महिला थी, जिसने बड़े व्यापारिक सौदे किए थे। हमने उसके व्यवहार में कुछ कमज़ोरियाँ पहचानीं। जब वह मुझे यह समझाने की कोशिश कर थी कि उसके बुरे लक्षण सुधर सकते हैं और अब वह ख़ुद को व्यक्तिगत रूप से कैसे आगे बढ़ाएगी, हमने इसके लिए एक योजना बनाना शुरू किया। पर फिर यह काम बिखरने लगा : लगा कि वह कब शुरू करेगी?

उस दिन वह शुरुआत नहीं कर सकी क्योंकि दोपहर के तीन बज चुके थे और कल लंबी बैठकों का नियमित दौर चलनेवाला था। यह अगले हफ़्ते तक होना था। और तब तक वह हमलोगों से दूर थी। शायद एक हफ़्ते तक वह अपना कैलेंडर देखती और देखती रह गयी।

वह काम शुरू होने से पहले ही हार गयी थी।

मुझे! मुझे!! मुझे!!!

पीले रंग वाले दूसरे रंग वाले लोगों की तुलना में अधिक स्वार्थी नहीं होते हैं, लेकिन वे हमेशा प्रतीत होते हैं। क्यों? तो इसका जवाब है, ज़्यादातर उनके बोलने के लहजे के कारण, वे मुख्य रूप से सिर्फ़ अपने बारे में बात करते हैं। और जब अन्य लोग पर्याप्त रूप से दिलचस्प और रोमांचक नहीं होते हैं, तो पीले रंग वाले बीच में ही दखल देकर विषय को कहीं अधिक दिलचस्प बना देते हैं, पर अक्सर ऐसा नहीं होता।

मुझे याद है कि कुछ साल पहले एक दवा कंपनी के सम्मेलन में एक विक्रेता से मेरा सामना हुआ था। गुस्ताव के व्यवहार में पीले रंग वाले लोगों के सभी पहलू मौजूद थे और समस्या यह थी कि वह इससे पूरी तरह से अनजान था। उन्होंने अपने और अपने द्वारा किए गए कामों के बारे में तो बहुत कम ही बात की, पर वहाँ उसने ऐसा व्यवहार किया, जैसे कि वही सम्मेलन का नेतृत्व कर रहे थे, मैं नहीं। मेरे पास ऐसे लोगों से निपटने के अपने तरीक़े थे। पहला ब्रेक मिलते ही मैंने कुछ

पसंदीदा शब्दों के साथ उनके व्यवहार को समायोजित करने की बात सोची। पर, इससे पहले कुछ समय के लिए उनके बारे में जानना मनोरंजक है।

कुछ उदाहरण हैं, जैसे : हर बार जब मैंने समूह से कोई प्रश्न पूछा, तो गुस्ताव ने उत्तर दिया। उसकी हाज़िर जवाबी ने इस बात का तो संकेत दे ही दिया कि अगर तथ्यों को देखा जाए, तो उनकी बातें अक्सर बकवास होती थीं। उसने बस वही कहा, जो उसके दिमाग़ में आया। दिमाग़ में आयी बातों को वह अपने तक सीमित नहीं रख सका और सब कुछ बोलता चला गया। जब मैंने गुस्ताव के बजाय उसके सहयोगियों में से एक पर अपना ध्यान केंद्रित किया, तो गुस्ताव मेरी ओर ही आ गया और बात करना जारी रखा।

जब मैंने कमरे में विशिष्ट लोगों को उनके नाम से पुकार कर उनसे प्रश्न पूछना शुरू किया, तो गुस्ताव ने भी वैसे ही उत्तर दिया। जवाब प्रभावशाली था, मैंने सोचा, ठीक है, चलेगा? वह थोड़ी देर बोलता और फिर स्वेन से पूछता, यही न तुम कहने जा रहे थे, स्वेन, ठीक है न?" स्वेन ने सहमति में सिर्फ़ अपना सिर हिलाया। वे इसके अभ्यस्त थे। इससे पहले कि मैं गुस्ताव पर लगाम लगा पाता, वह बिना कुछ सोचे-समझे ऐसे ही चलता रहा। जब भी बातचीत के बीच कोई गैप या कुछ सेकेंड का मौन होता था, तो वह बस बीच में चला ही आता था।

उसने कभी किसी को बोलने नहीं दिया और जो कुछ उसने कहा, ऐसे लगा कि उसे ईश्वरीय वचन के रूप में लिया जाना था। वह पूरे हॉल पर हावी हो गया, बिना इस बात की परवाह किए कि वहाँ अन्य उन्नीस लोग भी मौजूद थे। मजे की बात यह थी कि जो कुछ हो रहा था, उससे सभी वाकिफ थे। लेकिन गुस्ताव के सामने खड़े होने की ताक़त किसी में नहीं थी। वे बस अपनी आँखों में थोड़ी हताशा के साथ मुझे घूर रहे थे, वे उम्मीद कर रहे थे कि मेरे पास उसे चुप कराने का कोई तरीक़ा होगा।

लंच के दौरान गुस्ताव ने दूर-दूर तक घोषणा की, ताकि सभी यह सुन सकें कि सम्मेलन बहुत अच्छा चल रहा है। उस समय तक वहाँ उपस्थित अधिकांश लोगों को उसकी आवाज़ तक से नफरत हो चुकी थी। वे बड़ी मुश्किल से उसके साथ रह सकते थे। उन्हें गुस्ताव से मिल रही पीड़ा से बचाने के लिए कॉफी ब्रेक के दौरान मुझे हस्तक्षेप करना पड़ा, मुझे कहना पड़ा, जब आप गुस्ताव की बातों पर प्रतिक्रिया देने के बजाय मीटिंग की बातों पर चर्चा करेंगे, तो आप इसके बारे में अधिक जानेंगे।

'आपने मुझे कभी नहीं बताया, मुझे याद होगा!'

अगर पीले रंग वाले कुछ हैं, तो वह यह कि वे एक बुरे श्रोता हैं। तथ्यों के बिंदुओं पर बात करें, तो वे वास्तव में बहुत ही दयनीय अवस्था में थे। मुझे पीले रंग वाले ऐसे कई लोग मिले, जो कहते थे कि वे बहुत अच्छे श्रोता हैं और निश्चित रूप से वे इस निर्विवाद तथ्य के कई मनोरंजक उदाहरण पेश करते हैं, लेकिन शायद यह उनकी याददाश्त थी, जो पूरी तरह ग़लत थी। मूल रूप से, उनका मानना है कि वे बहुत अच्छी तरह से सुनते हैं, लेकिन सच तो यह है कि सुनी गयी सारी बातें उनके मस्तिष्क के भंडार में कहीं न कहीं जाकर बस खो जाती हैं!

नहीं, यह याददाश्त के बारे में नहीं है। यह इस बारे में है कि क्यों पीले रंग वाले लोग अक्सर दूसरों के द्वारा कही गयी बातों में रूचि नहीं रखते। दरअसल, पीले रंग वाले लोगों को लगता है कि वह उन सभी से बहुत बेहतर कह सकता है। वह एक विषय पर केंद्रित नहीं रहता; वह दूसरी चीज़ों के बारे में सोचने लगता है, दूसरी चीज़ें करने लगता है। वह सुनना नहीं चाहता, वह बस बात करना चाहता है।

इस मामले में उनकी यह बात भी काफ़ी बचकानी लगती है कि वे केवल उन चीज़ों को करना पसंद करते हैं, जो आनंददायक हों। अगर कोई बयान या कहानी या सिर्फ़ एक सामान्य बातचीत बोरिंग लगती है, तो वे अपने कान बंद कर लेते हैं। बेशक, मनोरंजक बयानबाज़ी एक उपाय है; तभी आप पीले रंग वाले अपने दोस्त, पार्टनर या सहकर्मी का ध्यान रखने में सक्षम हो सकते हैं। यदि आप अपने संदेश को अधिक मनोरंजक तरीक़े से प्रस्तुत कर सकते हैं, तो वह कम-से-कम थोड़ी देर तो ज़रूर बैठा रहेगा। मनोरंजक बातें करना बातचीत करने की कोई कला नहीं है, बल्कि यह दूसरों को सुनने के लिए मजबूर करने की कला की कला है।

यदि आपका कोई अच्छा दोस्त पीले रंग वाले लोगों का प्रतिनिधित्व करता है, तो आप ठीक-ठीक समझ सकते हैं कि मैं किस बारे में बात कर रहा हूँ। बातचीत के बीच में वह अपना मुंह खोलता है और पूरी तरह से अलग बात करने लगता है। बुरी यादें हैं ये? नहीं, तुम बस थकाऊ हो रहे थे। अब समीकरण में एक बुरी याददाश्त जोड़ दें, जो हम वास्तव में परेशानी में हैं।

वास्तव में समाज के कई सफल लोग अक्सर सामान्य औसत से बेहतर श्रोता होते हैं। वे जितनी अच्छी तरह से सुनते हैं, स्वेच्छा से उतनी बात नहीं करते।

वे पहले से ही जानते हैं कि वे क्या जानते हैं और अधिक जानने के लिए उन्हें चुपचाप चुप रहना होगा और सुनना होगा कि दूसरे क्या कह रहे हैं। यह नए ज्ञान को आत्मसात करने का एक तरीक़ा है। पीले रंग वाले लोगों को यह कुछ बेहतर ढंग से समझने की ज़रूरत है, अगर उन्हें अपने व्यक्तिगत विकास को लेकर पूरी तरह से निराश या स्थिर नहीं होना है। उदाहरण के लिए, उन्हें उस संदेश को सुनना चाहिए, जो मैंने इस पिछले खंड में प्रस्तुत किया है। अगर वे इसे समझने से इनकार करते हैं क्योंकि यह एक कठिन और संभवतः एक उबाऊ संदेश है, तो वे कभी कुछ नहीं सीखेंगे।

हरे लोगों को कैसे समझा जाता है

तो अन्य रंग के लोग हरे रंग के बारे में क्या सोचते हैं? तस्वीर विरोधाभासी है। इस तथ्य के अलावा कि उन्हें सुखद, मैत्रीपूर्ण और देखभाल करने वाला माना जाता है, अन्य राय भी हैं। एक व्यक्ति जो संघर्ष के डर से हामी भरता है, लेकिन इसका मतलब बिलकुल साफ है, वह है नहीं। आप ऐसे लोगों को कैसे संभालेंगे? आप कैसे जानते हैं कि वह वास्तव में क्या सोचता है?

लाल और पीले रंग वाले लोगों में विशेष रूप से एक समस्या होती है, जिसे मैं मूक प्रतिरोध कहता हूँ। बोलने के बजाय चुप रहना वे अधिक पसंद करते हैं। हालाँकि, हरे रंग वाले लोग, संबंधित व्यक्ति के पीठ पीछे की सच्चाई को बताने की प्रवृत्ति रखते हैं। इसलिए, दूसरे रंग वाले लोग हरे रंग वालों को बेईमान के रूप में देखते हैं, भले ही उनका इरादा केवल आपसी संघर्ष से बचने का हो। सामान्य तौर पर, हरे रंग वाले हमेशा सबसे ख़राब की उम्मीद करते हैं और इसलिए कम झूठ बोलते हैं।

तब ख़ुद को बदलने में हम हरे रंग वाले लोगों की तरह अक्षम हैं। जब हरे रंग वाला कोई व्यक्ति परिवर्तन की आवश्यकता को समझता है, लेकिन फिर भी इस बात के लिए धन्यवाद नहीं कहता है, तो वह अपने निकटतम लोगों को यह सोचने के लिए प्रेरित करता है कि वह परिवर्तन से डरता है, वह जिद्दी, असंबद्ध और उदासीन है। हमेशा की तरह, हम धारणाओं के बारे में ही बात कर रहे हैं। अगर हम लाल रंग वालों से पूछें कि वे हरे रंग वाले लोग उनके बारे में क्या सोचते हैं, तो उनकी राय कुछ वजनदार और सबसे अलग होगी।

अक्खड़पन कभी गुण नहीं है

आप उस व्यक्ति के साथ क्या करते हैं, जो अपने विचार कभी नहीं बदलता है? कभी भी? तब भी नहीं जब परिस्थितियाँ यह संकेत दे रहे हों कि यह एक अलग रास्ता अपनाने का समय है? आप किसी ऐसे व्यक्ति को कैसे संभालेंगे जिसके ऊपर वर्तमान पूरी तरह से हावी हो गया है और उसने ख़ुद को न बदलने का संकल्प ले लिया है?

हरे और नीले रंग वाले लोगों के बीच का अंतर यह है कि नीले रंग वाले जहाँ किसी मुद्दे के बारे में और अधिक तथ्यों के सामने आने का इंतजार करते हैं, वहीं हरे रंग वाले उम्मीद करते हैं कि सब कुछ आसानी से हो जाएगा, वे ख़ुद को बदलने से इनकार कर चुके होते हैं। अगर उन्होंने किसी चीज़ के बारे में निर्णय लिया है, तो वे किसी और तर्क को स्वीकार नहीं करेंगे। क्यों? ऐसा इसीलिए क्योंकि वे आमतौर पर ऐसा करते ही नहीं हैं।

इसके बारे में सोचें : भोजन में खतरनाक कोलेस्ट्रॉल के बारे में, अंतरिक्ष यात्रा के बारे में, या ब्रिटनी स्पीयर्स के बारे में, इन सभी के बारे में एक विशेष राय पर आने में आपको पूरा जीवन लग सकता है। अचानक कोई आदमी आपके पास आता है और कहता है कि आपको उसके लिए अपनी वर्तमान राय को बदल लेना चाहिए, यह कैसे हो सकता है?

ऐसा नहीं होने वाला है। कोई भी बदलाव करने से पहले हरे रंग वाले लोग सही भावना या परिस्थितियों का इंतजार कर रहे होते हैं। यदि ऐसा नहीं होता है, तो ठीक है... वे अक्सर धैर्यवान बने रहते हैं।

मैं आपको एक युवक के बारे में बताता हूँ, एक ऐसे परिवार का बेटा जिसे मैं कई वर्षों से बहुत अच्छी तरह से जानता हूँ। यह लड़का यथोचित रूप से स्कूल में अच्छा है; उसके ग्रेड ठीक आते हैं। उसके कई दोस्त हैं।

सबसे पहले, मैं यह बताना चाहूँगा कि जब हम युवाओं के बारे में बात करते हैं, तो किशोरों के मामले में हमें सावधान रहना चाहिए। किशोरों के मामले में यह पूरी तरह से सही नहीं है, क्योंकि उनका व्यवहार विकसित नहीं होता है, उनका प्रोफाइल या चरित्र खुल कर सामने नहीं आता है। युवाओं के पास अभी भी सामान्य रूप से जीवन के बारे में सीखने के लिए बहुत कुछ है। सभी स्थितियाँ हर जगह निश्चित नहीं हैं।

तो समस्या क्या है?

सच और झूठ के बारे में इस युवक के अपने विचार हैं। और कई पुराने खिलाड़ी भी उसे अपना मन बदलने के लिए तैयार नहीं कर सके। यह कुछ ऐसा हो सकता है, जो उसने किसी दोस्त से सुना हो या कुछ ऐसा जो उसने टेलीविजन पर देखा हो या कुछ ऐसा जो उसने स्कूल में किया हो। स्रोत की परवाह किए बिना जब यह ज्ञान या विचार उसकी चेतना में स्थापित हो जाता है, तो इसे हटाया नहीं जा सकता। इससे कोई फ़र्क़ नहीं पड़ता कि उसके माता-पिता कितनी बार तथ्यों की ओर इशारा करते हैं या सबूत पेश करते समय वे कितने सख्त होते हैं, उसका दृष्टिकोण स्पष्ट है। इससे कोई फ़र्क़ नहीं पड़ता कि वह इस या उस तरीक़े से सोचने के खतरे को इंगित करता है; वह अपने विश्वास पर कायम है।

इसके बारे में सोचें। आप सभी उपलब्ध तथ्यों को पेश करते हैं और वह लड़का कहता है कि वह सब कुछ समझ रहा है। वह इस बात से सहमत हैं कि तथ्यों में दम है और बातें तार्किक है। अच्छे परिणामों के साथ अन्य लोग संभवतः ऐसे ही सोचते होंगे। लेकिन, फिर भी वे अपना नज़रिया बदलने को तैयार नहीं हैं। कुछ लोग इसे पागलपन कहेंगे।

इसका क्या कारण है? बेहतरीन सवाल। यह इस बात का परिणाम हो सकता है कि उसे सबसे पहले जानकारी कहाँ से मिली। यदि आपका कोई मित्र कहता है कि आप उतना ही पैसा कमा सकते हैं, जितना कि एक नया योग्य डॉक्टर कमा सकता है, तो यह वास्तव में मायने नहीं रखता कि यह सच है या नहीं। अगर वही दोस्त कहता है कि अगर आप तीन बियर पीकर गाड़ी चलाते हैं, तो शराब पीकर गाड़ी चलाने के लिए आपको गिरफ्तार नहीं किया जा सकता है, यह सच हो जाता है, भले ही सभी तथ्यों के साथ हम जानते हों कि मामला बिल्कुल ऐसा नहीं है।

अगर इस लड़के से कहा जाए कि अगर वह गणित में थोड़ी मेहनत करे, तो उसे बहुत अच्छी नौकरी मिलेगी, यह सच हो जाता है। अगर उसे यह जानकारी अपने सबसे अच्छे दोस्त से मिली है, तो यह सच होना चाहिए। अगर हरे रंग वाला व्यक्ति किसी व्यक्ति विशेष पर भरोसा करता है, तो उस व्यक्ति की बात उसके लिए कानून बन जाती है। इससे हरे रंग वालों का शोषण करना आसान हो जाता है, क्योंकि वे थोड़े भोले और नरम हो सकते हैं। और दुर्भाग्य से, कुछ लोग इस तथ्य का फायदा उठाने से नहीं चूकते हैं।

इसमें कोई शक नहीं है कि कभी-कभी यही जिद ताक़त बन जाती है। लेकिन जब उनके आस-पास के लोग इस जिद को पागलपन के रूप में देखते हैं, तो यह समस्याएँ पैदा करने लगता है।

'परेशान क्यों होना? कुछ भी परवाह करने लायक नहीं है'

हरे रंग वाले लोग हमेशा दूसरों को पहले कदम रखने की अनुमति देते हैं, ऐसा शायद ही कभी हुआ हो, जब उन्होंने पहला कदम उठाया हो। आप आसानी से यह महसूस कर सकते हैं कि हरे रंग वाले विशेष रूप से किसी बातों में दिलचस्पी नहीं लेते या किसी काम में ख़ुद को व्यस्त नहीं रख रहे हैं। और अक्सर ऐसा ही होता है। वह सक्रिय होने की तुलना में अधिक निष्क्रिय है और इसका प्रभाव उसके व्यवहार पर पड़ता है। इससे बहुत ज़्यादा वहाँ कुछ नहीं चल रहा है।

और वास्तव में क्या मायने रखता है? यदि आप घर पर रहते हैं, तो वास्तव में कुछ भी ग़लत नहीं हो सकता है, ठीक है? हरे रंग वाले लोग यह देखने में विफल रहते हैं कि अधिकांश लोग क्या करना चाहते हैं। हर कोई सोचता है कि वे क्या करते हैं और वे इसे मानते हुए भी सोफे पर पड़े रहते हैं। वे कुछ न करके भी संतुष्ट हैं। जो कोई भी इस दृष्टिकोण में बाधा उत्पन्न करता है, वह उनके लिए खतरा बन जाता है। इसका परिणाम? और भी निष्क्रियता के रूप में सामने आता है।

एक अवसर पर, मैंने एक लाल और पीले रंग वाले बॉस को अपने कर्मचारियों के बारे में बात करते हुए सुना कि वे अपने काम के प्रति उदासीन और निरुत्साही हैं। इसने उन्हें बहुत पीड़ा हुई क्योंकि चाहे उन्होंने कितना भी कर्मचारियों को लुभाने और समझाने की कोशिश की हो, उन्होंने अपना ढर्रा कभी नहीं बदला। उन्होंने अपने कर्मचारियों के सामने कई विचार प्रस्तुत किए, जिनमें से कुछ बहुत दिलचस्प थे, लेकिन अंजाम कुछ नहीं। हरे रंग वाले लोगों के साथ ऐसा हो सकता है। वे एक अच्छे विचार को उतनी ही जल्दी पहचान लेते हैं, जितनी जल्दी कोई और। उदाहरण के लिए, सहयोगी के रूप में लाल रंग वाले लोग मशाल के साथ आपके पीछे दौड़ते हैं, जबकि एक हरे रंग वाला बस बैठता है और प्रतीक्षा करता है। वह एक विचार की अहमियत के बारे में उन्हें समझाने के लिए अक्सर सही समय की प्रतीक्षा कर रहे होते हैं और अगर ऐसा नहीं होता है, तो ठीक है ... वे वैसे भी कुछ नहीं करेंगे, इसलिए वे जो चाहते हैं, वही प्राप्त करते हैं। क्यों न केवल प्रतीक्षा करें और देखें कि कार्य करने की ललक दूर होती है या और पास आती है?

अब बॉस ने अपने कर्मचारियों को बुलाया और उनसे पूछा कि वे व्यवसाय को कैसे देखते हैं। वह स्पष्ट प्रतिबद्धता की कमी को लेकर चिंतित थे। कुछ कर्मचारी, जो छोटी आयु के थे, ने सीधे तौर पर कहा कि वे ऐसा कुछ भी नहीं सोच सकते, जो व्यवस्था में शामिल होने लायक हो। बॉस बेहद निराश हो गए। उन्होंने सब कुछ करने की कोशिश की, लेकिन प्रतिक्रिया का वास्तव में कोई लाभ नहीं हुआ।

ऐसा शादी में भी हो सकता है। वे हर चीज़ के लिए स्टीरियोटाइप होते हैं। उदाहरण के लिए, कुछ महिलाएँ मज़बूत, चुपचाप रहने वालों को पसंद कर सकती हैं। उसमें कोई बुराई नहीं है। लेकिन, जब उनकी शादी हो जाती है और उसे पता चलता है कि जिससे उसकी शादी हुई है, वह मज़बूत और चुपचाप रहनेवाला इंसान है, तो वह उतनी ख़ुश नहीं रह सकती। और जब वह योजना बनाती है और वह कहता है कि उसे परवाह नहीं है, तो वह निराश हो जाती है। और इसलिए वह और भी बड़ी योजनाएँ बनाती है। और वह समय को अपनी ओर झुकाने के लिए और भी जोर से प्रयास करती है।

यह विरोधाभास है। योजनाएँ जितनी बड़ी होंगी, हरे रंग वाले लोगों के प्रतिबद्ध होने की संभावना उतनी ही कम होगी। वह जो चाहता है, वह बस शांति और शांति है।

यहाँ एक उदाहरण है : मैं बीस वर्षों से उपन्यास लिख रहा हूँ और वास्तव में एक दिन बड़ा लेखक बनने की आशा करता हूँ। यह बात परिवार में सभी जानते थे। ऐसा नहीं है कि मैंने इससे बड़ा कोई काम किया है, लेकिन मैंने अपनी महत्त्वाकांक्षाओं को कभी छिपाया भी नहीं है। हरे रंग का प्रतिनिधित्व करने वाले मेरे एक करीबी ने समझा कि सफल होना मेरे लिए कितना महत्त्वपूर्ण था। मैंने बार-बार अपने सपने के बारे में लोगों से बात की है, यह बताते हुए कि अगर मैं उपन्यास लेखक के रूप में सफल होता हूँ, तो मुझे कैसा लगेगा। फिर भी हरे रंग वाले मेरे इस करीबी ने कभी नहीं पूछा कि मेरा लेखन कैसा चल रहा है। हर पांच साल में मुझे एक टिप्पणी मिलती कि मुझे चीज़ों को इतनी गंभीरता से नहीं लेना चाहिए या ऐसा नहीं हुआ, तो मैं निराश हो जाऊँगा और मैंने ख़ुद से एक बात कही : इस साल ऐसा नहीं होगा। अब समय आ गया है, धिक्कार है। मुझे सफल होने के लिए और मेहनत करनी होगी! इस पर प्रतिक्रिया आयी : वाह। क्या यह कोई बहुत बड़ा काम है। बहुत सारे काम हरे रंग वालों के सबसे बड़े दुश्मन हैं, ऐसा

सिर्फ़ इसलिए कि वास्तव में यही उनके लिए सही भी हैं। इधर, वे इस मानसिकता में रहते हैं कि सब कुछ आसान होना चाहिए।

इस तरह की उदासीनता और प्रतिबद्धता की कमी सबसे प्रेरित व्यक्ति के उत्साह को भी खत्म कर सकती है। मुझे अपने लेखन के साथ संघर्ष करने की ऊर्जा खोजने के लिए दूसरों पर निर्भर रहना सीखना पड़ा। लेकिन हरे रंग वाला यह नहीं समझता। वह नहीं चाहता कि लोग इसमें शामिल हों, क्योंकि यह सिर्फ़ परेशान करने वाला है। इसके बजाय, चलो बस यहाँ बैठें और कुछ न करें... कुछ नहीं।

मन में जो बातें गुप्त हैं, वह रहस्य है

हरे रंग वाले लोग संवेदनशील मुद्दों पर किसी का भी पक्ष लेने से कतराते हैं। उनके पास उतने ही विचार और राय होते हैं जितने अन्य लोगों के पास हैं, लेकिन उन्हें छतों पर खड़े होकर चिल्लाना पसंद नहीं है। वजह साफ है कि इससे बवाल हो सकता है।

इस प्रवृत्ति का परिणाम स्वयं को अभिव्यक्त करने का एक भद्दा तरीक़ा है। यह कहने के बजाय कि यह असंभव है, वे कुछ इस तरह से जवाब दे सकते हैं, 'ऐसा प्रतीत होता है कि इसे पूरा करने में कुछ चुनौतियाँ हैं।' दोनों बयानों का ज़रूर एक ही मतलब है : 'हम इसे समय पर नहीं कर पाएँगे।' लेकिन प्रत्यक्ष अभिव्यक्ति के माध्यमों का उपयोग न करके आप जोखिम को कम करते हैं। अगर आप किसी बात पर स्पष्ट रुख अपनाते हैं, तो आपको उसके लिए खड़ा होना पड़ेगा।

हरे रंग वालों के लिए, सॉरी कहने से बचना सुरक्षित और बेहतर है। अपने आप को अस्पष्ट रूप से अभिव्यक्त करके वह प्रश्नगत मामले की जिम्मेदारी लेने से बचता है। अगर कुछ निश्चित नहीं है, तो उसे अपने अच्छे नाम को जोखिम में नहीं डालना पड़ेगा। अगर उसने किसी चीज़ का समर्थन नहीं लिया है, तो कोई भी चीज़ उसके खिलाफ भी नहीं जाएगी। ठीक है कि सुनने में यह बहुत अतार्किक लगता है। लेकिन अगर आप हरे रंग का प्रतिनिधित्व करने वाले हैं, तो आप ठीक-ठीक जानते हैं कि मेरे कहने का क्या मतलब है। एक महिला, जिससे मैं एक बार मिला था, ने कहा कि वह वही मानती है, जो बाकी सभी मानते हैं।

लेकिन हरे रंग वालों को क्या सिर्फ़ इसलिए अस्पष्ट माना जाता है क्योंकि वे एक रिश्ते को बचाना चाहते हैं? नहीं, बिलकुल नहीं। हरे रंग वाले लोग अन्य रंगों की तरह सटीक नहीं होते हैं। जब लाल रंग का प्रतिनिधित्व करनेवाला कोई व्यक्ति

कहता है कि वह अमेरिकन रैपर एमिनेम को सुनने से बिल्कुल नफरत करता है, तो वहीं एक हरा रंग वाला व्यक्ति कहता है कि वह बेहतर गायकों को बहुत पसंद करता है। जब एक नीले रंग वाला कहता है कि उसने पिछले मंगलवार को सुबह 10:03 बजे से पांच पाउंड खो दिए हैं, तो वहीं एक हरा कहता है कि उसने हाल ही में कुछ पाउंड खो दिए हैं।

ऐसा इसलिए है क्योंकि हरे रंग वाले लोग किसी लाल और नीले रंग वालों की तरह टास्क ओरिएंटेड नहीं होते हैं। हरे रंग वाले तथ्यों के बारे में नहीं बोलते हैं। बल्कि वे रिश्तों और भावनाओं के बारे में बात करेंगे, जिससे कि कठोर होना अधिक कठिन हो जाता है। आप किसी भावना की गहराई को कैसे मापते हैं? यह कहकर कि मैं तुम्हें पिछले महीने की तुलना में बारह प्रतिशत अधिक प्यार करता हूँ, ऐसा कहना काम करने वाला नहीं है।

'मुझे पता है कि इसे तुरंत बदलना चाहिए, लेकिन कृपया थोड़ी देर के लिए इसके बारे में सोचें'

यहाँ हमारे सामने सबसे कठिन बाधा आनेवाली परेशानियाँ है। यदि आप ऐसे किसी समूह में बदलाव करना चाहते हैं, जिसमें हरे रंग वाले लोग कई लोग शामिल हैं, तो आपको शुभकामनाएँ। यदि यह एक बड़ा बदलाव है, तो आपको विचार करना चाहिए कि क्या यह वास्तव में प्रयास के लायक है। अगर यह ज़रूरी है, तो आप पुरानी पूरी बात भूल सकते हैं। किसी हरे रंग वाले व्यक्ति के दिमाग़ में यही होता है :

- मुझे पता है कि मेरे पास क्या है, लेकिन यह नहीं कि मुझे क्या मिलेगा।
- यह पहले बेहतर था।
- मैंने ऐसा पहले कभी नहीं किया है।
- दूसरी तरफ की घास हमेशा हरी नहीं होती, यानी सच्चाई देखनी होती है।

क्या यह कुछ जाना पहचाना है? ज़रूर, सभी बदलाव बेहतर के लिए नहीं हैं, लेकिन आइए उस पर गौर करें! मैं यह नहीं कह रहा हूँ कि इन भावनाओं को व्यक्त करना हमेशा ग़लत होता है, लेकिन जब परिवर्तन वास्तव में आवश्यक हो, तो यह बहुत खतरनाक हो सकता है।

एक घिसी-पिटी उक्ति जिसका अब कोई अर्थ या जिससे कोई रुचि नहीं रह गयी है, अब भी मौजूद है, मुझे पता है कि आप इसमें कितनी बार बदलाव करते हैं, नाश्ते की मेज पर बैठते हैं, इस पर विचार करते हैं। मैं यह प्रश्न उन समूहों में पूछता था, जिनसे मैं मिला था। कई लोग मुस्कुराते हुए कहते कि वे वहीं बैठे हैं, जहाँ वे आमतौर पर बैठते हैं क्योंकि यह बस हो जाता है। ज़रूर, मैं कभी-कभी ऐसा ही करता हूँ। लेकिन अगर कोई यह बताए कि मैं बुरी आदतों में फंस गया हूँ, तो मैं इसके बारे में ज़रूर कुछ सोचूंगा। एक हरा, हालाँकि, ख़ुद को कभी सही नहीं कर पाता है।

जब आप किसी प्रश्न को लेकर हरे रंग वालों की प्रतिक्रिया देखते हैं, तो आप समझेंगे कि हम एक समस्या का सामना कर रहे हैं। मैंने देखा है कि सिर्फ़ टेबल के दूसरी तरफ बैठने के लिए कहने से कई युवाओं के चेहरे सफेद हो जाते हैं, ललाट पर बल पड़ जाते हैं, माथे को पोंछने लगते हैं। मैंने एक आदमी के साथ काम किया है, उसका नाम स्यून है, जिसकी दोपहर के भोजन के समय की दिनचर्या इतनी सावधानी भरी थी कि अगर वह इसका पालन नहीं कर पाता, तो बाकी का पूरा दिन घोर अंधकार में डूबा रहता था। किसी पेंटिंग के नीचे लंच करना स्यून का पसंदीदा स्थान था। वह हर दिन दोपहर के भोजन के समय, हफ़्ते में, सप्ताह के अंत में, महीने भर और वर्ष भर वहीं बैठा रहता था। और कुर्सी हमेशा वही रहती थी।

जब वह डाइनिंग रूम में आता और देखता कि उसका स्थान भरा हुआ है, तो वह रुक जाता। यदि वह इसे जल्दी से देख लेता, तो वह वहीं से अपने दूसरे फेवरेट स्थान की ओर मुड़ जाता, वह भले ही उतना अच्छा नहीं होता, लेकिन फिर भी एक खिड़की के पास बैठकर लंच करना उसके लिए स्वीकार्य था। अगर, भोजन के दौरान उसे वहाँ सूप पीने के लिए मजबूर किया जाता, तो वह अजीब तरह से देखता, शायद यह सोच रहा होता कि जिसने भी उसकी जगह ली है, ठीक नहीं किया। बेशक, उसने इसके लिए कभी कुछ नहीं कहा। बजाय इसके, वह बाकी बचे हुए समय में इसे लेकर सिर्फ़ व्यंग्य करता। यह एक और बात है कि हरे रंग वाले लोग अक्सर हताशा को अंदर की ओर मोड़ते हैं और महसूस कराते हैं कि कुछ ग़लत हुआ है, ताकि हर कोई इसे नोटिस करे। यदि स्यून के बैकअप स्थान पर भी कोई बैठ जाता, तो उसका लंच बस वापस रसोई में चला जाता, उसका बाकी दिन बर्बाद हो जाता।

मैं आपको एक और उदाहरण दता हूँ। मेरी माँ चली गयी, लेकिन मैं उन्हें कभी नहीं भूला; हम आपको प्यार करना कभी नहीं छोड़ेंगे, हमारी प्यारी माँ यदि हरे समूह वालों में से नहीं होती, तो कुछ भी नहीं होती, वह हमेशा मदद के लिए तैयार रहती थी और ज़रूरत पड़ने पर अपने पोते-पोतियों की देखभाल करती थी, खासकर जब वे छोटे थे। मुझे एक बार याद है, जब मेरी पत्नी और मुझे शुक्रवार की रात को खाने पर आमंत्रित किया गया था। मैंने हफ़्ते भर पहले ही माँ से बच्चों को देखने के लिए कहा था क्योंकि मुझे पता था कि उन्हें इसके लिए ख़ुद को मानसिक रूप से तैयार करने के लिए समय चाहिए।

जिस दिन उन्होंने रात के खाने के लिए हमें बुलाया था, हमें मेजबान का फोन आया : मेरे पति बीमार हैं और सब कुछ स्थगित कर दिया गया है। मैंने अपनी माँ को फोन किया और उन्हें समझाया कि क्या हुआ। मैंने उनसे कहा कि हम रात को वहीं रुकेंगे। इतना सुनते ही वह एकदम चुप हो गयी। मैंने कहा कि मैं अब भी चाहता हूँ कि वापस आ सकूं क्योंकि बच्चे दादी से मिलने के लिए उत्साहित थे।

माँ बहुत झिझक रही थी। उन्होंने पूछा, अब क्या होगा?

मैंने कहा कि सब कुछ वैसा ही होगा, जैसा हमने सोचा है। उनका बैग पैक हो चुका था और गेस्ट रूम तैयार था, यह थोड़ा समय एक साथ बिताने का एक सही मौका होता। वह झिझकी। 'यह अब पूरी तरह से अलग होगा : आपको घर जैसा ही अनुभव होगा।' वह बदलाव से घबरा गयी थीं और उन्हें सोचने के लिए समय चाहिए था। उन्होंने वापस फोन करने का वादा किया।

वास्तव में माँ की समस्या क्या थी? हमारी योजनाओं में बदलाव के लिए उसे बिल्कुल भी ख़ुद के शिड्यूल में बदलाव की आवश्यकता नहीं थी। वह अभी भी शुक्रवार और शनिवार के बीच रात भर यहाँ रहने वाली थी। अपने पोते-पोतियों को देख सकती थी। हालाँकि, वह उनके लिए कोई जिम्मेदारी लेने से बचती है। मैंने उन्हें समझाने की कोशिश की कि वह हमारी देखभाल करने के बजाय एक बार उनके साथ हो सकती हैं।

यह उनके लिए बिल्कुल नई स्थिति थी। हम अभी भी घर में थे। और यही समस्या थी। मैं और मेरी पत्नी वहाँ होंगे। हो सकता है कि माँ का दिल टेलीविजन पर किसी खास शो को देखने में लगा हो। शायद उन्होंने सोचा हो कि बच्चों के लिए कोई खास खाना बनाया जाए। शायद, मुझे नहीं पता। उन्होंने इस बारे में कभी

कुछ नहीं कहा, इसलिए हम निश्चित रूप से नहीं कह सकते। लेकिन यह बदलाव इतना गंभीर था कि उसके लिए कुछ अलग सोचने का समय था।

(अंत में वह आयीं। एक छोटी-सी अच्छी कहानी, संभवतः उनकी पीढ़ी से संबंधित : मैं उन्हें साढ़े चार बजे ले आया। उन्होंने पूछा कि मैं इतनी देर से क्यों आया। मैंने जवाब दिया, मैं तो पांच बजे आने वाला था, आधे घंटे पहले ही पहुँच गया। उन्होंने प्रतिक्रिया में कहा, मैं चार बजे से तैयार थी।)

'मैं कभी इतना परेशान नहीं हुआ, लेकिन भगवान के लिए, किसी से कुछ मत कहो'

हरे रंग वाले लोगों के व्यवहार के साथ यह दूसरी बड़ी दुविधा है। वे लड़ाई-झगड़े से घृणा करते हैं। संघर्ष के प्रति यह घृणा कई अन्य चुनौतियों का भी कारण बनती है, जैसे हठधर्मिता, अस्पष्टता और परिवर्तन का प्रतिरोध। क्योंकि हरे रंग वाले लोग संबंधों को निभाने वाले लोग हैं, इसलिए उनके लिए संबंध बनाए रखने से ज़्यादा महत्त्वपूर्ण कुछ नहीं है। समस्या यह है कि उनका तरीक़ा काम नहीं करता है।

आप इन संघर्षों को दो तरह से देख सकते हैं। पहले तरीक़े को समरसता दृष्टिकोण कहा जाता है, या सामंजस्य बिठाने के लिए प्रयास करना। सब कुछ दूसरों के साथ अच्छे संबंधों पर निर्भर करता है। एक समझौते पर पहुँचना उसका अंत है। इसका मतलब यह है कि जो लोग संघर्ष का कारण बनते हैं, वे समस्या पैदा करने वाले होते हैं। संघर्ष ख़राब नेतृत्व, ख़राब व्यवहार और कलह के संकेत हैं। और इसलिए हम संघर्ष को दबा देते हैं और दिखावा करते हैं कि ऐसा कुछ नहीं है। क्योंकि परेशानियों में कौन पड़ना चाहता है?

मैं एक बार एक कोच से मिला, जिन्होंने इस तरह के व्यवहार के लिए एक दिलचस्प रूपक का इस्तेमाल किया। उन्होंने कहा कि यह खाने की मेज पर कूड़े के ढेर के साथ बैठने जैसा था। तुम्हें पता है, यह फंगस और मक्खियों के साथ कुछ और हो सकता है, सब कुछ के साथ। सभी देखते हैं कि वहाँ कचरा पड़ा है, लेकिन कोई कुछ नहीं कहता। आप मक्खियों को दूर भगाते हैं और बिना कुछ सोचे-समझे खाने को गिलगिले केले के छिलकों के ऊपर फैला देते हैं। हो सकता है कि अंत तक किसी को आश्चर्य हो कि क्या वास्तव में मेज पर कूड़े का ढेर है, या कूड़े पर मेज का ढेर है। अंत में, खाने की मेज पर जुटे मेहमानों में से एक कहता है, हमें इस बारे में कुछ करना होगा! वह व्यक्ति क्रांतिकारी बन जाता है,

क्योंकि अब हमें कचरे के इस घिनौने जंजाल से निबटना है। क्या वह चुप नहीं रह सकती थी?

आजकल हम बेहतर जानते हैं। हर समय हर चीज़ के बारे में सभी के सहमत होने की आकांक्षा एक असंभव यूटोपिया है, जिसे हासिल करने की कोशिश करना भी इसके लायक नहीं है। कोई तो होगा जो उस सारे कचरे पर से ढक्कन हटा देगा, या फिर उसे प्रभावी ढंग से और भली भांति बंद करके इतनी लंबी अवधि के लिए सील कर देगा या फिर आगे क्या कुछ भी नहीं होता है? दूर से ही बदबू आ रही है। अंत में समरसता का दृष्टिकोण खत्म हो जाता है और यह अनिवार्य रूप से संघर्ष की ओर ले जाता है।

दूसरा तरीक़ा जो पहले के विपरीत है, संघर्ष दृष्टिकोण कहा जाता है। मूल रूप से इसका मतलब यह है कि हम स्वीकार करते हैं कि संघर्ष मौजूद हैं, यह स्वाभाविक है। ऐसा कोई समूह मौजूद नहीं है, जहाँ हर कोई हमेशा हर चीज़ के बारे में सहमत हो।

संघर्ष के दृष्टिकोण का पूरा लब्बोलुआब यह है कि जैसे ही यह अपना सिर उठाता है, छोटी-से-छोटी हर असंतोषजनक समस्या से निपटना पड़ता है। लाल और कुछ हद तक पीले भी, स्वाभाविक रूप से ऐसा करते हैं। जब वे किसी चीज़ को देखते हैं, जो किसी काम की नहीं है, तो वे कहते हैं कि यह काम नहीं करता है। इसका मतलब है कि समस्याओं को शुरुआती चरण में ही सुलझाया जा सकता है। लेकिन, इससे बदबू आने से पहले आपको इस मुद्दे से निपटना होगा।

संघर्ष का दृष्टिकोण आमतौर पर सद्भाव पैदा करता है।

लेकिन, एक हरा रंग वाला अपनी कान बंद कर लेगा। वह अपने सामर्थ्य के मुताबिक, उस जादुई भावना को बनाए रखने के लिए सब कुछ करेगा, जिससे हर कोई सहमत है। सब कुछ अच्छा तभी है, जब सभी सहमत हों, है ना? अगर संघर्ष न होते, तो क्या दुनिया इतनी बेहतर नहीं होती?

एक ऐसी स्थिति पर विचार करें, जिसका हम सभी ने कभी न कभी अनुभव किया है। हम काम के बीच में एक बैठक को लेकर व्यस्त हैं। कमरे में शायद दस लोग मौजूद हैं। इसमें से कुछ जोड़ें या घटाएँ, ताकि आप स्थिति को पहचान सकें। किसी ने बॉस या किसी ने अभी-अभी अपना प्रेजेंटेशन पूरा किया है और अब पूछ रहा है कि हर कोई क्या सोच रहा होगा। उम्मीदों से भरी नज़रों से वह चारों ओर देखता है, उसे अब भी प्रतिक्रिया की प्रतीक्षा है।

यदि कमरे में कोई लाल या पीला रंग वाला शख्स है, तो वे उस प्रस्ताव पर अपने विचार व्यक्त करेंगे जो उन्होंने अभी देखा है। लाल रंग वाले इसे पसंद करेंगे या इससे नफरत करेंगे। पीले रंग वाले इस प्रस्ताव पर अपने विचार व्यक्त करेंगे। नीले रंग वालों में कुछ प्रश्न हो सकते हैं।

हरे रंग वाले क्या करते हैं? बिल्कुल कुछ भी नहीं। वे बस अपनी कुर्सियों पर वापस बैठ जाते हैं और ख़ुद के प्रस्ताव को आत्मसात कर लेते हैं। जब तक उनसे सीधा कोई सवाल नहीं पूछा जाता, तब तक वे कुछ नहीं कहते। वे उत्सुकता से इधर-उधर देखते हैं, उम्मीद करते हैं कि कोई कहेगा कि यह प्रस्ताव वास्तव में समझ से बाहर है या गड़बड़ है। किसी भी असहमति भरे राय को टालने के लिए समूह उनके लिए बहुत बड़ा है। वास्तव में कुछ नाटकीय या नकारात्मक कहने का मतलब होगा कि सभी की निगाहें आप पर होंगी और ऐसा होने वाला नहीं है। यदि वे कहते हैं कि वे वास्तव में क्या सोच रहे हैं, तो एक गरमागरम बहस छिड़ जाएगी और चूंकि हरे रंग वाले गर्मा-गर्म बहस में भाग नहीं लेना चाहता है, वह एक ही कमरे में भी नहीं रहना चाहता है, वह बस चुप रहता है।

वक्ता कैसे जवाब देंगे? क्या वह मान लेंगे कि हर कोई सहमत है, ठीक है? वे नहीं जानते कि कमरे में आधे लोग सोचते हैं कि यह अब तक की सबसे बेवकूफ़ी भरी बात है। जब सच्चाई सामने आती है, तो देर-सवेर इसका अनुमान लगाना ही पड़ता है कि तब क्या सही होता? ऐसे में बस संघर्ष ही सामने आता है।

आप एक बात को लेकर निश्चित हो सकते हैं कि जब आप कॉफी मशीन के पास खड़े हों, या टॉयलेट जा रहे हों, हो सकता है कि किसी भी समय आपकी सच्चाई सामने आ जाए। हरे रंग वाले लोगों को ज़्यादा बोलने की आदत नहीं होती है, लेकिन जब उनके ऊपर दबाव बढ़ता है, तो उसे दूर करने के लिए वे आपकी पीठ पीछे बातें करते हैं। दो या तीन लोगों के समूह में वे ख़ुशी-ख़ुशी अपनी नाराजगी जाहिर करेंगे। और वे इसमें पारंगत हैं। जब तक उन्हें लगता है कि वे आपकी नज़रों से बच सकते हैं, तब तक वे आपकी इस तरह से चुगली करेंगे, जिसकी आपने किसी हरे रंग वाले से कभी उम्मीद नहीं की होगी।

नीले रंग वाले लोगों को कैसे समझें

यहाँ तक कि पूर्णतावादी नीले रंग वाले व्यक्तियों की भी आलोचना होती है। यह इस बारे में हो सकता है कि उन्हें कैसे टालमटोल करने वाला, रक्षात्मक, पूर्णतावादी,

आरक्षित, दुस्साहसी, झिझकने वाला, रूढ़िवादी, स्वतंत्रता का विरोधी, पूछताछ करने वाला, संदिग्ध, थकाऊ, अलग और ठंडे दिल वाला माना जाता है। ऊफ! नौकरशाही के इन गढ़ों में पायी जाने वाली कमियों की सूची प्राय: काफ़ी लंबी हो जाती है।

लेकिन महत्त्वपूर्ण बात यह है कि नीले रंग वालों को कुछ भी नया शुरू करने में कठिनाई होती है क्योंकि वे बहुत अच्छी तरह से तैयारी करना चाहते हैं। हर चीज़ में जोखिम शामिल होता है और इस मामले में नीले रंग वालों को विवरण के साथ लगभग भ्रमित किया जा सकता है। इसीलिए कभी भी एक ही समूह में बहुत सारे नीले रंग वालों को न रखें। वे ज़मीन पर एक कदम आगे बढ़े बिना अगली शताब्दी की योजना बना लेंगे।

इसके अलावा, कई नीले रंग वालों को अत्यधिक आलोचनात्मक और लगभग संदिग्ध माना जाता है। वे कुछ भी नहीं खोते हैं और उनके पास असंवेदनशील तरीक़े से अपने अनुभवों को शेयर करने की प्रवृत्ति होती है। वे गुणवत्तापूर्ण काम करते हैं, लेकिन बाल की खाल निकालने वाली उनकी आदत, लगभग हर चीज़ के लिए उनका आलोचनात्मक दृष्टिकोण उनके आस-पास के लोगों के मनोबल को बिलकुल नीचे गिरा देता है, उसे खतरनाक रूप से निम्न स्तर तक कम कर देता है। ये वे लोग हैं, जो ख़ुद को यथार्थवादी मानते हैं। लेकिन, हर किसी की नज़र में वे वास्तव में निराशावादी होते हैं।

'95 प्रतिशत सही वास्तव में 100 प्रतिशत ग़लत है'

आइए, शुरू से ही ईमानदार रहें। हमेशा तथ्यों पर नज़र रखना और विवरणों पर ध्यान केंद्रित करना आपको लोगों से बहुत दूर ले जा सकता है। सब की अपनी सीमाएँ हैं, पर हाँ सुधार करते रहना उचित है। क्या आपको वह सीईओ याद है, जो नेतृत्व प्रशिक्षण का पूरा अधिकार ख़रीदना चाहता था? उन्होंने शुरुआती अवरोधों को कभी नहीं छोड़ा, हमेशा उसका सामना किया।

नीले रंग वाले हर चीज़ के बारे में पूरी जानकारी चाहते हैं और इससे उनके आस-पास के लोगों को समस्या हो सकती है। जो लोग थोड़े से ही संतुष्ट होते हैं, वे उन सभी प्रश्नों को सुनने और इन सभी विवरणों में लगातार ताक-झांक करने की आदत का सामना नहीं कर सकते। नीले रंग वालों का मानना है कि पर्याप्त अच्छा कभी वास्तव में पर्याप्त अच्छा नहीं होता है।

मुझे घर के चारों ओर सजावट करने, सजावटी कागज लटकाने का काम करने में मजा आता है। कुछ साल पहले, हमने अपनी रसोई को फिर से रिनोवेट किया और भले ही मुझे अपने परिवार से जबरदस्त मदद मिली, मैंने भी उसमें ख़ुद काफ़ी कुछ किया। मैंने काम किया, ख़ूब मेहनत की और जब यह पूरा हुआ, तो मैं काफ़ी खुश था। ख़ुद से काम करने वालों के हिसाब से मैंने सोचा कि मैंने इसे काफ़ी अच्छी तरह से पूरा किया है।

हंस मेरा एक अच्छा दोस्त है, एक दिन वह मेरे पास आया। हम एक-दूसरे को कई सालों से जानते हैं और ऑब्जर्वेशन में वह बहुत अच्छा है। वह जानता था कि मैंने बहुत मेहनत की है और मैं अपने आप से काफ़ी प्रसन्न महसूस कर रहा हूँ। जब वह मेरी रसोई में आया, तो उसने इधर-उधर देखा और धीरे से कहा, नई रसोई? अच्छा लग रहा है। इस अलमारी का दरवाजा टेढ़ा है।

ठीक है, शायद यह सुनकर अच्छा नहीं लगा। लेकिन, हंस के लिए यह तर्क का सर्वोच्च रूप था। उसने जो ग़लती देखी, उसपर उसने एक परफेक्शनिस्ट के हिसाब से प्रतिक्रिया दी, वह इसे अनदेखा नहीं कर सकता था। इसके अलावा, वह एक मुँह पर बोलने वाला व्यक्ति था, इसलिए वह चीज़ों को वैसे ही कहे बिना नहीं रह सकता था, जैसे वे थे। वह सीधे तौर पर मेरी आलोचना नहीं कर रहा था, कुछ मैंने भी किया था। जैसे- अलमारी का दरवाजा सीधा नहीं लगाना।

दुस्साहस को कई तरीक़ों से व्यक्त किया जा सकता है : यह एक ऐसा व्यक्ति हो सकता है, जो डेस्क पर बिखरे हुए कागजों को नहीं देख सकता है, उसे सजाकर करीने से रखी गयी चीज़ें पसंद हैं। इसे सही करने के लिए वह पंद्रह बार ई-मेल लिखता है, या जो किसी काम को अंतिम रूप देने के लिए घंटों तक काम करता है, चाहे वह साधारण एक्सेल स्प्रेडशीट हो या पावरप्वाइंट प्रेजेंटेशन।

किसी भी काम को वे कभी भी पूरी तरह समाप्त नहीं करते, उन्हें हमेशा और भी बहुत कुछ करना होता है

एक बार, मैं लोगों के एक समूह के लिए एक कम्यूनिकेशन ट्रेनिंग प्रोग्राम करा रहा था, वे सभी एक ही कमरे में काम कर रहे थे। समूह में करीब बीस लोग शामिल थे। दोपहर होते ही मैंने समूह में शामिल सभी लोगों के व्यवहार के विश्लेषण से संबंधित रिपोर्ट प्रत्येक को सौंप दिए। सभी ने अपनी रिपोर्ट को पढ़ना शुरू किया,

जैसे-जैस वे इसे पढ़ते गए, उनकी रुचि बढ़ती गयी। अंत में उनमें से अधिकांश बहुत संतुष्ट दिखे।

समूह में शामिल एक महिला को छोड़कर। वह अपने विश्लेषण से बेहद परेशान थी। उसका इस तरह से परेशान होना वास्तव में पूरी तरह से ग़लत था। उसके साथ इस बात की पुष्टि करने के बाद कि पूरे समूह के सामने इस पर चर्चा करना ठीक है नहीं, मैंने पूछा कि वह किस बात से नाख़ुश है।

उसने हमें बताया, 'इसमें ऐसा बहुत कुछ है, जो ग़लत है।' उदाहरण के लिए, विश्लेषण में यह लिखा गया है कि वह एक परफेक्शनिस्ट हो सकती है। जबकि वह ऐसी बिल्कुल नहीं है। उसके ऐसा कहते वक्त मैंने लोगों के चेहरों पर हल्की-सी मुस्कान देखी। जाहिर है, उसके सहयोगियों को उसके बारे में कुछ पता था, जो उसने रिपोर्ट बनाते समय नहीं बताया।

मैंने उससे पूछा कि उसने ऐसा क्यों सोचा कि विश्लेषण ही उसे परफेक्शनिस्ट बता रहा है, जबकि वह ऐसी है। हो सकता है कि उसे इसका पता न हो। पूरा मामला एक पूरा रहस्य था। यह एक बिल्कुल बेकार और अनुपयोगी था।

यह महसूस करते हुए कि वह महिला नीले रंग वालों में से थी, उससे बहुत ज़्यादा बहस न करने को लेकर मैं सावधान था। वह मेरी कही गयी बातों को नहीं समझेगी। मैं तो बस एक कंसल्टेंट था, जो इस तरह के लोगों के साथ पिछले बीस सालों से काम कर रहा था। मुझे क्या पता था?

मैंने उससे एक उदाहरण देने के लिए कहा, जो यह साबित करे कि वह परफेक्शनिस्ट नहीं थी। कोई बात नहीं है, उसके पास बहुत कुछ था। उदाहरण के लिए, उसके तीन बच्चे थे, जिनमें से प्रत्येक के तीन सबसे अच्छे दोस्त थे। जब वह शाम को घर आयी, तो देखा कि सामने के दरवाजे के अंदर जूतों का ढेर लगा हुआ है। घर के अंदर जाने के लिए उसे ऊँची छलांग लगानी पड़ी। उसने पहले तो डोरमैट से गंदगी झाड़ा और फिर जूतों को क्रम से सजाकर रखना शुरू किया। उसने मुझे बताया कि वह 10 नंबर वाले जूतों को सबसे पीछे रखती थी, क्योंकि वे लोग सबसे अंत में घर जाते थे। उसकी यह बात मुझे सबसे तार्किक लगी। उसने छोटे जूतों को दरवाजे के सबसे करीब रखा।

फिर वह किचन में चली गयी। उसने वहाँ क्या देखा? हर जगह फैले हुए टुकड़े। ये सभी बच्चे सैंडविच खा रहे थे और पूरा किचन युद्धक्षेत्र मालूम दे रहा था। उसे सब कुछ साफ करने, सब कुछ वापस अपनी जगह पर रखने, झाड़ू लगाने,

टेबल और वर्कटॉप को पोंछने में बीस मिनट लग गए। इतने देर में वह अपना कोट उतार सकती थी और थोड़ा रिलैक्स कर सकती थी।

उसके साथी हतप्रभ थे। महिला ने इधर-उधर देखा, उसे समझ में नहीं आ रहा था कि बच्चों की इतनी उत्तेजना का कारण क्या है। हो सकता है कि उनमें से कुछ लोग जुनूनी हों, जो शायद बाहर थे। उसका घर इतना अस्त-व्यस्त था, यही उसके लिए परेशानी की बात थी।

इस कहानी की सबसे मजेदार बात यह है कि कुछ साल बाद मैं उसी महिला से फिर मिला, लेकिन बिल्कुल अलग संदर्भ में। उसने मुझे जोर से गले लगाया और कहा कि उसके व्यवहार का विश्लेषण 100 प्रतिशत सही था। मैं स्तब्ध था, हैरान था कि वह इस नतीजे पर कैसे पहुँची।

यह पता चला कि उसने वर्षों पहले दिए गए अपने व्यवहार प्रोफाइल को कुछ समय के लिए अपने पर्स में रखा था; विश्लेषण में व्यवहारों और गुणों की एक सूची थी और हर बार जब उसने ख़ुद को ऐसा पाया, तो उसने उसे पेपर पर टिक कर दिया। अंत में, उसने सभी पर सही का निशान लगा दिया। उसे प्रोफाइल पसंद आयी। उसने कहा कि कुल मिलाकर यह एक अद्भुत उपकरण था।

मैं वास्तव में आपको नहीं जानता, इसलिए अपनी दूरी बनाए रखें

आपने इसे किया है। मैंने इसे पूरा कर दिया है। हम सबने इसे किया है। मैं एक ऐसे व्यक्ति के पास गया, जो थोड़ा सभ्य प्रतीत हो रहा था, इस बारे में बात करना शुरू कर दिया और सोचने लगा कि आप एक अच्छी चैट करने जा रहे हैं। थोड़ी देर के बाद, आपको एहसास होता है कि आप ही सारी बातें कर रहे हैं। यदि आपके व्यवहार में पीले रंग वाले लोगों के लक्षण हैं, तो आप देख सकते हैं कि आपके संवाद में अजीबोगरीब ठहराव है, यदि वास्तव में कोई संवाद है। आप देख सकते हैं कि दूसरा व्यक्ति थोड़ा परेशान हो रहा है, यह संकेत देते हुए कि वह इस बातचीत का हिस्सा नहीं बनना चाहता है।

'क्या चल रहा है? हम कल के खेल के बारे में बात कर रहे हैं, या परिवार ने पिछली गर्मियों में क्या किया, या आप छुट्टी पर कहाँ जाने का इरादा रखते हैं। क्या हमें कोई समस्या है, या कुछ और?'

हाँ, वास्तव में हम ऐसा करते हैं, क्योंकि यह व्यक्ति स्वेच्छा से अजनबियों से बात नहीं करता है। आप कह सकते हैं, 'एक मिनट रुको'। 'हम तीन महीने से एक

साथ काम कर रहे हैं और अब तो यह पूछना बिल्कुल ठीक होगा कि उसके कुत्ते का नाम क्या है।' लेकिन, उसे शारीरिक और मनोवैज्ञानिक, दोनों तरह से बहुत अधिक व्यक्तिगत निजता की ज़रूरत होती है। उसे खुलने से पहले सामनेवाले व्यक्ति को बहुत अच्छी तरह से जानने-परखने की ज़रूरत होती है। एक लाल रंग वाले की तरह नहीं, जो कुछ भी महसूस करे, तुरंत किसी काम को छोड़ देता है; एक पीले रंग वाले की तरह नहीं, जो अपने सबसे गहरे रहस्यों को प्रकट करता है क्योंकि वह मानता है कि हर कोई इसमें दिलचस्पी रखता है; या हरे रंग वालों की तरह, जो व्यक्तिगत हो सकता है, लेकिन केवल छोटे समूहों में और नियंत्रित वातावरण में।

एक नीले रंग वाले को छोटी-सी बात की ज़रूरत नहीं होती है। वह आसानी से यह एहसास करा सकता है कि उसे दूसरे लोगों की परवाह नहीं है, क्योंकि वह किसी भी रिश्ते को यूं ही आगे नहीं बढ़ा सकता है। ज़रूर, वह परवाह करता होगा, लेकिन उसकी ज़रूरतें हर किसी की तुलना में एक अलग स्तर पर हैं। वह अपनी कंपनी में रहना चाहता है और परिवार के लोगों के साथ समय बिताना उसे पसंद है।

उसके आस-पास के लोगों के लिए परिणाम स्पष्ट हैं : वे उसे बेरहम और संगदिल मान सकते हैं। रिश्तों में व्यक्तिगत नापसंदगी समझ में आती है और यह बहुत उग्र भी हो सकता है, विशेष रूप से पीले और हरे रंग वालों के लिए। और इसलिए लोग अपने नीले रंग वाले दोस्तों को बोरिंग मानते हैं। नीले रंग वाले लोग आसानी से हमें असहज महसूस करा सकते हैं। "वह इतना क्रूर और निर्दयी क्यों है? क्या उसे मेरी बिल्कुल भी परवाह नहीं है?"

माफी मांगने से अच्छा अधिक सुरक्षित रहना है, इसके बारे में प्राथमिक तौर पर तीन बार सोचें

मेरी एक अच्छी पारिवारिक दोस्त थी, जो इस बात की जाँच किए बिना कभी अपना घर नहीं छोड़ सकती कि दरवाजे की चाबियाँ उसके हैंडबैग में हैं या नहीं। यह जानते हुए भी कि उसने अंतिम काम वही किया था, बावजूद इसके वह चाबियों को लेकर परेशान रहती थी।

1980 के दशक में, जब मैंने बैंक में एक टेलर के रूप में काम किया, तो मैंने ऐसे लोगों की सेवा की, जिन्होंने केवल एक साधारण से कारण के लिए तीस

मिनट लाइन में प्रतीक्षा की थी और वह यह जाँचने के लिए कि एटीएम रसीद पर छपी शेष राशि वास्तव में सही है या नहीं। वही उत्तेजना। वही कंप्यूटर। वही हिसाब-किताब। लेकिन आप कभी नहीं जान पाते कि सब कुछ ठीक है। इसीलिए जाँचना सबसे अच्छा तरीक़ा है। डबल चेक करें। यदि ट्रिपल चेक संभव होता, तो इसे भी कर लेते।

इस तरह के नियंत्रण की आवश्यकता कहाँ से महसूस होती है? नीले रंग वाले लोग दूसरे लोगों की बातों पर विश्वास क्यों नहीं कर सकते हैं या केवल सुनी गयी बातों को स्वीकार क्यों नहीं कर सकते? उत्तर है : बेशक वे कर सकते हैं। लेकिन, अगर वे भी ख़ुद की भी एक बार जाँच कर लें, तो सारे जोखिम खत्म हो जाएँगे? लेकिन, सच्चाई यह है कि वे दूसरों पर जरा भी भरोसा नहीं करते। उन्हें सब कुछ कन्फर्म करना होता है। सभी जानकारी बढ़िया से रिकॉर्ड की गयी और ठीक से व्यवस्थित की हुई होनी चाहिए।

याद रखें, हम यहाँ जिस व्यवहार के बारे में बात कर रहे हैं, वह दूसरों के द्वारा ऐसा माना जाता है। नीले रंग वाले हर चीज़ की अतिरिक्त जाँच करते हैं, क्योंकि हर चीज़ की एक अतिरिक्त बार जाँच करना संभव है। जब सब कुछ निश्चित हो जाता है, तब आपको केवल निर्णय लेना होता है।

मेरा एक अच्छा दोस्त है, जो एक्सेल का उपयोग पूरी लगन से करता है। लेकिन, हममें से बाकी लोगों की तरह नहीं। उस लड़के के काम करने का एक खास तरीक़ा है। वह एक फॉर्मूला लिखता है और सभी डेटा को उसमें सम्मिलित करता है। इससे पहले कि वह अपने वरिष्ठ प्रबंधकों को कोई महत्त्वपूर्ण फाइल भेजे, वह कैलकुलेटर का उपयोग करके हर गणना की अच्छी तरह जाँच कर लेता है।

उसने ऐसा क्यों किया! यदि आप किसी लाल रंग वाले को यह बात समझाते, तो वह उस व्यक्ति को पूर्ण मूर्ख घोषित कर देता। पीले रंग वाले को यह बात बताते, तो वह हंसते-हंसते लोटपोट हो जाएगा। पर नीले रंग वाला कोई भी व्यक्ति तुरंत पूरी बात समझ जाएगा। एक सैद्धांतिक संभावना यह हो सकती है कि शायद एक्सेल में लुटियाँ संभव हैं। भले ही उन्होंने फॉर्मूला स्वयं टाइप किया हो, फिर भी कुछ ग़लत हो सकता है। दुर्घटना से बेहतर सावधानी बरतना है।

दूसरे इसे कैसे समझते हैं? पढ़ते रहिए!

'केवल एक चीज़ जिस पर मैं भरोसा कर सकता हूँ, वह है, ख़ुद पर और अपनी आँखों पर'

एक्सेल पर सवाल उठाने वाले व्यक्ति को निश्चित रूप से ख़ुद को ही समझाने में समस्या होती है। उसके आस-पास के कई लोगों के अपने विचार हैं। लोग मानते हैं कि वे जो कुछ भी करते हैं, उसे वह हमेशा दो से तीन बार जाँचता है। ऐसे में लोग क्रोधित हो जाते हैं। वह अपने कार्यों से स्पष्ट कर देता है कि वह उन पर भरोसा नहीं करता।

दूसरी समस्या यह है कि इस तरह के कामों में बहुत लंबा समय लगता है। ज़्यादा घंटे काम करके इसे मैनेज किया जा सकता है। इससे और बड़ी समस्या सामने आ जाती है, वह यह कि इस आदत के कारण रिश्ते भी बुरी तरह से प्रभावित होने लगते हैं। यह कितना मनोबल गिराने वाला होता है, जब आप किसी संभावित सफलता के बारे में बताने के लिए किसी के पास जाते हैं और सामने वाला सभी अलग-अलग घटकों को अलग-अलग करता है और हर एक बिंदु पर सवाल उठाता है, उसकी जाँच करता है?

बेशक, अगर कोई किसी काम को काफ़ी देर तक देखता रहता है, तो उन्हें ग़लतियाँ मिलेंगी।

लेकिन यह सही होने के लिए पर्याप्त नहीं है। आपको ख़ुद को नीले रंग वालों के सामने साबित करना होगा। यदि वह आपको किसी विशेष क्षेत्र का सक्षम प्राधिकार मानता है, तो वह आपकी बात बेहतर तरीक़े से सुनेगा। हालाँकि, आगे की राह मुश्किल हो सकती है।

मैंने इस विषय पर कई प्रशिक्षण पाठ्यक्रम और व्याख्यान आयोजित किए हैं। आमतौर पर इंजीनियर, टेक्निकल सेल्स स्टाफ या वित्तीय नियंत्रक ऐसे लोग हैं, जो जटिल प्रश्न पूछा करते हैं। शायद कुछ वकील भी ऐसे हैं। अक्सर ऐसे लोगों का रंग नीला होता है और वे मुझसे प्रभावित नहीं होते। सिर्फ़ इसलिए कि मैंने बीस साल तक इस क्षेत्र में काम किया है, इसका मतलब यह नहीं है कि मैं जानता हूँ कि मैं किस बारे में बात कर रहा हूँ। (उस महिला को याद करें, जिस पर परफेक्शनिस्ट होने का आरोप लगाया गया था।)

केवल एक चीज़ जो आप कर सकते हैं, वह यह स्वीकार करना है कि इन लोगों के बीच ख़ुद को साबित करने का स्तर बहुत अधिक होगा। तथ्य हमेशा वही

रहेंगे, जैसा कि हम जानते हैं : यदि मैंने पर्याप्त तैयारी की है, तो मैं यह साबित कर सकता हूँ कि मैं जो कह रहा हूँ, वह पूरी तरह सच है। समय आने पर वे मुझ पर विश्वास करेंगे।

9

नई चीज़ें सीखें

आपने जो सीखा है, उसका कैसे उपयोग करें

कुछ नया सीखना हमेशा सबसे आसान काम नहीं होता है। यह आसान लग सकता है, लेकिन यह आसान नहीं है। करने के लिए हमेशा बहुत कुछ होता है, पढ़ने के लिए बहुत कुछ होता है और सीखने के लिए तो हमेशा ही बहुत कुछ है। महत्त्वपूर्ण यह है कि आप शुरुआत कहाँ से करते हैं? आपके व्यक्तिगत हितों से हमेशा इसका निर्धारण होता है। स्वाभाविक रूप से आप जिस चीज़ के बारे में जानने को उत्सुक रहते हैं और जिस चीज़ में आपकी रुचि है, उसके लिए अधिक समय देना आसान है। इसमें कुछ भी अजीब नहीं है।

इस पुस्तक की शुरुआत में सभी बेवकूफ़ों पर अबतक किए गए शोध पर स्टर के आकलन को सुनना मेरे लिए लोगों के बारे में सीखने और हम एक दूसरे से कैसे संबंधित हैं, यह जानने के लिए प्रेरणा बन गए। लेकिन, इस ज्ञान को हासिल करने में मुझे कई साल लग गए। मैंने कई किताबें पढ़ीं, प्रशिक्षण सत्रों में भाग लिया और विभिन्न विषयों में कई बार डिग्रियाँ भी ली। इसके अलावा, इस विषय पर हजारों पाठ्यक्रमों का मैंने नेतृत्व किया है। तो अब, एक अधेड़ उम्र के व्यक्ति के रूप में, मेरा मानना है कि लोग कैसे काम करते हैं, इस पर मेरी अच्छी समझ और पकड़ है। लेकिन, सभी संभावनाओं के रूप में, मैंने केवल सतह को ही खरोंचा है।

128

अगर हमारे पास समय असीमित होता, तो कोई समस्या नहीं होती

यह सब सीखने में समय लगा है। शायद मेरे पास वह स्वाभाविक प्रवृत्ति नहीं है, जो कई अन्य लोगों के पास है। मैं वास्तव में इसके बारे में नहीं जानता। लेकिन मुझे पढ़ाने के तरीक़ों और हम नई चीज़ें कैसे सीखते हैं, इसके बारे में कुछ तो पता है। और मेरे लिए लोगों से ज़्यादा महत्त्वपूर्ण किसी विषय के बारे में सोचना है, जो मेरे लिए मुश्किल है। कोई फ़र्क़ नहीं पड़ता कि आप कौन-सा काम करते हैं, जीवन आपको कहाँ ले जा सकता है, या आप अन्य किन लोगों से मिलने जा रहे हैं।

उदाहरण के लिए, आप हो सकते हैं :

- वर्कप्लेस पर सहयोगियों के साथ एक कर्मचारी

- ग्राहकों के साथ एक विक्रेता

- एक प्रोजेक्ट मैनेजर, जो अलग-अलग विशेषज्ञता वाले लोगों का नेतृत्व करता है

- कर्मचारियों के साथ एक प्रबंध निदेशक

- संगठन में आपसे ऊपर और नीचे दोनों स्तर के लोगों के बीच में एक प्रबंधक

- एक स्व-नियोजित उद्यमी, जो स्वयं के उत्पादों की बिक्री के लिए ऑर्डर ढूंढ रहा है

- किशोरों के माता-पिता

- एक पति या पत्नी

- फुटबॉल टीम के कोच

- स्थानीय घरों और स्कूल संघों के अध्यक्ष

ज्ञान को कैसे लागू किया जा सकता है, इसकी कोई सीमा नहीं है। लोगों को समझना जीवन में अपने लक्ष्यों को यथासंभव सुचारू रूप से प्राप्त करने में हमेशा एक महत्त्वपूर्ण कारक बना रहेगा, चाहे ये लक्ष्य कुछ भी हों।

अगले पृष्ठ पर दिए गए डायग्राम पर एक नज़र डालें। यह कोई नया मॉडल नहीं है, लेकिन यह बहुत कुछ कहता है, जैसे कि कैसे सैद्धांतिक ज्ञान वास्तविक

क्षमता में बदल जाता है। किताब पढ़ना ऐसी ही एक चीज़ है और मुझे ख़ुशी है कि आप इसे पढ़ रहे हैं। यह अपनी ख़ुद की सीख से सीखने की शुरुआत करने का एक शानदार तरीक़ा है, लेकिन यह कुछ सीखने का पहला कदम है।

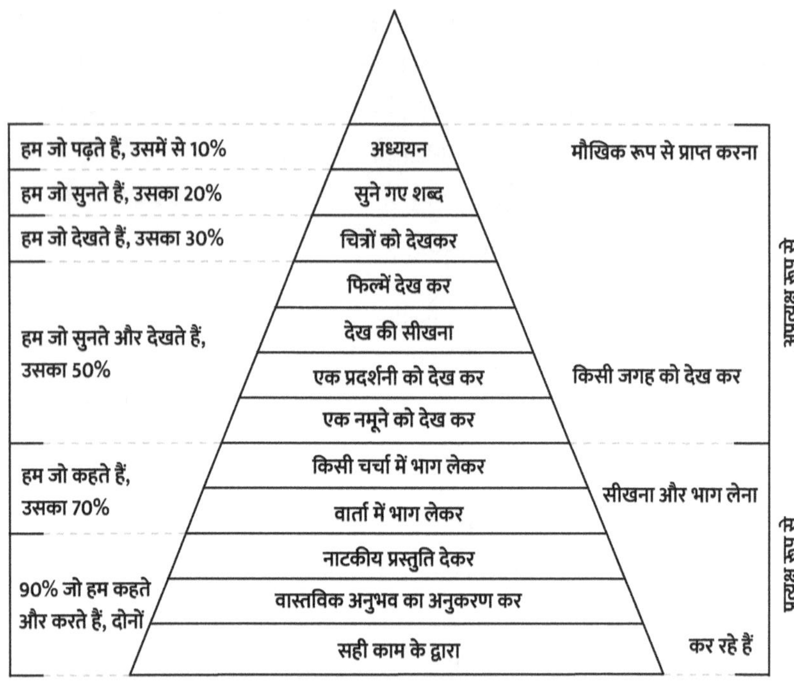

एक नया दृष्टिकोण

मेरा मिशन स्पष्ट है, मैं चाहता हूँ कि अधिक से अधिक लोग व्यवहार को वर्गीकृत करने के इस तरीक़े को समझें। अगर हम बस यह समझ लें कि हमारे आस-पास के लोग ऐसा व्यवहार क्यों करते हैं, तो इससे काफ़ी संघर्षों को टाला जा सकता है। मेरे पास संघर्षों के खिलाफ कुछ भी नहीं है; यह आमतौर पर मुझे परेशान नहीं करता है, क्योंकि मुझे पता है कि इसे कैसे संभालना है। लेकिन जब लोग निर्माण से अधिक तोड़ने और नष्ट करने में विश्वास करने लगते हैं, तो मेरा मानना है कि हमें आगे बढ़ने के अन्य तरीक़ों को खोजने में सक्षम होना चाहिए। जीवन में आपकी ग़लतियों से सीखने के अलावा भी बहुत कुछ है। इससे कुछ ग़लतियों से आप पूरी तरह बच सकते हैं।

किसी भी अन्य भाषा की तरह ही एक भाषा

यह पुस्तक जिस भाषा पर चर्चा करती है, आइपीडी (द इंस्टीट्यूट फॉर पर्सनल डेवेलपमेंट) जो आधिकारिक नाम है, से विकसित डीआईएसए भाषा है। जब कुछ सीखने की बात आती है, तो यह किसी भी अन्य भाषा की तरह काम करता है। यदि आपने कभी स्कूल में स्पेनिश या जर्मन भाषा का अध्ययन किया है, तो आप जानते हैं कि मैं किस बारे में बात कर रहा हूँ। अपनी परीक्षा के लिए अध्ययन करना एक बात है। धाराप्रवाह बोलने में सक्षम होना एक अलग बात है। स्पेन की यात्रा से ठीक पहले साल में एक बार स्पेनिश भाषा में अपने ज्ञान को ताजा करना पर्याप्त नहीं है। यदि आप वास्तव में स्पेनिश बोलने में सक्षम होना चाहते हैं (किसी रेस्टूरेंट में खाना ऑर्डर करने से ज़्यादा), तो आपको अभ्यास करने की आवश्यकता है। यह कोई ख़राब होने वाली वस्तु नहीं है। सीखने का कोई छोटा रास्ता नहीं है।

बेशक, इस किताब को पढ़ने के बाद आप दुनिया में कहीं भी जा सकते हैं और जिन लोगों से आप मिलते हैं, उनके ऊपर ख़ुशी से इसका प्रयोग कर सकते हैं। मैं आपको ऐसा करने की सलाह देता हूँ। शुरुआत में, चुनौती यह होगी कि आप लोगों के व्यक्तित्व के बारे में ग़लत अनुमान लगा सकते हैं और इसके परिणामस्वरूप कुछ हद तक शर्मिंदगी हो सकती है। लेकिन जैसे-जैसे आप व्यवहार को समझने की भाषा में अधिक धाराप्रवाह बनेंगे, यह आस-पास के लोगों के साथ बातचीत करने के आपके तरीक़े को बदल देगा।

10

बॉडी लैंग्वेज : क्यों और कैसे आप चीज़ों को समझते हैं

आप वास्तव में ख़ुद को कैसे पेश करते हैं?

परिचय

अलग-अलग रंग वाले लोगों की बॉडी लैंग्वेज अलग-अलग तरह की होती है। आपके द्वारा कही और की जाने वाली सभी चीज़ों के अलावा, अपने आस-पास के लोगों के लिए आपकी शारीरिक भाषा भी अलग-अलग होती है। बॉडी लैंग्वेज एक निश्चित प्रकार का हो जाता है। लोग इस बॉडी लैंग्वेज को नोटिस करते हैं और इसका इस्तेमाल आपके मूड के बारे में बताने के लिए करते हैं। तो, आइए देखें कि हम कैसे आगे बढ़ते हैं।

'बॉडी लैंग्वेज' सभी प्रकार के इशारों से संदर्भित होता है, इसमें चेतन और अचेतन, दोनों प्रकार की बातें शामिल हैं। बॉडी लैंग्वेज में अंतर व्यक्तियों और लोगों के अलग-अलग समूहों के बीच भिन्न-भिन्न होता है। हमारी शारीरिक भाषा एक सामाजिक और सांस्कृतिक पहचान के रूप में भी कार्य करती है, भले ही सबके जैविक आधार सामान्य हों।

आधुनिक अंग्रेजी भाषा में लगभग एक लाख सत्तर हजार शब्द हैं, जिनमें से पांच हजार नियमित रूप से उपयोग किए जाते हैं। इसकी तुलना में, कुछ विद्वानों के अनुसार बॉडी लैंग्वेज में लगभग सात लाख संकेत होते हैं। हाँ, हम सटीक

संख्या पर बहस कर सकते हैं, लेकिन यह कोई मुद्दा नहीं है। बस इतना समझें कि बॉडी लैंग्वेज की एक विशाल संख्या है, जितना हम जानते हैं, उससे कहीं बहुत अधिक।

मैं इन सभी संकेतों की जाँच नहीं करने जा रहा हूँ, लेकिन यह देखना अभी भी दिलचस्प है कि विभिन्न व्यवहार प्रोफाइल के बीच क्या अंतर है। बस इतना याद रखें कि हमारे मन की स्थिति, परिस्थिति और हम सुरक्षित या असुरक्षित महसूस करते हैं या नहीं, हमारे बॉडी लैंग्वेज पर महत्त्वपूर्ण प्रभाव डाल सकते हैं।

आसन

यदि एक ओर, आप स्वाभाविक रूप से आराम की मुद्रा में हैं, लेकिन सुस्त नहीं है, तो अन्य लोगों को अक्सर यह आभास होता है कि आप आत्मविश्वासी हैं। दूसरी ओर, यदि आपका सिकुड़ कर बैठे हुए हैं, तो इसे इस्तीफे और निराशा के रूप में वर्णित किया जा सकता है। यदि आपके पास एक सीधा, कुछ हद तक लकड़ी का आसन है, तो लोग मान सकते हैं कि यह प्रभुत्व का संकेत है; दूसरे शब्दों में, आप अपने आस-पास के लोगों से सम्मान की मांग करते हैं। हालाँकि, एक संकेत यह भी हो सकता है कि आपने एक सैन्य अकादमी में प्रशिक्षण प्राप्त किया था।

निगाहें

हम अपनी आँखों का इस्तेमाल कई तरह के कामों के लिए करते हैं। टेढ़ी-मेढ़ी आँखें आम तौर पर बताती हैं कि प्रश्न करने वाले व्यक्ति का ध्यान कहीं और होगा। दूसरे लोग बिना पलक झपकाए लगातार आपकी आँखों से आँखें मिलाते हैं। यह बिल्कुल अलग प्रभाव पैदा करता है। ऐसा कहा जाता है कि झूठ बोलते वक्त आप आँखों में आँखें डालकर बातें नहीं कर सकते हैं और वे अक्सर अपनी निगाहें एक तरफ कर लेते हैं। लेकिन, अब लोगों ने झूठ बोलते समय सीधे आँखों में देखना भी सीख लिया है। तो ऐसा कुछ भी स्पष्ट नहीं है। (कोई व्यक्ति जो बार-बार अपनी गर्दन को छूता है, वह अक्सर झूठा होने का सूचक होता है।) जब कुछ अप्रिय होता है, तो कई लोग अपने हाथों को चेहरे पर फेरने लगते हैं। और जब आपको सोचने की ज़रूरत होती है, तो आप अक्सर कुछ देर के लिए अपनी आँखें बंद कर लेते हैं।

सिर और चेहरा

बोलते समय, हम आमतौर पर या तो सिर हिलाते हैं या सिर खुजलाते हैं, यह इस बात पर निर्भर करता है कि हम सामनेवाले की बात से सहमत हैं या नहीं। जब हम किसी चर्चा को बहुत ध्यान से सुनते हैं, तो हमारा सिर एक तरफ झुक जाता है। अपना सिर लटकाना या अपने माथे पर शिकन देना उदासी या अवसाद का संकेत हो सकता है। जब हम किसी चीज़ पर चकित होते हैं, तो हम अक्सर अपनी भौंहें उठा लेते हैं, जबकि हम उन चीज़ों पर अपनी नाक सिकोड़ते हैं, जो हमें पसंद नहीं हैं। आपके चेहरे में तेंतालीस अलग-अलग मांसपेशियाँ छिपी हुई हैं और इन्हें अनगिनत तरीक़ों से पेश किया जा सकता है।

हाथ

हाँ, यह एक उत्कृष्ट उदाहरण है। किसी व्यक्ति का अभिवादन करते समय, आपको उससे गर्मजोशी से हाथ मिलाना पड़ता है? एक साधारण-सा हाथ मिलाने वाला अभिवादन किसी व्यक्ति के बारे में बहुत कुछ बता सकता है। हल्के और कमज़ोर तरीक़े से हाथ मिलाना अक्सर एक विनम्र व्यवहार का संकेत देता है, इसलिए यदि आपसे कोई इस तरह से हाथ मिलाए, तो आप उससे थोड़ा और जोर से हाथ मिलाएँ, यह एक अच्छा विचार हो सकता है। यदि कोई व्यक्ति आपसे दृढ़ता से हाथ मिलाता है, तो यह दर्शाता है कि सामनेवाला व्यक्ति दृढ़ संकल्पित है। जो कोई भी हाथ मिलाते समय बहुत जोर से हाथ मिलाता है, ऐसा लगे कि वह आपके हाथों को निचोड़ डालेगा, तो वह आपके ऊपर हावी होना चाहता है। बंद मुट्ठी का मतलब शायद ही कभी अच्छी ख़बर होती है, आमतौर पर यह आक्रामकता का संकेत देती है। कुछ घबराए हुए लोग अपने कपड़े खींचते हैं, बालों या धागों को इधर-उधर करते हैं। यह अक्सर इंगित करता है कि वे अपना ध्यान अन्य चीज़ों पर केंद्रित करेंगे। अपने हाथों को अपनी पीठ के पीछे रखना अक्सर शक्ति और सुरक्षा का संकेत देता है।

याद रखें कि मैंने अभी-अभी झूठ के बारे में क्या कहा था? झूठा पहचानने का एक अधिक प्रभावी तरीक़ा यह नोटिस करना है कि क्या सामनेवाला व्यक्ति अपने हाथ की हथेली को अपनी छाती पर रखता है, अधिमानतः वह अपने दाहिने हाथ को अपने दिल पर रखता है और जब झूठ बोलने का आरोप लगाया जाता

है, तो वह गुस्से से चिल्ला उठता है। वह कहता है, 'क्या मैं झूठ बोलूँगा? आप मेरे बारे में ऐसा कैसे कह सकते हैं?' यह इशारा उसके इरादों को मज़बूत करने के लिए है, लेकिन वह तुरंत उन लोगों को समझाने लगता है, क्योंकि वह जानता है कि यह अनावश्यक और अत्यधिक है। हालाँकि, यह बात साफ है कि उसके अंदर निश्चित रूप से कुछ गड़बड़ चल रहा है।

क्षेत्र

यह बहुत महत्त्वपूर्ण है कि सभी लोगों के पास अपना निजी स्थान हो, क्योंकि हर किसी को एक ऐसा क्षेत्र चाहिए, जो उसका अपना हो। अन्य बातों के अलावा, यह क्षेत्र वह दूरी भी हो सकती है, जिसे आप लोगों से बात करते समय बनाए रखते हैं। व्यक्तिगत क्षेत्र आमतौर पर कुछ फीट और सामाजिक क्षेत्र तीन से दस फीट होता है। जब हम व्यक्तिगत क्षेत्र के बारे में बात करते हैं, तो हमारा मतलब उस स्थान से होता है, जहाँ दो लोग जो एक दूसरे को जानते हैं, संवाद कर रहे होते हैं। 'सोशल जोन' अजनबियों के बीच की जगह को संदर्भित करता है, जो सिर्फ़ बातचीत कर रहे होते हैं। लेकिन, यह बोलने वालों की संस्कृति पर बहुत अधिक निर्भर है। उदाहरण के लिए, नॉर्डिक यूरोपीय क्षेत्र में, व्यक्तिगत क्षेत्र निश्चित रूप से भूमध्यसागरीय क्षेत्र के किसी व्यक्ति की तुलना में बड़ा होता है।

तो हम इन सब के बारे में क्या करते हैं?

व्यवहार के विभिन्न रूप एक दूसरे से कैसे भिन्न होते हैं? यह स्पष्ट है कि बॉडी लैंग्वेज के बारे में कुछ 'जाने-माने' तथ्य हर एक व्यक्ति पर समान रूप से लागू नहीं होते हैं। कोई व्यक्ति जो अपनी आस्तीन से गंदगी उठाने में व्यस्त है, वह उससे ऊब सकता है या वह घबरा सकता है। एक और उदाहरण है कि लोग अनिश्चितता से कैसे निपटते हैं। हरे रंग का प्रतिनिधित्व करने वाले लोग कुछ अनिश्चित होते ही पीछे की ओर झुक जाते हैं। लाल रंग वाला ऐसी स्थिति में आगे झुक जाता है, क्योंकि इस अनिश्चितता से निपटने का उसका तरीक़ा बातचीत पर हावी होने की कोशिश करना है। आगे की पृष्ठों पर मैंने इस प्रकार के अंतर के कुछ और उदाहरण सूचीबद्ध किए हैं। वास्तविक जीवन में ऐसे लोगों को देखने की कोशिश करें कि क्या आपको ऐसा कोई और व्यवहार मिल सकता है। लेकिन याद रखें, बॉडी लैंग्वेज बहुत ही व्यक्तिगत होती है। ज़रूर, ऐसे और सामान्य भाव-भंगिमाएँ

हैं, जो पूरी दुनिया में लागू होते हैं और सभी लोगों के बीच एक तिरस्कारपूर्ण नज़र का कारण बनती हैं। उदाहरण के लिए, बॉडी लैंग्वेज हर देश में समान दिखता है, लेकिन इसमें इतने अंतर हैं कि आपको अपनी क्षमता को तेज़ करने के लिए अपने साथी की नज़र तक का अध्ययन करना होगा। निम्नलिखित लघु खंडों का उद्देश्य एक सरल मार्गदर्शक के रूप में कार्य करना है।

लाल रंग वालों का बॉडी लैंग्वेज

लाल रंग वालों के बारे में ध्यान रखने योग्य कुछ बुनियादी बातें। ये हैं :

- दूसरों से अपनी दूरी बनाए रखें और बिलकुल गर्मजोशी और ताक़तवर हैंडशेक करें।
- आक्रामक रूप से आगे झुकें।
- प्रत्यक्ष रूप से आँख में आँख डालकर बातें करें।
- नियंत्रित इशारों का उपयोग करें।

जैसा कि मैंने पहले भी उल्लेख किया है, लाल रंग वालों की अक्सर एक स्पष्ट और विशिष्ट शारीरिक भाषा होती है। लाल रंग वालों को आमतौर पर आप दूर से ही पहचान सकते हैं।

जब आप बड़ी भीड़ से गुज़रते हैं, तो आप लोगों को इधर-उधर घूमते हुए, स्थिर खड़े होकर, दूसरों से बातचीत करते हुए, या बस यह जाँचते हुए दिखेंगे कि यह सब भीड़ किस बारे में है। मान लीजिए कि आप लोगों से खचाखच भरे एक टाउन स्क्वायर को देख रहे हैं। यदि आप वास्तव में इसे बारीकी से देखते हैं, तो आप एक ऐसे व्यक्ति को देखेंगे, जो अपने रास्ते में खड़े लोगों की पूरी तरह से उपेक्षा करते हुए तेज़ गति से चौराहे को पार कर रहा है। सामने एक बिंदु पर टकटकी लगाए हुए लाल रंग वाला व्यक्ति अपनी गति बढ़ाता है और बिना किसी समस्या के चौराहे को पार कर जाता है। वह किसी को रास्ता नहीं देता, बल्कि दूसरों को किनारे कर देता है। उसके कदम निर्णायक और शक्तिशाली हैं। वह उम्मीद करता है कि हममें से बाकी लोग उसके मार्ग से हट जाएँगे और उसे रास्ता देंगे।

जब आप पहली बार किसी लाल रंग वाले से मिलते हैं, तो वह आमतौर पर आपसे एक निश्चित दूरी बनाए रखता है। वह दिल से आपसे हाथ नहीं मिलाएगा, लेकिन मज़बूती से आपके हाथ पकड़ेगा। उम्मीद करें कि लाल पुरुष या महिला

यह दिखाने के लिए कि प्रभारी कौन है, थोड़ा जोर से हाथ पकड़ेंगे। (कुछ लोग इसे पुरुषों का अकेला व्यवहार मानते हैं, लेकिन यह महिलाओं में भी होता है। वास्तव में लाल रंग वाला व्यक्ति यह प्रदर्शित करना चाहता है कि वह ऐसा व्यक्ति है जिसपर भरोसा किया जा सकता है।)

अति उत्साही मुस्कानों को भूल जाइए। उनका चेहरा एकदम गंभीर हो सकता है, खासकर वे यदि किसी व्यावसायिक बैठक में भाग ले रहे हों। सामाजिक परिवेश में भी लाल रंग वाले लोग ख़ुद को रिजर्व ही रखते हैं। लाल रंग वाला एक व्यक्ति कभी आगे बढ़कर आपको बांहों में भरकर गले नहीं लगाएगा (जब तक वह शांत है; शराब के प्रभाव में, कुछ भी हो सकता है)।

आमतौर पर किसी बहस में लाल रंग वाले व्यक्ति के शामिल हो जाने पर माहौल जब तनावपूर्ण होने लगता हैं, तो उसके सामने उपस्थित दूसरा आदमी झुकेगा नहीं और अपनी बात को काफ़ी मज़बूती से रखेगा। आँख से संपर्क बहुत सीधा होगा, उसकी निगाहें लाल रंग वाले व्यक्ति पर टिकी होंगी। हालाँकि, बात जब सत्ता की भाषा पर आती है, तो लाल रंग वालों की उंगली शुरू से ही ट्रिगर पर होती है। उसके लिए तैयार रहें।

इसके अलावा, शारीरिक इशारों के अपेक्षाकृत सीमित उपयोग के लिए भी तैयार रहें, इनमें से कुछ इशारे नियंत्रित और आक्रामक भी हो सकते हैं। लाल रंग वाले बड़ी आसानी से सामने वाले की ओर इशारा करते हैं। यह धारणा कि लोगों की ओर इशारे करना असभ्यता है, वे ऐसा कुछ नहीं सोचते है, जो दूसरे लोगों को विशेष रूप से चिंतित करता है। यह भी आम है कि लाल रंग वाले अपनी हथेली को नीचे की ओर रखते हुए अपने हाथ को अपनी ओर खींचकर आपकी ओर इशारा करते हैं। यदि आप इसे आजमाना चाहते हैं, तो किसी से कहें कि वह आपकी ओर इस तरह इशारा करे और फिर महसूस करें कि यह कैसा लगता है।

आप यह भी स्पष्ट रूप से समझ सकते हैं कि लाल रंग वाले लोग सिर्फ़ आपकी ओर इशारे ही नहीं करते हैं, वे आपको डिस्टर्ब करने के लिए भी तैयार रहते हैं। बातचीत के बीच में थोड़ा समय लेने के लिए वे लगातार अपनी सांस भीतर की ओर खींचते हैं, यदि सामने वाला बोलने लगता है और बोलने के लिए लाल रंग वाले को बहुत लंबा इंतजार करना पड़ता है, तो वे ऊँची आवाज़ के साथ बातचीत में कूद पड़ते हैं और सब कुछ संभाल लेते हैं।

आवाज़

लाल रंग वालों की आवाज़ के बारे में क्या कहेंगे? यह अक्सर मज़बूत होता है। हम ऐसे लोगों को स्पष्ट रूप से सुनते हैं, क्योंकि वे ख़ुद को सुनाने के लिए अपनी आवाज़ ऊँची करने के बारे में कुछ नहीं सोचते हैं, आवाज़ जितनी ऊँची की जा सके, उतना करते हैं। बेशक, लाल रंग वाले लोग भी चीज़ों को लेकर नर्वस और चिंतित हो सकते हैं, लेकिन आमतौर पर आप ऐसा सुनना पसंद नहीं करेंगे। उनकी आवाज़ नहीं कांपेगी।

यह लाल रंग वाले लोगों में पाए जानेवाले रहस्यों में से एक है। परदे के पीछे चाहे कुछ भी हो रहा हो, लाल रंग वाले लोग सामने से संतुष्ट ही लगेंगे। कोई हकलाहट नहीं, कोई झिझक नहीं। उनकी उंगली पर ट्रिगर हमेशा रहती थी। अगर हम नहीं सुनेंगे, तो वे इसे एक बार और दोहराएँगे, लेकिन जोर से। अंत में, वे हमेशा ऐसे ही हो जाते हैं।

बोली और काम में तेज़ी

जैसा कि मैंने भी पहले कहा है, लाल रंग वाले हमेशा जल्दी में होते हैं। जल्दबाजी कभी-कभी अच्छी है। आम तौर पर, यह बोली और काम दोनों पर लागू होता है। सब कुछ बहुत तेज़ गति से होता है। क्योंकि गति वह कारक है, जिसके द्वारा लाल रंग वाले लोग सफलता को मापते हैं, वे इसी हिसाब से चलते हैं। उनको कुछ और तेज़ बदलाव की अपेक्षा होती है, जब किसी काम को समायोजित करने की आवश्यकता होती है।

पीले रंग वालों का बॉडी लैंग्वेज

पीले रंग वालों के बारे में ध्यान रखने योग्य कुछ बुनियादी बातें हैं-

- वे संवेदनशील होते हैं
- तनावमुक्त और मजाकिया हैं
- आँखों से मिलता झलकती है और इशारों का उपयोग करते हैं
- बातचीत करते समय अक्सर करीब आ जाते हैं

पीले रंग वालों की बॉडी लैंग्वेज अक्सर बहुत खुली और आकर्षक होती है। उनके चेहरे पर मुस्कान हर वक्त दिखायी देती है, तब भी जब मुस्कुराने के लिए बहुत कुछ न हो। वे मजाक करने में सबसे आगे होते हैं और बहुत रिलैक्स रहते हैं। किसी पड़ोसी से जब वह मिलने जाता है, तो भले ही वह उसे अच्छी तरह से नहीं जानता है, पर उनके घर जाकर सोफे पर वह फैल सकता है। पीले रंग वालों के लिए ये बहुत आसान है। जब पीले रंग वाले लोग किसी भी स्थिति में सुरक्षित महसूस करते हैं, तो आप भी उसे अनुभव कर देख सकते हैं। वह एक खुली किताब की तरह है।

लाल रंग वाले लोगों के व्यवहार के साथ इनकी समानता मुख्य रूप से इनकी गति में निहित है। पीले रंग वाले लोग तेज़ी से चलते हैं और उनकी चाल काफ़ी विशिष्ट होती है। वे अक्सर एक मज़बूत आत्मविश्वास से भरे होते हैं।

रिश्तों में थोड़ी आजादी एक ज़रूरी चीज़ है। पर पीले रंग वाले इससे अनभिज्ञ होते हैं। क्योंकि कुछ रंग के लोग यह पसंद नहीं करते कि कोई उनके बहुत पास बैठे, जबकि पीले रंग वाला स्वेच्छा से बहुत करीब आ जाएगा। पीले रंग वाले अनायास ही अपने आस-पास के सभी लोगों को गले लगाना शुरू कर सकते हैं। पुरुष हो या महिला, यह वास्तव में मायने नहीं रखता। यह उस दिन की भावना और मनोदशा पर निर्भर करता है।

ऐसा होने पर दूसरों के लिए पीछे हटना कोई असामान्य बात नहीं है, जिसमें पीले रंग वाले लोग अक्सर कोशिश करते हुए पाए जाते हैं। लेकिन, ऐसा भी नहीं है कि पीले रंग वाले लोगों को सिर्फ़ गले लगना पसंद है। यह शारीरिक संपर्क का एक सरल रूप भी हो सकता है। हाथ पर हाथ रख देना, पैर पर थपथपाना जिसका कोई गुप्त उद्देश्य नहीं है। पीले रंग वाले बस अपनी कही गयी बातों को पुष्ट करना चाहते हैं। पीले रंग वाले जिसे स्वाभाविक और सहज मानते हैं, दूसरे उसे असहज रूप में देख सकते हैं। और निश्चित रूप से इसका परिणाम बुरा भी हो सकता है।

सामान्य तौर पर कहें, तो पीले रंग वालों के साथ चौतरफा चुटकुले होंगे और अनगिनत मुस्कानें होंगी। आँखों से आँखें मिलाना कोई समस्या नहीं है; यह तीव्र, हंसमुख और मैत्रीपूर्ण है।

आवाज़

पीले रंग वालों का स्वर शुरू से अंत तक एक मज़बूत प्रतिबद्धता को दर्शाता है। आप इसकी खनक दूर से सुन सकते हैं : जैसे- हंसी, मस्ती, तीव्रता। उत्साह। आनंद। ऊर्जा।

सामान्यतया, पीले रंग वाले लोग बेहद स्पष्टता के साथ सहानुभूति प्रदर्शित करते हैं। वे आपके साथ 100 प्रतिशत होते हैं या बिल्कुल भी नहीं। और यह उनकी आवाज़ से साफ समझी जा सकती है। यह ऊपर और नीचे जाता है; यह गति, ताक़त और तीव्रता को प्रदर्शित करता है। पीले रंग वालों के बोलने के तरीक़े में अक्सर एक स्पष्ट माधुर्य झलकता है।

कोई फ़र्क़ नहीं पड़ता कि पीले रंग वाले लोग किस समय किस भावना से जकड़े हुए हैं, यह उनकी आवाज़ में ध्यान देने योग्य होगा।

वाणी और कर्म में संबंध

गति। भले ही पीले रंग वाले लोग कार्रवाई में लाल रंग वाले लोगों जितने उग्र नहीं है, लेकिन निश्चित रूप से उनकी गति तेज़ होती है। क्या आप किसी ऐसे व्यक्ति से मिले हैं, जो कुछ कहने की जल्दी में होता है और बातों से लड़खड़ा जाता है? उनमें से केवल आधे ही वास्तव में ऐसा करते हैं, जैसा उन्हें करना चाहिए। आप अनुमान लगा सकते हैं कि क्या कहा जा रहा है, लेकिन कभी-कभी यह समझ से बाहर होता है। ये पीले रंग वाले लोग हैं, जो मुंह से वह सब कुछ नहीं कह सकते, जो वे कहना चाहते हैं।

हरे रंग वालों का बॉडी लैंग्वेज

हरे रंग वाले लोगों के बारे में ध्यान रखने योग्य कुछ सरल मूल बातें :

- वे हमेशा रिलैक्स रहते हैं और करीब आते हैं
- नियम मुताबिक काम करते हैं
- बात करते-करते पीछे की ओर झुकने लगते हैं
- दोस्तानापूर्वक आँखों में आँखें डालकर बात करते हैं
- छोटे-छोटे इशारों को प्राथमिकता देते हैं

हरे रंग वाले लोग अक्सर धीमे होते हैं, लेकिन उनकी शारीरिक गति हमेशा सुस्त नहीं होती। जब वे पूरी तरह से स्थिर होते हैं, तो उनके शरीर की जो भाषा होती है, वह शांति और आत्मविश्वास से भरपूर होती है। कोई तेज़ गति नहीं, न ही सिर या हाथों को अचानक से झटकना या हिलाना। यह उनके लिए सही और आसान है।

उनके हावभाव अक्सर कम भड़कीले होते हैं और छोटे समूहों के लिए उपयुक्त होते हैं। हरे रंग वाले लोग बड़े समूहों में सहज महसूस नहीं करते हैं, इसलिए वे ख़ुद को खुलने नहीं देते हैं और रिजर्व्ड मालूम पड़ते हैं। हरे रंग वालों की अक्सर अलग बॉडी लैंग्वेज होती है, जो उन्हें दूसरों से अलग करती है। वे अपनी भावनाओं को छिपाने की कोशिश करते हैं, लेकिन हमेशा सफल नहीं होते। यदि वे संतुलन से बाहर हैं या असहज महसूस कर रहे होते हैं, तो यह स्पष्ट दिखायी देगा।

जब आप किसी टेबल के आस-पास बैठे हों, तो आप उम्मीद कर सकते हैं कि हरे रंग वाले लोग थोड़ा पीछे हट जाएँगे। यह कुछ विरोधाभासी है, क्योंकि उन्हें वास्तव में लोगों के करीब आने में कोई समस्या नहीं है। पीले रंग वालों की तरह ही इन्हें भी दूसरों को छूकर बात करना पसंद है। यह तभी तक ठीक है, जब तक वे उस व्यक्ति को जानते हैं, जिसे वे छू रहे हैं। हालाँकि, हरे रंग वालों को छूने से सावधान रहें, जिसने अभी तक यह स्पष्ट संकेत नहीं दिया है कि वह आपको अच्छी तरह से जानता है। सीमा पार करना आसान है। वे अपने व्यक्तिगत हित की सुरक्षा कर सकते हैं।

आप एक लाल रंग वाले व्यक्ति के कमरे में चलने को अक्सर नोटिस करते हैं। वहीं, हरे रंग वाले लोग कई बातों में लाल रंग के बिल्कुल विपरीत होते हैं, वे विवेकपूर्ण होते हैं, इसलिए हरे रंग वालों के लिए सम्मान एक प्रमुख विषय है। वे स्वयं को अदृश्य बनाने का प्रयास करते हैं, यानी वे दूर रहकर सभी चीज़ों को देखना चाहते हैं। यह असामान्य नहीं है।

क्या है कारण? वे आकर्षण का केंद्र नहीं बनना चाहते।

हरे रंग वाले मिलनसार प्रवृत्ति के होते हैं, उनके चेहरे पर हमेशा दोस्ताना भाव होता है, जो असामान्य नहीं है। और यदि ऐसा नहीं होता, तो वे काफ़ी तटस्थ हो जाते हैं। किसी भी अतिशयोक्तिपूर्ण मुस्कान या अत्यधिक अभिवादन की अपेक्षा न करें। बस इतना ही कि थोड़ी उम्मीद रखें। लेकिन यह अंतर बहुत बड़ा होगा, यदि हरा रंग वाला आपको पहले से जानता है। अगर वह समझता है कि

आप अच्छे दोस्त हैं, तो वह बहुत अंतरंग और मिलनसार हो सकता है। अगर उसे लगता है कि आप अभी-अभी मिले हैं, तो ठीक है, आपको घुलने-मिलने के लिए थोड़ा इंतजार करना होगा।

हरे रंग वाले लोगों को अपने पास आने दें। ख़ुद को उनपर थोपें नहीं। समय के साथ, जब वे आप पर भरोसा करने लगेंगे, तो वे आराम से आपके पास आएँगे और अधिक स्वाभाविक हो जाएँगे।

आवाज़

हरे रंग वालों की आवाज़ कभी भी ऊँची नहीं होगी; पर इसका मतलब यह नहीं है कि वह समूह से बाहर हो जाएगा। आपको थोड़ी और मेहनत करनी होगी। यहाँ तक कि जब हरे रंग वाले लोग एक बड़े समूह के सामने बोलते हैं (वे ऐसा कर सकते हैं, अगर उनके पास कोई विकल्प नहीं है), तो वे इस तरह बोलेंगे, जैसे कि मेज पर आप में से केवल तीन लोग ही बैठे हों। कभी-कभी ऐसा लग सकता है कि हरे रंग वाले लोग कमरे में मौजूद अन्य सौ लोगों को नहीं देखते हैं। उनकी आवाज़ आमतौर पर धीमी होती है और वे जो कहते हैं, उसे सुनना मुश्किल हो सकता है।

लेकिन, उनकी आवाज़ हमेशा नरम और गर्माहट बिखेरने वाली होगी। बोलने की गति धीमी होगी और बोलने पर पीले रंग वालों के साथ भिन्नता बिल्कुल भी नहीं होगी।

बोली और काम में संबंध

आम तौर पर, हरे रंग वालों के काम करने की गति लाल और पीले रंग वालों की तुलना में धीमी होती है, लेकिन नीले रंग वालों जितनी धीमी नहीं होती। तेज़ी का अपने आप में कोई मूल्य नहीं है। यदि तेज़ी से काम करने के कारण किसी समूह में सहयोग की भावना खत्म होने लगती है, तो हरे रंग वाले लोग उस गति को धीमी कर देंगे। इससे कोई फ़र्क़ नहीं पड़ता कि डेडलाइन क्या है। उनके लिए सबसे महत्त्वपूर्ण बात यह है कि लोग कैसा महसूस करते हैं।

नीले रंग वालों की बॉडी लैंग्वेज

नीले रंग वालों के बारे में ध्यान रखने योग्य कुछ सरल मूलभूत बातें हैं :

- दूसरों से दूरी बनाकर रखना पसंद करते हैं, चाहे वे खड़े या बैठें हों
- बॉडी लैंग्वेज हमेशा खुलकर सामने नहीं आता है
- उनके साथ बात करते समय आँख में आँख डालकर बात करें
- बिना इशारों की बोली बोलें

नीले रंग वालों की बॉडी लैंग्वेज का वर्णन करने का सबसे आसान तरीक़ा यह प्रदर्शित करना है कि उसके पास कोई नहीं है। ठीक है, शायद यह थोड़ा अधिक सरल है। मेरा मतलब यह है कि नीले रंग वालों में विस्तृत रूप से देखने के लिए बहुत कुछ नहीं है। न तो उनके चेहरे और न ही उनके शरीर से किसी प्रकार का अंदाजा लग पाता है। जब मैं एक सेल्सपर्सन से बॉडी लैंग्वेज के बारे में बात करता हूँ, तो वे आमतौर पर यही टिप्पणी करते हैं कि कुछ लोगों को समझना असंभव है। जब मैं पूछता हूँ कि क्या ये ऐसे लोग हैं, जो अपने चेहरे की एक भी मांसपेशी को हिलाए बिना लगभग पूरी तरह स्थिर बैठते हैं, तो वे कहते हैं कि ऐसा नहीं है, आमतौर पर वे सिर हिलाते हैं और सोचते हैं कि यहाँ यह उल्लेखनीय है।

वे शायद नीले रंग वाले लोगों के बारे में बात कर रहे हैं। एक व्यक्ति जिसके काम या स्वभाव में कुछ भी नोटिस करने लायक नहीं होती है, वह कुछ प्रकट भी नहीं करता है। इस मामले में विशिष्ट हावभाव की कमी हमें बताती है कि हमें क्या जानने की आवश्यकता है।

नीले रंग वाले कई व्यक्ति नाटकीय बयान दे सकते हैं, पर ऐसा करते समय उनका चेहरा अभिव्यक्तिहीन ही बना रहता है। मैंने एक बार एक नीले रंग वाले मैनेजर को यह कहते हुए सुना है कि अब इस स्टोर को बंद करना है और हमें तीन सौ कर्मचारियों को हटाने की योजना पर काम करना है, इस पर सहमत होना है। पर ऐसा बोलते वक्त उनके चेहरे की एक भी मांसपेशी अनावश्यक रूप से नहीं हिली।

ये वही लोग हैं, जो लोगों को यह विचार देते हैं कि नीले रंग वाले लोगों में भावनाओं की कमी है, लेकिन स्वाभाविक रूप से यह सच नहीं है। मैं आपको फिर से याद दिला दूँ कि नीले रंग वाले लोग अंतर्मुखी स्वभाव के होते हैं, जिसका अर्थ है कि उनकी अधिकांश भावनाएँ अंदर ही अंदर काम करती हैं।

यह दूसरे तरीक़े से भी काम करता है। कई साल पहले, मैंने एक महिला को टेलीविजन पर आधा मिलियन डॉलर जीतते देखा था। कैमरे के पीछे उसका पति मारे ख़ुशी के चिल्ला रहा था, जबकि महिला ख़ुद मुस्कुराते हुए शांत बैठी रही। मेजबान मुस्कुराया और उसने अपनी बाहों को चारों ओर लहराया, थोड़ी देर के लिए आपको भी आश्चर्य हुआ कि वास्तव में कौन जीता था। लेकिन महिला ने ख़ुद ही कहा, 'धन्यवाद, यह अच्छा था।' वह मुश्किल से ही चल पाती थी। मुझे नहीं लगता कि ऐसा इसलिए था क्योंकि वह पहले से ही करोड़पति थी; यह इसलिए था क्योंकि वह नीले रंग वाले लोगों का प्रतिनिधित्व करती थी। बस इसके काम करने का तरीक़ा यही है। अंदर ही अंदर मुझे लगता है कि वह अपनी जीत से ख़ुश थी, लेकिन उसने इसे बाहरी तौर पर जाहिर नहीं होने दिया। एक दिन मैं चैनल वालों को फोन करूँगा और पूछूंगा कि क्या उनके पास अभी भी इसकी कोई रिकॉर्डिंग है, क्योंकि यह एक ज्वलंत उदाहरण है।

जब आप नीले रंग वालों को बड़े समूहों के सामने बोलते हुए देखते हैं, तो यह प्रवृत्ति बहुत स्पष्ट हो जाती है। हरे रंग वालों की तरह, उन्हें आकर्षण का केंद्र बनने की कोई आवश्यकता नहीं होती है। ऐसी स्थिति में हरा रंग वाला फर्श पर बैठ जाना चाहेगा, जबकि एक नीला व्यक्ति खड़ा रहेगा। वह एक संतुलित चेहरे के साथ पूरी तरह से गतिहीन होकर जनता को अपनी बात समझाने की कोशिश करेगा।

एक अन्य सुराग यह है कि नीले रंग वालों को अपने आस-पास अपेक्षाकृत अधिक स्पेस की आवश्यकता होती है। दूसरों को दूर रखकर वे अक्सर अधिक सहज महसूस करते हैं। स्वाभाविक रूप से, यह इस बात पर निर्भर करता है कि वे एक-दूसरे को कितनी अच्छी तरह जानते हैं, लेकिन उदाहरण के लिए, यह विषय पीले रंग वालों की तुलना में काफ़ी बड़ा है।

यदि दूसरे बहुत करीब आ जाते हैं, तो नीले रंग वालों की बॉडी लैंग्वेज एक कछुए के समान हो जाती है, जो अपने बड़े से खोल में ख़ुद को समेट लेता है। दोनों हाथ और पैर क्रॉस किए हुए होंगे, जो यह दर्शाता है कि वे अपनी दूरी बनाए हुए हैं।

जैसा कि मैंने पहले भी उल्लेख किया है, नीले रंग वाले दूसरों की तुलना में कम चलते हैं। जब वे खड़े होते हैं, तो वे स्थिर रहते हैं। अपनी चाल में वे किसी प्रकार से दाएँ-बाएँ नहीं होते हैं। व्याख्यान देते समय वे पूरे एक घंटे तक एक ही स्थान पर बड़ी आसानी से खड़े हो सकते हैं। जब वे बैठते हैं, तो कमोबेश पूरे समय एक ही स्थिति में बैठे रहते हैं।

नतीजतन, उनके बॉडी लैंग्वेज से किसी भी प्रकार का अंदाजा लगाना संभव नहीं हो पाता। एक पीले रंग वाले व्यक्ति की कल्पना करें : नीले रंग वालों के उलट वे बिलकुल स्पष्ट और गतिशील होते हैं और अभी जो स्थिति है, वह बिलकुल इसके उलट है। उन सभी गतिशीलता को हटा दें, जिनकी आवश्यकता नहीं है (उनमें से अधिकांश, नीले रंग वालों के अनुसार) और आपके सामने सब कुछ स्पष्ट होना शुरू हो जाता है। मानो ऐसा लगा जैसे किसी पत्थर का सामना करना पड़ा हो, जैसा कि किसी ने एक बार परिस्थितिवश वर्णन किया था।

हालाँकि, नीले रंग वाले आमतौर पर सीधे दूसरों की आँखों में देखते हैं। उन्हें इससे कोई समस्या नहीं है, भले ही इससे दूसरों को परेशानी ज़रूर हो जाती है।

आवाज़

नीले रंग वाले लोगों की आवाज़ संयमित और दबी हुई होती है, हालाँकि वे कमज़ोर बिलकुल नहीं होते हैं। वे अपने बारे में ज़्यादा चर्चा नहीं करते। उनका ख़ुद पर बहुत नियंत्रण होता है। चिंतित होना उनके लिए बहुत आम बात है, जैसे कि दिन के उजाले को देखने की अनुमति देने से पहले हर बात की पड़ताल करना।

आम तौर पर किसी भी परिस्थिति में नीले रंग वालों की आवाज़ नहीं बदलती, वे कमोबेश हर परिस्थिति में एक जैसे बने रहते हैं। चाहे वह पढ़ रहे हों, टीवी देख रहे हों या राष्ट्रपति चुनाव जीतने के बाद राष्ट्र को अपना स्वीकृति भाषण दे रहे हों, हर समय उनकी आवाज़ एक जैसी ही लगती है। बिना ज़्यादा लय या सुर के वह बस वही कहते हैं, जो सामने स्क्रिप्ट में है।

संगीतकारों को इससे काफ़ी कठिनाई होती है। उन्हें लगता है कि नीले रंग वाले जो कुछ भी कहते हैं, उससे कुछ भी साफ नहीं होता है।

कथनी और करनी में सामंजस्य

धीमा। कम-से-कम हम इसकी तुलना दूसरों से करते हैं। यदि हम किसी लाल या पीले रंग वाले लोगों को लेते हैं, तो वे ध्वनि की गति से बोलेंगे। नीले रंग वाले के बोलने की गति पूरी तरह से अलग होती है। वे उतना ही समय लेंगे, जितना वे आमतौर पर लेते हैं। तेज़ बोलने में उनकी कोई दिलचस्पी नहीं है।

11

वास्तविक जीवन का एक उदाहरण

कंपनी की पार्टी में आप जिस किसी से भी मिलें, उसे कैसे समझें

बहुत साल पहले मैं बैंकिंग क्षेत्र में काम करता था। कई मायनों में यह काम बहुत दिलचस्प था, हालाँकि कई बार यह थोड़ा नीरस हो सकता था। लेकिन, कई अलग-अलग तरह के लोगों से मिलकर मैंने बहुत कुछ सीखा। मेरे पास उस दौर की कई मजेदार कहानियाँ हैं, जो ग्राहकों के साथ मीटिंग के दौरान पेश आयीं। हालाँकि, सबसे दिलचस्प सीख मुझे पर्दे के पीछे से मिली।

अधिक चौंकाने वाले अनुभवों में से एक उस शाखा का था, जहाँ 1990 के दशक में मैं काम कर रहा था। वहाँ के लोगों के व्यवहार में एक खास खूबी थी, एक साफ पैटर्न समझ में आ रहा था। उनमें से कुछ अपने व्यवहारिक प्रोफाइल में बिलकुल स्पष्ट थे। काम करने वाले लोगों के बीच में से हमारे पास अविश्वसनीय रूप से विशिष्ट नीले रंग वाले और समान रूप से स्पष्ट हरे और पीले रंग वाले लोग भी थे। और हाँ, एक लाल रंग वाला बॉस भी।

एक बार बसंत के समय में हमारे पास काम का बहुत लोड था, हम ग्राहकों के दबाव में थे, हम सभी अविश्वसनीय रूप से कड़ी मेहनत कर रहे थे, जिसके कारण कई बीमार हो गए थे। लोग थके हुए थे, चिड़चिड़े और तुनकमिजाज हो गए थे। वास्तव में हमें कहीं से कुछ अच्छी ख़बरों की ज़रूरत थी। कर्मचारियों के समूह में से जो सबसे पहले इन सभी से तंग आ गयी, वह पीले रंग वाली एक सलाहकार थी। एक दिन वह लंचरूम में आयी और कहने लगी कि वह इस तरह से सभी के

146

चेहरे देखते-देखते परेशान हो गयी है। हमें कुछ मजेदार करने की ज़रूरत है। और वह जानती थी कि वास्तव में यह क्या है।

वह कहने लगी, यह हमारे लिए कुछ आगे देखने का समय है, एक लक्ष्य खोजने का समय है। हम सब एक ही चीज़ सोच रहे हैं, वह यह कि कंपनी की एक पार्टी हो! उत्साह से भरी, उस सलाहकार ने हमें बताया कि उसने पास में एक बहुत अच्छा पार्टी स्पॉट देख रखा है, जहाँ हम सभी वीकेंड में आराम करने के लिए जा सकते हैं। वहाँ एक शानदार स्पा और जिम, शानदार कमरे और एक ट्रेंडी रेस्टूरेंट है, जो वास्तव में काफ़ी मॉडर्न है। सबसे खास बात उसने यह बतायी कि वह एक दोस्त के दोस्त के माध्यम से उस स्पॉट के मालिक को जानती है और शायद पूरे पैकेज पर वह हमें अच्छी-खासी छूट भी दिला सकती है। वह सिर्फ़ यह जानना चाहती थी कि हम इसके बारे में क्या सोचते हैं।

हम सब उसे घूरते रहे, यह जानते हुए कि क्या यह सब सच नहीं है, क्योंकि हमें संदेह था कि वह शायद मालिक को बिल्कुल नहीं जानती थी। एक बड़ी मुस्कान के साथ, उसने बोलना जारी रखा, हम वहाँ जो भी मजा कर सकते थे, उसके बारे में बात कर रहे थे : हम गेम खेल सकते हैं, आपस में कुछ प्रतियोगिताओं का आयोजन कर सकते हैं, बबल बाथ (एक खास प्रकार का स्नान) का आनंद ले सकते हैं और निश्चित रूप से शाम को एक बड़ी पार्टी कर सकते थे।

एक जीवंत चर्चा शुरू हुई और हममें से कई लोगों ने सोचा कि यह विचार बहुत अच्छा लग रहा है। रेड बैंक के निदेशक ने चारों ओर देखा और महसूस किया कि उनके कर्मचारियों को यह विचार पसंद आया। शुक्र है, वह इस विचार के प्रति उत्सुक दिखे। हम सब थके हुए और परेशान थे और हमारी प्रतिबद्धता के लिए वे हमारे आभारी भी थे। उन्होंने तुरंत वहीं पर फैसला करने की बात कही। पांच मिनट की चर्चा के बाद उन्होंने घोषणा की कि बैंक की ओर से एक पार्टी होगी और उन्होंने बिल का भुगतान करने का भी वादा किया।

उन्होंने उस पीली महिला की ओर देखा, जिसने पार्टी का सुझाव दिया था और पूछा कि क्या वह सब कुछ व्यवस्थित करने के लिए वह तैयार है। उन्होंने उसे कॉल कर सब कुछ बुक करने को कहा। बॉस के जाते ही उसने तुरंत एक लंबा भाषण देना शुरू कर दिया, उसे लगा कि उसने अपना काम कर दिया है, हालाँकि यह इस तथ्य को छिपाने के लिए एक बड़े स्मोकस्क्रीन से ज़्यादा कुछ नहीं था। बॉस जो लाल रंग के लोगों का प्रतिनिधित्व करते थे, ने हाथ हिलाकर उसे चुप करा

दिया। उसके पीछे हरे रंग वाले कुछ सहकर्मी सोफे के एक कोने पर बैठे थे, वही कोना जहाँ वे हमेशा बैठते थे। उन्हें नाम से बुलाने के लिए बॉस को मुड़ने की भी ज़रूरत नहीं पड़ी। उन्होंने उनमें से प्रत्येक से पूछा कि क्या वे मदद करेंगे। वास्तव में यह जाने बिना कि उसने क्या पूछा था, वे सभी सहमत हो गए। बॉस ने संक्षेप में सिर हिलाया और कमरे से बाहर चले गए। उन्होंने अपना काम कर दिया था। जैसे ही वे खड़े हुए, मामले के बारे में तुरंत भूल गए।

उत्साह फूट पड़ा और लाल और पीले व्यवहार वाले सभी लोग पार्टी के बारे में चिल्लाने लगे, सभी एक साथ बात कर रहे थे। पीले रंग वाला सलाहकार बेहद उत्साही था और इस तथ्य के बावजूद कि निर्णय पहले ही किया जा चुका था, इस विचार पर चर्चा करना जारी रखा। हमें जिस तरह की पार्टी करनी चाहिए थी, उसके लिए उस महिला के प्रस्ताव बेतुके हो गए थे। मुझे याद है कि उसने एक ब्लैक टाई बॉल ड्रेस से शुरुआत की थी और टोगा पार्टी में आने से पहले ही कोई उसे चुप कराने में कामयाब हो गया था।

हालाँकि, वह व्यक्ति कोने में चुपचाप बैठा था। हमारा ब्लू क्रेडिट मैनेजर बहुत चिंतित था। जब सब कुछ थोड़ा शांत हो गया, तो उसने ऊँची आवाज़ में कहा, लेकिन हम वहाँ पहुँचें कैसे?

पूरे मामले के बारे में उसने केवल इतना ही सुना था कि कॉन्फ्रेंस सेंटर शहर से बीस मील बाहर था और अब समस्याएँ खड़ी होती जा रही थीं। हमें एक महत्त्वपूर्ण तार्किक चुनौती का सामना करना पड़ा। क्या हमें कार से जाना चाहिए? या टैक्सी? या बैंक ने किराए पर बस लेने की योजना बनायी है? यह वास्तव में कैसे किया जाएगा? अंतहीन बाधाएँ सामने आ रही थीं। अपनी बांहों को उसने उसने जकड़ा और अपने दांत भींच लिए।

पीले रंग को प्रतिनिधित्व करनेवाली औरत भड़क उठी और तुरंत ही इस बहस में पड़ गयी। वह इतना नकारात्मक कैसे हो सकता है? यहाँ वह दुनिया के सबसे अच्छे विचार के साथ आयी थी और उसने ढेर सारे सवालों से तुरंत ही सब कुछ बिगाड़ दिया। हो सकता था कि एक बार उसे अपने विचारों के साथ लोगों के सामने आना चाहिए? उसने कैसे सोचा कि हमें वहाँ जाना चाहिए? उसके पास कोई उत्तर नहीं था; उसने सिर्फ़ इतना बताया कि बहुत सारे विकल्प थे। वह कोई निर्णय नहीं ले सकता था या कोई राय नहीं रख सकता था। वह केवल इतना जानता था कि पूरे प्रोग्राम पर सही ढंग से सोचा नहीं गया था।

हरे रंग वालों ने यह कहकर ख़ुद को बचा लिया कि वे अपनी कार से सभी को ले जाने के लिए तैयार थे। पांच कारें पर्याप्त होनी चाहिए, यह कहते हुए उन्होंने सब कुछ व्यवस्थित करने का वादा किया। इस घोषणा ने गहमागहमी को थोड़ा शांत किया और पीले रंग वाली महिला फिर से एक विजेता की तरह ख़ुद को महसूस कर सकती थी। उनकी पार्टी अभी-अभी खत्म होते-होते बची थी।

हर कोई पार्टी के लिए तत्पर था, लेकिन पीले रंग वाली सलाहकार इसके लिए कभी तैयार नहीं दिखी; उसने उस दिन ग़लती से कोई और काम ले लिया था। ज़रूर उसी वीकेंड पर कोई शादी हुई होगी। या शायद कोई रिश्तेदार पचास का हो रहा था। वास्तव में, यह दोनों हो सकता था।

कंपनी पार्टी में क्या होता है, जब कोई आपके ऊपर ध्यान नहीं दे रहा है

जैसे ही पार्टी शुरू हुई, एक के बाद एक कई रोमांचक चीज़ें सामने आने लगीं। हम सभी जानते हैं कि शराब लोगों पर अपना प्रभाव डालती है। हम यह भी जानते हैं कि अलग-अलग लोग अलग-अलग तरीक़ों से प्रभावित होते हैं। इसमें ऐसा कुछ भी अजीब नहीं है। अगर हम एक पल के लिए इस बात को नज़र-अंदाज़ कर भी दें कि शराब का सेवन सही नहीं है और यह मान लें कि हम केवल थोड़ी मात्रा में शराब पीने की बात कर रहे हैं, तो भी मेरी हिदायत थी कि उस रात कोई भी अपनी कार नहीं चलाएगा। हालाँकि, ऐसा होने पर हम कुछ दिलचस्प पैटर्न से दो-चार हो सकते हैं।

हमारी शाखा में कई पीले व्यक्तित्व वाले लोग थे। ग्राहकों से निपटने वाले चार विक्रेता तो कुछ ज़्यादा ही पीले व्यक्तित्व वाले थे। वे शुरू से ही ख़ुश-मिज़ाज, सकारात्मक मनोरंजन करने वाले थे। अपने आपको हल्का-फुल्का महसूस करने और लोगों से आसानी से मिलने के लिए उन्हें शराब की आवश्यकता नहीं थी। वास्तव में, आप आसानी से यह महसूस कर सकते थे कि वे हमेशा थोड़े नशे में थे, क्योंकि उनके पास वह मनोरंजक ऊर्जा थी। उन्होंने जीवन को हमेशा एक लंबे उत्सव के रूप में देखा, जो मजेदार और मनोरंजक होना चाहिए।

लेकिन मजे की बात यह है कि पीने वाले कुछ पीले लोग इसमें से खो भी सकते हैं। कंपनी द्वारा दी गयी पार्टी के दौरान, मैंने देखा कि चार में से तीन पीले सेल्सपर्सन जैसे-जैसे शाम ढलती गयी, वैसे-वैसे खामोश होते गए। जैसे-जैसे

शराब का सेवन बढ़ा और वातावरण अधिक तीव्र हो गया, वे पीछे हट गए। मुझे याद है कि उनमें से एक लड़का हाथ में शराब का गिलास लेकर बाहर सीढ़ियों पर बैठा था। मैंने उससे पूछा कि क्या बात है। वह मूडी और दार्शनिक हो गया। आखिर माजरा क्या था? वह इतना अधिक रिएक्शन क्यों दे रहा था? ऐसा इसलिए क्योंकि उसके काम के लिए आजतक कभी किसी ने उसे धन्यवाद नहीं दिया। उसने सोचा कि शायद सबसे अच्छा यही होगा कि इस्तीफा दे दिया जाए। मुझे समझ में नहीं आ रहा था कि मेरा हंसमुख सहयोगी कैसे एक चिड़चिड़े स्वभाव वाले निराशावादी व्यक्ति में तब्दील हो गया था।

मजे की बात यह है कि मैंने नीले रंग वाले क्रेडिट मैनेजर को पार्टी में टेबल पर गंदे चुटकुले सुनाते हुए नाचते हुए पाया था। इतने भद्दे चुटकुले न तो मैंने पहले कभी सुने थे और न ही बाद में कभी सुनने को मिले। जब मैंने उसके साथियों से पूछा कि वह क्या पी रहा था, तो उन्होंने अपने कंधे उचका दिए और कहा कि जब वह शुरू होता है, तो वह हमेशा ऐसा ही व्यवहार करता है। अगर मैं उस रात उससे पहली बार मिला होता, तो मुझे लगता कि वह हमारे ऑफिस के पीले रंग वाले लोगों में से एक है।

यह ऐसा था मानो पीले रंग और नीले रंग वालों ने अपने व्यक्तित्व को पूरी तरह से बदल दिया हो। इससे आप यह निष्कर्ष निकाल सकते हैं कि वास्तव में एक अच्छी पार्टी में गंभीर लोग भी पीले और नीले रंग वालों की तरह हो जाते हैं।

चीज़ें वाकई में दिलचस्प तब हो गयीं, जब बैंक के निदेशक मस्ती करते पाए गए, जो आमतौर पर काफ़ी कठोर होते हैं। उनके हाथ में व्हिस्की का एक ग्लास था और वह खड़े होकर प्रशासकों के समूह, जो हरे रंग वाले थे, मिलकर बातें कर रहे थे। उन्होंने समझाया, थोड़ी अस्पष्टता के साथ मैं जोड़ना चाहूँगा कि नीले रंग वाला व्यक्ति वास्तव में एक डरावना व्यक्ति नहीं था और वह उन्हें बहुत पसंद था। कहा कि जब ऑफिस में उन्होंने अपना आपा खोया, तो उसे इसे व्यक्तिगत रूप से नहीं लेना चाहिए था; उसका मतलब कोई अपराध नहीं था और उन्हें उससे डरने की ज़रूरत नहीं थी।

हरे रंग वाले छह लोग जिनमें दो पुरुष और चार महिलाएँ शामिल थीं, शराब पी रहे थे, सभी ने उससे बात की और नीले रंग वाले व्यक्ति को अपना दिमाग़ शांत करने को कहा। वे उसके व्यवहार से चिढ़ गए थे और उसे समझाया कि अब खत्म भी करो, मानो कि वह अब तक का सबसे ख़राब बॉस था। उनमें से प्रत्येक

कम-से-कम बीस वर्षों से ऑफिस में काम कर रहा था और जब बॉस चले जाएँगे, तब भी वे वहीं रहेंगे, तो इस बारे में क्या सोचा है? उन्होंने नीले रंग वाले व्यक्ति को एक कोने में सहारा देकर बिठा दिया। लाल रंग से संबंधित बॉस वहाँ से चला गया था। पार्टी छोड़कर जाने वाला वह पहला व्यक्ति था।

पार्टी में लाल और हरे रंग वाले लोगों ने भी एक-दूसरे के साथ कुछ अजीब तरीक़े से अपना व्यवहार बदल लिया था! मैंने यह ज्ञान प्राप्त करते हुए पार्टी छोड़ दी कि शराब लोगों को बदल देती है, लेकिन वास्तव में वे कैसे बदलते हैं, यह और भी दिलचस्प है।

हालाँकि, सोमवार को ऑफिस में सब कुछ सामान्य हो गया। पीले रंग वाले लोगों ने कुछ नए चुटकुले सुनाए, पर नीले रंग वाले लड़के ने एक शब्द भी नहीं कहा। बॉस ने सभी को देखा। उनके देखते ही हरे रंग वाले नज़रें चुराते हुए दीवार की ओर देखने लगे। पुराना आदेश फिर से बहाल कर दिया गया।

दोबारा, मैं इसे साबित नहीं कर सकता, इसलिए आपको अपना ख़ुद का शोध करना होगा। शुक्रवार की देर रात तक पार्टी करने के बाद अपने दोस्तों को चुनौती दें। इतना करते ही आप समझ जाएँगे कि मेरा क्या मतलब है। शराब के साथ इसे आसानी से लें, पर दिल पे नहीं।

12

अनुकूलन

बेवकूफ़ों के साथ कैसे पेश आएँ
(उनके साथ जो आपके जैसे नहीं हैं)

आइए, अब इस पर एक नज़र डालें कि साथ मिलकर काम करने के लिए हम एक-दूसरे के साथ कैसे तालमेल बिठा सकते हैं। एक आदमी ने एक बार कहा था (बेशक उसके चेहरे पर एक व्यंग्यपूर्ण मुस्कान थी, लेकिन फिर भी) कि बुद्धिमत्ता की परीक्षा सरल है : 'यदि आप मुझसे सहमत हैं, तो आप बुद्धिमान हैं। हालाँकि, यदि आप मुझसे सहमत नहीं हैं, तो आप स्पष्ट रूप से और निस्संदेह मूर्ख हैं।

मैं मानता हूँ कि आप इस संदेश की सही व्याख्या करने के लिए पर्याप्त बुद्धिमान हैं। लेकिन गंभीरता से कहूँ, तो हम सभी को इस बात को लेकर आश्चर्य होता है कि कुछ लोग कुछ भी समझने में क्यों सक्षम नहीं होते। जैसा कि मैंने पुस्तक की प्रस्तावना में ही कहा है, जब मैं छोटा था, तो मैं अक्सर इस तथ्य से आश्चर्यचकित रह जाता था कि जो लोग बहुत बुद्धिमान मालूम पड़ते हैं, वे कभी-कभी बेवकूफ़ भी हो सकते हैं। उन्होंने वह नहीं देखा, जो मैंने देखा। कुछ लोग दबी जुबान में कहते हैं कि ऐसे व्यक्तियों में सही 'बौद्धिक लोच' (समय के साथ ख़ुद को व्यवस्थित करने वाले) का अभाव होता है, लेकिन ऐसा केवल इसलिए होता है, क्योंकि वे इतने अच्छे हैं कि उनके लिए मुंह से 'बेवकूफ़' शब्द तक नहीं निकल पाता है।

लोग स्पष्ट रूप से अलग-अलग होते हैं, तो इसे आप कैसे हैंडल करते हैं?

हमें उन लोगों को कैसे संभालना चाहिए, जो हमसे अलग हैं और किसी भी मुद्दे पर जब वे पूरी तरह से अलग तरीक़े से प्रतिक्रिया देते हैं और काम करते हैं? क्या आप विभिन्न परिस्थितियों में अपने लिए अलग-अलग प्रकार के व्यक्तित्व को अपना सकते हैं? यह एक दिलचस्प सवाल है। यदि गिरगिट की तरह 100 प्रतिशत व्यवहार करना संभव होता, तो आप जिसके भी साथ हैं, उसके गुणों के अनुसार अपने व्यवहार को पूरी तरह से बदल लेना, तो क्या इसे आजमाना एक अच्छा विचार होगा? हमारे लिए स्वाभाविक यह है कि हम जो हैं, वही रहें, अपना मूल व्यवहार प्रकट करें। लेकिन कई कारणों से, हमें उन लोगों के साथ अनुकूलित होने की आवश्यकता महसूस हो सकती है। इस बारे में अक्सर बहुत चर्चा होती है कि हमें कैसे लचीला और अनुकूलनीय होना चाहिए, ताकि हम विभिन्न प्रकार की स्थितियों का सामना कर सकें और विभिन्न प्रकार के लोगों को जवाब देने में सक्षम हो सकें। इस शब्द को एक नाम भी दिया गया है- ईआई (इमोशनल इंटेलिजेंस यानी भावनात्मक बुद्धिमत्ता) या ईक्यू (इमोशनल कोशेंट यानी भावनात्मक अनुकूलन)। अनुकूलन की इस निरंतर आवश्यकता से निपटने के लिए यह महत्त्वपूर्ण है कि हम इस बात से अवगत हों कि अनुकूलन के लिए प्रयास की आवश्यकता होती है और इसमें बहुत अधिक ऊर्जा लगती है।

प्राकृतिक रूप से हम अपने मूल व्यवहार को प्रदर्शित करने के लिए बने हैं। दूसरों के व्यवहार के अनुकूल लगातार ख़ुद को ढालना हमारे लिए 'अप्राकृतिक' है और इसके लिए क्षमता, प्रशिक्षण और ऊर्जा की आवश्यकता होती है। यदि हम इस बात को लेकर अनिश्चित हैं कि किस स्थिति में 'सही' क्या है, यदि उस भूमिका से निपटने की, जिसे हम वर्तमान में सही मान रहे हैं, हमने ट्रेनिंग नहीं ली है, या उस किरदार के लिए हमारे अंदर पर्याप्त ऊर्जा की कमी है, तो हम भयभीत होंगे, झिझकेंगे और अक्सर तनावग्रस्त रहेंगे। परिणामस्वरूप, हम और भी अधिक ऊर्जा खो देंगे और हमारा मूल व्यवहार तेज़ी से लोगों के सामने आने लगेगा- ऐसा देखकर अक्सर हमारे आस-पास के लोगों को बहुत आश्चर्य होता है, जो हमें एक निश्चित तरीक़े से व्यवहार करते देखने के आदी हो गए हैं।

एक आदर्श दुनिया में

सर्वोत्तम की अगर हम बात करें, तो दुनिया में अगर हर कोई स्वयं जैसा हो सके, तो लोग शुरू से ही सुचारू रूप से कार्य करेंगे, सब कुछ बेहतर हो सकता है। हर बात में हर समय सबकी सहमति होती है और ऐसी स्थिति में टकराव बिल्कुल भी नहीं होता है। ऐसा कहा जाता है कि यह स्थान अस्तित्व में है और इसे यूटोपिया कहा जाता है। लेकिन, यह इतना आसान नहीं है। जैसा कि मैंने इस पुस्तक की शुरुआत में ही कहा था, अगर आप सोचते हैं कि आप सभी को बदल सकते हैं, तो आप बहुत निराश होंगे। अगर आप किसी को भी बदल सकें, तो मुझे आश्चर्य होगा।

इससे कोई फ़र्क़ नहीं पड़ता कि आप कौन हैं - लाल, पीला, हरा, या नीला, या कई रंगों का संयोजन- आप हमेशा अल्पमत में रहेंगे। जिन लोगों से आपका सामना होगा उनमें से अधिकांश आपसे भिन्न होंगे। इससे कोई फ़र्क़ नहीं पड़ता कि आप कितने संतुलित हैं, आप एक ही समय में सभी प्रकार के नहीं हो सकते। इसलिए आपको उन लोगों के साथ तालमेल बिठाना होगा, जिनसे आप मिलते हैं। अच्छा संवाद अक्सर दूसरों के साथ अनुकूलन का परिणाम होता है।

लेकिन एक मिनट रुकिए, आप सोच सकते हैं, यह सही नहीं है। मैं अपनी तरह हो सकता हूँ। दरअसल, मैं कभी भी ख़ुद को किसी के लिए भी नहीं ढालता और यह बहुत अच्छे से हुआ है। यह मुझे जीवन में बहुत आगे लेकर गया है।

बिल्कुल सही।

स्वाभाविक रूप से, हर कोई अपने आप से शुरुआत कर सकता है। यह कोई समस्या नहीं है। लेकिन फिर आप यह उम्मीद न करें कि जो संदेश आप दूसरों के साथ साझा करने का प्रयास कर रहे हैं, वह अन्य लोगों तक पहुँचेगा। यदि आप यह जानते हुए जीवन जी सकते हैं कि जिन लोगों से आप मिलते हैं, उनमें से अधिकांश आपकी बात नहीं मानेंगे, तो आपको कोई समस्या नहीं है।

आप पहले से ही ऐसा करते हैं,
भले ही आप ऐसा करने के बारे में सोचते नहीं हैं

आप पहले से ही अपने व्यवहार को अनुकूलित कर चुके हैं, भले ही आपको इसका एहसास न हो। हम सभी हर समय एक-दूसरे के अनुरूप ख़ुद को ढालते हैं। यह सामाजिक सरोकार का हिस्सा है, जो दृश्य और अदृश्य संवाद के रूप में लगातार

जारी रहता है। मैं बस एक और अधिक विश्वसनीय प्रणाली का प्रस्ताव कर रहा हूँ। आपको जुआ खेलने या अनुमान लगाने की ज़रूरत नहीं है। आप शुरुआत से ही सही समायोजन कर सकते हैं। लेकिन कृपया ध्यान दें : आमतौर पर कोई भी पूरी तरह परफेक्ट नहीं होता।

कुछ लोग जिनसे मैं मिलता हूँ, उन्हें जानबूझकर दूसरों के अनुकूल ढलने का विचार पसंद नहीं आता। वे इसे बेईमानी और चालाकीपूर्ण मानते हैं। लेकिन फिर भी आप इससे हमेशा परहेज कर सकते हैं।

वास्तविक जीवन से एक उदाहरण

मैं आपको एक ऐसे व्यक्ति के बारे में सच्ची कहानी बताने जा रहा हूँ, जिससे मेरी मुलाकात कई साल पहले एक प्रशिक्षण सम्मेलन के दौरान हुई थी, वह आकर्षक और बहुत ही लोकप्रिय निजी उद्यमी था, जिसने अपने क्षेत्र में बड़ी सफलता हासिल की थी। इस आदमी को चलिए हम 'एडम' कहते हैं - वह बेहद पीले स्वभाव वाला था, महत्त्वाकांक्षी योजनाओं वाला एक वास्तविक दूरदर्शी जिसकी प्लानिंग कभी-कभार ही क्रियान्वित की जाती थी।

एडम ने कभी भी इस बारे में नहीं सोचा था कि वह एक व्यक्ति के रूप में कैसा व्यवहार करता है या दूसरे उसे कैसे समझते हैं। ऐसा करने के लिए कभी भी कोई कारण नहीं था। किसी ने उसे इस सम्मेलन में आने के लिए मना लिया था और वह वास्तव में नहीं जानता था कि वह ख़ुद को किसमें फंसा रहा है।

उस दिन का विषय इस पुस्तक की तरह ही था; यह एक पूरे दिन की कार्यशाला थी, जहाँ हमने विभिन्न व्यवहार प्रोफाइलों को समझने के तरीक़ों पर काम किया। लंच ब्रेक के बाद मैंने देखा कि कोई चीज़ एडम को परेशान कर रही थी। उसका चेहरा गंभीर था और बॉडी लैंग्वेज शून्य। जब मैंने फिर से विभिन्न प्रोफाइलों को समझाना और बात करना शुरू किया, तो वह अपनी कुर्सी को और भी मज़बूती से पकड़ कर बैठ गया और मेरे लिए यह स्पष्ट था कि वह कुछ और के बारे में सोच रहा था।

मैंने पूछा कि उसे क्या परेशानी हो रही थी।

वे बड़े उत्साहित हो गए। उन्होंने कहा, यह ग़लत है! मैं लोगों को ऐसे कैसे वर्गीकृत कर सकता हूँ? लोगों को एक सिद्धांतिक ग्रिड सिस्टम में कैसे रख सकता

हूँ? 'यह पता चला कि उसे अन्य प्रकार के लोगों के साथ तालमेल बिठाने का विचार पसंद नहीं था, लेकिन इसलिए नहीं कि उसने सोचा था कि हर किसी को उसके साथ तालमेल बिठाना होगा।' नहीं, उसे इस बात की चिंता थी कि वह इसे दूसरों से चालाकी से काम निकालने का एक तरीक़ा मान रहे थे और उसको यह पसंद नहीं आया। वास्तव में, उसे यह बिल्कुल भी पसंद नहीं आया।

असली समस्या क्या थी, इसे लेकर हर कोई हैरान था। एडम का मानना था कि आप लोगों को इस तरह वर्गीकृत नहीं कर सकते। बहुत सारे मॉडलों का उपयोग करना बिल्कुल ग़लत था। उसने सोचा कि सिर्फ़ भावना के आधार पर ऐसा करना बेहद खतरनाक है।

समूह में किसी ने उसे स्पष्ट कर दिया कि सभी लोगों को उसे सुनना चाहिए, क्योंकि वही वह व्यक्ति है, जो संघर्ष को आकर्षित करता है। बहस जल्द ही अपने चरम पर पहुँच चुकी थी और स्थिति यह हो गयी कि तीस मिनट के बाद मुझे टाइम-आउट बुलाना पड़ा।

मैं एडम की चिंता को समझ सकता हूँ और इस तथ्य का सम्मान करता हूँ कि उसने यह मुद्दा उठाया। उसे चिंता इस बात की थी कि यह काम नहीं करेगा : यदि हर कोई एक-दूसरे के अनुकूल हो जाएगा, तो कोई भी अपने जैसा नहीं रह पाएगा। उनके सोचने के तरीक़े के साथ, स्वयं का न होना, सबसे बड़ा धोखा होगा।

उन्होंने जो कहा, उसमें कुछ तो बात है। साथ ही, आप निश्चित रूप से हमेशा इस बात का चुनाव कर सकते हैं कि आप अपने व्यवहार को कितना अधिक या कम नियंत्रित करते हैं। जितना अधिक आप अन्य लोगों के बारे में जानेंगे, आपके लिए निर्णय लेना उतना ही आसान हो जाएगा। खेल में शामिल हों, या अपने तरीक़े से चलें? निर्णय हमेशा आपका होगा।

इसके अलावा, एडम को इस बात पर भी गहरी नाराजगी थी कि मैं क्षेत्र के एक विशेषज्ञ के रूप में उसका काफ़ी विस्तार से वर्णन कर सकता हूँ और उदाहरण दे सकता हूँ कि मैंने कैसे सोचा कि यह उसका व्यक्तिगत रूप है। पर जब उसने किसी व्यक्ति का वर्णन करने वाले मूल्यांकन उपकरण को देखा, तो वह पूरी तरह से चुप हो गया।

अंततः इस मामले पर जब हमने बैठकर चर्चा की, तो एडम को व्यवहार मूल्यांकन की भूमिका और लाभ समझ में आ गयी। लेकिन उसने मुझे यह सिखाया कि मैं इस ज्ञान का कैसे उपयोग करता हूँ, इसमें सावधान रहने की आवश्यकता है।

हम कितनी बार यह जाने बिना कि यह काम करता है या नहीं, किसी सिस्टम का अनुसरण करते हैं?

कोई भी सिस्टम परफेक्ट नहीं होता। अपवाद हमेशा होते हैं। यह मानव जीवन की पहेली का सिर्फ़ एक टुकड़ा है। यह निश्चित रूप से जीवन का एक बड़ा और महत्त्वपूर्ण हिस्सा है, लेकिन यह पूरी तस्वीर से बहुत दूर है।

हम कितनी बार ऐसे प्रणाली का पालन करते हैं जिसका काम करने का ज्ञान हमें नहीं होता?

कोई भी प्रणाली पूरी नहीं होती। हमेशा अपवाद होते हैं। यह मानव जीवन के जिग्सॉ पजल का एक हिस्सा है। यह बिल्कुल बड़ा और महत्त्वपूर्ण हिस्सा है, लेकिन यह सम्पूर्ण चित्र के बहुत दूर का हिस्सा है।

यदि आप ऐसा करना चुनते हैं तो आप बहुत कुछ अच्छा कर सकते हैं।

मैंने अनुकूलन के खंडों को हर रंग के लिए दो भागों में विभाजित किया है। पहला भाग इस बात से संबंधित है कि आपको किसी अन्य व्यक्ति के साथ सार्थक बातचीत करने के लिए क्या करने की आवश्यकता है, उसके साथ कैसे व्यवहार करना चाहिए जब आप वास्तव में उसके पास जाना चाहते हैं, उसे ख़ुश-मिज़ाज बनाना चाहते हैं और यह महसूस कराना चाहते हैं कि आप उसे समझते हैं। दूसरा भाग इस बात से संबंधित है कि आप लोगों को अपने पक्ष में लाने के लिए कैसे प्रेरित करते हैं। किसी विशेष परिस्थिति में प्रत्येक प्रोफाइल को क्या चाहिए, ज़रूरी नहीं कि प्रगति करने के लिए वह सबसे अच्छी बात हो।

अगर आप चाहते हैं, तो आप बहुत कुछ अच्छा कर सकते हैं

लाल व्यवहार के अनुकूल बनना

लाल रंग वाले आपसे क्या अपेक्षा रखते हैं, यही न 'जो मैंने आपसे कहा है, उसे जितनी जल्दी हो सके, यथाशीघ्र करें, बेहतर हो, इससे भी ज़्यादा तेज़ी से'

यदि आप किसी लाल रंग वाले से पूछें, तो वह इस बात से सहमत होगा कि अधिकांश लोग बहुत धीमे हैं। वे बहुत धीरे बोलते हैं, उन्हें मुद्दे पर आने में परेशानी

होती है और वे अप्रभावी ढंग से काम करते हैं। लाल रंग वालों की दुनिया इस बात से है कि दूसरे हर चीज़ में बहुत अधिक समय लगाते हैं।

याद रखें कि मैंने आपको लाल लोगों के व्यवहार में अधीरता के बारे में बताया था, परिणामों की उनकी निरंतर खोज (तेज़) के बारे में क्या बताया था। जब अन्य लोग सुबह से रात तक चीज़ों को अपने दिमाग़ में बदलते रहते हैं, तो लाल रंग इसे देखकर पागल हो जाते हैं।

विचार और कर्म एक हैं। इसे तेज़ी से किया जाना चाहिए। यदि कोई ऐसी चीज़ है, जो लाल रंग वालों को नापसंद है, तो वह है- अंतहीन चर्चा। यह उन्हें परेशान कर देता है।

निष्कर्ष : यदि आप किसी लाल रंग वाले की गति के अनुकूल ढलना चाहते हैं, जल्दी करें! गति बढ़ाएँ! अधिक तेज़ी से बोलें और कार्य करें। घड़ी को बार-बार देखें, क्योंकि लाल रंग वाले यही करते हैं। यदि आप किसी बैठक को आधे समय में समाप्त कर सकते हैं - तो करें! यदि कार में आपके साथ लाल रंग वाला कोई बैठा है, तो वह परेशान नहीं होगा, अगर आप कार की स्पीड गति सीमा के ऊपर है। (यदि आप बहुत धीमी गति से गाड़ी चलाते हैं, तो वह कार उसे चलाने देने पर जोर दे सकता है)

'क्या आपको कुछ चाहिए? बोलिए!'

जैसा कि आप अब जानते हैं, लाल रंग वाले टू-द-पवाइंट पर बहुत अधिक जोर देते हैं, वे उन लोगों के साथ रहने पसंद करते हैं, जो उन्हें यह बताने की क्षमता रखते हैं कि वे क्या चाहते हैं। यदि आपकी प्रवृत्ति मामले की जड़ तक पहुँचने से पहले गोल-गोल घूमने की है, तो आपको लाल रंग वालों को समझाने में कठिनाइयों का सामना करना पड़ेगा। यदि आप बिना किसी कारण के अपने शब्द बर्बाद करेंगे, तो वह थक जाएगा। उसे पता होता है कि वह उस व्यक्ति के साथ है, जो बकवास कर रहा है।

लोगों के लिए किसी समस्या का वर्णन करने से पहले उसकी पृष्ठभूमि के बारे में कुछ बात करना बहुत आम बात है। और शायद समस्या के समाधान की कुछ और पृष्ठभूमि भी।

रहने भी दो। यह काम नहीं करेगा।

निष्कर्ष : यदि आप लाल रंग वालों का पूरा ध्यान आकर्षित करना चाहते हैं, तो छोटी-छोटी बातें बंद कर दें। यह महत्त्वपूर्ण है कि आप स्पष्ट और सीधे बोलने वाले हों। अपनी बातों का सबसे महत्त्वपूर्ण बिंदु निर्धारित करें और वहीं से प्रारंभ करें। मान लीजिए कि आप कोई नवीनतम फाइनांशियल डेटा प्रस्तुत करने जा रहे हैं। सबसे पहले बताएँ कि स्लाइड की आखिरी पंक्ति में क्या लिखा है, वहाँ पर बैठा लाल रंग वाला व्यक्ति इसी बात का इंतजार कर रहा होता है। फिर आप डिटेल में जा सकते हैं।

एक भी शब्द का अनावश्यक प्रयोग न करें। लेकिन जब पृष्ठभूमि की बात आती है, तो यह सुनिश्चित करें कि आपने अपना होमवर्क कर लिया है। सवाल उठ सकते हैं। यदि किसी लाल रंग वाले को लगता है कि आप तैयार नहीं हैं, तो आपसे तथ्यों के बारे में पूछताछ की जाएगी।

लिखित सामग्री संक्षिप्त होनी चाहिए और सबसे बढ़कर, सबसे महत्त्वपूर्ण चीज़ों को साफ-सुथरा ढंग से अच्छी तरह प्रस्तुत की जानी चाहिए। किसी ऐसे व्यक्ति द्वारा लिखा गया अनंत प्रवचन नहीं, जो अपनी ही आवाज़ से प्यार करता हो। नैपकिन के पीछे लिखी एक ही लाइन से काम चल जाएगा।

आपने छुट्टियों में क्या किया, मुझे इसकी कोई परवाह नहीं

लाल रंग वाले वर्तमान में जीते हैं। जो कुछ भी होना है, वह यहीं और अभी ही होगा। उनमें वर्तमान एजेंडे पर ध्यान केंद्रित करने की अद्वितीय क्षमता होती है। इस प्रकार, जब आप किसी लाल रंग वाले से बात करते हैं, तो आपको विषय पर बने रहना होगा। उन्हें रचनात्मकता या नए विचारों से कोई समस्या नहीं है; इसकी हमेशा सराहना की जाती है, लेकिन तभी तक जब तक यह आपको आगे बढ़ाता है। लेकिन जब किसी लाल रंग वाले को लगता है कि आपने अपना एजेंडा पूरी तरह से छोड़ दिया है और टाल-मटोल करना शुरू कर दिया है, तो समझ ले कि वहीं से आपके बुरे समय की शुरुआत हो जाती है।

लाल रंग वालों के लिए सबसे प्रभावी तरीक़ा यह स्थापित करना है कि समस्या क्या है और फिर सीधे काम पर लग जाएँ। आसान है, न?

निष्कर्ष: विषय पर टिक रहें! सबसे आसान तरीक़ा है कि आप किसी लाल रंग वाले के साथ एक मीटिंग में जाने से पहले अपने मामले को बिल्कुल सटीक ढंग से तैयार कर लें। अगर उस चर्चा के बीच कोई दिलचस्प बात सामने आए, या

आपके मन में कोई और विचार उभरता है, तो उसे लिख लें और मीटिंग के अंत में पूछें कि क्या यह सवाल उठाने के लिए ठीक है। अन्यथा, एक नई मीटिंग की योजना बनाएँ।

यदि कोई व्यक्ति जिसके व्यवहार में लाल रंग वालों के गुण बहुत अधिक हैं, पूछता है कि अभी कौन-सा समय हुआ है, तो सटीक समय के साथ प्रश्न का उत्तर दें। यह मत कहें कि अभी बहुत समय है। इसका निर्णय वह स्वयं करेंगे। और फिर मीटिंग की गति बनाए रखना न भूलें। लाल रंग वालों के लिए, 'गति' 'दक्षता' का पर्याय होगी।

अब हम व्यवसाय के बारे में बात कर रहे हैं- इसे कभी न भूलें। व्यवसाय में व्यवसायिक होना वास्तव में कोई नया विचार नहीं लगता, लेकिन इसके बारे में सोचें कि यदि आप एक विक्रेता हैं, तो संभवतः आपने बिक्री में कई प्रशिक्षण पाठ्यक्रमों में भाग लिया होगा। जहाँ आपने सीखा कि आपको ग्राहक के साथ बेहतर संबंध विकसित करने होंगे। उन्हें जानने के लिए आगे बढ़ें। उसे अपने पक्ष में कर लें।

यह अच्छी सलाह है। इसे करें। रिश्ते उतना ही बनाएँ, जितना आप ज़रूरी समझें। बस लाल रंग वालों के साथ ऐसा न करें। उदाहरण के लिए, यदि आप किसी लाल रंग वालों के साथ बैठक शुरू करते हैं, जिससे आप पहले कभी नहीं मिले हैं, तो यह पूछने से बुरा कुछ नहीं हो सकता है कि वह कहाँ रहता है, उसने अपनी आखिरी छुट्टियाँ कहाँ बितायीं या कल रात हुए खेल के बारे में वे क्या सोचते हैं। उनके लिए इससे अधिक अप्रासंगिक कुछ नहीं हो सकता। वह यहाँ चैट करने या दोस्त बनाने के लिए नहीं है। वह वहाँ व्यापार करने के लिए है। गहरे लाल रंग के व्यक्ति तब एकदम चिड़चिड़े और आक्रामक हो जाते हैं, जब उन्हें पता चलता है कि कोई उनसे दोस्ती करने की कोशिश कर रहा है।

एक लाल रंग वाला व्यक्ति यहाँ आपका दोस्त बनने के लिए नहीं आया है। वह यहाँ केवल एक ही कारण से है - व्यवसाय करने के लिए। अगर वह आपके प्रयासों को मिलता या चापलूसी के रूप में महसूस करता है, तो वह आपको बाहर निकाल सकता है। यह कुछ ऐसा नहीं है, जो वह ख़ुद करने का सपना देखता है, इसलिए आपको भी ऐसा नहीं करना चाहिए।

और यदि आप किसी लाल रंग वाले को अच्छी तरह से नहीं जानते हैं, तो उसकी चापलूसी न करें। कृपया तारीफ़ों को घर पर ही छोड़ दें।

निष्कर्ष : विरोधाभासी रूप से कहें, तो लाल रंग वालों को कुछ भी चीज़ बेचना सबसे आसान है। यदि आप अच्छा व्यवसाय करना चाहते हैं, तो आपको केवल लाल रंग वालों के कार्यालय में कदम रखना है, अपने सुझाव प्रस्तुत करने हैं और फिर सौदे के बारे में पूछना है। कल के फुटबॉल के खेल को छोड़ें। इस बात पर ध्यान न दें कि आपने पिछले हफ़्ते ही उसे सुपरमार्केट में देखा था। हालाँकि, उसने तुम्हें नहीं देखा। जब कोई लाल रंग वाला आप पर भरोसा करता है और उसने यह निर्धारित कर लिया है कि आप उसके लिए फ़ायदेमंद व्यक्ति हैं, तो फिर वह कारों, नावों या नवीनतम राजनीति पर भी आपके साथ चर्चा करना शुरू कर सकता है। उसके साथ क्रिकेट खेलें। लेकिन तब और केवल तभी। और यदि बैठक बीच में ही समाप्त हो जाए, तो हैरान न हों। जब वह अपने साथियों के साथ संवाद से संतुष्ट हो जाता है, तो वह इसे तुरंत समाप्त कर देता है। इसका आपसे कोई लेना-देना नहीं है। वह बातचीत से थक गया है।

'तुम वास्तव में नहीं जानते? तो मैं तुम्हारे साथ अपना समय क्यों बर्बाद कर रहा हूँ?'

यह एक विरोधाभास की तरह लग सकता है, लेकिन एक लाल रंग वाला व्यक्ति यह भी चाहेगा कि आप दृढ़ निश्चयी और प्रत्यक्ष रहें। सीधे रूप से व्यवहार करें। हालाँकि, वह अक्सर मांग करता है कि सभी महत्त्वपूर्ण निर्णय वह स्वयं ले, लेकिन उसे ढुलमुल लोगों से निपटना सख़्त नापसंद है। झिझक से विश्वास पैदा नहीं होता। 'यह कहना कठिन है', 'यह निर्भर करता है', या 'मैं वास्तव में नहीं जानता कि क्या कहना है' जैसी टिप्पणियाँ लाल रंग वालों को निराश करती हैं।

यदि आपकी कोई राय है, तो उसे साझा करें। लाल रंग वाले आपको इस आधार पर आंकते हैं कि आप कितने प्रेरित हैं। बेशक, आपको उनकी बात सुननी चाहिए, लेकिन आपकी अपनी राय भी होनी चाहिए। अन्यथा, आप कमज़ोर माने जाएँगे और यह ऐसा गुण नहीं है, जो आपको कोई अंक दिलाएगा।

ध्यान रखें कि हम सभी ऐसे लोगों को पसंद करते हैं जिनमें हम ख़ुद को पहचान सकें। एक लाल रंग वाला हर दिन दूसरे लाल रंग वाले व्यक्ति से नहीं मिलता, पर जब वह वास्तव में ऐसा करता है, तो उसे सुखद आश्चर्य होता है। 'एक समान! आश्चर्यजनक!' मैं ऐसे लाल रंग वालों से भी मिला हूँ, जिन्होंने गरमागरम बहस शुरू करने से पहले ख़ुशी से अपने हाथ रगड़े हैं।

निष्कर्ष : बिना पलकें झपकाए अपनी राय दें। अंत में आपको स्वीकार करना पड़ सकता है, लेकिन कभी भी अपने आप को कम न आंकें। एक लाल व्यक्ति भयंकर हो सकता है, वह जोरदार आवाज़ में बात कर सकता है, ज़मीन पर पैर मार सकता है, अपनी आवाज़ बढ़ा सकता है और अपनी मुट्ठी हिला सकता है। कई लोग इस व्यवहार के सामने पीछे हट जाते हैं। इस पर चिल्लाना सुखद नहीं है, क्या ऐसा है?

खैर, सबसे बुरी चीज़ जो आप कर सकते हैं, वह यह है कि आप पीछे हट जाएँ और उसे अपने ऊपर हावी न होने दें। यदि किसी लाल रंग वाले को आप अपने ऊपर हावी होने की अनुमति दी जाती है, तो आप उसकी नज़र में बहुत महत्त्वपूर्ण चीज़ खो देते हैं, वह है - सम्मान। यदि वह आपका सम्मान नहीं करता है, तो वह आपको जिंदा खा जाएगा। वह बार-बार आपके ऊपर हावी होता चला जाता है और यह तब तक होता है, जब तक कि आप पूरी तरह से हाशिए पर न चले जाएँ। आप भविष्य में सम्मान पाने योग्य व्यक्ति नहीं रह जाएँगे। पूरी तरह से कुछ नहीं।

सबसे अच्छी बात जो आप कर सकते हैं, वह यह कि आप ख़ुद को बातचीत के केंद्र में रखें और उसे बताएँ कि वह ग़लत है। जब लाल रंग वालों को पता चलता है कि आप हार नहीं मानेंगे, तो वह एक पल में बदल जाएगा। यदि आप जानते हैं कि आप किस बारे में बात कर रहे हैं, तो यही सबसे अच्छा है।

सब काम निबटने पर ही आप इत्मीनान से सो सकते हैं

यदि आपका बॉस लाल रंग वाला है, तो वह कड़ी मेहनत करेगा, शायद उससे भी अधिक, जिनसे आप अभी तक मिल चुके हों। उसके पास एक साथ कई काम होते हैं और सब कुछ पर वह पूरी तरह से नियंत्रण रखेगा, जो वहाँ हो रहा है।

एक लाल रंग वाला व्यक्ति समझ सकता है कि सब कुछ पहली बार सही नहीं होगा। लेकिन वह आपसे कड़ी मेहनत की डिमांड ज़रूर करेगा। आपको हर काम में मेहनती होना चाहिए; यदि आपको ओवरटाइम करना पड़े, तो वह भी ख़ुशी-ख़ुशी करें। हालाँकि, मैं आपसे यह भी आग्रह करता हूँ कि आप सिर्फ़ काम में व्यस्त न रहें - जीवन में काम के अलावा और भी बहुत कुछ हैं- लेकिन एक लाल बॉस के दृष्टिकोण से, यह पहली श्रेणी की गुणवत्ता होगी। यदि वह आपकी

प्रतिबद्धता को कड़ी मेहनत के रूप में देखता है, तो वह आपका बहुत सम्मान करेगा।

निष्कर्ष : आप कड़ी मेहनत का प्रदर्शन करें। आपको हर पांच मिनट में लाल रंग वाले बॉस के ऑफिस में जाकर यह बताने की ज़रूरत नहीं है कि पिछली रात आप साढ़े ग्यारह बजे तक काम कर रहे थे- हो सकता है कि वह प्रभावित भी न हो। शायद वह आपसे यह पूछ सकते हैं कि इस तरह के एक छोटे से काम के लिए आपको इतना समय लगाने की क्या आवश्यकता थी। आपने इतना समय बर्बाद कर दिया। लेकिन आपको नियमित रूप से उन्हें बताना चाहिए कि आपने क्या किया है और अपने प्रयासों के परिणाम को संक्षेप में प्रस्तुत करना चाहिए।

पहल करने के लिए तैयार रहें। उस बात के लिए भी सलाह दें, जिनके लिए आपसे नहीं पूछा गया है। जैसा कि हमेशा होता है, झगड़े के लिए भी तैयार रहें, लेकिन उसे यह पसंद आएगा कि आप में उत्साह है।

कृपया पिछले वाक्य में शब्दों पर ध्यान दें। यह नहीं कहता है कि वह आपको इसलिए 'पसंद करेगा क्योंकि आप मेहनती' हैं। यह कहता है 'पसंद करेगा कि आप मेहनती' हैं। एक लाल रंग वाले बॉस को आपका काम बहुत अच्छा लग सकता है - पर यह कभी-कभी हो सकता है - लेकिन बहुत सारी तारीफों और प्रशंसा की उम्मीद न करें।

जब आप किसी लाल रंग वाले से मिलें, तो आपका व्यवहार कैसा हो

जब आप एक 'लाल' रंग वाले से मिलते हैं, तो आपको उनके व्यवहार को पूरी तरह से अपनाने की आवश्यकता नहीं है, जोकि वे चाहते हैं - वह समर्पण होगा। इच्छित परिणाम प्राप्त करने के लिए आपको कई अन्य चीज़ों पर नज़र रखने की आवश्यकता है। चूंकि लाल रंग वाले दोष और दुर्भावनाओं के बावजूद अक्सर उन्हें नज़र-अंदाज़ कर देते हैं, तो आप यह जानकर बेहतर परिणाम प्राप्त करने में मदद कर सकते हैं। यहाँ कुछ बिंदु हैं, जिन्हें ध्यान में रखना चाहिए।

'विवरण... उबाऊ...'

मूलतः, लाल रंग वालों को डिटेल में जाना पसंद नहीं है। उनके लिए यह उबाऊ है और इसमें समय लगता है। इसलिए लाल रंग वाले छोटी-छोटी बातों को लेकर

लापरवाह हो जाते हैं। आप लाल रंग वालों पर कई चीज़ों का आरोप लगा सकते हैं, लेकिन आमतौर पर सावधानी उनमें से एक नहीं है। उनके लिए गंतव्य हमेशा यात्रा से अधिक महत्त्वपूर्ण होगा, इसलिए लाल रंग वाले वांछित परिणाम प्राप्त करने के लिए कुछ भी करेंगे। लाल रंग वाले स्वाभाविक रूप से छोटी चीज़ों पर विचार करना या उनकी पद्धति का विश्लेषण करना बंद नहीं करेंगे।

निष्कर्ष : यदि आप वाकई बेहतर काम करने में लाल रंग वालों की मदद करना चाहते हैं, तो कोशिश करें कि विवरणों पर नज़र रखने के फ़ायदे को बताया जाए। समझाएँ कि यदि वे केवल प्रोजेक्ट के कुछ छोटे, लेकिन महत्त्वपूर्ण पहलुओं पर विचार करें, तो परिणाम और बेहतर व लाभ अधिक होंगे।

अपनी सलाह पर कार्य करने के लिए ऊहापोह और सामान्य अनिच्छा के लिए तैयार रहें। अगर आप बहस करने में अच्छे हैं, तो आपकी सलाह मानी जाएगी। जैसा कि हम जानते हैं, लाल रंग वाले ख़ुद को चरम तक ले जाने में अच्छे हैं, बस शर्त यही है कि वे प्रगति के पथ पर आगे बढ़ते रहें।

तेज़, लेकिन अक्सर भयावह तरीक़े से ग़लत

मैंने पहले कई बार लिखा है कि लाल रंग वालों की दुनिया में आमतौर पर सब कुछ बहुत ज़रूरी होता है। इससे होने वाले जोखिमों का आप स्वयं अंदाजा लगा सकते हैं। बिना सोचे-समझे ही समय बरबाद करने का विचार ठीक लग सकता है, लेकिन यह सिर्फ़ तब, जब सब कुछ और सबसे अधिक सब लोग ऐसा ही सोच रहे हों। सामान्यत: लाल रंग वाले समूह के आगे बढ़ जाते हैं, क्योंकि जब अन्य लोग तेज़ी से नहीं बढ़ सकते, या तालमेल नहीं बिठा पाते, तो वे नाराज़ हो जाते हैं।

लाल रंग वाले को किसी ऐसे व्यक्ति की ज़रूरत है, जो उसे रोक सके और महसूस करा सके कि हर किसी ने स्थिति को उतनी जल्दी नहीं समझा है, जितना उसने समझा है। वह कभी भी किसी परियोजना के सभी चरणों को अपने दम पर पूरा करने में सक्षम नहीं होगा - भले ही उसे विश्वास हो कि वह ऐसा कर सकता है और शायद ऐसा करने का प्रयास करेगा। उन्हें अभी भी अपनी टीम को अपने साथ रखने की ज़रूरत है।

आपने शायद 'हड़बड़ी में गड़बड़ी' अभिव्यक्ति सुनी होगी।

निष्कर्ष : ऐसे उदाहरण दीजिए, जहाँ बहुत जल्दबाजी के कारण समय बरबाद हुआ। बहुत अधिक जल्दबाजी करने से होने वाले जोखिमों को प्रकट करें।

समझाएँ कि अन्य लोग ऐसा नहीं कर सकते और बताएँ कि यह बहुत अच्छा होगा, यदि हर कोई जानता हो कि परियोजना किस बारे में है। हार न मानें। इस बात पर जोर दें कि वह भी सब कुछ स्वयं प्रबंधित नहीं कर सकता। एक लाल रंग वाले को दूसरों की प्रतीक्षा करने के लिए बाध्य करें।

बाद में, घटना पर चर्चा करने का प्रयास करें और स्पष्ट रूप से व विशिष्ट रूप से दिखाएँ कि क्या हासिल हुआ और चीज़ों को थोड़ा धीमा करने से लाल रंग वालों को कितना लाभ हुआ।

'आइए पूरी तरह से अप्रयुक्त कुछ विचारों को आजमाएँ और देखें कि यह कैसे होता है।'

क्या हमें सचमुच ऐसा करना चाहिए? लाल रंग वाले लोग जोखिमों को लेकर चिंतित नहीं होते हैं। कई लाल रंग वाले केवल रोमांच के लिए जोखिम भरी स्थितियों की सक्रिय रूप से खोज करते हैं। वास्तव में, जिसे अन्य लोग खतरनाक व्यवहार मान सकते हैं, लाल रंग वाला उसे जोखिम भरा भी नहीं समझेगा। 'अरे, ज़िंदगी जोखिम भरी है। तुम इससे जीवित बाहर नहीं निकल पाओगे!'

हालाँकि, लाल रंग वालों को लाभ की तुलना परेशानियों के साथ नहीं करनी चाहिए। नुक़सान उबाऊ है, इसलिए लाल रंग वाला व्यक्ति आमतौर पर उन्हें सीधे अनदेखा कर देगा। क्योंकि आपके लिए जो खतरे होते हैं, वे अक्सर विवरणों में होते हैं, इसलिए आपका दृष्टिकोण उसी तरह होना चाहिए, जैसे- आप लाल रंग वाले के साथ विवरणों पर चर्चा करते समय रखते हैं।

निष्कर्ष : लाल रंग वाले लगातार तथ्यों को देखकर जोखिमों की गणना करते हैं। तथ्यों को वे समझते हैं। चूंकि लाल रंग वाले पीछे मुड़कर देखना पसंद नहीं करते- पुराने और थके हुए - और वर्तमान व भविष्य पर ध्यान केंद्रित करते हैं, ऐसे में अनुभवों के एक स्पष्ट और ईमानदार आदान-प्रदान की आवश्यकता हो सकती है।

वहाँ ऐसे उदाहरण दें, जिनमें निर्णय ऐतिहासिक रूप से खतरनाक साबित हुए हैं। यह व्यापारिक जोखिमों, हेलमेट के बिना डाउनहिल स्की करने, या बॉस को मूर्ख कहने के बारे में हो सकता है। तथ्यों के साथ चीज़ों को साबित करें और मांगें करें कि शर्तों की जाँच किए बिना नई परियोजना लेने के बारे में दोबारा सोचें।

पहले की तरह : आप सही हैं - अपने दृढ़ संकल्प को बनाए रखें और झुकने का मौका न दें।

'मैं उस मामले के लिए यहाँ न तो आपका दोस्त बनने आया हूँ, न किसी और का'

चूंकि लाल रंग वालों का फोकस रिश्ते निभाने पर कम होता है, उन्हें अक्सर इस आलोचना का सामना करना पड़ता है कि सभी संबंध उनके शर्तों पर होने चाहिए, यहाँ तक कि निजी जीवन में भी।

लाल रंग के आस-पास रहनेवाले लोग यह महसूस करते हैं कि उनके दोस्त या सहकर्मी अक्सर उन्हें परेशान करते हैं। यह आमतौर पर लाल रंग वालों का वास्तविक इरादा नहीं होता; यह कुछ ऐसा है, जो बस हो जाता है। अंडों को तोड़े बिना आप ऑमलेट नहीं बना सकते, यह ऐसा ही कुछ है।

लाल रंग वाले लोग यह नहीं समझ सकते हैं कि दूसरे लोग उनसे टकराने से बचना चाहते हैं। उन्हें किसी तरह का विवाद पसंद नहीं है। इसका मतलब यह भी है कि लाल रंग वालों को महत्त्वपूर्ण चर्चाओं से बाहर रखा जा सकता है। यदि उन्हें शुक्रवार शाम को बीयर पीने के लिए बुलाया गया है, तो वे ख़ुद को बाहर किया हुआ महसूस नहीं करते, लेकिन यदि उन्हें महत्त्वपूर्ण निर्णयों से बाहर किए जाने का अहसास होता है, तो यह उनके लिए काफ़ी बुरा हो सकता है। सबसे ख़राब स्थिति तो तब होती है, जब उन्हें संदेह हो सकता है कि उनके आस-पास के लोग जानबूझकर महत्त्वपूर्ण जानकारी छिपा रहे हैं। उन्हें लगता है कि सत्ता का संघर्ष बस कुछ क्षण ही दूर है।

निष्कर्ष : लाल रंग वालों को यह समझने की आवश्यकता है कि पूर्ण पारदर्शिता का मार्ग दूसरों के साथ अनुकूलित होने में है। शायद उनके मन में यह विचार कभी आया ही न हो; उनका अधिकतर ध्यान तो ख़ुद पर और अपने कामों पर केंद्रित होता है। लेकिन यह महसूस करके कि अकेले कोई भी सब कुछ नहीं कर सकता है, उन्हें रुकने और अन्य लोगों की वास्तव में परवाह करने के लिए मजबूर किया जा सकता है।

जब एक लाल रंग वाला व्यक्ति यह समझ जाता है कि बहुत से लोग अपने बच्चे के पहले दांत के बारे में बात करना महत्त्वपूर्ण समझते हैं, उस केबिन की सजावट के बारे में वे बात करते हैं जिसे उन्होंने छुट्टियों पर किराए पर लिया था

और जिस नाव को वे ख़रीदने का सपना देख रहे हैं, उसके बारे में बात करना और सुनना महत्त्वपूर्ण है। एक बार जब लाल रंग वाला यह समझ जाता है कि इन सभी छोटी-छोटी बातचीत का क्या मतलब है, तो दिमाग़ के दरवाजे खुल जाते हैं। आप शायद उसके बारे में कुछ सीख भी सकते हैं।

'तुम कमज़ोर कैसे हो? बस इसका सामना करो!'

लाल रंग वाले बस गुस्सा हो जाते हैं। इससे और अधिक स्पष्ट कुछ नहीं कहा जा सकता। उनका स्वभाव ऐसा है कि समय-समय पर वे फट पड़ते हैं, जिससे आस-पास के सभी लोगों को सरदर्द हो जाता है। वे स्वयं ऐसा होते हुए महसूस तक नहीं करते; चिल्लाना उनके लिए बातचीत करने का एक और तरीक़ा है।

धमकाने वाले लोग किसी को पसंद नहीं हैं, लेकिन हर कोई ऐसा कहने को तैयार नहीं होता है। जब कोई लाल रंग वाला किसी के पैर की उंगलियों को कुचलता है, तो आपको उसे अच्छी तरह से बताना चाहिए कि यह सही नहीं है। वह मासूम चेहरा बनाएगा और दिखावा करेगा कि वह समझ नहीं पा रहा है कि आप किस बारे में बात कर रहे हैं। गुप्त रूप से वह सोच रहा होगा कि यदि कुछ लोग उससे डरते हैं, तो यह ठीक ही है।

निष्कर्ष: आपको तुरंत उसके व्यवहार को सबके सामने लाना चाहिए। किसी भी अपवाद की अनुमति न दें; बस जोर से और स्पष्ट रूप से कहें कि आप असभ्य टिप्पणियाँ, बुरा व्यवहार और अनावश्यक नखरे बर्दाश्त नहीं करेंगे। मैच्योर व्यवहार की मांग करें और यदि वह अपना आपा खो दे, तो तुरंत वह जगह छोड़ दें। यह महत्त्वपूर्ण है कि आप केवल उसके सिर हिलाने भर यह न मान जाएँ कि वह समझ गया है और आगे से ऐसा नहीं करेगा, बल्कि उसे ऐसा समझाएँ कि अगली बार से ऐसा सोचने की भी वह ग़लती न करे।

बस याद रखें कि झगड़ा और विवाद करना कई सालों से लाल रंग वालों के लिए एक कारगर तकनीक रही है। बचपन में, शायद उसने झगड़ते हुए अपना रास्ता निकाल लिया हो। बहुत संभावना है कि उसका परिवार शुरुआती वर्षों से ही उसके झगड़ालू स्वभाव का सामना करता रहा हो। आप यह शर्त लगा सकते हैं कि वह अबतक हवाई हमले के सायरन से बचने के लिए ही झुकता रहा हैं। बहुत कम लोगों ने इसके बारे में सभी सूचनाएँ साझा कीं। बहुत कम लोगों ने इसे लेकर उसका सामना किया है, इसका मतलब है कि शांति से बातचीत की मांग

और ज़ोरदार विरोध-प्रदर्शन का कारण भी बन सकती है। यह एक ऐसी चीज़ है जिसे लाल रंग वाले सबसे अधिक नापसंद करते हैं, सभी चीज़ों को निजी समझ डालते हैं।

पीले रंग वालों के व्यवहार को स्वीकार करना

एक पीला रंग वाला आपसे क्या अपेक्षा रखता है

"क्या यह अच्छा नहीं हो कि सब एक साथ मिलकर रहें?"

संक्षेप में, पीले रंग वाले लोग संघर्ष से डरते नहीं हैं। यदि कुछ ग़लत होता है, तो वे इसे हवा में ही उड़ा देते हैं, लेकिन यदि संभव हो, तो वे एक सुखद और आरामदायक माहौल पसंद करते हैं। पीले रंग वाले अपने सबसे अच्छे रूप में होते हैं, जब हर कोई मित्रतापूर्ण व्यवहार कर रहा हो और चारों ओर उजाला ही उजाला हो।

हालाँकि, पीला रंग इस बात के प्रति बहुत संवेदनशील हो सकता है कि लोगों का मनोबल अच्छा है। यदि किसी समूह के लोगों का मनोबल अच्छा नहीं है और आक्रामकता फट पड़ने को बेताब दिख रही है, तो पीले रंग वाले लोग बिल्कुल भी ख़ुश नहीं होंगे।

निष्कर्ष: पीला रंग तब सबसे अच्छा काम करता है जब वह ख़ुश और संतुष्ट हो। उनकी रचनात्मकता अपने चरम पर हो और शरीर में सारी सकारात्मक ऊर्जा प्रवाहित होती हो। ऐसे लोगों के आस-पास आपको गर्मजोशी भरा और मैत्रीपूर्ण माहौल बनाने का प्रयास करना चाहिए।

खूब मुस्कुराएँ, अपने आस-पास के बेहतर माहौल का आनंद लें और जोर-जोर से हंसें। उनके पागलपन भरे चुटकुले सुनें, उनकी सभी बचकानी टिप्पणियों पर हंसें और सहज और ख़ुश-मिज़ाज माहौल को और ख़ुशनुमा बनाएँ।

यदि आप ऐसा करते हैं, तो वह आपके बारे में बेहतर महसूस करेगा और आपकी बात अधिक सुनेगा, जो हमेशा एक अच्छी बात है। बुरे मूड में पीले रंग के व्यक्ति के साथ रहना ज़्यादा मजेदार नहीं है।

'मैंने किसी से उस छोटे-से विवरण को ठीक करने के लिए कहा था - हालाँकि, मुझे याद नहीं आ रहा है कि कौन था'

पूरी ईमानदारी से कहें, तो पीले रंग वालों में रुचि बनाए रखना आसान काम नहीं है। ऐसी कई चीज़ें हैं, जो कर्मचारी, ग्राहक, मित्र या पड़ोसी के रूप में पीले रंग वालों को परेशान करती हैं। पीले रंग वालों को जल्दी और कुशलता से शांत करने का एक अचूक तरीक़ा बहुत सारे विवरणों को उनके सामने परोस देना है।

ऐसा मत करो। एक पीला व्यक्ति इतने सारे विवरणों का सामना एक साथ नहीं कर सकता। यह बस उबाऊ हो जाता है। न केवल वह भूल जाएगा कि आप किस बारे में बात कर रहे हैं, बल्कि वह यह भी सोचेगा कि उसे इनमें से किसी भी विवरण की आवश्यकता नहीं है। उसकी ताक़त विस्तृत और व्यापक चित्रणों में है। आप आसानी से किसी पीले रंग वाले को अगले दस वर्षों के लिए एक विजन तैयार करने के लिए कह सकते हैं, लेकिन उसे यह समझाने के लिए न कहें कि यह पूरा कैसे होगा।

निष्कर्ष : यदि आप पीले रंग वाले का ध्यान बनाए रखना चाहते हैं, तो जितना संभव हो सके, छोटी-छोटी बातों को उतना ही दूर कर दें। हमेशा बड़े सवालों से शुरुआत करें। यह बिल्कुल ठीक है कि आप नवीनतम सराउंड साउंड सिस्टम स्थापित करना जानते हैं, लेकिन अपने पीले मित्र को इससे थकाएँ नहीं। यह उसके लिए नहीं है। वह सिर्फ़ यह जानना चाहता है कि जल्दी से गाना बजने की शुरुआत कैसे होगी।

यदि यह बुरा नहीं, तो यह बिल्कुल लाल रंग वालों के जैसा ही है। पीले रंग वाले लोगों को इस बात की परवाह नहीं है कि चीज़ें कैसे काम करती हैं, बल्कि सिर्फ़ यह कि वह काम करे। इसलिए निर्देश पुस्तिका हटा दें- वे इसे कभी भी खोल कर नहीं पढ़ेंगे।

अपने मन की बात सुनें। यह हर समय, हर बार काम करता है

अगर मेरे पास हर समय एक डॉलर होता, तो... एक पीले रंग वाले ने यह कहकर पूरी तरह से एक ग़लत निर्णय की व्याख्या कर डाली कि अगर यह सही होता, तो वह एक आलीशान महल में सो रहा होता। एक अध्ययन से पता चलता है कि कुछ लोग बेहतर निर्णय लेते हैं, यदि वे केवल मन की बातों को गौर से सुनते हैं। आप

जो भी करें, कभी भी अपने पीले मित्र से इसका ज़िक्र न करें अन्यथा आप इसका अंत कभी नहीं सुन पायेंगे।

यह सही महसूस होना चाहिए। जब तक यह सही लगता है, पीला व्यक्ति वास्तविक तथ्यों की आसानी से अनदेखी कर सकता है। इसे ग़लत नहीं समझें : पीले रंग वाला अच्छी तरह से समझता है कि कुछ लोग तथ्यों पर गौर करते हैं और यह महत्त्वपूर्ण है। वह मूर्ख नहीं है। बात सिर्फ़ इतनी है कि उसे इसमें कोई दिलचस्पी नहीं है। उसे अपनी भावनाओं के साथ जीना है। वह अपने तरीक़े से इसे महसूस करना चाहता है।

क्या आप चाहते हैं कि पीला रंग वाला कोई व्यक्ति कोई निर्णय ले? एक्सेल स्प्रेडशीट को एक तरफ रखने की कोशिश करें, आगे झुकें और मुस्कान के साथ कहें, यह कैसा लग रहा है?

वह पूरी तरह समझ जाएगा और आपको उत्तर मिल जाएगा।

निष्कर्ष : बस यह स्वीकार करें कि पीला व्यक्ति अपने तरीक़े से महसूस करता है। उसमें अनिश्चितता के प्रति उच्च सहनशीलता है और वह जोखिमों से कभी नहीं डरता। इसे अपनाओ। आप भी ऐसा कर सकते हैं, वहाँ तक पहुँच सकते हैं जहाँ आप अपने मन की बात सुनते हैं। इससे कोई फ़र्क़ नहीं पड़ता कि यह आपको कितना ग़लत लग सकता है, यह पीले रंग वालों के दिल का रास्ता है। वह आपमें स्वयं को पहचान लेगा। आप उसके सबसे अच्छे दोस्त बन जाएँगे। उपलब्धियाँ आपका मान बढ़ाएँगी।

'यह कार एक प्रोटोटाइप है? क्या यह अवधारणा पूरी तरह से परीक्षणहीन है? पहले कभी किसी ने ऐसा नहीं किया? बहुत अच्छा!'

जबकि एक लाल रंग वाला गति पर ध्यान केंद्रित करता है, एक पीला रंग वाला नवीनतम और सबसे श्रेष्ठ पर फोकस करता है। 'नया' 'अच्छा' के समानार्थी है। यह सभी पीले जानते हैं। और क्यों नहीं? बिना रचनात्मकता और नए आविष्कारों के, सभी विकास बस रुक जाएगा, सही?

हर किसी को अपनी रोजमर्रा की ज़िंदगी में थोड़ा उत्साह पसंद होता है। अंतर केवल यह है कि हम 'रोमांचक' को कैसे परिभाषित करते हैं। पीले रंग वाले के लिए, 'नया' का अर्थ 'रोमांचक' है। पीले रंग वालों को सबसे जल्दी अपनाने वाला कहा जाता है, जो नई चीज़ों को आजमाने में सबसे आगे होते हैं। देखें कि

नवीनतम फैशन के कपड़े कौन पहन रहा है, नई और सबसे अलग हटकर पेश किए गए कार के मॉडल को चलाने वाला पहला व्यक्ति कौन है। नवीनतम फोन किसके पास है और कौन जानता है कि कुछ महीनों में कौन-सा रेस्टूरेंट नवीनतम सेन्सेशन होगा?

वे इन सब पर नज़र कैसे रखते हैं? मुझसे मत पूछो। वे संभवतः अपना कुछ समय सभी नई और दिलचस्प चीज़ों पर अपडेट लेने में बिताते हैं। वे काम की नई विधियों को सीखने, वस्तुओं और सेवाओं को बेचने के लिए नए तरीक़े और नई अवधारणाओं को लागू करने में भी सबसे आगे रहते हैं। यह बहुत मजेदार होता है।

निष्कर्ष : येलो को ख़ुद को नवीनतम चीज़ के लिए समर्पित करने की अनुमति दें। उसे यह पसंद आएगा। यदि आप येलो को कुछ बेचना चाहते हैं, तो 'अत्याधुनिक', 'लेटेस्ट मॉडल' और 'पहले कभी इस्तेमाल नहीं किया गया' जैसी अभिव्यक्तियों का उपयोग करें। आपके संभावित ग्राहक को यह वास्तव में प्रेरित कर देगा।

'किसी और ने अभी तक इसे ट्राई नहीं किया है? मुझे यह रखना ही होगा!'

वह आपको पसंद करेगा, क्योंकि आप बहुत रोमांचक और दिलचस्प हैं और सबसे बढ़कर नवोन्वेषी हैं। अपने आप को ढेर सारी ऊर्जा से लैस करें, क्योंकि अपडेट रहना चुनौतीपूर्ण हो सकता है, लेकिन पीले रंग वाले आपको पसंद करेंगे। हालाँकि, अगर उन्हें कोई और मिल जाए, जो नई चीज़ों के बारे में और भी अधिक जानकार हो, तो जल्दी ही रिप्लेस होने के लिए आप तैयार रहें।

'आप दिलचस्प प्रतीत हो रहे हैं, जानना चाहेंगे कि मैं कौन हूँ?'

अब तक हम यह समझ चुके हैं कि पीले रंग वाले लोग भी अन्य लोगों की तरह हैं। यदि वे भीड़ से घिरे रहते हैं, तो वे सबसे अच्छा काम करते हैं। बेशक, पीले रंग वालों को वे सभी लोग पसंद नहीं आते जिनसे वे मिलते हैं, लेकिन फिर भी वे बहुमत को एक अच्छा मौका देते हैं।

आपको पीले रंग वालों को यह दिखाना होगा कि आप भी उसके जैसे ही खुले और मिलनसार हैं। यदि आप बहुत अधिक रिजर्व्ड और संयमित हैं, तो वह बहाँ ख़ुद को अवांछित की तरह महसूस करेगा। जब उसने आपसे बात की, तो आपने उत्तर क्यों नहीं दिया? उसके कुत्ते के बारे में मजेदार कहानी सुनकर आप

मुस्कुराए क्यों नहीं? वह आपके बारे में क्यों कुछ नहीं जानता? आपके सपने क्या हैं? यदि व्यक्तिगत जुड़ाव अपर्याप्त है, तो असुरक्षा की भावना प्रबल हो सकती है और ऐसा होने पर आपका रिश्ता सकारात्मक दिशा में विकसित नहीं हो पाएगा। यदि आपका रंग लाल या नीला है, तो आपको ध्यान से सोचना होगा कि इसे कैसे कार्यान्वित किया जाए। यदि आप चाहें, तब तो।

निष्कर्ष: पहुँच योग्य बनें। ऐसा नहीं कि आप से लोग दूरियाँ बना लें। यह दिखाएँ कि आप उपलब्ध हैं; बहुत बड़ी मुस्कान के साथ सुनिश्चित करें कि आपकी शारीरिक भाषा खुली हो। जब एक पीले रंग वाला पूछता है कि आप कहाँ बड़े हुए हैं, तो केवल न्यूयॉर्क कहकर उत्तर न दें। कहें कि आप चेल्सी में रहते थे और आपको हाई लाइन पर जॉगिंग करना पसंद था और जब आप फिफ्थ एवेन्यू पर चल रहे थे, तो एक बार एक जेबकतरे ने आपका बटुआ चुरा लिया था और आपको अपने जीवन का प्यार तब मिला, जब उसने ग़लती से एक रेस्टूरेंट में आपकी पैंट पर फ्राइज की एक प्लेट गिरा दी। यह थोड़ा अनावश्यक लग सकता है, लेकिन आपको एक व्यक्ति के रूप में पीले रंग वालों में निश्चित रूप से रुचि दिखानी चाहिए। बेशक, उसके बारे में बातों को पता लगाना मुश्किल नहीं होगा, क्योंकि वह खुलकर आपको बहुत कुछ बता देगा। लेकिन यह अवश्य प्रदर्शित करें कि आप जिज्ञासु और उसकी बातों में रुचि रखते हैं।

और याद रखें कि पीले लोग चापलूसी के प्रति बहुत संवेदनशील होते हैं।

जब आप किसी पीले व्यक्ति से मिलें, तो कैसा व्यवहार करें

पीले रंग वाले लोगों का मनोबल बनाए रखने के लिए आपको उनके साथ रिश्तों में गर्माहट बनाए रखनी होगी। समस्या थोड़ी देर बाद स्पष्ट हो जाएगी। उनसे अधिक काम नहीं करवाया जाएगा। मैंने पीले लोगों के एक समूह को देखा है, जो एक समस्या को हल करने का प्रयास कर रहे थे। वे सभी एक ही समय पर बात करते थे और एक साथ बहुत अच्छा समय बिताते थे और जब आपने उनसे पूछा कि चीज़ें कैसी चल रही हैं, तो उन्होंने कहा, शानदार! लेकिन कुछ भी लिखा नहीं गया। पीले रंग वालों के साथ वास्तव में आगे बढ़ने के लिए, आपको एक शानदार माहौल बनाने के अलावा और भी बहुत कुछ करने की ज़रूरत है। एक बार जब आप उनकी आवृत्ति पर ध्यान केंद्रित कर लेते हैं, तो आपको निम्नलिखित कार्य करने की आवश्यकता होती है।

यह जाहिर करना सीखें कि पीला वास्तव में सुन रहा है या नहीं

मैं इसे वैसे ही कहने जा रहा हूँ जैसे यह है - येलो, किसी संदेह की छाया से परे, सबसे ख़राब श्रोता हैं। आमतौर पर, वे इसे कभी स्वीकार नहीं करेंगे। लोग उन्हें अगर 'भयानक श्रोता' या कुछ ऐसे नकारात्मक संबोधनों से इंगित करें, तो वे नकारात्मकता से बचने के लिए कुछ भी करेंगे। कई पीले रंग वाले ख़ुद को अच्छे श्रोता के रूप में देखते हैं। कौन जानता है कि उन्हें यह विचार कहाँ से मिला? यह बिल्कुल सच नहीं है। निःसंदेह, ऐसे लोग हैं, जो सुनते हैं, पर तब जब यह उनके अनुकूल हो। या जब उन्हें बातचीत से पहले ही वह मिल गया हो, जो वे चाहते थे। लेकिन ज़्यादातर मामलों में, इसके बारे में भूल जाओ।

वे सुनना नहीं चाहते। वे बात करना चाहते हैं। पीले रंग वाले लोग बस यही सोचते हैं कि वे हर चीज़ को किसी और की तुलना में कहीं बेहतर ढंग से व्यक्त कर सकते हैं। समस्या यह है कि वे यह सुनने की उपेक्षा करते हैं कि कोई और क्या कह रहा है।

निष्कर्ष: जब आप पीले रंग वालों के साथ बात कर रहे हैं, तो कुछ चीज़ें हैं, जिसपर आपको कुछ खास करने की ज़रूरत है। यह मायने नहीं रखता कि आप अपने साथी से अपनी गर्मी की छुट्टियों के बारे में बात कर रहे हैं या अपने सहयोगी के साथ एक चल रहे परियोजना के बारे में, आपको एक वर्क प्लान बनाना ही होगा। आपको ख़ुद को ध्यानपूर्वक तैयार करना होगा। आपको यह जानना होगा कि आपका संदेश क्या है और आपको उनसे वास्तव में क्या प्रतिक्रिया चाहिए। आपको चाहिए कि आप पीले रंग वालों को प्रेरित करें, जो व्यक्ति ख़ुश हो, उससे अपने सवालों का बहुत स्पष्ट उत्तर देने के लिए कहें। कहें कि जैसा कि मैंने वादा किया था, मैं चार बजे वहीं पहुँचूँगा, या बेशक मैं ग्राहक को वही सूचित करूँगा जिस पर हमने सहमति व्यक्त की है।

लेकिन, यह बड़ी बात है, यदि यह महत्त्वपूर्ण है, तो अनुसरण करने के लिए तैयार रहें, क्योंकि पीले रंग वालों ने इसमें से कुछ भी नहीं लिखा है। बेशक, जब तक आप उसे इसे अपने कैलेंडर पर लिखने के लिए राजी नहीं कर लेते। यही सबसे अच्छा तरीक़ा होगा, लेकिन बाकी अन्य संदर्भों में, आपको यह उम्मीद करनी चाहिए कि आपने जो कहा है, वह एक कान में चला गया है और दूसरे कान से निकल गया है।

सीखें कि 'कोई समस्या नहीं है- यह लंबा नहीं चलेगा' पर कैसे प्रतिक्रिया दें

पीले रंग वाले लोग समय को लेकर बहुत आशावादी होते हैं; जैसा है भी। निश्चित रूप से, आपका काम जल्दी से हो सकता है, लेकिन शायद ही कभी उतना जल्दी हो सकता है, जितना पीले रंग वाले सोचते हैं। इसका संबंध इस तथ्य से है कि वह अपने जीवन की योजना ख़ुद नहीं बना सकता। मैंने व्यक्तिगत रूप से ऐसे लोगों के साथ काम किया है, जो वैध रूप से मानते थे कि वे प्रति दिन आठ बैठकें कर सकते हैं, जिन्होंने सोचा था कि पूरी रसोई का नवीनीकरण करने में केवल दो दिन लगेंगे और बीस मिनट में मैनहट्टन में घूमना संभव है।

ये पीले रंग वाले लोग आशावाद की विशिष्ट अभिव्यक्तियाँ हैं। समस्या स्पष्ट है। वह सब कुछ पूरा करना असंभव है, जो पीले रंग वाले चाहते हैं, खासकर इसलिए, क्योंकि वह यह भी नहीं जानते कि किसी भी काम में कितना समय लगता है। और अगर वह किसी से पूछते भी हैं कि इसमें कितना समय लगता है, तो वह उस व्यक्ति की बात नहीं सुनते, क्योंकि उनका मानना होता है कि वह जो कह रहा है, वह ग़लत है। आखिरकार, पीले रंग वालों का मानना है कि वह शायद सबसे बेहतर जानता है।

दूसरी समस्या यह है कि वह वो काम तब क्यों नहीं करता, जब उसे उस काम को करना चाहिए। क्या आप ऐसे किसी को जानते हैं जिन्होंने बेडरूम पेंट करने के लिए एक दिन की छुट्टी ली है और दोपहर तीन बजे तक उसने पेंट का डिब्बा तक नहीं खोला है? 'पी1 पहले ऐसा करो, फिर फोन करो, फिर किसी को बुलाओ, फिर कुछ देर के लिए बाहर जाओ, फिर...' कभी-कभी मैं सोचता हूँ कि मेट्रो का समय शिड्यूल करने वाले सभी लोग पीले होते हैं। इसमें कुछ भी बुरा नहीं है; यह बस समय की यथार्थवादी समझ रखने में पूर्ण असमर्थता के बारे में है। और एक वास्तविक धारणा कि यह वस्तु खत्म होनेवाली नहीं है।

मुझे एक डिनर याद है, जिसमें मैं कुछ पीले दोस्तों के साथ गया था। पब की एक नीति थी, वह यह कि यहाँ नब्बे मिनट के लिए आरक्षण कराना होता था, जिसका मतलब था कि अगर आप वहाँ पचास मिनट देर हो गए, तो न तो स्टार्टर के लिए समय रहता था और न ही डेजर्ट के लिए क्योंकि रसोइघर इस अव्यवस्था को संभाल नहीं सकता था। हमारे प्रोफाइल में नीले रंग वालों के कुछ अंश थे इसीलिए मैं और मेरे साथी पंद्रह मिनट पहले ही वहाँ पहुँच गए थे। हम मेज पर

गए और बाकी का इंतजार करने के लिए बैठ गए। समय बीतता गया। चालीस मिनट हो गए, पचास मिनट बीत गए, वे आए, ख़ुशी-ख़ुशी मजाक करते हुए कह रहे थे कि कैसे देर हो गयी, पता ही नहीं चला। हमने केवल एक मेन कोर्स का ऑर्डर दिया, उसे खाया और जल्दी से बिल चुका दिया, इससे पहले कि अगले मेहमान को अपनी मेज की ज़रूरत हो। अजीब बात यह थी कि जब हम बाद में इस घटना के बारे में बात करते हैं, तो उनकी स्मृति थी कि वे कुछ मिनट ही देर हुए थे। उन्होंने सीधे-सीधे इस बात को दबा दिया कि उन्होंने 30 प्रतिशत खाना तो ऐसे ही छोड़ दिया था।

निष्कर्ष: पीले रंग वालों के साथ अपॉइंटमेंट का समय ठीक से नोट करें। अपनी घड़ी का समय मिला लें। बहुत स्पष्टता से उन्हें समझाएँ कि प्लेन शाम 8:00 बजे टेकऑफ़ करेगा और अगर अगर वह तब तक नहीं पहुँचा, तो वह गेट पर ही खड़ा रह जाएगा। इसे ऐसे कहें : यदि वह विमान के उड़ान भरने से दो घंटे पहले आपके गेट के बाहर अपनी कार में नहीं है, तो आप हार्ट अटैक से मर जाएँगे। पीले रंग वालों को बताएँ कि आप उससे बहुत खफा हो जाएँगे और उसकी लगातार ग़लतियों के कारण आपकी दोस्ती ख़राब हो सकती है।

यदि डिनर शाम 7:00 बजे शुरू होने वाला है, तो उसी समय सभी को आमंत्रित करें, लेकिन अपने पीले रंग वाले दोस्तों को 6:30 बजे आने के लिए कहें। वे वैसे भी सबसे अंत में पहुँचेंगे। वे बहुत अच्छे मनगढ़ंत बहाने लेकर आयेंगे। बहुत सारी मनमोहक कहानियों के लिए तैयार रहें, लेकिन यह भी जान लें कि पीले रंग वाले लोग इस बात से दृढ़तापूर्वक इनकार करेंगे कि वे समय को लेकर बहुत पॉजेसिव हैं। वे इस बात पर जोर देंगे कि निश्चित रूप से उनकी नज़र घड़ी पर थी, बस रास्ते में कुछ देर हो गया।

यह ऐसा लग रहा है कि यहाँ हाथ ग्रेनेड फट गई हो

मैंने अब तक जितने भी अव्यवस्थित डेस्क देखे हैं, वे सभी पीले रंग वालों के थे। उनके कंप्यूटर स्क्रीन्स पर इतने सारे पोस्ट और नोट्स चिपके होते हैं कि आप मेन स्क्रीन को देख ही नहीं पायेंगे। उलटे-पुलटे सामानों से भरे सबसे अव्यवस्थित गैराज और सबसे अधिक उथल-पुथल वाली अट्टालियाँ भी पीलों रंग वालों के ही होते हैं। परंतु, यह तो केवल दृश्य है। किसी पीले व्यक्ति का कैलेंडर को देखने के

लिए किसी से पूछें। या उसके हैंडबैग को। पीले रंग वालों की अलमारी में झांकने की कभी सोचें भी मत। और यह अभी भी केवल विशुद्ध रूप से भौतिक है।

बैठकें स्थानांतरित कर दी जाती हैं या भुला दी जाती हैं; चीज़ें गायब हो जाती हैं; सारी गाड़ियाँ पार्किंग स्थल में खो गयीं। चाबियाँ बिना किसी निशान के गायब हो गयीं। इसके अलावा, कई पीले रंग वाले लोगों में अपने दिन की योजना बनाने की क्षमता तक नहीं होती है। वे लगातार पांच बार सुपरमार्केट जा सकते हैं और एक बार में तीन चीज़ें ख़रीद सकते हैं, क्योंकि उन्होंने यह लिखा ही नहीं है कि उन्हें क्या चाहिए। ऐसा इसलिए हो सकता है, क्योंकि जब तक वे वहाँ नहीं पहुँच जाते, तब तक उन्हें पता नहीं होता कि वे क्या चाहते हैं या क्योंकि उन्हें यकीन है कि वे उन्नीस चीज़ों को याद कर पायेंगे जिन्हें उन्हें ख़रीदने की ज़रूरत है। (पीले रंग वालों को अपनी क्षमता के बारे में बहुत उदार दृष्टिकोण है। वे हमेशा यही सुनना चाहते हैं कि लोग उन्हें बताएँगे कि उनके पास दुनिया में सबसे अच्छी याददाश्त है।)

निष्कर्ष: यदि आप वास्तव में पीले रंग वालों को संगठित होने में मदद करना चाहते हैं, तो सुनिश्चित करें कि उसे अपने जीवन में कम-से-कम कुछ ठोस करने का मौका मिले। एक सरल सूची बनाकर उसकी सहायता करें। यदि आप ख़रीदारी करने जा रहे हैं : सब कुछ स्वयं लिख लें। आपका साथी या दोस्त उनमें से आधी चीज़ों को भूल जाएगा।

उसके लिए एक डाइग्राम तैयार करें। पीले रंग वालों को इस डाइग्राम और चेकलिस्टों की सबसे अधिक आवश्यकता होती है। परंतु ये उन सभी चीज़ों से सख्त नफरत करते हैं। वे स्वयं को ऐसी किसी व्यवस्था में शामिल नहीं होने देंगे, जो उनकी अपनी पसंद की नहीं है। कूटनीतिक बनें। अगर आप बहुत ज़्यादा दबाव डालते हैं, तो आपको कुछ मज़बूत प्रतिक्रियाएँ मिल सकती हैं :

'क्यों सब कुछ सूक्ष्म-से-सूक्ष्म तरीक़े से मैनेज होना चाहिए? क्या हम किसी तानाशाही में जी रहे हैं, या क्या?'

याद रखें कि पीले रंग वालों के लिए सबसे महत्त्वपूर्ण बात अच्छा दिखना है, हर समय

'मुझे, मुझे, मुझे।' लाल रंग की तरह, पीले रंग वालों में भी जबर्दस्त अहंकार होता है, इसमें कोई संदेह नहीं है। उन्हें लोगों का ध्यान आकर्षित करना पसंद है; वे किसी भी अन्य की तुलना में खुद को आकर्षण के केंद्र में रखना चाहते हैं। जब

वे किसी काम के बीच में होते हैं, तो वे सबसे अधिक आनंदित होते हैं। आपका पीले रंग वाला दोस्त सूरज की किरण है, बाकी सभी की तुलना में तेज़ और ऊँची आवाज़ में बात करता है और अपने व्यवहार से चारों ओर ऊर्जा भी फैलाता है।

'सभी लाइटों को मुझ पर चमकाओ। मुझे देखो, मुझे सुनो, मुझे पसंद करो।' लेकिन इसका मतलब यह है कि किसी और को कोई जगह नहीं मिले। कई चर्चाएँ पीले व्यक्ति द्वारा अपने अनुभव या अपनी राय के बारे में जोर से और गूंजते हुए आवाज़ के साथ समाप्त होती हैं। इससे कोई फ़र्क़ नहीं पड़ता कि आप किस बारे में बात कर रहे हैं - युद्ध, भुखमरी, डाइटिंग, कारें, अधिकारी, उद्यान आदि, एक पीला रंग वाला उसी कहानी को सामने लाएगा, जिसमें वह ख़ुद नायक है। यदि उसके पास कोई कहानी नहीं है, तो वह ऐसी ही एक कहानी बना देगा।

उनके विचार अक्सर 'मैं' शब्द से शुरू होते हैं। 'मैं चाहता हूँ,' 'मुझे लगता है,' 'मैं कर सकता हूँ,' 'मुझे पता है,' 'मैं करूँगा।' यह बिल्कुल स्वाभाविक है। वे अन्य लोगों को पसंद करते हैं, लेकिन एक चीज़ है, जो उन्हें और भी अधिक पसंद है : ख़ुद को।

निष्कर्ष : पीले रंग वाले लोगों को यह समझने की ज़रूरत है कि कमरे में उनके अलावा अन्य लोग भी हैं, जो किसी प्रोजेक्ट पर काम कर रहे हैं। ऐसे में आप कभी भी पीले रंग वाले को सारी ऑक्सीजन यानी उस कमरे के सभी संसाधन का उपभोग करने की अनुमति नहीं दे सकते। उन्हें साहस और दृढ़ता से कहने की ज़रूरत है, उन्हें बताना पड़ेगा कि उन्हें दूसरों को बातचीत में प्रवेश करने देना है या नहीं या जो भी हो।

कमरे में उपस्थित अन्य लोगों के साथ बातचीत के बीच में इसे समझाना असंभव है। ऐसा नहीं है कि आपकी बात कहते ही वे समझ जाएँगे। बल्कि आलोचनाओं से एक पीला व्यक्ति बहुत आहत हो सकता है। वह ऐसी बातें सोचेगा, 'बाकी सब लोग सिर्फ़ अपने बारे में सोचते हैं,' या 'मैं अकेला ऐसा हूँ, जो ख़ुद का ख्याल रखता हूँ।' इस प्रकार की प्रतिक्रिया विवेकपूर्ण और सकारात्मक तरीक़े से दी जानी चाहिए। यह थोड़ा-बहुत इस बात पर निर्भर करता है कि संबंधित व्यक्ति कितना पीला है, इसलिए आपको संभवतः एक योजना की आवश्यकता होगी।

एक चीज़ के लिए तैयार रहें : इस प्रक्रिया में आपके बहुत सारे दुश्मन बन सकते हैं। आप निश्चित रूप से यहाँ जोखिम ले रहे हैं। पीले रंग वालों को यह बताना कि आप अहंकारी और आत्मकेंद्रित हैं, उनके लिए अत्यंत अप्रिय है। पीले लोग

इसे समझेंगे; वे मूर्ख नहीं हैं। लेकिन, वे यही सोचेंगे कि आपका विश्लेषण ग़लत है। इसलिए आपको यहाँ बहुत काम करना होगा। या फिर दोस्तों को ही बदल डालना होगा।

सिर्फ़ बातें, काम नहीं

कन्फ्यूज़न से बचने के लिए मैं सीधे मुद्दे पर आ सकता हूँ : पीले रंग वाले लोग काम से ज़्यादा बातें करते हैं। उन्हें वास्तव में कुछ भी करने के बजाय हर उस चीज़ के बारे में बात करने की प्रवृत्ति होती है, जो उन्हें करना चाहिए, जिसकी उन्हें ज़रूरत है। हर कोई जो असली पीले रंग वालों से परिचित है, वे ठीक-ठीक जानते हैं कि मैं किस बारे में बात कर रहा हूँ।

ठीक है, बहुत से लोगों को काम करने के लिए प्रेरित होने में परेशानी होती है, खासकर उबाऊ कामों में। लेकिन, असुविधाजनक कार्यों का सामना करते समय पीले रंग वालों के लिए शुरुआती कदम बढ़ाकर पीछे खींचना विशेष रूप से कठिन लगता है। यह किसी असंतुष्ट ग्राहक को कॉल करने, या तेल बदलवाने, या फार्मेसी में जाने के बारे में हो सकता है। यदि यह नीरस और प्रेरणाहीन है, तो इसके होने की संभावना बिल्कुल नहीं के बराबर है। इन कामों को टालने के इनके पास असंख्य कल्पनाशील बहाने होंगे।

क्योंकि समय के बारे में पीले रंग वालों का दृष्टिकोण भविष्य पर आधारित होता है, वे अपने लक्ष्यों तक पहुँचने के लिए अपनी ऊर्जा समर्पित करने की बजाय भविष्य के बारे में बात करने में अधिक समय व्यतीत करते हैं। शायद ही कभी इतनी सारी पागलपन भरी योजनाएँ बनायी गयी हों या इतने सारे पागलपन भरे लक्ष्य निर्धारित किए गए हों, जैसा कि पीले रंग वालों ने बनाया है। चूंकि वे जोर से सोच-विचार करते हैं, उनके आस-पास के लोग यह मानने लगते हैं कि ख्वाब पूरे होने वाले हैं : वाह! यह तो बहुत अद्भुत लग रहा है!

निष्कर्ष : अपने पीले दोस्त की मदद करने के लिए आपको यह सुनिश्चित करना होगा कि वह अपनी कुदाल ज़मीन में रखे और ख़ुदाई का काम शुरू कर दे। यानी उसे हर वक्त तैयार रहना होगा। काम करने में अपनी ऊर्जा लगाने की दिशा में आगे बढ़े। उसका हौसला बढ़ाएँ, लेकिन धीरे धीरे। उसे एक बच्चे की तरह समझाएँ। दयालु हों, लेकिन अपनी बातों को लेकर स्पष्ट रहें। अगर उसे लगता है कि आप उसके टास्कमास्टर हो रहे हैं, तो चीज़ें मुश्किल हो सकती हैं। पीले रंग

वालों को ख़ुद को नियंत्रित महसूस होने देना नापसंद है। उन्हें काम की निरंतरता में आने के लिए सबसे ज़्यादा मदद की आवश्यकता होती है, लेकिन यह यह नहीं मानते कि वे इसे पसंद करते हैं। वे स्वतंत्र हैं और किसी और की आज्ञा का पालन नहीं करते।

इसलिए आपको कूटनीतिक होने की ज़रूरत है। उसे धीरे-धीरे और आहिस्ते से समझाए कि वास्तव में स्वयं कार्य करने का महत्त्व क्या है, अब जब वह जानता है कि क्या करने की आवश्यकता है, उसे काम का महत्त्व समझाए। पीले रंग वालों को यह समझाने के लिए कुछ समय लें कि जिस महान लोकप्रियता का वह पहले से ही आनंद ले रहे हैं, वह वास्तव में और भी बढ़ सकती है, या फिर हो सकता है कि यह समाप्त हो जाए। हर कोई उससे प्रेम करेगा और वह पहले से भी अधिक लोगों का प्यारा हो जाएगा।

क्या यह सरल लगता है? यह सरल है। आपको बस इतना करना है कि किसी के अहंकार को स्पष्ट तरीक़े से बढ़ाने के लिए अपने प्रतिरोध पर काबू पाना है। लेकिन यह काम करेगा।

यह समझें कि पीले रंग के लोग आपके होठों को हिलते हुए देख सकते हैं, लेकिन आप जो कुछ भी कह रहे हैं, उसे सुन नहीं सकते

यह ख़राब श्रोताओं पर एक अनुभाग का उपशीर्षक हो सकता है, क्योंकि ये चीज़े एक-दूसरे से जुड़ी हुई हैं। कोई भी पूर्ण नहीं होता और हममें सभी ग़लतियाँ करते हैं। यह हर किसी के लिए स्पष्ट है, यहाँ तक कि पीले रंग के व्यक्ति के लिए भी। काल्पनिक चर्चाओं में, पीले रंग वाले इस बात पर सहमत हो सकते हैं कि अन्य लोगों को वास्तव में पकड़ बनाने, चीज़ों को सुलझाने तथा और बेहतर करने की आवश्यकता है। वे यह भी स्वीकार कर सकते हैं कि कोई भी व्यक्ति पूर्ण नहीं होता। तो अब तक कोई समस्या नहीं आयीं। समस्याएँ तब उत्पन्न होती हैं, जब हम किसी विशेष पीले रंग वाले को यह समझाने का प्रयास करते हैं कि उसे सुधार करने की आवश्यकता हो सकती है। इससे टकराव पैदा होता है, खासकर अगर आलोचना सार्वजनिक रूप से व्यक्त की गयी हो।

पीले रंग वाले लोगों को आलोचना का सामना करना मुश्किल लगता है। उन्हें यह पसंद नहीं है, क्योंकि यह उनकी इमेज ख़राब कर देता है। कल्पना कीजिए, कोई ऐसा व्यक्ति है जिसे वह सब कुछ पसंद नहीं है, जो वह करता है

और जो कुछ वह कहता है! मैं येलो के साथ व्यक्तिगत रूप से बैठा हूँ और उन्हें उनकी प्रोफाइल पर व्यक्तिगत रूप से प्रतिक्रिया दी है। जब तक हम 'सुधार के क्षेत्र' शीर्षक वाले पृष्ठ पर नहीं पहुँच जाते, जिसका अर्थ है कमज़ोरियां, तब तक सब कुछ ठीक रहता है।

भले ही हमारे बीच अच्छे संबंध हों, कमरे के भीतर संबंधों में ठंडापन आ ही जाता है। आत्म-जागरूकता के कारण अपने आस-पास बनायी गयीं रक्षात्मक दीवारें जितनी जल्दी आप गिरा सकते हैं, उससे कहीं अधिक तेज़ी से ये फिर विकसित हो जाती हैं। पीला व्यक्ति अंदर से जानता है कि उसमें कमज़ोरियाँ हैं; वह उनके बारे में बात करने पर विचार नहीं करेगा।

निष्कर्ष: यदि आप किसी पीले को नकारात्मक प्रतिक्रिया से प्रभावित करना चाहते हैं, तो आपको दृढ़ रहने की आवश्यकता है। कमरे में एक मिलतापूर्ण वातावरण बनाएँ और सही लहजा ढूंढें, ताकि आपकी आलोचना वहाँ पहुँच सके, जहाँ वे होनी चाहिए।

आप उसे वास्तव में झकझोरने के लिए मेज पर अपनी मुट्ठी को जितना जोर से पटक सकते हैं, पटकते हैं। उसे उसकी कड़वी सच्चाई से अवगत कराते हैं। मैं इसकी अनुशंसा नहीं करता। बेहतर होगा कि जब तक वह समझ न जाए, तब तक उसी फीडबैक को दोहराते हुए, धीरे-धीरे और लगातार काम करें।

स्पष्टता इस रिश्ते की कुंजी है। अपने दावों को प्रमाणित करने के लिए सभी संभावित तथ्यों के साथ ख़ुद को बेहद अच्छी तरह से तैयार रहना सुनिश्चित करें। पीले लोग चतुर जोड़-तोड़ करने वाले होते हैं। यदि उसे लगता है कि आप अपनी आलोचना के प्रति गंभीर नहीं हैं और आप उस पर अमल नहीं करेंगे, तो वह आपको लालच देकर रास्ते से हटा देगा। वह चीज़ों को अपने हिसाब से पेश करने में भी माहिर हैं। सुनिश्चित करें कि आप उसके चक्रव्यूह में खो न जाएँ।

अपने प्रश्नों के वास्तविक उत्तर तैयार करें और सुनिश्चित करें कि उत्तरों के माध्यम से दिए गए संदेश को वह समझे। इस बात पर जोर दें कि आपने जो कहा है, उसे वह लिख ले। उससे अपनी प्रतिक्रिया दोहराने के लिए कहें।

आपको एक कार्ययोजना भी बनानी होगी। लेकिन उसे अगली मीटिंग के लिए बचाकर रखें। अभी, आप संभवतः जितना हो सके, पीले रंग के साथ उतना आगे बढ़ चुके हैं। यदि आप ऐसे ही काम करते रहे, तो आप स्वयं को थका देंगे।

एक और बात : सकारात्मक प्रतिक्रिया के साथ ऐसा नहीं होता है। फिर, पीले रंग वाले आपकी कल्पना से भी अधिक तेज़ी से बैंड की आवाज़ पर कूदेगा।

हरे रंग वालों के व्यवहार को अपनाना

एक हरे रंग वाला आपसे क्या अपेक्षा करता है

हर चीज़ हर समय अच्छा महसूस कराने वाली होनी चाहिए

हरे रंग वालों के लिए सुरक्षा हमेशा महत्त्वपूर्ण रहेगी। हरे रंग वालों को हर उस चीज़ की चिंता होती है, जो निकट भविष्य में घटित हो सकती है। उसे असुरक्षा पसंद नहीं है और वह इसे पर्दें के पीछे छिपकर हल करता है। यदि आप इसे नहीं देख पाते हैं, तो वह वहाँ है ही नहीं। यदि वह असुरक्षा महसूस करता है, तो वह कहीं भी नहीं रहना चाहता। वह स्थिरता के लिए प्रयास करता है और किसी पर भी आँख मूंदकर विश्वास करने के बारे में सोचना भी नहीं चाहता।

आप सोच रहे होंगे, दुनिया रहने के लिए एक खतरनाक जगह है। यहाँ अनंत खतरे हैं। बिल्कुल कहीं भी कुछ भी ग़लत हो सकता है। मेरा रिश्ता टूट सकता है; मैं बीमार पड़ सकती हूँ; मेरा पति [या पत्नी] मुझे छोड़ सकता है; मेरे बच्चे सोच सकते हैं कि मैं बेवकूफ़ हूँ। मैं अपनी नौकरी खो सकती हूँ; मेरा बॉस मेरे बच्चों से सहमत होना शुरू कर सकते हैं; कई लोगों के साथ मेरा विवाद हो सकता है। काम पर जाते समय मेरी कार दुर्घटना हो सकती है। गले में फंसी छोटी मछली की हड्डी से इंसान की हो सकती है मौत!

ये सारी चीज़ें ज़िंदगी को डरावना बना देती हैं। कुछ भी हो सकता है। कई हरे रंग वाले जिन्हें मैं कोच के रूप में अपनी भूमिका के दौरान वर्षों से जानता हूँ, ने कहा कि ये सभी संभावित खतरे उन्हें पंगु बना देते हैं। वे इन जोखिमों और खतरों के बारे में विचारों कर डर जाते हैं। वे काम करने में ख़ुद को पूरी तरह से शक्तिहीन महसूस करते हैं। और चूंकि वे बाहर निकलने में ख़ुद को आरामदायक स्थिति में नहीं पाते हैं, इसलिए घर पर रहना उनके लिए आसान हो जाता है। घर पर ही अच्छा और सुरक्षित।

वे हरे रंग वाले नहीं थे, जो अपने घरों को छोड़कर अमेरिका में बस गए थे। वे कभी नाव पर नहीं चढ़े होंगे, क्योंकि कौन जानता है कि यात्रा कैसे होगी? और

यदि आप यात्रा पूरी कर वहाँ पहुँच ही गए, तो कौन इस बात की गारंटी दे सकता है कि वहाँ पहुँचने पर आपको क्या मिलेगा? जिन्होंने सफलता पायी और ढेर सारा धन अर्जित किया, उन सभी लोगों के बारे में जो कहानियाँ हैं, शुरू से अंत तक बकवास हो सकती हैं। और अगर आपको वहाँ नौकरी मिल गयी और रहने के लिए कहीं जगह मिल गयी, तो कौन जानता है कि आप ख़ुश ही हो रहे होंगे? हो सकता है कि आप अपने वास्तविक घर से भी ज़्यादा दुखी हो जाएँ! आप जानते हैं कि आपके पास क्या है, लेकिन आपको बिल्कुल भी अंदाजा नहीं है कि आपको क्या मिलेगा।

निष्कर्ष: स्वीकार करें कि वह व्यक्ति आपकी तरह नहीं सोचता है। सामने वाले को बताए कि आप भी डर के उतना ही भयभीत होते हैं जितना कि अन्य लोग या शायद उन सबसे भी अधिक। दिखाएँ कि आप उसकी बात सुनने के लिए तैयार हैं, जिसके बारे में वह चिंतित है। 'डरने की कोई बात नहीं है' जैसी बातें न कहें, यह काम नहीं करता, क्योंकि डर स्वयं वास्तविक है और यह सच भी नहीं है। डरने के लिए कई वैध चीज़ें हैं। हम सभी के पास आस-पास ऐसी कई चीज़ें हैं, जिनके बारे में हम सोचकर चिंतित हो सकते हैं; हरे रंग वालों में इनकी संख्या अधिक है।

इसके बजाय, अपने हरे रंग वाले मित्र को अज्ञात के डर का सामना करने में मदद करें। उसे उन चीज़ों को लेकर साहस करने के लिए प्रोत्साहित करें, जो डरावनी लगती हैं और फिर भी जीवन के साथ आगे बढ़ती हैं। जिस तरह हमने बचपन में तैरना सीखा था, इस तथ्य के बावजूद कि पानी ठंडा और खतरनाक दिखता था, आप आगे की ओर छोटे, हल्के धक्का देकर, ख़ुद को सहारा देते हुए आगे की ओर बढ़ते हैं।

जब आपका मित्र कहता है कि डर केवल तभी तक है, जबतक उससे दो-चार नहीं हो जाते हैं। डर का सामना करना सीखें, डर के आगे जीत है, तो बस एक गहरी सांस लें और उस पर टिके रहें।

दोबारा, कुछ भी नहीं होता

मुझे यकीन है कि आपको याद होगा कि मैंने हरे रंग वालों की निष्क्रियता का उल्लेख किया था। कोई भी चीज़ इतनी बड़ी नहीं है कि उसे नज़र-अंदाज़ न किया जा सके। सक्रिय और प्रेरित होना, सक्रिय जीवनशैली अपनाना, ये सभी चीज़ें जीवन में कई तरह के परिवर्तन ला सकती हैं। और हाँ, बाद में इसकी सराहना तक

नहीं की जाएगी। यदि आप लगातार नई चीज़ें करने के लिए आते रहेंगे, तो वह आपसे ख़ुश नहीं होगा।

हरे रंग वाले तब बेहतर महसूस करते हैं, जब उन्हें सक्रिय नहीं रहना पड़ता। पूरा सप्ताह काम करने से वे पूरी तरह से थक जाते हैं और अब उन्हें एक अच्छे आराम की ज़रूरत होती है। वे शुक्रवार की शाम को घर आते हैं और जितना संभव हो सके उतना कम-से-कम काम करने की कोशिश करते हैं, मैं कई हरे रंग वाले लोगों से मिला हूँ जिनके काम से बचने के प्रयासों में वास्तव में काम करने की तुलना में अधिक ऊर्जा खर्च होती है।

परिणाम उनके आस-पास के लोगों के लिए स्पष्ट हैं। उन्हें पूरे शेड्यूल वाला वीकेंड पसंद नहीं है। सास के पास जाना, पिकनिक का आयोजन करना, अपने बेटे को फुटबॉल के लिए ले जाना, गैराज की सफाई करना, पड़ोसियों को रात के खाने के लिए आमंत्रित करना - सब कुछ उनके लिए बोझ बन जाता है और आधे समय में उनसे कुछ भी नहीं किया जाता है। एक हरे रंग वाला व्यक्ति मौका देखते ही मौके पर चौक लगाता है और वहाँ से पूरी तरह से गायब हो जाता है। वह जो काम सबसे अच्छा करता है, उसे करने में सक्षम होने के लिए उसे शांति और सुकून की आवश्यकता है। सुकून और शांति उसे सुरक्षित और संतुष्ट महसूस कराती है।

निष्कर्ष : एक स्तर तक इसका सम्मान करना महत्त्वपूर्ण है। हमें ख़ुद को दूसरे लोगों की जगह पर रखकर देखना होगा, यह जानते हुए कि लगातार एक ही स्थिति में बने रहना उनके लिए कितना तनावपूर्ण हो सकता है। आज के समाज में प्रत्येक हलचल और गतिविधियों का आपके ऊपर असर पड़ता है, इससे बचना संभव नहीं है। इसका मतलब है कि एक वास्तविक हरे रंग वाले को अक्सर लगता है कि वह कुछ ग़लत कर रहा है। वह पूरे वीकेंड बाकी सभी की गतिविधियों के बारे में सुनता है, कैसे उन्होंने एक के बाद एक जटिल परियोजनाएँ पूरी की हैं। हरे रंग वालों को यह थका देने वाला लगता है।

समाधान यह है कि हरे रंग वालों को शांति, सुकून और निष्क्रियता प्रदान की जाए, उन्हें खाली समय दिया जाए। उन्हें उसी तरह के काम करने की ज़रूरत है। निःसंदेह, इसका मतलब यह नहीं है कि वह पूरी ज़िंदगी अपने बैठा ही रहे, उसे ऐसे नहीं छोड़ा जा सकता है, काम तो करना होगा, लेकिन उचित मात्रा में उन्हें खाली समय देने की भी आवश्यकता है।

'हम कहाँ जा रहे हैं? मुझे लगता है कि मैं इसे बाहर बैठा दूँगा...'

हरे रंग वालों के लिए स्थिरता और पूर्वानुमान मूल्यवान हैं। बेशक यह जानना अच्छी बात है कि क्या होने वाला है और जब आप इसके बारे में सोचते हैं, तो यह बहुत तार्किक होता है। संभवतः हम सभी के पास नियंत्रण का कुछ पैमाना है, उसपर हमारी निर्भरता अवश्य है। हम तो बस इसके बारे में जानना चाहते हैं। हरे रंग वालों के लिए यह निर्भरता बहुत मज़बूत है। जब लाल रंग वाले लोग पूछते हैं क्या, तो पीले लोग आश्चर्य करते हैं कि कौन। जब नीले रंग वाले पूछते हैं कि क्यों, हरे रंग वाले जानना चाहते हैं कि कैसे।

एक हरे रंग वाले को बस यह जानने की ज़रूरत है कि प्लान क्या है। क्या होने की ज़रूरत है? चीज़ें कब होंगी? उसे क्या उम्मीद करनी चाहिए?

जरा देखें कि यह घर पर कैसे काम करता है। नाश्ते की मेज पर हमेशा एक ही स्थान किसका होता है? मैं जानता हूँ कि हममें से बहुत से लोग आदतन प्राणी हैं, लेकिन यदि आप हरे रंग वालों की लंबे समय से दावा की गयी कुर्सी को छीन लेते हैं, तो आप उसके अस्तित्व को खतरे में डाल देते हैं और वह वहाँ पर बैठकर अपना भोजन प्राप्त करने में सक्षम नहीं होगा।

लेकिन पूर्वानुमान उनकी आवश्यकता से कहीं अधिक है। यह ऐसी किसी भी चीज़ के बारे में है, जो बदलाव से मिलती-जुलती है। आज हमारे समाज में, एकमात्र चीज़ जो स्थायी है, वह है परिवर्तन। कुछ भी पूरी तरह से पूर्वानुमानित नहीं है; हर चीज़ अपनी धुरी पर घूमती है और नए आकार व रूपों में प्रकट होती है। और यह सब हरे रंग वालों के लिए बेहद तनावपूर्ण है।

निष्कर्ष: चूंकि हरा रंग वाला अपने आप कुछ भी नहीं करेगा, यह आप और मैं ही होंगे जिन्हें योजना को संभालना होगा। लेकिन शायद यह ठीक भी है। हम हरे रंग वाले व्यक्ति को योजना के प्रत्येक चरण को समझाकर उनके मन को शांत करने में मदद कर सकते हैं। केवल यह कहने के बजाय कि मैंने वीकेंड पर कुछ मेहमानों को आमंत्रित किया है, मैं उसे यह समझा सकता हूँ कि हम जॉन और मैरी को डिनर पर बुलायेंगे और उन्हें तीन-कोर्स डिनर की पेशकश करेंगे जिसमें एक ऐपेटाइजर, एक मेन कोर्स और डेज़र्ट शामिल होगा। मैं मुख्य मेन कोर्स तय कर दूँगी, जबकि मेरे ग्रीन पार्टनर को मिठाई बनानी चाहिए और एक खास रेसिपी का पालन करना चाहिए। मैं समझाती हूँ कि कौन क्या कर रहा है। शराब कौन ख़रीदेगा, फूल कौन ख़रीदेगा, इत्यादि। मैं यह भी बता सकती हूँ कि

मेरे ग्रीन पार्टनर को किस दिन ख़रीदारी करनी है। और कौन जानता है, शायद पी11 फूलों की दुकान का सटीक पता और निर्देशों की एक सूची लिखें कि क्या ख़रीदा जाना चाहिए।

क्या यह अतिशयोक्तिपूर्ण लगता है? बिल्कुल नहीं। याद रखें, हरे रंग वाले लोग अपनी तरफ से पहल करने में बहुत अच्छे नहीं हैं। अपने परिवार को एक कंपनी की तरह सोचें- हर कोई एक जैसा काम नहीं करता, क्योंकि हम अलग-अलग चीज़ों में अच्छे हैं। यदि आप पहल करने में बेहतर हैं, तो करें। लेकिन सुनिश्चित करें कि आपका ग्रीन पार्टनर घर पर है। अन्यथा, उसके पिछले दरवाजे से भाग जाने का जोखिम बना रहेगा।

जब आप किसी हरे रंग वाले व्यक्ति से मिलें, तो कैसा हो आपका व्यवहार

ठीक है, अब आप जानते हैं कि आपके हरे रंग वाले मित्र ख़ुद के लिए किस प्रकार का व्यवहार किया जाना चाहेंगे। परिणाम एक शांत और उत्कृष्ट रिश्ते के रूप में सामने आएगा और आप कई वर्षों तक अच्छे दोस्त बने रहेंगे। चलो अच्छा है? लेकिन आप वहीं रुक नहीं सकते, क्योंकि जब तक आप स्वयं वास्तविक रूप से हरे रंग वाले नहीं होंगे, तब तक आप वास्तव में समय-समय पर कुछ-न-कुछ अलग करना चाहेंगे। और आपको अपने स्थिरता-प्रेमी मित्र के किक-स्टार्ट के लिए कुछ उपयुक्त रणनीतियों की आवश्यकता होगी।

'हर काम को ऐसे क्यों करना पड़ता है? ओह, मैं सोने जा रहा हूँ'

मैंने पहले भी यह कहा है, लेकिन हमें इस मुद्दे पर और अधिक चर्चा करने की ज़रूरत है। हरे रंग वालों को किसी भी प्रकार का प्रतिरोध पसंद नहीं है। जब चर्चा गर्म हो जाती है या आप ग़लत समय पर नाराज हो जाते हैं, तो वे पीछे हट जाते हैं। हर चीज़ के लिए एक संघर्ष संभावित हो सकता है और यह सभी हरे रंग वालों के लिए अप्रिय स्थिति है। वे स्वयं को एक कोने में कैद कर लेते हैं और मौन एवं निष्क्रिय हो जाते हैं।

कई साल पहले, मैं एक सेल्स कॉन्फ्रेंस अटेंड करने गया था, जिसमें विक्रेताओं को ग्राहकों पर व्यक्तिगत रूप से प्रभाव डालने का प्रशिक्षण दिया जा रहा था। वहाँ मौजूद एक विक्रेता लगातार अपने मोबाइल फोन से लगातार खेले

जा रहा था और जब ब्रेक के दौरान उससे धीरे-धीरे और अच्छी तरह से अपना टेक्स्ट मैसेज लिखने के लिए कहा गया, तो वह पूरी तरह से कठोर हो गया और बोलना बंद कर दिया। उसने किसी भी सवाल का जवाब नहीं दिया और आगे किसी चर्चा में हिस्सा भी नहीं लिया। बचे हुए सेशन के दौरान उसने अपनी कलम तक नहीं उठायी। उसने मुझे घूर कर देखा और जब मैंने पूछा कि समस्या क्या है, तो उसने अपने कंधे उचका दिए।

उस दिन उस विक्रेता को सबसे ख़राब अंक मिले, जो संभवतः अब तक का सबसे ख़राब मूल्यांकन है। हालाँकि, सम्मेलन पांच दिनों का था, लेकिन वह एक दिन उसके लिए महत्त्वपूर्ण था और सलाहकार ने सचमुच उसकी धज्जियाँ उड़ा दीं। उसे ऐसे कठोर और रूखे सलाहकार का कभी सामना नहीं करना पड़ा था। उसे ऐसा लगा मानो उसकी पीठ में चाकू घोंप दिया गया हो। जाहिर है, विक्रेता की यह प्रतिक्रिया पूरी तरह से अनुचित थी, खासकर यह देखते हुए कि कार्य सत्र के दौरान हम सभी अपने मोबाइल फोन का उपयोग नहीं करने पर सहमत हुए थे। बावजूद इसके विक्रेता पर कोई फ़र्क़ नहीं पड़ा और मोबाइल फोन का इस्तेमाल जारी रखा। विक्रेता को अभी भी लगा कि उसके साथ पूरी तरह से अन्याय किया गया है, जबकि उसे केवल उसी तरीक़े से दंडित किया गया, जो किया जा सकता था : पूर्ण निष्क्रियता के माध्यम से। मैंने बाद में उस विक्रेता को फोन किया और उससे इस बारे में बात की। उसने स्वीकार किया कि यह उसका एक चंचल भरा व्यवहार था और उसने इसके लिए माफी मांगी।

निष्कर्ष : यदि आपके पास हरे रंग के लोगों के व्यवहार के बारे में कोई टिप्पणी है, तो सुनिश्चित करें कि आप इसे प्रस्तुत करने के तरीक़े में सावधान रहें। उदाहरण के लिए, यदि इसमें आलोचना भी शामिल है, तो आपको इसे निजी तौर पर व्यक्त करना चाहिए। सुनिश्चित करें कि आप जिस व्यक्ति से बात कर रहे हैं, वह समझता है कि आप अभी भी उसे पसंद करते हैं, लेकिन आपको विश्वास है कि यदि वह कुछ चीज़ें बदलता है, तो वह और समूह (कार्य टीम, खेल टीम, परिवार, संघ) बेहतर कार्य करेंगे। उससे यह न पूछें कि वह इस व्यवहार के बारे में क्या कर सकता है; बस उसे कुछ विशिष्ट चीज़ें करने के लिए कहें। हो सकता है कि वह जानता हो कि क्या करना है, लेकिन हमेशा की तरह, वह किसी चर्चा का नेतृत्व नहीं करेगा, आपको ही आगे बढ़कर चर्चा को चलाने की आवश्यकता होगी।

'यह पहले बेहतर था, अब उससे भी अधिक बेहतर'

जब मैं बदलाव के बारे में बात कर रहा हूँ, तो समूह में हर उस व्यक्ति को खड़े होने के लिए कहना, जो बदलाव से डरता है, मेरी पसंदीदा गतिविधियों में से एक है। हो सकता है, कभी-कभी कोई दूसरा खड़ा हो जाएगा, लेकिन यह अधिक सामान्य है कि दूसरा कोई हिलता नहीं है।

क्यों? क्योंकि हम सभी समझते हैं कि यदि हमें दुनिया के साथ चलना है, तो परिवर्तन अपरिहार्य और आवश्यक है। कुछ लोग स्वीकार कर सकते हैं कि उन्हें परिवर्तन पसंद नहीं है, लेकिन यह अवलोकन केवल बौद्धिक स्तर पर है। और इसलिए हम सभी चुपचाप अपनी सीटों पर बैठे रहते हैं और यह दिखावा करते हैं कि यहाँ कोई बदलने वाला या विरोधी नहीं है। और इसके अलावा कोई और खड़ा होता भी नहीं है।

उसके बाद, मेरा दूसरा प्रश्न है, 'कौन सोचता है कि समूह में कोई और व्यक्ति परिवर्तन से डरता है?' अचानक पूरा समूह खड़ा हो जाता है और वे बहुत प्रसन्न होकर चारों ओर देखते हैं। तो बदलाव किसे पसंद नहीं है? उत्तर : 'बाकी सभी लोगों को। और चूंकि वे अन्य लोग ही समस्या हैं, इसलिए मुझे कुछ भी करने की आवश्यकता नहीं है।'

मामला व्यापक है। अधिकांश आबादी का प्रमुख गुण हरा रंग है। यही मुख्य कारण है कि हम परिवर्तन को ख़ुली बांहों से स्वीकार नहीं कर पाते। हर नई चीज़ बुरी होती है, इस सोच को दृढ़ता से हतोत्साहित किया जाना चाहिए।

तीव्र परिवर्तन को स्वीकार करना सबसे कठिन होता है। यह जितना तेज़ है, उतना ही ख़राब है। इसलिए समाज के पहिए जितनी तेज़ी से घूमते हैं, परिवर्तन के सभी विरोधी उतने ही अधिक उन्मत्त हो जाते हैं। हम इसे हर समय नई रिपोर्टों में देखते हैं। पीले और लाल रंग वाले निरंतर परिवर्तन की योजना बनाते हैं, हरे और नीले रंग वाले, जो बहुमत में हैं, पुराने नियमों को बनाए रखने की कोशिश करते हैं। और ऐसे तनाव बढ़ता ही जाता है।

निष्कर्ष : यदि आप चाहते हैं कि हरे रंग वाले लोग परिवर्तन को स्वीकार करें, तो आपको अपने आप को धैर्य की एक अच्छी ख़ुराक से लैस करना होगा। प्रक्रिया को छोटे-छोटे हिस्सों में बांटें और लोगों को मनाने, उनका दिल जीतने और विवरण बताने के लिए कुछ समय अलग से रखें। आपको पूरी प्रक्रिया का

विस्तार से वर्णन करना होगा और चूंकि कोई भी किसी भी प्रकार का नोट स्वीकार करनेवाला नहीं है, इसलिए आपको इसे बार-बार और बार-बार तब तक दोहराना होगा जब तक संदेश उनके घर तक नहीं पहुँच जाता।

समूह को संभावित समाधान का एकमात्र रास्ता महसूस करने का मौका मिलना चाहिए और इसके लिए परिवर्तन ज़रूरी है। एक बार जब यह भावना विकसित हो जाए, तो आप कई बंधनों से मुक्त हो जाएँगे। लेकिन रास्ता लंबा और काम जटिल है। आपको यह जानने की ज़रूरत है कि आप कहाँ जा रहे हैं और आपको ख़ुद को लगातार याद दिलाने की ज़रूरत है कि आप इन सारी परेशानी से क्यों गुज़र रहे हैं। यदि आप लाल रंग वाले हैं, तो हर दिन आप समूह पर अपनी राय थोपने की लालसा से चिर जाएँगे, लेकिन मुझे शायद ही यह समझाने की ज़रूरत है कि यदि आप ऐसा करते हैं, तो आप कंपनी को बंद भी करा सकते हैं। इससे इसमें शामिल सभी लोगों को काफ़ी समय तक कष्ट झेलना पड़ जाएगा। ...

अगर सभी को डूबने से बचाना है, तो किसी को तो कमान संभालने की ज़रूरत पड़ेगी ही

आइए ईमानदार रहें - बाकी सभी चीज़ों से अलग हरे रंग वाले लोगों के व्यवहार में किसी प्रकार का कोई विशिष्ट नेतृत्व गुण नहीं है। खासतौर पर इसलिए क्योंकि नेतृत्व कई तरह के परिवर्तन के बारे में सोचता है। सौभाग्य से, इसका मतलब यह नहीं है कि हरे रंग वाले अच्छे बॉस नहीं हैं - उनमें से कई बेहतरीन हैं - पर ऐसे लोग पेड़ों पर नहीं उगते हैं। वे लाल और पीले रंग वालों की तरह ख़ुद आगे नहीं बढ़ेंगे।

किसी भी तरह की जिम्मेदारी से बचे रहना आरामदायक हो सकता है। मुझे लगता है कि हम सभी में कुछ हद तक आलस्य तो ज़रूर है। किसी भी बात पर सोच-विचार से बचना, निर्णय लेने से कतराना और केवल एक मूकदर्शक बने रहने में आराम तो है, पर सूकून नहीं है। बेशक, यह परिस्थितियों के आधार पर भिन्न-भिन्न होता है, लेकिन हरे रंग वाले लोग आलसपन को एक कला के रूप में विकसित कर चुके होते हैं। वे कोई जिम्मेदारी नहीं चाहते क्योंकि क) अगर कोई किसी निर्णय से सहमत नहीं है, तो इससे संघर्ष हो सकता है या ख) बहुत अधिक अतिरिक्त काम करना पड़ सकता है और यह कभी अच्छा नहीं है। और इसलिए जब तक संभव हो, वे इससे बचते रहते हैं।

जिम्मेदारी उनके लिए बोझिल है, इसे संभालने के लिए आंतरिक शक्ति के साथ-साथ बाहरी प्रेरणा की भी आवश्यकता होती है। लेकिन साथ ही, यह परिपक्वता का एक पैमाना भी है और इसकी शुरुआत अपनी और अपने जीवन की जिम्मेदारी लेने से होती है। हरे रंग (और कभी-कभी कुछ अन्य रंग भी) में ख़ुद को छोड़कर हर चीज़ और हर किसी को दोषी ठहराने की प्रवृत्ति होती है। मैं एक ऐसी महिला को जानता था जिसके पास चीज़ों की एक ऐसी पूरी सूची थी, जिसमें वह हर किसी को कुछ-न-कुछ कारणों से दोषी मानती थी। कारण साफ था, चीज़ें या व्यक्ति उसके अनुरूप नहीं थे। उन्होंने सरकार, विपक्ष, इनकम टैक्स, अपनी नियोक्ता कंपनी, बाजार की स्थिति, अपनी शिक्षा, माता-पिता, पति और बच्चों तक को दोषी ठहराया। कभी-कभी वह मौसम को भी किसी बात के लिए दोषी मान लेती थीं। उसने ख़ुद को छोड़कर हर चीज़ और हर किसी को दोषी ठहराया हुआ था।

इससे उसे क्या हासिल हुआ? उसे स्वयं कोई जिम्मेदारी नहीं लेनी पड़ी। क्योंकि हमेशा कोई अन्य कारक होता था, जो जिम्मेदार होता था, उसे कभी भी अपनी समस्याओं से निपटने और वास्तव में कुछ भी बदलने की ज़रूरत नहीं पड़ी। मुझे याद है कि मैंने उससे यह समझाने के लिए कहा था कि यह कैसे संभव है कि वह अपनी सूची में नहीं थी, लेकिन मुझे संदेह है कि उसे सवाल समझ में भी आया होगा।

यह देखते हुए कि एक हरा व्यक्ति जिस विशाल निष्क्रियता का प्रदर्शन कर सकता है, हम तुरंत समस्याओं में घिर जाते हैं। यदि कोई नाव नहीं चलाएगा या नाव की जिम्मेदारी नहीं लेगा, तो कोई भी प्रार्थना कभी मदद नहीं करेगी। और हरे रंग वाले लोग मदद की प्रतीक्षा में बैठे रह जाएँगे। (आम तौर पर, कोई आता है और मदद करता है; इसलिए, सब कुछ से दूरी बनाने के बावजूद, वे जीवित रहते हैं।)

निष्कर्ष: यदि आप हरे रंग वाले लोगों के एक बड़े समूह के साथ आगे बढ़ना चाहते हैं, तो आपको कमान संभालनी होगी, स्टीयरिंग व्हील पर पकड़ मज़बूत बनानी होगी और, कुछ मामलों में ख़ुद ही ड्राइवर की सीट पर बैठ जाना होगा। किसी कार्य को हल करने के लिए हरे रंग वालों के समूह से पूछना उतना ही अनुपयोगी है, जितना डोंगी पर ब्रेक लगाने का प्रयास करना। जब तक आप उन्हें ट्रैक पर नहीं लायेंगे, वे शुरू ही नहीं होंगे।

मेरे ख्याल से वे बच्चे नहीं थे, वाला दृष्टिकोण काम नहीं करेगा। निश्चित रूप से, वे वयस्क हैं, लेकिन जब निर्णय लेने जैसी बुनियादी चीज़ों की बात आती है, तो वे बच्चे बन जाते हैं। ऐसा इसलिए है क्योंकि वे जीवन में कोई निर्णय न लेने का निर्णय ले चुके थे। तो ऐसे में किसी को अपना पैर तो नीचे रखना ही होगा और निर्णय करना होगा।

यह करें और अभी ही करें। लेकिन साथ ही, इसे धीरे और आराम से करें...।

नीले व्यवहार को अपनाना

आप से कितनी उम्मीदें हैं

शुरुआत से ही हर चीज़ के बारे में सोचना सबसे अच्छा है

नीले रंग वाीले सावधानीपूर्वक तैयारी करते हैं। यदि आपने किसी निश्चित समय पर किसी निश्चित स्थान पर मिलने की योजना बनायी है, तो आप निश्चिंत हो सकते हैं कि वह वहाँ होगा। नीले रंग वालों ने मिलने से पहले सभी चीज़ों के बारे में अध्ययन किया होगा, हर चीज़ का सबसे छोटे विवरण तक विश्लेषण किया होगा और वह विषय से संबंधित किसी भी चीज़ पर चर्चा करने के लिए तैयार होंगे। उनके पास इसके लिए एक वैकल्पिक योजना और एक आकस्मिक योजना भी होगी।

**वह हर चीज़ के बारे में सोचता है,
इसलिए आपको भी ऐसा करना चाहिए**

नीला होना कुछ हद तक सैन्य सेवा करने जैसा है : किसी भी बहाने की अनुमति नहीं दी जाएगी। यदि आपके टायर पंक्चर हो जाएँ, तो आपको इसके लिए तैयार रहना चाहिए। यदि स्पेयर टायर में भी पंक्चर है, तो उसके लिए भी आपके पास एक योजना होनी चाहिए। यदि आप ऐसा कुछ कहते हैं, 'यह तो बस ऐसा ही है' सुनते ही नीले रंग वाले कुछ महत्त्वपूर्ण प्रश्न लेकर आपके सामने खड़े हो जाएँगे, अगली बार जब आप उनसे मिलेंगे, तो आप पर उनका विश्वास डगमगा चुका होगा।

निष्कर्ष : सुनिश्चित करें कि आप दिखा सकें कि आपने अपना होमवर्क कर लिया है और यह अच्छी तरह से तैयार है। उदाहरण के लिए, जब किसी नीले रंग

वाले ग्राहक या नीति निर्माता के पास कोई प्रश्न हो, तो आपको अपने ब्रीफकेस से वही फोल्डर निकालने में सक्षम होना चाहिए, जिसमें उसके उत्तर हों। उत्तर के आगे की बात जानने को कोई बड़ी बात न बनाएँ। उन्हें उससे कुछ भी कम की आशा नहीं थी।

और- सबसे महत्त्वपूर्ण- यदि आपके पास उत्तर नहीं है, तो बस इतना ही कहें। स्वीकार करें कि आप नहीं जानते। स्थिति से बाहर निकलने के लिए कोई बहाना न बनाएँ। जब नीले को सफेद झूठ का पता चल जाएगा - और ऐसा होगा ही - तो आप समूह से बाहर हो जाएँगे। अगले दिन उत्तर के साथ वापस आना सही नहीं है, लेकिन ग़लत बताने की तुलना में यह निश्चित रूप से बेहतर है।

एक कार सेल्समैन जिसे मैं जानता हूँ, आमतौर पर कहता है कि जब वह नीले रंग वाले ग्राहकों से मिलता है, तो उसे शुरू से ही पता होता है कि ग्राहक को कार के एक विशेष मॉडल के बारे में उसकी तुलना में अधिक जानकारी है, क्योंकि एक विक्रेता के रूप में उसके पास नज़र रखने के लिए पचास मॉडल हो सकते हैं। नीले रंग के ग्राहक चीज़ों के बारे में जानने के लिए प्रश्न नहीं पूछते हैं; वे उस बात की पुष्टि करने के लिए कहते हैं, जो वे पहले से जानते हैं। इसलिए कार सेल्समैन अब दिखावा करने की कोशिश भी नहीं करता है। यदि उसे उत्तर नहीं पता है, तो वह इसे स्वीकार करता है और फिर पता लगाता है। नीले रंग वाले ग्राहकों का विश्वास जीतने का यही एकमात्र तरीक़ा है।

हम यहाँ घूमने-फिरने और आराम से रहने के लिए नहीं आए हैं

यदि हम कामकाजी रिश्ते की बात कर रहे हैं, तो यह यहाँ सटीक है। नौकरी पर डटे रहो। सुनिश्चित करें कि आप हाथ में लिए गए काम पर ध्यान केंद्रित रखें। नीले रंग वालों को आपकी व्यक्तिगत प्राथमिकताओं या आप उसकी पसंद की कार, घर, खेल या किसी अन्य चीज़ के बारे में क्या सोचते हैं, जो काम से संबंधित नहीं है, में बिल्कुल भी दिलचस्पी नहीं है। वह वहाँ काम करने के लिए है।

मुझे एक बार याद है कि एक बड़ी कंपनी में एक कार्मिक प्रबंधक के साथ लगभग पांच या छह बैठकों के बाद मुझे लगा कि मैं उसे जान गया हूँ। हम हर बार हाथ मिलाने की औपचारिकता पूरी कर चुके थे और अब तक उसे पता चल गया था कि मुझे अपनी कॉफी कितनी पसंद है। सातवीं मुलाकात में मेरे मन में उनसे यह पूछने का विचार आया कि उन्होंने छुट्टियों में क्या करने की योजना बनायी

है। मुझे नहीं पता कि मुझे अचानक क्या हो गया। यह देखकर पहले तो उन्हें कुछ समझ में नहीं आया और फिर उनकी बेचैन निगाहें पूरे कमरे में इधर-उधर देखने लगीं। मैंने अपनी ग़लती छुपाने के लिए कुछ बकवास बातें कहीं। मैंने उन्हें यह भी नहीं बताया था कि मैंने अपनी छुट्टियों में क्या किया था। लगभग चार मुलाकातों के बाद, उन्होंने मुझे धीरे से बताया कि उन्होंने अपने परिवार के साथ नए साल पर थाईलैंड जाने की योजना बनायी है।

या हमारे रिश्तों के बढ़ने की शुरुआत थी।

निष्कर्ष: काम पर डटे रहें। किए जाने वाले काम की सूची तैयार कर काम करें, तथ्यात्मक मामलों को भी इसमें नोट करें - वैसे काम भी चिह्नित करें, जिन्हें आप नीले रंग वालों के साथ कर सकते हैं। यदि आप पीले रंग वाले हैं, तो अपनी सहजता के लिए काम का एक हिस्सा अलग रख दें। जितना हो सके, सहजता को उतना दूर रखें। अपने आप को एक समय में एक ही काम करने के लिए तैयार करें। अपने आप को याद दिलाएँ कि नीला व्यक्ति शायद ही कभी या कभी नहीं पूछेगा कि चीज़ें कैसी चल रही हैं या आपकी व्यक्तिगत समस्याओं में दिलचस्पी नहीं दिखाएगा। यह भी न पूछें कि व्यक्तिगत स्तर पर उसके लिए चीज़ें कैसी चल रही हैं। यह शब्द ही उसका उत्तर होगा : 'व्यक्तिगत। यह निजी है। दूर रहो इससे।' यदि वह चाहेगा, तो समय बीतने पर वह आपके साथ खुल ही जाएगा। ऐसा नहीं है कि वह आपको पसंद नहीं करता; वह बस पहले काम करना चाहता है। इसे स्वीकार करें और यह आपके लिए अच्छा ही होगा।

किसी प्रकार की दृष्टि आवश्यक नहीं है, आइए हम सब वास्तविक दुनिया में रहें, आपका बहुत-बहुत धन्यवाद

आपके नीले रंग वाले मित्र ऊपर नीले, नीले आकाश में नहीं उड़ रहे हैं। वे ज़मीन पर अपने आलोचनात्मक दिमाग़ का उपयोग करके यह निर्णय लेते हैं कि चीज़ें यथार्थवादी हैं या नहीं। हालाँकि आप सोच सकते हैं कि वे उबाऊ, संदेहास्पद या सर्वथा निराशावादी हैं, जबकि उनका मानना है कि वे केवल यथार्थवादी हैं। यदि आप स्वप्नद्रष्टा या दूरदर्शी हैं, तो वे आपसे जानना चाहते हैं कि वास्तविकता कैसी दिखती है, न कि दुनिया कैसी दिखती है।

मुझे याद है कि एक बार जब मैं बैंकिंग जगत में काम कर रहा था, तो हमारे पास एक किकऑफ कार्यक्रम था और मैं अपनी टीम को इस महान कार्य को करने

के लिए प्रेरित करना चाहता था, जैसा पहले कभी नहीं देखा गया था। मैंने अपना जोशीला भाषण यह कहते हुए समाप्त किया, 'जल्द ही हम सफलता के शिखर पर खड़े होंगे और जिस बाजार पर हमने जीत हासिल की है, उसे हेय दृष्टि से देखेंगे। हम, हम सब, उस पहाड़ के ऊपर होंगे!' यह सुनकर पीले और लाल रंग वाले दोनों और, कुछ हद तक, हरे कर्मचारी मुस्कुराए और उत्साहित हुए, नीले रंग वालों ने केवल एक ही बात कही : 'हम वहाँ ख़ुद के पहुँचने की कल्पना नहीं कर सकते। हम वहाँ तक कैसे पहुँचें?'

पीले रंग वाले चिल्लाए, 'क्या तुम्हारे पास कोई विजन नहीं है?'

और नीले रंग वाले ने उत्तर दिया, 'हमारे पास एक्सेल यानी काम की सूची है।'

यदि कोई योजना कुछ अतरंगी लगती है, तो नीले रंग वालों को उस पर कभी भरोसा नहीं होगा। उसकी भावनाओं से खिलवाड़ करने या उन विचारों को बढ़ावा देने का कोई मतलब नहीं है, जो बहुत अधिक घातक है। आप जो कहते हैं, उसका यथार्थवादी दृष्टिकोण होना आवश्यक है; अन्यथा, आप कहीं नहीं पहुँचेंगे।

निष्कर्ष : इस बारे में सोचें कि आप क्या कहना चाहते हैं और आप नीले रंग वालों को किस बात पर विश्वास दिलाना चाहते हैं। दिवास्वप्न और दर्शन को एक तरफ रख दें। अपनी योजना के बारे में बात करने के लिए आप किस प्रकार की भाषा का उपयोग करेंगे, इस पर पुनर्विचार करना उचित भी हो सकता है। उन सभी प्रेरणादायक भाषणों को छोड़ें जिन्हें पीले और लाल रंग वाले पसंद करते हैं। तथ्यों पर टिके रहें और स्पष्ट रहें।

यदि आपके पास कोई ऐसा विचार है जिसका पहले परीक्षण नहीं किया गया है, तो उचित लक्ष्य निर्धारित करने का प्रयास करें। यह मत कहिए कि आप तीन महीने के भीतर बाजार पर हावी हो जाएँगे या छोटी लीग वाली टीम अब तक अपने सभी मैच हारने के बावजूद चैंपियनशिप जीत जाएगी। वे तुम्हें केवल पागल ही समझेंगे। यदि आपकी स्वयं की प्रोफाइल में पीले रंग वाली है, तो आपको वास्तव में दो बार सोचना चाहिए कि आप नीले रंग वाले के साथ कैसे बातचीत करते हैं। जहाँ तक नीले रंग वालों का संबंध है, आप पहले से ही एक कठिन लड़ाई लड़ रहे हैं। और किसी भी अत्यधिक नाटकीय शारीरिक भाषा से बचने के लिए सावधान रहें, या उन्हें नज़र-अंदाज़ करें।

विवरण : केवल तथ्य ही मायने रखते हैं

नीले रंग वालों के साथ बातचीत करने के लिए बातचीत आवश्यक हैं। यदि आप वास्तव में उन तक पहुँचना चाहते हैं, तो आपको यह सुनिश्चित करना होगा कि आप बहुत सटीक हों। लापरवाही या विवरण की अनदेखी की सराहना नहीं की जाएगी।

लापरवाही के कारण एक से अधिक विक्रेताओं को सेल्स विजिट से बाहर कर दिया गया है - वे सभी बारीक विवरण जानने में विफल रहे थे। और याद रखें कि यह सवाल नहीं है कि किसी विशेष निर्णय के लिए विवरण महत्त्वपूर्ण हैं या नहीं। हो सकता है कि उनका इस मुद्दे से कोई वास्तविक संबंध न हो। लेकिन एक नीले रंग वाला बस इसे जानना चाहता है।

वह भी ठीक-ठीक जानना चाहता है। यदि आपसे पूछा जाए कि किसी विशेष उत्पाद की लागत कितनी है, तो यह न कहें, 'लगभग दस डॉलर।' कहें, 'नौ डॉलर और तिहत्तर सेंट।' यह एक सटीक उत्तर है। नीले रंग वालों को बिना किसी तामझाम के सटीक जानकारियों में अधिक दिलचस्पी होती है। वह बहुत अच्छी तरह से बातचीत कर सकता है, लेकिन वह सटीक लागत भी जानना चाहता है।

निष्कर्ष : अपने आप को अच्छी तरह से तैयार करें। जब आपको लगे कि आप तैयार हैं और आप किसी मुद्दे के बारे में जानने लायक सब कुछ जानते हैं, तो एक बार फिर उस पर गौर करें। सुनिश्चित करें कि आपके पास बिल्कुल हर चीज़ का उत्तर है। स्वीकार करें कि यह व्यक्ति सुरक्षित महसूस करने के लिए अधिक डेटा चाहता होगा। उसे आगे बढ़ने के लिए आवश्यक विवरण दें। यदि कोई और जानकारी हो, तो वह आश्चर्यचकित होगा। लेकिन इस तरह, आप उसे शांत रख सकते हैं और, आप उसके संतुष्ट रह सकने की आशा कर सकते हैं।

गुणवत्ता का कोई विकल्प नहीं है

गुणवत्ता वह है, जो नीले रंग वालों को संचालित करती है। बाकी सब गौण है। वह जिस भी चीज़ पर ध्यान केंद्रित करता है, वह उसकी गहरी इच्छा से उत्पन्न होती है और वह यह कि सब कुछ सही होना चाहिए। यदि नीले रंग वाले को अपना काम सटीक मानक पर करने की अनुमति नहीं दी जाती है, तो वह असंतुष्ट हो जाता है।

इसका इस बात से कोई लेना-देना नहीं है कि वास्तव में किस गुणवत्ता के काम की ज़रूरत है। यह केवल उनके इस विश्वास के कारण है कि चीज़ें हमेशा उचित तरीक़े से की जानी चाहिए।

निःसंदेह, इसमें बहुत अधिक समय लगता है। लेकिन फायदा स्पष्ट है - यदि आप इसे शुरुआत से ही करते हैं, तो आप इसे दोबारा करने से बचेंगे। यह वास्तव में समय बचाने का एक शानदार तरीक़ा है। लेकिन चूंकि नीले रंग वाले घंटों, दिनों या यहाँ तक कि हफ़्तों के संदर्भ में नहीं सोचता है - बल्कि महीनों और वर्षों में भी वह अपने सटीक मानकों के संभावित नकारात्मक पहलू को नहीं देखता है। यदि कोई चीज़ करने लायक है, तो वह सही ढंग से करने लायक है- और इसमें समय लगता है। यह बहुत सरल है।

निष्कर्ष: नीले रंग वाले को प्रभावित करने का प्रयास करते समय अपने काम में विशेष रूप से सावधानी बरतें; अन्यथा, वह आपको लापरवाह और असावधान समझेगा। आपको ख़ुद को अभिव्यक्त करते समय नकारात्मक शब्दों का प्रयोग करने में सतर्क रहें, देखें कि कैसे नीले रंग वाले लोग सिर्फ़ गुणवत्ता पर बहुत अधिक समय खर्च करते हैं। 'सावधानीपूर्वक नियंत्रण,' 'ठीक से निरीक्षण,' 'गुणवत्ता का महत्त्व' जैसे शब्दों का इस्तेमाल करें। बहुत अधिक समय लेने या अनावश्यक विवरणों पर किसी नीले रंग वाले की आलोचना करने से बचें। इसके बजाय, काम के विस्तार पर उनके ध्यान और उनके द्वारा किए गए बेहतर काम के लिए उनकी प्रशंसा करें। नीले रंग वालों को यह समझने दें कि आप गुणवत्तापूर्ण कार्य कर रहे हैं और आप इसका मूल्य समझते हैं।

इसका मतलब यह है कि आपको नीले रंग वाले के साथ किसी भी मीटिंग से पहले बहुत सावधानी से तैयारी करनी चाहिए। वह आपके द्वारा किए गए काम की मेरिट को देखकर आपका मूल्याँकन करता है। इस बात से नहीं कि आप कितने मजाकिया हैं, न इस बात से कि आप किसे जानते हैं, न इससे कि आप उसे किसी फैंसी लंच पर बुलाते हैं या नहीं। यदि आप लापरवाह हैं, तो इसका कोई मतलब नहीं है। जब आप कोई काम पूरा कर लें, तो उसे दोबारा जाँचें। यदि संभव हो, तो तीन बार चेक करें। किसी और से इसे देखने को कहें। तभी आपको इसे अपने नीले सहकर्मी को दिखाना चाहिए।

जब आप किसी नीले रंग के व्यक्ति से मिलें,
तो कैसा व्यवहार करें

नीले रंग वालों की पहल से सहमत होना पार्किंग ब्रेक लगाकर कार चलाने जैसा होगा। आपके काम में चीज़ों को आगे बढ़ाने की सबसे अधिक संभावना है, लेकिन आप केवल एक ही जगह को टारगेट नहीं कर सकते। इसके बजाय, आपको नीले रंग वालों पर पार्किंग ब्रेक को खींचने और हटाने के लिए सही लीवर ढूंढना होगा।

नीले रंग वालों में हर तरह की भावनाएँ होती हैं और वह लोगों की सराहना करता है। यह बस थोड़ा अलग दिखता है। चूंकि नीले रंग वालों की अधिकांश भावनाएँ स्व-निहित हैं, वह थोड़ा निष्क्रिय लग सकता है। बोलने के लिए कोई चेहरे पर कोई भाव नहीं, कोई हावभाव नहीं, कोई भावनात्मक अभिव्यक्ति नहीं। नीले रंग वाले अक्सर अन्य लोगों में दिलचस्पी नहीं लेते हैं और केवल मौजूदा मुद्दे पर ध्यान केंद्रित करते हैं।

यदि हम किसी अकाउंटिंग फर्म में बैठे हैं या कंपनी में किसी महत्त्वपूर्ण समस्या को हल करने का प्रयास कर रहे हैं, तो यह एक अच्छा तरीक़ा है। लेकिन हर बार जब अन्य लोग, विशेष रूप से पीले या हरे रंग के लोग इसमें शामिल होते हैं, तो नीले रंग की दूसरों से अलग होने की प्रवृत्ति समस्या पैदा कर सकती है। उसे बस इस बात का एहसास नहीं है कि अन्य लोग उसी तरह से कार्य नहीं करते हैं। लोग ऐसा महसूस करना चाहते हैं कि वे इस व्यक्ति से जुड़ सकते हैं। वे रोबोट की तरह महसूस नहीं करना चाहते।

निष्कर्ष: उसे याद दिलाएँ कि अन्य लोगों में भी भावनाएँ होती हैं। ऐसे समय के उदाहरण दीजिए जब उसने दूसरे लोगों की भावनाओं को ठेस पहुँचायी हो - जैसे कि जब उसने पड़ोसी के नए घर की सभी खामियाँ बतायी हों। समझाएँ कि उसे हर समय ख़ुद को आलोचनात्मक रूप से व्यक्त करने की ज़रूरत नहीं है। उसे दिखाएँ कि जब दूसरे लोग उनके घर, कार, जीवनसाथी या बच्चों की आलोचना करते हैं, तो उन्हें बहुत बुरा लग सकता है। स्पष्ट रहें और उसे बताएँ कि ईमानदार होना संवेदनहीन होने का बहाना नहीं है और उसे याद दिलाएँ कि यह 'चीज़ों को जैसी हैं, वैसी कह देना' जितना आसान नहीं है। उन्होंने बातें वैसी नहीं कही, जैसी वे हैं। उन्होंने केवल वही कहा, जो उन्होंने किसी निश्चित चीज़ के बारे में सोचा या विश्वास किया।

बता दें कि लगातार आलोचना से शायद ही कुछ हासिल होता है। यह आसान काम नहीं होगा, क्योंकि वह सोचेगा कि आप ग़लत हैं। उसे आलोचना करने और त्रुटियों तथा दोषों को इंगित करने का पूरा अधिकार है। यदि उसे कोई त्रुटि दिखती है, तो वह उसे अनदेखा नहीं कर सकता। आपको बस उसे यह बताना होगा कि उसे बदलाव की ज़रूरत है।

खाली दिमाग़ शैतान का घर होता है

क्या आपने कभी नीले रंग वालों को कोई दिलचस्प कहानी सुनाते हुए सुना है? मान लीजिए कि उसे हाइवे पर एक फ्लैट मिला है। वह यह कहकर शुरू करेगा कि उसकी सोनी की अलार्म घड़ी एक मिनट पहले बजती है क्योंकि उस दिन गुरुवार था और गुरुवार को वह थोड़ी देर तक गरारे करता है - हरे रंग वाले जो दुनिया के सबसे बड़े स्वतंत्र उपभोक्ता-परीक्षण संगठन, कंज़्यूमर्स यूनियन द्वारा पिछले मार्च में जारी बुलेटिन के स्वाद परीक्षण से स्पष्ट रूप से पता चला है कि यह बेहतर है। नाश्ते में दो अंडे और कॉफी शामिल थी। नेस्प्रेस्सो के पास नया रोस्ट है, लेकिन उसे वह अच्छा नहीं लगा। कम-से-कम नौ प्रतिशत फलियाँ क्षतिग्रस्त हो गयीं, जिससे उन्हें यह सोचने पर मजबूर होना पड़ा कि फलियों की संरचना कॉफी के स्वाद को कैसे प्रभावित करती है। फिर उन्होंने अख़बार द न्यूयॉर्क टाइम्स मंगवाया, क्योंकि उन्होंने एक विशेष पेशकश की थी, तीन महीने के लिए 18 प्रतिशत की छूट के साथ। डाकघर में उन्होंने अपने पड़ोसी से, जो न्यूयॉर्क टाइम्स भी पढ़ता है, सितंबर में लॉन की देखभाल करने के सर्वोत्तम तरीक़े के बारे में बात की थी। 'एक दिलचस्प वेबसाइट है, जो विभिन्न प्रकार के शरदकालीन उर्वरकों पर चर्चा करती है, बहुत ही आकर्षक...'

बड़े काम एक दिन में नहीं हुआ करते!

जल्दबाजी केवल कामचोर लोगों के लिए होती है। हम नीले रंग वालों को जल्दी करने के लिए कह सकते हैं, लेकिन यह उनके एक कान से जाता है और दूसरे से निकल जाता है। तेज़ी का अपने आप में कोई अंत नहीं है। अक्सर, जब नीले रंग वाले लोग तनाव महसूस कर रहे होते हैं, तो उनकी गति और भी धीमी हो जाती है, क्योंकि अंत समय में आपके पास ग़लतियाँ करने का समय नहीं होता है। समय लेने वाली समस्याओं से बचने के लिए सावधान रहना बेहतर है।

यह सच हो सकता है, लेकिन कभी-कभी चीज़ें अत्यावश्यक होती हैं, विशेष रूप से हमारे तेज़ी से भागते समाज में - काम पर जाने की जल्दी, काम पर जल्दी, किसी काम से घर जाने की जल्दी। स्कूल में, ट्रैफिक में, सुपरमार्केट में जल्दी करो- हर जगह भागदौड़, सब कुछ अत्यावश्यक है। मैं ऐसे किसी भी प्रकार के व्यवहार को प्रोत्साहित नहीं करता, जिससे तनाव संबंधी बीमारियाँ हो सकती हैं। लेकिन कभी-कभी दौड़ में बने रहने के लिए आपको गति बढ़ानी पड़ती है। बाहर से, नीले रंग वाले बिल्कुल स्थिर हैं। वह इस बात की चिंता किए बिना अपनी गति से काम करता है कि उसके इस तरह काम करने से उसके आस-पास के लोग थक सकते हैं। वास्तव में वे स्वयं दोषी हैं।

निष्कर्ष: शांति से और व्यवस्थित रूप से नीले रंग वाले को बताएँ कि अगले सप्ताह उसे तेज़ गति से काम करने की ज़रूरत है। स्पष्ट रूप से बताएँ कि यह इतना महत्त्वपूर्ण क्यों है। उसे बताएँ कि परियोजना को पूरा करने के लिए आपके पास केवल अड़तालीस घंटे बचे हैं। यह समय बहुमूल्य है और इसका सही उपयोग करना चाहिए। बड़ी तस्वीर की ओर इशारा करें। उसे सही-सही बताएँ कि उसे अभी अपनी प्रवृत्ति के विरुद्ध जाने की ज़रूरत है।

आप दीर्घकालिक योजना पर प्रकाश डालकर आसानी से अपनी बात साबित कर सकते हैं : 'हमें ट्रैक पर बने रहना चाहिए, नहीं तो हम अपनी अगली समय सीमा से चूक जाएँगे।' उदाहरण के लिए, यदि आप अपने घर के रिनोवेशन के बारे में बात कर रहे हैं, तो सब कुछ शुरू करने से पहले सभी से बातचीत करना सहायक हो सकता है। यदि ससुराल वाले चार सप्ताह में आ रहे हैं, तो घर का काम तब तक पूरा हो जाना चाहिए, चाहे कुछ भी हो जाए। गणना करें कि रिनोवेशन के लिए कितने घंटे खर्च किए जा सकते हैं। तय करें कि किन गतिविधियों को प्राथमिकता दी जानी चाहिए। सुनिश्चित करें कि नीले रंग वाले अपने शेड्यूल पर कायम रहे और एक काम पूरा करने के बाद दूसरे काम में हाथ लगाते हुए आगे बढ़ते रहें। अन्यथा, जोखिम यह है कि वह बारीक चीज़ों को चमकाने में पांच घंटे खर्च करेगा- वह समय जो उसके पास नहीं है।

यदि आपके पास दुनिया का सारा समय है, तो यह दूसरी बात है।

'अगर यह किताब में है, तो यह सच होना चाहिए'

'क्या हम अपनी आंतरिक भावनाओं के अनुसार नहीं चल सकते?' यह बात किसी

नीले व्यक्ति से कहने का प्रयास करें और देखें कि क्या होता है। आंतरिक भावना तर्कसंगत विचार के विपरीत है और नीले रंग वालों से अधिक अनजान कुछ भी नहीं हो सकता है।

एक मिनट रुकें : क्या इसका मतलब यह है कि यदि आप नीले रंग वाले लोगों के साथ काम कर रहे हैं, तो आपको कभी भी अपने अंतर्ज्ञान का उपयोग नहीं करना चाहिए? यहाँ तक कि नीले रंग वाले व्यक्तियों के पास भी वह चीज़ होती है जिसे हम छठी इंद्रिय कहते हैं, सही भी हो सकती है। अंतर यह है कि वे इस पर भरोसा नहीं करते, क्योंकि यह निस्संदेह ग़लत हो सकता है। समस्या यह है कि मन की भावना से कुछ भी साबित करना असंभव है। एकमात्र चीज़ जो मायने रखती है, वह तथ्य है। और यहाँ तक कि तथ्य भी पर्याप्त नहीं हो सकते हैं - वहाँ और भी जानकारी हो सकती है, जो सब कुछ बदल देगी!

निष्कर्ष : अपने नीले रंग वाले मित्र को बताए कि यदि उसे सभी तथ्यों के बिना कोई निर्णय लेना है, तो वह अपने मन की बात सुन सकता है। यह किसी नए रेस्टूरेंट में काम करने या ऑर्डर करने पर भी लागू हो सकता है। नीले रंग वालों से स्पष्ट रूप से और जोर देकर बात करें और समझायें कि यदि वह कोई निर्णय नहीं लेता है, तो उसे भूखा रहना पड़ेगा। साबित करें कि अधिक जानकारी की प्रतीक्षा में खाली बैठे रहने के बजाय कुछ करना बेहतर है।

बता दें कि इस स्थिति में अंतर्ज्ञान का उपयोग करना तर्कसंगत है, क्योंकि आपके पास सभी तथ्य नहीं हैं। समझाए कि परिणाम अभी भी अच्छे होंगे - शायद 95.3 प्रतिशत, जो वे हो सकते हैं, लेकिन फिर भी जो भी होंगे, अच्छे होंगे। उसे जोखिम की गणना करने के साथ-साथ आगे बढ़ने में भी मदद करें।

यहाँ कई निर्णय लिए गए

चूंकि नीले रंग वाले लोग दूसरों के फैसले को स्वयं के द्वारा लिए गए निर्णय से कम महत्त्वपूर्ण मानते हैं, इसलिए वहाँ ठहराव उत्पन्न हो सकता है। परिश्रमपूर्वक तथ्य एकत्र करने और सभी उपलब्ध स्थितियों का सावधानीपूर्वक अध्ययन करने के बाद, आप अंततः सत्य के क्षण- निर्णय- पर आते हैं। यह ऐसा जोखिम है कि हर चीज़ में गतिरोध आ सकता है। एक तरफ तो होगा ही... लेकिन दूसरी तरफ भी बच न पायेंगे...

कुछ साल पहले मेरी मुलाकात एक प्रोजेक्ट मैनेजर से हुई, जो एक नई कार ख़रीदना चाहता था। आठ महीनों तक उन्होंने सोलह अलग-अलग मॉडलों का परीक्षण किया। विभिन्न संयोजनों में पचास से अधिक विभिन्न मॉडल : विभिन्न इंजन, बॉडी, ट्रांसमिशन, अंदरूनी भाग, रंग आदि। उसने हर कोशिश की। कपड़े का इंटीरियर हो या चमड़े का। गैस लूँ या डीजल। ऑटोमेटिक या मैनुअल। उन्होंने ईंधन की खपत और मूल्यह्रास पर गणना की और मूल्याँकन के लिए संबंधित कार सेल्समैन को अलग-अलग ग्राफ दिए। काफ़ी सामंजस्य स्थापित करने के बाद, उन्होंने एक वोल्वो वी70 ख़रीदी, जो उस समय देश की सबसे लोकप्रिय कार थी, मैटेलिक सिल्वर में, जो उस समय का सबसे लोकप्रिय रंग था। यह विशेष मॉडल उस वर्ष विभिन्न उपभोक्ता एजेंसियों द्वारा सबसे अधिक परीक्षण की गयी कार थी। इसके बारे में पढ़कर आप सोचेंगे कि उसने वह कार चुनी होगी।

'इतने शोध के बाद आपने सबसे आम, उबाऊ कार क्यों ख़रीदी?' सबने पूछा। 'क्यों नहीं?' उसने जवाब दिया।

आप नीले रंग वालों के निर्णय को सही ठहराने में मदद कर सकते हैं, काट नहीं सकते हैं। उसे पहेली का महत्त्वपूर्ण हिस्सा बतायें। धीरे से ही सही, उसे सही दिशा में या, किसी भी मामले में एक दिशा में ले जाने का प्रयास करें।

निष्कर्ष : इस बात पर ध्यान दें कि निर्णय प्रक्रिया कब थमती है। उदाहरण के लिए, मान लीजिए, दो समान रूप से मज़बूत उम्मीदवारों ने आपकी कंपनी में एक पद के लिए आवेदन किया है। अब तक सब कुछ ठीक चल रहा है। नीले रंग वाला बॉस निर्णायक है, उसने ई-मेल के माध्यम से विस्तृत जानकारी प्रस्तुत की है और सभी को आवश्यक कदमों के बारे में सूचित कर रखा है। प्रक्रिया का अक्षरशः पालन किया गया है।

कुछ करने के लिए, निर्णयकर्ताओं को उम्मीदवारों में से किसी एक के बारे में निर्णय लेने के लिए आवश्यक डेटा प्रदान करें। उसे चुनाव करने के लिए प्रेरित करें। उसे याद दिलाएँ कि समय सीमा नजदीक आ रही है। निर्णय में देरी के दुष्परिणामों को इंगित करें- यदि वह नए कर्मचारी को काम पर नहीं रखेंगे, तो कंपनी के काम की गुणवत्ता प्रभावित होगी। समझाएँ कि हर चीज़ पर ठीक से विचार किया गया है और चाहे वह किसी भी उम्मीदवार को चुने, सभी जोखिम समाप्त हो गए हैं।

अंतिम निष्कर्ष

अब आपके पास कुछ बुनियादी जानकारी है कि आप विभिन्न रंगों के साथ कैसे बातचीत कर सकते हैं, ताकि आप वहाँ पहुँच सकें, जहाँ आप जाना चाहते हैं। पहला कदम दूसरों की आवृत्ति को समझने का प्रयास करना और फिर उनके अनुकूल ढलना है। इस तरह, आप उनका विश्वास जीत लेते हैं और वे आप में ख़ुद को पहचानने में सक्षम हो जाते हैं।

तो मूल नियम यह है कि लाल को लाल व्यवहार से, पीले को पीले से, हरे को हरे से और अंततः नीले को नीले से मिलाएँ। आप सोच सकते हैं कि यह कहने जितना सरल नहीं है। कठिनाई तब आती है, उदाहरण के लिए, यदि आप पीले हैं और आपको नीले रंग को अपनाना है। आपको यहाँ अधिक प्रशिक्षण की आवश्यकता हो सकती है। यह इस बात पर निर्भर करता है कि आप किस रंग के हैं, आपकी आत्म-जागरूकता कितनी मज़बूत है और आप अपने रोजमर्रा के जीवन में किसी विशिष्ट संपर्क के साथ आगे बढ़ने के लिए कितने इच्छुक हैं। आप हमेशा वही कर सकते हैं, जो एडम ने किया था- आप स्वयं को बनाए रख सकते हैं।

अगला कदम व्यक्ति को सामान्य नुक़सान से दूर ले जाने की शुरुआत होगी। जैसा कि आपने देखा, प्रत्येक रंग की अपनी स्पष्ट कमज़ोरियाँ होती हैं। यहाँ नीला रंग पीले को अधिक ठोस बनने में मदद कर सकता है और पीला शायद नीले को ढीला पड़ने और थोड़ा अधिक सहज होने के लिए राजी कर सकता है।

घिसे-पिटे लगने वाले जोखिम के बावजूद यह सब एक साथ काम करने के बारे में है, बीच में एक-दूसरे से मिलने के बारे में है। आप यह पहले से ही जानते थे, लेकिन अब आप जानते हैं कि यह कैसे करना है।

13

बुरी ख़बरों को कैसे कहें

अपने मन की बात कहने की चुनौती

दुनिया में ऐसा कौन है, जिसे बुरी ख़बर की प्रतीक्षा होती है? किसी को भी नहीं। फिर भी, हम में से हर कोई कभी-न-कभी इनका सामना ज़रूर करता है। इन बुरी ख़बरों को कहने के लिए भी हमें कुछ हिम्मत की ज़रूरत पड़ती है। हमारे आस-पास की दुनिया में, कुछ भी अप्रत्याशित हो सकता है और कभी-कभी किसी को कुछ नकारात्मक के बारे में सूचित करने के लिए आप को भी भारी परेशानियों से गुज़रना पड़ता है। लाल रंग वाले समाचार सुनाने में सबसे अच्छे होते हैं, हालाँकि उसे कोई सुनना नहीं चाहता। बड़ी असंवेदनशीलता से वे बस बाहर आते हैं और इससे पहले कि आप अपनी कॉफ़ी में दूध डालें, वे कहते हैं कि आपको निकाल दिया गया है, उनके लिए इसमें क्या मुश्किल है? नहीं, बिलकुल नहीं। अभी-अभी वह हाथ में लिए काम को पूरा कर चुका था और कॉफ़ी पीने जा रहा था।

लेकिन बेशक, बुरी ख़बरों के बीच भी अंतर पाए जाते हैं। व्यक्तिगत आलोचना करना एक बात है और आपको यह बताना दूसरी बात है कि अभी-अभी आपकी दादी का देहांत हुआ है। बाद वाली ख़बर हमेशा ही कठिन है और कोई भी उस समाचार को अच्छी तरह से ग्रहण नहीं करेगा। हालाँकि, पहले वाले को ठीक से कहा जा सकता है और इस तरह से समायोजित किया जा सकता है जिससे किसी को इसे सुनना आसान हो जाता है।

अकेले फीडबैक अपने आप में एक बहुत बड़ा विषय है। इसके बारे में सोचकर ही कई लोगों के पेट में दर्द हो जाता है और अपने लीडरशिप प्रोग्राम में मैं जिन लोगों से मिला हूँ, उनमें से अधिकतर को यह क्षेत्र विशेष रूप से कठिन लगता है। फीडबैक देना न केवल कठिन है, बल्कि इसे प्राप्त करना भी कठिन प्रतीत होता है। यह वास्तव में अजीब है, क्योंकि फीडबैक मिलने का मतलब बस वहाँ चुपचाप बैठना और सुनना है। लेकिन जिस किसी ने भी कड़ी आलोचना की है, वह जानता है कि कभी-कभी आप एक शब्द भी बोलने के काबिल नहीं रहते और बाद में वह कमरे से बाहर चला गया है। जब इसे बुरी तरह से डिलीवर किया जाता है, तो आपकी तबियत तक ख़राब हो सकती है।

मैं ऐसे कई अधिकारियों से मिला हूँ, जो फीडबैक देने से अच्छा इसे छोड़ देना मानते हैं। इसे वे अपनी समस्या का समाधान मानते हैं। हम सकारात्मक या नकारात्मक प्रतिक्रिया देना नहीं जानते, इसलिए हम इसे अनदेखा कर देते हैं। मुझे शायद ही यह बताने की आवश्यकता है कि यह एक अच्छा समाधान क्यों नहीं है।

क्या है अपने काम से मतलब रखो, का नकारात्मक पहलू

कई साल पहले, मेरे एक सहयोगी थे, मिकी। वे अपने काम में असाधारण रूप से अच्छे थे। हम सभी में से वही एक ऐसे व्यक्ति थे, जो हमेशा अपने बज़ट के लक्ष्यों को पूरा करते थे। वे हर सेल्स कॉन्टेस्ट में बाजी मार ले जाते थे और ग्राहकों द्वारा भी उन्हें काफ़ी सम्मान दिया जाता था। उसके लिए चॉकलेट के डिब्बे और शराब की बोतलें नियमित रूप से दूर-दूर से गिफ्ट के तौर पर आती थीं।

आप ऐसे सहयोगी के साथ क्या करते हैं? आप यह सुनिश्चित करते हैं कि ऐसे लोग आपको छोड़ कर न जाएँ। कहना आसान है, पर करना मुश्किल। उनके बॉस के रूप में, मैं उनकी कड़ी मेहनत की हमेशा प्रशंसा करता था। तो, एकदिन मैंने उनकी पत्नी को ऑफिस बुलाया और सारी तैयारियाँ कीं। एक शुक्रवार को लंच के ठीक बाद मैंने टीम को कॉन्फ्रेंस रूम में बुलाया। सबके सामने मैंने मिकी को ऊपर स्टेज पर बुलाया और बताया कि हर जगह उनके काम की बहुत सराहना होती है और हम एक समूह के रूप में उन्हें यह दिखाना चाहते हैं कि हम उन्हें अपनी टीम में पाकर कितने ख़ुश हैं। मैंने उनसे कहा कि वे हाफ डे की छुट्टी ले लें और उन्हें पत्नी को रात के खाने के लिए बाहर ले जाना चाहिए, सिनेमा जाना चाहिए और इन सबके बिल का भुगतान करूँगा। यह कुछ साल पहले की बात है, मैंने उन्हें पचास

डॉलर दिए और मूवी के दो टिकट। घर के बाकी काम देखने के लिए दाई पहले से ही व्यवस्थित थी, इसलिए मिकी चले गए। हम और ख़ुश हुए, तालियाँ बजायीं और यह पूरा इवेंट हमारे लिए यादगार बन गयी।

अंत तक मिकी एक शब्द भी नहीं कह पाया।

वह मुझे एक तरफ ले गए और अब तक की सबसे बुरी गालियों में से एक उन्होंने मुझे दी। वह मेरे साथ ऐसा कैसे कर सकते थे? सभी सत्ताईस लोगों के सामने मैं उनके साथ बाहर आया, जो बस खड़े होकर उन्हें देख रहे थे! भयंकर! वह सिर्फ़ अपना काम कर रहे थे। उन्होंने मुझे फिर से कभी ऐसा कुछ नहीं करने का वादा लिया। एक हफ़्ते तक वे मुझसे नाराज रहे।

मिकी हरे रंग वालों में से एक था। क्या इससे आपको कोई सुराग मिलता है?

फीडबैक इम्यूनिटी

फीडबैक देने के कई तरीक़े हैं, चाहे सकारात्मक हो या नकारात्मक, ग़लत तरीक़े से दिए जाएँ या सही तरीक़े से। अब मैं आपके साथ कुछ ऐसे तरीक़े साझा करने जा रहा हूँ जिससे आप उचित रूप से फीडबैक दे सकते हैं। मजेदार बात यह है कि प्रतिक्रिया चाहे सकारात्मक हो या नकारात्मक यह दृष्टिकोण ठीक एक जैसे ही काम करता है। कुछ लोग पहले प्रकार के प्रति प्रतिरक्षित हैं, अन्य बाद के प्रति। मैंने नकारात्मक प्रतिक्रिया पर ध्यान केंद्रित करना चुना है, क्योंकि यह आमतौर पर सबसे कठिन होता है। यदि आप इसे सही सलामत सामने वाले तक पहुँचा देते हैं, तो आप शायद सकारात्मक प्रबंधन कर सकते हैं।

निम्नलिखित सलाह आपके निजी जीवन के लिए ठीक उसी तरह काम करती है, जैसे यह ऑफिस में करती है। केवल एक चीज़ जो आपको जानने की ज़रूरत है, वह यह है कि आपका लक्ष्य किस रंग के लोग हैं। तो हमेशा की तरह आपके द्वारा इस काम की शुरुआत कमरे में कौन-से रंग हैं, इस बात की खोज से होती है। एक बार जब आप ऐसा कर लेते हैं, तो बस आपको काम पर लगना होता है। सामने वाला व्यक्ति आपके द्वारा दिए जानेवाले फीडबैक को ध्यान से सुने और अपने आप में अंतत: परिवर्तन लाए, इसका उद्देश्य यही है। अगर आप सिर्फ़ यह जानते हैं कि कैसे यह काम किया जा सकता है, तो पिछले अध्याय की सभी चुनौतियों, जैसे- दूसरे लोग अलग-अलग रंग वाले लोगों को किस प्रकार देख

सकते हैं, से निपटा जा सकता है। अगला खंड आपको बस यही समझाता है। चाहे आप किसी भी रंग से बात कर रहे हों, बुनियादी तकनीकें सभी रंगों के लिए समान ही होती हैं, लेकिन प्रत्येक मामले में किस तरह से आप व्यक्ति से संपर्क करते हैं, वह इस बात पर निर्भर करेगा कि वह कौन है और वह आपकी प्रतिक्रिया को कैसे ग्रहण करेगा।

अगर आप हिम्मती हैं, तो लाल रंग वालों को फीडबैक कैसे देंगे

अच्छी ख़बर : लाल रंग वालों को नकारात्मक प्रतिक्रिया देने के लिए आपको किसी महान कौशल की आवश्यकता नहीं है। बस आप अपना बचाव कैसे करेंगे, यह आपको आना चाहिए। क्योंकि आप उसे कैसे भी समझाए, कमरे का तापमान बढ़ जाएगा। और आपको सब कुछ बर्दाश्त करना होगा। यदि आप इसके लिए तैयार हैं, तो कोई बड़ी समस्या पेश नहीं होगी। लेकिन अगर लाल रंग वाले आपकी बात का जवाब नहीं देते हैं, तो आपके पास चिंता करने की वजह है। या तो वह आपको अनदेखा कर रहा है, आपकी बातों को भाव नहीं दे रहा, या हो सकता है कि वह गंभीर रूप से बीमार है। लेकिन निम्न परिदृश्य सबसे आम है। इसलिए अपनी टोपी को संभाल कर रखें।

चीज़ें गिफ्ट रैप न करें

मुझे एक चीज़ यहाँ बिलकुल स्पष्ट कर लेने दें, जब आप किसी लाल रंग वाले की आलोचना कर रहे हों, तो किसी भी प्रकार के बनावटी बातों से बचें। बिलकुल सीधी बातें कहें। यहाँ तक कि अपनी आलोचना से लाल रंग वाले को चुनौती देना भी बहुत मुश्किल है, क्योंकि लाल रंग वाले हमेशा मानते हैं कि वह सही है और आप ग़लत हैं।

कई साल पहले, मैंने विक्रेताओं के एक समूह के साथ लाल रंग वाले लोगों के व्यवहार पर चर्चा की थी, जिनमें से अधिकांश पीले रंग के थे। वे बहुत जल्दी समझ गए कि लाल रंग वालों का व्यवहार क्या है और उस समय जो सबसे करीबी लाल व्यक्ति उनके दिमाग़ में आया, वह था उनका बॉस, सेल्स डायरेक्टर। उन्होंने उसे गंवार, एक बुरा श्रोता, पूरी तरह से असंवेदनशील, जोड़-तोड़ करने वाला, अविश्वसनीय, अक्सर ख़राब मूड में रहने वाला, बहुत जल्दबाजी में काम लेने

वाला, साथ ही चापलूसी पसंद का एक पूरा पैकेज बताया। विक्रेताओं का समूह गंभीर रूप से चिंतित था, क्योंकि उन्हें संदेह था कि वह अपने कर्मचारियों से घृणा करता था। ज़रूर, उन्होंने भी बहुत इतना सब कुछ पाने के लिए बहुत मेहनत की होगी और इसके लिए सभी विक्रेता उनका सम्मान करते थे। लेकिन चूंकि उन्होंने विक्रेताओं से कभी-कभी विचार भी मांगे और फिर कुछ भी ऐसा करने के लिए आगे बढ़े, जो उनके अपने एजेंडे के अनुरूप नहीं था, हालाँकि वे कभी भी कहीं नहीं पहुँचे। इसके अलावा, उन्होंने जो कुछ भी किया, उस पर भरपूर नियंत्रण रखा, यही कारण था कि उसने इतनी मेहनत की, वह सब कुछ पा सका। पूरी स्थिति परेशान करने वाली लग रही थी और अगर कुछ नहीं किया गया, तो पूरी सेल्स टीम जल्द ही बिखर सकती थी।

मैंने सेल्स डायरेक्टर को बुलाया और समझाया कि समूह के लोग क्या कह रहे थे। उन्होंने बिना कोई बड़ी चिंता दिखाए, बात को बढ़ती हुई रुचि के साथ सुना। लेकिन उनका रिएक्शन दिलचस्प था। एक बार जब मैंने उन्हें समझाया था कि उनके बीस प्रोडक्ट की बिक्री सबसे महत्त्वपूर्ण है, ये वो संसाधन हैं, जो उसके अपने व्यक्तिगत लक्ष्यों तक पहुँचने के लिए है, वह बुरी तरह गुस्सा गया और बिल्कुल ही असंवेदनशील और आक्रामक तरीक़े से अनाप-शनाप बोलने लगा और कहा भी कि यह तो थोड़ा ही है। यह मेरे बारे में नहीं है। यह उनकी अक्षमता है, जो उनके सामने समस्या बनी हुई है। अगर उन्होंने कड़ी मेहनत की और बेहतर काम किया, तो मुझे उनके पीछे लगने की ज़रूरत नहीं पड़ेगी।

जब मैंने समझाया कि उनकी अधीरता समूह को तनाव दे रही है और बिक्री प्रतिनिधियों को उनके काम में असुरक्षित बना रही है, तो उन्होंने जवाब दिया कि यह उनकी ग़लती नहीं थी। पीट के लिए अधीरता कमज़ोरी नहीं, बल्कि एक ताक़त थी! अगर वे भी अपने पैरों को वैसे ही घसीटते, जैसे इस कंपनी में हर कोई कर रहा था, तो कुछ नहीं होता, सब वहीं का वहीं धरा रह जाता। अगर वे अपनी गति को थोड़ा बढ़ाने की जहमत उठाते, तो हो सकता है कि बाद वाले शांत हो जाते और इतना आक्रामक नहीं होते। लेकिन समस्या वास्तव में वह नहीं थे, ये तोवे थे।

बहुत ठोस उदाहरण दीजिए

जैसा कि लाल रंग वालों के मामले में अक्सर होता है, हर दूसरा कोई ही समस्या का असली कारण माना जाता है। हालाँकि, लाल रंग वाले काम करने में कुशल

होते हैं, वे बलि का बकरा ढूंढने में भी काफ़ी तेज़ हो सकते हैं। प्रतिस्पर्धी तत्वों को हमेशा याद रखें, जो लगातार मौके की ताक में रहता है। इस आदमी तक पहुँचने का मेरा तरीक़ा यह था कि मैं पूरी बात को छोटे-छोटे हिस्सों में बांट दूँ और विशिष्ट कथनों को लोगों के सामने लाऊँ।

उदाहरण के लिए, मैंने समझाया कि जब उसने शुक्रवार की रात नौ बजे, एक विक्रेता को फोन करके एक विशेष ग्राहक के बारे में पूछताछ की, तो उसने एक गरीब आदमी के वीकेंड को बर्बाद कर दिया। यह कहने का कोई मतलब नहीं था कि सेल्स रिप्रेजेंटेटिव घबराया हुआ था, या वह सो नहीं सका, क्योंकि बॉस ने उसे अनदेखा कर दिया था। उनका यह व्यवहार लोगों को कैसा लगा, इसके लिए वह जिम्मेदार नहीं थे। हालाँकि, मैं यह प्वाइंट आउट करने में सक्षम था कि सेल्स रिप्रेजेंटेटिव सोमवार की सुबह काम पर वापस आ जाएगा, जो मानसिक प्रयास के बाद पूरी तरह थक गया था और आशा थी कि फिर वह अपनी क्षमता के अनुसार अपना काम नहीं कर पाएगा। ऐसा हुआ, तो उस दिन कुछ भी नहीं बिक पाएगा। मैंने सेल्स डायरेक्टर को स्पष्ट उत्तर देने के लिए प्रशिक्षित किया, उसके बाद मैं उसके पास यह देखने गया कि उसकी सेल्स टीम बेहतर प्रदर्शन करने में सक्षम हुई है या उसे कोई समस्याए आ रही है। अचानक उनके पास पुनर्विचार का एक विचार आया।

तथ्यों पर टिके रहें

ध्यान में रखने के लिए एक और तरकीब : एक लाल रंग वाले वह व्यक्ति नहीं है, जो दूसरों की भावनाओं में या लोग क्या सोचते हैं, में दिलचस्पी रखते हैं। वह तथ्यों पर ध्यान देना पसंद करते हैं और बिगड़े कामों को ठीक करना पसंद करते हैं। वह ख़ुद को समस्याओं के एक उत्कृष्ट समाधानकर्ता के रूप में देखते हैं। I मैंने बॉस को केंद्र में रखकर टीम का फीडबैक दिया, जो शायद टीम की सफलता की एकमात्र कुंजी थी। मूल रूप से इस फीडबैक ने उसके अहंकार को झकझोर दिया। हालाँकि, उन्होंने ख़ुद को एक अच्छे नेता के रूप में पेश किया और महसूस किया कि समूह का नेतृत्व करने की उनकी क्षमता सेल्स डिपार्टमेंट में प्रभुत्व बढ़ाने में महत्त्वपूर्ण कारक थी।

इसलिए की युद्ध की तैयारी

तो, कदम दर कदम, उदाहरण के बाद उदाहरण, स्थिति दर स्थिति, मैं बॉस के प्रति सेल्स टीम की अवधारणाओं से परिचित होता चला गया। सेल्स डायरेक्टर हर बार विरोध करते और बिना किसी अपवाद के व्यक्तिगत आलोचना के किसी भी कथन के खिलाफ दृढ़ता से तर्क देते। उन्होंने जो किया, वह केवल उनका काम था। मेरे द्वारा दिए गए हर उदाहरण के लिए मुझे एक ही बात दोहरानी पड़ती थी, इससे कोई फ़र्क नहीं पड़ता था कि वे क्या सोचते हैं; जब तक सेल्स रिप्रेजेंटेटिव नहीं समझ जाते थे, उन्हें समस्या रहती ही थी। इसे लेकर उन्होंने हंगामे किए, कसमें खायी और मुझ पर अक्षमता का आरोप लगा दिया। मैंने सोचा, वह मुझे फिर कभी काम पर नहीं रखेगा। मैं सोचता रहा कि मेरे द्वारा किए गए अनावश्यक बातों के बाद कोई भी मुझे फिर से काम पर नहीं रखेगा। ऐसा लगा जैसे इस इंडस्ट्री में मेरा समाप्त पूरा हो गया था।

मैंने उनके गाली-गलौज और बदतमीजी भरे व्यवहार से ख़ुद को अलग कर लिया। मैं अपनी कुर्सी पर झुक कर बैठ गया और तूफ़ान के थमने का इंतजार करने लगा। ऐसी स्थिति में आप जो सबसे बुरा काम कर सकते हैं, वह यह कि आप चीखते हैं, चिल्लाते हैं, मेज पर अपनी मुट्ठी मारना शुरू कर देते हैं। ऐसे समय में किसी भी स्थिति को जीतने के लिए लाल रंग वालों की स्वाभाविक प्रवृत्ति उनपर पूरी तरह से हावी हो जाएगी। वे लंबे समय के लिए नहीं सोच पायेंगे और जीत पर ध्यान केंद्रित करेंगे। वह इस बात को नज़र-अंदाज़ कर देंगे कि हम साथ काम कर रहे हैं और हम कल फिर मिलेंगे। वह इस क्षण का जीतने के लिए उतारू है, भले ही इससे उसे एक रिश्ते की कीमत चुकानी पड़े। वह परिणामों की उपेक्षा करता है, आक्रामकता उसपर हावी हो जाती है और असली संघर्ष शुरू हो जाता है।

लेकिन अगर आप दूसरों का साथ देने से मना कर देते हैं, तो आप लाल रंग वालों के गुस्से को नियंत्रित कर सकते हैं। इसलिए मैं चुपचाप बैठा रहा और अंत में जब वह शांत हो गया, तो मैंने अगले बिंदु पर बात करनी शुरू की, बिना एक भी शब्द कहे यह इंगित करने के लिए कि मैं उसकी शेखी बघारने और बड़बड़ाने के रवैये सहज नहीं था। धीरे-धीरे मैंने उसके आचरण के प्रभाव को उस समूह पर भी देखा। और धीरे-धीरे ही सही, उसे यह एहसास होने लगा कि जब काम के दौरान चीज़ें उसके हिसाब से नहीं चल रही हैं, तो उसे ख़ुद को नियंत्रित करना सीखना होगा। दूसरों के अनुचित मांगों से बचने के लिए उसे अन्य लोगों के साथ-साथ

ख़ुद के लिए भी सहज बनने की ज़रूरत थी, एक सप्ताह बाद डिलीवरी के लिए जानेवाले सामान का इंतजार करने की बजाय आप चाहते थे कि वह इसी हफ़्ते निकल जाए, सिर्फ़ इसलिए कि आप ऊब गए थे, यह मांग अनुचित थी।

आपने जो कहा, उसे सामने वाले से दोहराने के लिए कहें

बाहर से देखने पर यह पूरी घटना शायद एक हिंसक झगड़े की तरह लगती है, लेकिन मुझे पता था कि अगर मैं हिम्मत नहीं हारता, तो मैं वास्तविक रूप से आगे बढ़ सकता था। इसलिए मैंने वही किया, जो मैं लोगों को सलाह देता हूँ। लाल रंग वालों को नकारात्मक प्रतिक्रिया देने की कोशिश कर रहे हर लोग उनसे उसी बात को दोहराने के लिए कहें और पूछें कि हम दोनों में से इसमें से कौन किस बात पर सहमत है।

इसलिए सेल्स डायरेक्टर को विशेष रूप से समझाना पड़ा कि वह भविष्य में कुछ विशिष्ट स्थितियों में बिंदु दर बिंदु कैसे कार्य करेगा। (मुझे ऐसा करने के लिए सीईओ से आदेश मिला था और हम दोनों इससे अच्छी तरह परिचित थे।) वह बौद्धिक रूप से जानता था कि मैं सही था, पर मेरे किसी बात का उन्होंने जवाब नहीं दिया। उन्होंने सूची में कम महत्त्वपूर्ण चीज़ों में से एक को काट दिया, जो यह स्पष्ट रूप से दिखा रहा था कि यह उनकी जीत थी। किसी तरह उसे अभी भी जीतने की ही पड़ी थी।

निष्कर्ष : यदि आप उस दिन ख़ुद को मज़बूत महसूस नहीं कर रहे हैं, तो पहले अपने आप को बहुत अच्छी तरह से तैयार करें और उस दिन लाल रंग वाले को नकारात्मक प्रतिक्रिया देने का प्रयास न करें। आपको आत्मविश्वास से भरपूर होने की ज़रूरत है, इसलिए अपने अवसर का चुनाव सावधानी से करें। लाल रंग वाले हमेशा मन से मज़बूत होते हैं, हमेशा आत्मविश्वास से भरे होते हैं, इसलिए उनके लिए यह मायने नहीं रखता। यदि आवश्यक हुआ, तो वह एक पल की सूचना पर युद्ध में उतर जाएगा। अपने आप को इस संभावना के लिए तैयार करें कि वह कभी भी बाजी पलटने की कोशिश कर सकता है। वह आपको हर चीज़ के लिए जिम्मेदार ठहराएगा, ताकि वह महसूस कर सके कि वही सुपीरियर है।

उसके झांसे में न आए।

यदि आपके पास धैर्य है, तो पीले रंग वालों को प्रतिक्रिया कैसे दें

पीले रंग वाले कई चीज़ों में महान होते हैं। उनकी महान विशेषताओं में एक से एक परिवर्तन के प्रति उनका लगाव है। आदर्श परिस्थितियों में वे हर समय चीज़ों को बदलते रहेंगे। आप सोचेंगे कि फीडबैक स्वीकार करना उन चीज़ों को बदलना शुरू करने का एक तरीक़ा हो सकता है, जिन्हें सुधारने की आवश्यकता है। विशेष रूप से, नकारात्मक प्रतिक्रिया यह पता लगाने का एक शानदार तरीक़ा है कि अपने प्रदर्शन को और उच्च स्तर तक कैसे ले जाया जाए। लेकिन यह पीले रंग वालों के साथ काम करने का तरीक़ा नहीं है।

वास्तव में, यह बिल्कुल भी काम नहीं करता है। जब बदलाव की बात आती है, तो पीले रंग वाले निश्चित रूप से इसके पक्ष में होते हैं, लेकिन शायद ही कभी ऐसा हुआ हो, जब वे स्वयं किसी विचार के साथ आए हों। बाहर से आलोचना हमेशा अच्छी तरह से स्वीकार नहीं की जाती है।

जेन मेरा एक अच्छा दोस्त है और एक शानदार एंटरटेनर है। पर्याप्त मौका दिया जाए, तो ऐसा कोई समूह नहीं है, जिसका वह मनोरंजन न कर सके। उसकी कहानियाँ आम तौर पर शानदार होती हैं और सामान्यत: वह रात के खाने के दौरान आती है, एक के बाद एक चुटकुलों का पूरा सेशन चलता है, जिससे कि हर कोई हंसते-हंसते लोटपोट हो जाता है। एक के बाद एक उनके चुटकुले और बात बेहद मनोरंजक हैं। जेन वास्तव में मजाकिया है, इसमें कोई संदेह नहीं है।

लेकिन यह भी महत्त्वपूर्ण है कि वह कमरे में बाकी सभी पर हावी हो जाता है। किसी को भी एक शब्द बोलने का मौका नहीं मिलता। यदि आप कोशिश करते हैं, तो वह रुक जाता है और आपको बाहर निकाल देता है, क्योंकि वह आपको बातचीत में भागीदार के रूप में नहीं, बल्कि अपने दर्शकों के रूप में देखता है। थोड़ी देर बाद हंसी शांत हो जाती है और चीज़ें असहज होने लगती हैं। हममें से जो जेन को जानते हैं, वे समझते हैं कि यह मंच पर लगातार लोगों को अपनी ओर खींचे रहने की उनकी इच्छा के कारण है, जबकि दूसरों के लिए इस माध्यम से देखने, सुनने और समझने में अधिक समय लगता है।

एक बार एक डिनर पार्टी में बात इतनी आगे बढ़ गयी कि लोग जेन के पीठ पीछे उसके बारे में बातें करने लगे। मुझे उसके लिए बुरा लगा इसलिए मैंने मौके को उसके मूल से पकड़ने का फैसला किया।

एक एजेंडा बनाएँ, इसका पालन करें!

मुझे इसके लिए सबसे पहले ख़ुद को तैयार करना था। जेन के साथ बैठने और मुद्दे के बारे में दिल से बात करने से काम नहीं चलने वाला था। वह पूरी बातचीत को अपने नियंत्रण में ले लेता और मुझे पटरी से उतार देता। इसलिए मैंने उसे कुछ ठोस उदाहरण देने का फैसला किया। मैंने यह भी लिखा कि उसके व्यवहार का लोगों पर क्या प्रभाव पड़ सकता है। और मैंने उसकी सभी आपत्तियों का अनुमान लगाने की सही-सही कोशिश की।

एक बार जेन मेरे बगीचे में मेरी मदद कर रहा था, काम के बाद हम थके हुए और पसीने से तर होकर यार्ड में बैठे थे, हममें से प्रत्येक के हाथ में बियर थी। उसने मुझे अभी-अभी अपनी स्पेन की यात्रा के बारे में बताया था। उसने यह भी बताया कि वह कितना डर गया था, जब एक छोटे से द्वीप पर ले जा रही नाव लगभग पलट गयी थी। (उनकी पत्नी ने मुझे पहले ही बता दिया था कि वे नाव से पहले कभी भी नहीं गए थे। उन्होंने एक छोटा स्थानीय विमान किराए पर लिया था।) लेकिन जैसे ही उसने सांस ली, मैंने मौके का फायदा उठाया।

'जेन', मैंने कहा। हमें एक गंभीर समस्या के बारे में बात करने की ज़रूरत है। तुम बहुत ज़्यादा बातें करते हो। और तुम बातें भी बनाते हो। मुझे पता है कि तुमने अभी जो कहा, वह सच नहीं है क्योंकि मैंने लीना से बात की और उसने कहा कि तुम द्वीप पर नाव से नहीं, उड़ कर आए हो। इसे बंद करना होगा या लोगों के साथ तुम्हारे संबंध ख़राब शर्तों पर समाप्त होने जा रहे हैं।

जेन ने मुझे ऐसे देखा, मानों मेरा दिमाग़ ख़राब हो गया हो। मैं बहुत ज़्यादा बात नहीं करता, उसने आश्चर्यचकित होते मुझसे कहा। और अगर मैंने किया भी, तो यह इसलिए होगा क्योंकि मेरे पास कहने के लिए बहुत कुछ है। मुझे वास्तव में वह समय याद है, जब मैंने उसके चेहरे पर अपना हाथ रखा और तेज़ी से उसके चेहरे पर फिराया। इसने उसे चुप करा दिया। मैं सीधे अपने अगले कदम पर बढ़ गया।

बहुत ठोस उदाहरण दीजिए

'पिछली पार्टी में जब हम साथ थे, तब हम खाने की मेज पर आधे से अधिक समय तक बात ही करते रह गए थे। तब मैंने बीच में उसे रोका था। हम दो घंटे वहाँ रहे और तुमने अधिक समय तक अकेले ही पूरी महफिल संभाले रखी।'

'तुम हंसे,' उसने कहा, अब तुम काफ़ी गुस्सा हो रहे हो।

'शुरू में। हाँ, लेकिन यदि तुम अधिक चौकस होते, तो महसुस करते कि यह शुरुआत में ही था। और बाद में मैंने कई लोगों को तुम्हारे सेंटर स्टेज पर आने के बाद नकारात्मक तरीक़े से तुम्हारे ऊपर अनावश्यक टिप्पणी करते सुना था।'

इससे जेन वास्तव में क्रोधित हो गया। 'कितने कृतघ्न लोग हैं! वहाँ मैं लोगों का मनोरंजन कर रहा था और मुझे इसके बदले में क्या मिला? सिर्फ़ घृणा और टिप्पणी! यह पीठ में छुरा घोंपने के समान है!'

'मैं उनकी बातों का मूल्याँकन नहीं कर रहा हूँ', मैंने कहा, 'लेकिन मैंने देखा कि लोगों को लगा कि आप बहुत अधिक बोल रहे हैं। तुम समझ रहे हो कि मेरा क्या आशय है?'

पीले रंग वालों के लिए संदेश को स्वीकार करना और उन्हें समझना अविश्वसनीय रूप से महत्त्वपूर्ण है। यदि आप किसी समस्या को समझ ही नहीं पाए हैं, तो आपको इसे हल करने की भी आवश्यकता नहीं है। जेन ने क्या किया? उसने व्यंग्य से सिर हिलाया। मुझे लगा कि इतना सब कुछ होने के बावजूद सब कुछ ठीक चल रहा है।

और फिर कुछ बहुत ही अजीब हुआ।

सावधान रहें कि कहीं उसके कान उसके दिमाग़ से न जुड़े हों

'मैं समझता हूँ कि तुम ऊब गए थे', उसने कहा। 'तुम ठीक कह रहे हो। मैंने जितनी भी बातें कीं, उनमें से कुछ पुरानी कहानियाँ हैं, जिन्हें मैं कई बार बता चुका हूँ। मुझे ख़ुद को इस तरह से बातों को दोहराना बंद करने की ज़रूरत है।'

मैंने निराशा में सिर हिला दिया। वह पूरी तरह से अपनी बातों से चूक गया था।

मैंने कहा, 'तुम्हारी कहानियों में कुछ भी ग़लत नहीं है। तुम्हें बस उसे कुछ कम करने की ज़रूरत है। तीन कहानियों का चुनाव करो। उन तीन में से दो को छोड़ दो। समस्या यह है कि तुम बहुत ज़्यादा बोलते हैं, यह नहीं कि तुम ख़ुद को कई बार दोहराते हो। तुम्हें टेबल के आस-पास मौजूद अन्य सात लोगों को भी बोलने का मौका देना है।'

लेकिन वह मेरी बातों को नहीं सुन रहा था; उसने मुझे यह जाँचने के लिए कि क्या मैंने इसे पहले सुना है, एक नई कहानी सुनानी शुरू कर दी। मुझे फिर से उसे समझायी गयी पूरी बात दोहरानी पड़ी।

समझाएँ कि आप उसे केवल उसके व्यवहार से नापसंद नहीं करते हैं

पीले रंग वाले लोगों की आलोचना करना कठिन है, क्योंकि वे चीज़ों को व्यक्तिगत रूप से ले लेते हैं। समय-समय पर सब कुछ आइसक्रीम की तरह नहीं होता, जो जम जाए, या फिर कुछ ऐसा कि जिससे हर समय छींटे पड़ते हैं, तो कहीं न कहीं कोई समस्या ज़रूर होगी। कहने का मतलब यह है कि हम बातों को अनदेखा नहीं कर सकते हैं, हाँ ये अलग बात है कि आप उन बातों को कैसे स्वीकार करते हैं। वे समझते हैं कि आप अचानक उनके दुश्मन बन गए हैं। और जेन ने उसी तरह से प्रतिक्रिया व्यक्त की। वह मुझसे कई इंच पीछे हट गया, जो एक स्पष्ट संकेत था कि वह उदास और परेशान हो गया था। इसलिए मैंने वही किया, जो तुम छोटे बच्चों के साथ करते हो : मैंने समझाया कि वह अभी भी मेरा दोस्त है, शायद मेरा सबसे अच्छा दोस्त और मुझे लगा कि वह वास्तव में मजाकिया है। मैं उससे केवल एक चीज़ चाहता था, वह यह कि वह बकबक को थोड़ा-सा कम कर दे। वह अभी ज़रूरत से ज़्यादा बोर हो गया था। मैंने उसे कम-से-कम दस बार कहा कि मैं उसे बहुत पसंद करता हूँ।

दुर्भाग्य से, वह एक बहुत बुरा श्रोता निकला, इसलिए मुझे उसे उन सभी मजेदार चीज़ों की याद दिलानी पड़ीं, जो हमने एक साथ की थी और मैं उसकी बहुत परवाह करता था। मैंने उसकी थोड़ी चापलूसी की और उसे उसके पसंद की नई कार लेने पर बधाई भी दी। मैंने तो बस उससे थोड़ी हंसी-मजाक की थी। थोड़ा-थोड़ा करके वह पिघलना शुरू हो गया और उसकी रक्षात्मक शारीरिक भाषा में थोड़ी कमी हो गयी।

अपने आप को एक मज़बूत रक्षा तंत्र, विशेष रूप से लोगों का शिकार बनने के लिए तैयार करें

लेकिन वह भी काफ़ी नहीं था। जेन कुछ खास तरह की टिप्पणियों के साथ वापस आया- 'कोई भी मुझे पसंद नहीं करता,' 'हर कोई बहुत अधिक मनोरंजक है,' 'मुझे लगा कि तुमने भी सोचा कि मैं मजाकिया हूँ।' यह सभी सामान्य अनुभवों के

अतिरिक्त था, पर निश्चित रूप से : वही केवल पार्टी को चला रहा था। बाकी सब शांत और उबाऊ थे। एक अंतर्मुखी व्यक्ति के बारे में क्या मनोरंजक हो सकता था? और इससे बहुत ज़्यादा बात करने में कैसी समस्या थी? इसके उलटे अगर देखें, तो यह वास्तव में एक बहुत अच्छी गुणवत्ता थी। मैंने उसे बताया कि उसके प्रदर्शन ने दूसरों के बोलने या भाग लेने के लिए कोई जगह ही नहीं छोड़ी थी।

एक बेहतर उदाहरण है : एक अन्य डिनर पार्टी में, जेन की पत्नी लीना से पांच अलग-अलग मौकों पर एक सवाल पूछा गया और जेन ने बिना झुंझलाए हर बार उसका जवाब दिया था। अंत में, यह बहुत हास्यास्पद साबित हुआ था। जेन को छोड़कर सभी ने इस पर गौर किया। लीना ने पूरी तरह से बात करना बंद कर दिया।

'लेकिन उसने जवाब देने में इतना समय लगा दिया! और मुझे जवाब पता था!' उसे कुछ समझ नहीं आया। या उसने जानबूझ कर ख़ुद को धीमा कर लिया।

जिस व्यक्ति से आप सहमत हैं, उसे दोहराने के लिए कहें और जितनी जल्दी हो सके, उसका पालन करें

ऐसा करना मुश्किल है, लेकिन कहना आसान है। दोनों बार जब हम बातचीत के ठीक बाद मिले, तो वह सावधान था। एक समय वह पूरी पार्टी के दौरान खामोश रहा। ज़रूर, यह उनके दुख को प्रदर्शित करने का एक बचकाना तरीक़ा था और यह स्पष्ट रूप से साफ था कि उसकी हताशा फूट कर बाहर निकलने वाली ही थी। उसे बात नहीं करने देना, उसके लिए ऑक्सीजन न देने जैसा था। और जिस बात ने उसे सबसे ज़्यादा चिढ़ाया, वह यह कि मेज के आस-पास किसी ने भी उससे नहीं पूछा कि वह कुछ क्यों नहीं कह रहा है। क्या वे यह नहीं देख सकते थे कि वह इसी खातिर यह तमाशा कर रहा है?

क्या हुआ कि उसकी पत्नी अधिक बोलने लगी और लोगों से बातचीत करने लगी व लोगों ने वास्तव में उसके साथ बातचीत का आनंद लिया क्योंकि वह उसके साथ किया गया वार्तालाप बहुत सुखद था।

थोड़ी देर बाद जेन अपने सामान्य रूप में वापस आ गयी। यह माहौल को सामान्य करने का सबसे आसान तरीक़ा था। उसे चुप रहने से कोई सीधा फायदा नज़र नहीं आ रहा था। पर लीना फिर अचानक चुप हो गयी। जेन के मामले में मैंने उसके व्यवहार को बदलने की कोशिश करने से ज़्यादा अपनी दोस्ती को महत्त्व

दिया। मैंने फिर कभी इस मुद्दे को नहीं उठाया, लेकिन कभी-कभी जेन के पास जाने से परहेज भी किया। मुझे बस उससे आराम चाहिए था। अगर वह एक दोस्त के बजाय एक सहकर्मी होता, तो मैं यह सुनिश्चित करने के लिए कई बार उसे फॉलो करता कि वास्तव में उसने ख़ुद में कोई बदलाव किया है या नहीं।

निष्कर्ष : उसके लचीलेपन और रचनात्मकता के बावजूद पीले रंग वालों को बदलना वास्तव में सबसे कठिन है। वे सुनते नहीं हैं और केवल उन परिवर्तनों को लागू करते हैं, जिनके बारे में उन्होंने स्वयं सोच रखा है। आपको जो करने की आवश्यकता है, वह यह कि उनके अहं का जितना समर्थन कर सकते हैं, करें। जितना आप सहन कर सकते हैं, करें और उसके शब्दों को वापस उसी के पास पहुँचा दें।

यह याद रखने योग्य है कि उनके लिए छोटी-छोटी यादें भावनाओं पर बड़ी कठिन मालूम पड़ती हैं। हालाँकि आलोचना करने पर उन्हें बुरा लगता है, लेकिन वे जल्द ही भूल भी जाते हैं। वे हर उस चीज़ को दबा देते हैं, जो कठिन या अप्रिय है। तो अगर आप सिर्फ़ बीच-बीच में कुछ आंसुओं के साथ दर्द और कराहों का सामना कर सकते हैं, तो आप अपने लक्ष्य की ओर बढ़ते रह सकते हैं। उस परिवर्तन को प्राप्त कर सकते हैं, जो आप दोनों को अच्छा लगेगा।

धैर्य और दृढ़ता के साथ, आप अंततः सफल होंगे।

हरे रंग वालों को प्रतिक्रिया कैसे दें, ऐसा करने से पहले दो बार सोचें

यह वह खंड है जिसे मैं छोड़ना चाहूँगा। क्यों? ऐसा आप सोच रहे होंगे। एकदम सरल है। हरे रंग वालों की आलोचना उनके साथ क्रूरता के समान है। वे बुरा महसूस करेंगे, सब कुछ बंद करेंगे और वहाँ से निकल जाएँगे। सामान्य तौर पर, उनका अहंकार कमज़ोर होता है और अक्सर वे बहुत आत्म-आलोचनात्मक हो जाते हैं। आप इस बोझ को और भी बढ़ाना नहीं चाहते।

यह ध्यान रखना महत्त्वपूर्ण है कि आत्म आलोचनात्मक होने और ख़ुद को बदलने तथा आत्म आलोचनात्मक होने और इसके बारे में कुछ न करने के बीच बड़ा अंतर है। हरे रंग वाले कई लोग जीवन भर इस चाह में घूमते रह जाते हैं कि चीज़ें अलग हों, जीवन में कुछ बदलाव हो। लेकिन उनके पास शायद ही इसके

बारे में कुछ करने की इच्छाशक्ति होती है। इसलिए वे असंतुष्ट रहते हैं। कभी-कभी मुझे लगता है कि यह अपने आप में एक प्रकार का अंत है, संतुष्ट नहीं होना। यह ध्यान आकर्षित करने, कुछ प्राप्त करने का एक तरीक़ा है। मैं बहुत से हरे रंग वालों को जानता हूँ, जो कुछ भी करने से इनकार करके परिवार में हर किसी को और सब कुछ को नियंत्रित करते हैं। मनोवैज्ञानिक इसे निष्क्रिय आक्रामकता मानते हैं, जो उनके मुताबिक एक बहुत ही उपयुक्त अभिव्यक्ति है।

हालाँकि, यदि आप किसी हरे रंग वाले को फीडबैक देना चाहते हैं, तो यहाँ कुछ तरीक़े दिए गए हैं, जो आपके पक्ष में काम कर सकते हैं। फीडबैक देना शुरू करने से पहले सुनिश्चित करें कि आप वास्तव में ऐसा करने के लिए प्रतिबद्ध हैं।

ठोस उदाहरण दें और उदारवादी दृष्टिकोण का उपयोग करें

बेशक, व्यवहार में थोड़ा कड़ा होना हमेशा अच्छा होता है। यहाँ अंतर यह है कि एक हरा रंग वाला वास्तव में आपकी बात सुनता है, जो पिछले दोनों रंगों ने नहीं किया। एक हरा रंग वाला ध्यान से सुनता है कि आप क्या कह रहे हैं और ऐसी बातें जो उसके हिसाब से अच्छी नहीं हैं, वह उसे नापसंद करता है। लेकिन आपको थोड़ा कड़ा होना होगा और आप इसे उसी तरह से कर सकते हैं, जैसे- लाल रंग वालों के साथ, लेकिन विपरीत तरीक़े से।

हालाँकि लाल रंग वालों को यह बताना काम नहीं करता है कि आप उसके व्यवहार के कारण बुरा महसूस करते हैं या यह कि उसके द्वारा किए गए किसी काम के कारण दूसरे लोग कितना असहज महसूस करते हैं, ठीक यही बात यहाँ सबसे अच्छा काम करती है। हरा रंग वाला व्यक्ति एक संबंधपरक व्यक्ति है और वह कभी किसी का अपमान करना पसंद नहीं करता है। यह चालाकी भरा लग सकता है, लेकिन अगर उनके व्यवहार का एक निश्चित रूप आपको दुखी, क्रोधित, या आम तौर पर निराश करता है, तो कहें कि यह आपको ठीक नहीं लगा। एक हरा रंग वाला व्यक्ति आपके मूड को भांप लेगा और वह अपने व्यवहार को थोड़ा सुधारेगा! इसके बाद आप जो कहना चाह रहे हैं, उसे बताएं, यदि आप इसके बारे में ईमानदार होने का साहस करते हैं, तो आप भयभीत नहीं होंगे।

सभ्य बनो, लेकिन पीछे मत हटो

यह फिर से स्पष्टता के बारे में है। यदि आपमें थोड़ी-सी भी मानवता है, तो आप देख पायेंगे कि जितना अधिक आप हरे रंग वालों की नकारात्मक आलोचना करते हैं, उतना अधिक वे लोगों से अलग होते जाते हैं। यदि आप अपने साथी से कहते हैं कि टेलीविजन के सामने बैठकर खाली खेल देखने की उसकी निरंतर आदत, जैसे कि फुटबॉल देखना, उसे पूरी तरह से उपेक्षित और अप्रिय बना देती है। आप तुरंत देखेंगे कि इस फीडबैक का उसके ऊपर कितना असर होता है। लेकिन फिर यह महत्त्वपूर्ण होगा कि आप अपने बयान से पीछे न हटें और न ही उसमें किसी तरह का परिवर्तन लाएँ, जैसे- आप यह न कहें कि 'कोई बात नहीं, शायद यह उतना बुरा नहीं है,' या 'मेरे पास अभी भी कुछ प्रोजेक्ट हैं, जिन पर मैं काम करना चाहता हूँ, जब आप आराम कर रहे हों।' स्पष्ट होने का साहस करें और सीधे मुद्दे पर जाएँ।

आपको बस अपना संदेश सही तरीक़े से देने की ज़रूरत है। स्पष्ट रूप से, लेकिन धीरे से। किसी के कंधे पर एक हाथ रख देना इस बात का संकेत देने के लिए पर्याप्त हो सकता है कि 'हम अभी भी दोस्त हैं, लेकिन जब आप ऐसा करते हैं या बिगड़ते हैं, तो मुझे समस्या होती है।'

हरे रंग वालों की प्रतिक्रिया से निपटें, 'आप सही कह रहे हैं, मैं बहुत बेवकूफ़ हूँ!'

संपूर्ण तुष्टीकरण। एक हरे रंग वाले को जब आप यह बताते हैं कि आप उसके व्यवहार के बारे में कैसा महसूस करते हैं, तो जो प्रतिक्रिया आपको मिले, वह शायद पीले रंग वाले लोगों के ख़ुद को कुर्बान कर देने के बावजूद न हो पाए। यह व्यावहारिक स्तर पर भिन्नता को प्रदर्शित करता है। एक हरा रंग वाला ख़ुद पर हर तरह की बेवकूफ़ी का आरोप लगाते हुए स्वयं को साष्टांग प्रणाम करेगा। अक्सर ऐसी टिप्पणियाँ सुनने को मिलेंगी, जैसे 'मैं फिर कभी ऐसा नहीं करूँगा।' गंभीर फीडबैक कभी-कभी अपरिहार्य होता है और आंसू तक बह सकते हैं। हरे रंग वाले ख़ुद को अक्सर अतिरिक्त तर्कों के साथ पेश करते हैं, जैसे कि उन्हें समझ में नहीं आता कि वे बेकार और मूर्ख क्यों हैं। वे हफ़्तों बाद आपकी उपस्थिति में घुटने टेक देंगे और आपको हर तरह के तरीक़ों से शांत करने की कोशिश करेंगे, जिसका इस मुद्दे से कोई लेना-देना नहीं है।

मैंने एक आदमी के बारे में एक कहानी सुनी थी, जिसे उसकी पत्नी ने बताया था कि वह वास्तव में इस बात से नफरत करती है कि हर शाम उसका पति वीडियो गेम खेलने के लिए एक निश्चित समय बिताता था। जबकि उसका पति यह स्वीकार कर रहा था कि यह बचकाना, अनावश्यक और महंगा है। (उसने खेल को अपग्रेड व अपडेट करने में काफ़ी पैसा खर्च किया था।) उसने पत्नी की ज़रूरतों के प्रति अधिक चौकस रहने का वादा किया। उसने अपने निराशाजनक व्यवहार के अलावा सब कुछ और उससे भी अधिक करने का वादा किया। अगले छह महीनों में, पत्नी के शाम को घर पहुँचने से पहले वह खाना पकाने के लिए काम से जल्दी घर चला जाता। वह सप्ताह में एक बार उसके लिए फूल ख़रीदता था और उसके बिना कहे ही उसके पैरों की मालिश करता था।

बहुत प्यारा और बहुत सराहना योग्य था उसका पति, सिवाय इसके कि उसने वास्तव में वह नहीं किया, जो उसने उससे कहा था, अर्थात् कंप्यूटर गेम खेलना बंद कर दो। उन्होंने उस विशेष फीडबैक को स्वीकार करने से इंकार कर दिया था। आखिरकार, उसने कभी गेम खेलना छोड़ने का वादा तो किया नहीं था।

निश्चित रूप से यह स्पष्ट कर लें कि व्यवहार समस्या है, व्यक्ति नहीं

पीले रंग वालों के लिए हरे रंग वालों के साथ पेश आना छोटे बच्चों के साथ व्यवहार करने जैसा है, डैडी आपसे प्यार करते हैं, स्वीटी, लेकिन क्या आप कृपया सोफे पर आइसक्रीम खाना बंद कर सकते हैं? जोखिम यह है कि ऐसे जगहों पर नकारात्मक प्रतिक्रिया उस व्यक्ति के साथ आपके संबंध को ख़राब कर देगी। लेकिन आप इस समस्या को आसानी से कुशलतापूर्वक हल कर सकते हैं, अच्छी ख़बर और सकारात्मक फीडबैक उस व्यक्ति के पास जल्दी से लाकर। इस मामले में, केवल यह कहना पर्याप्त नहीं है कि आप केवल एक समस्यात्मक मुद्दे को लेकर चिंतित हैं। आपको कुछ ऐसा करके दिखाना होगा कि आप किसी तरह से उसे हानि पहुँचाने की योजना नहीं बना रहे हैं। आप जो कहते हैं, उससे नहीं, बल्कि आप जो करते हैं, उससे उसे आश्वस्त होना चाहिए।

व्यक्ति से उस बात को दोहराने के लिए कहें जिस पर आप सहमत हैं और उसका पालन करें!

मैंने देखा है कि हरे रंग वाले लोग कभी भी इस बात को नोट डाउन नहीं करते हैं कि आप उन्हें कैसा फीडबैक देते हैं, इसलिए यह सुनिश्चित करने के लिए कि उन्होंने इस पर गौर फरमाया है या नहीं, जाँच करना एक अच्छा विचार हो सकता है। यह देखना ज़रूरी है कि आप दोनों ने अच्छी तरह से फीडबैक की व्याख्या की है। यदि आपका कोई सहकर्मी है और आप चाहते हैं कि वह थोड़ा और समय का पाबंद हो, तो सुनिश्चित करें कि वह समझे कि एकमात्र मुद्दा उसके टाइम को लेकर है। पर यह भी हो सकता है कि उसे यह अंदाजा हो गया हो कि आप वास्तव में किसी और चीज़ को लेकर पूरी तरह परेशान थे।

हम अक्सर यह मान लेते हैं कि दूसरे किसी भी स्थिति में वैसा ही व्यवहार करेंगे, जैसा हम करेंगे। और क्योंकि हरे लोग काफ़ी अस्पष्ट हो सकते हैं, इसलिए जब वे दूसरों से बात करते हैं, तो अक्सर वास्तविक समस्या के बारे में बात करने से बचते हैं, उन्हें अक्सर यह विचार आता है कि आप वास्तव में किसी और चीज़ के बारे में बात कर रहे हैं। वे कभी भी सीधे मुद्दे पर नहीं जाते, इसलिए वे मान लेते हैं कि आपने भी ऐसा नहीं किया है। तो आप किस बात से इतने दुखी हो सकते हैं?

सुनिश्चित करें कि आप दोनों इस बात से सहमत हैं कि समस्या क्या है। और उसका पालन करें। हम कुछ बदलने और व्यवहार का एक नया पैटर्न बनाने के बारे में बात कर रहे हैं। और, हमेशा की तरह बिना कुछ किए हरे रंग वाले लोग समस्या को हल करने की कोशिश करेंगे।

सुनिश्चित करें कि ऐसा नहीं होता है!

निष्कर्ष : यदि आप मानव हैं, मुझे लगता है कि जो आप हैं, तो आपको आत्मग्लानि हो सकती है, आप सोच सकते हैं कि उस हरे रंग वाले आदमी के साथ आपने कितनी कड़ाई की। मुझे याद है कि एक बार मैंने एक कर्मचारी को इसलिए डांटा क्योंकि मेरी राय में उसने वह नहीं किया, जो उसे करना चाहिए था। वह पूरी तरह से टूट गयी और दो दिनों तक काम पर नहीं आयी। जब हमने बाद में इसके बारे में बात की, तो यह पता चला कि मैंने वास्तव में उससे उन विशिष्ट कार्यों को करने के लिए कहा ही नहीं था। मैंने बस यह मान लिया था कि वह चीज़ों को वैसे ही देखती है, जैसे मैं देखता आया हूँ।

मैं यह स्वीकार कर सकता हूँ कि उस समय मैं एक अनुभवहीन और अप्रभावी बॉस था। मैंने एक बहुत बड़ी ग़लती की कि मैंने स्थिति को अपने चश्मे से देखा और जब इसे दूसरे के चश्मे से देखा, तो मैं भड़क गया। और बाद में जब मुझे इस बात का अहसास हुआ, तो मुझे अपने आप पर काफ़ी शर्मिंदगी महसूस हुई। वह बहुत व्यथित लग रही थी और मुझसे मिलने से बचने के लिए मेरे सामने आने से ही कतराने लगी। लंबे समय तक मैंने उसे नमस्ते और गुडबाय कहने के अलावा और कुछ कहने की हिम्मत नहीं की। उसने वही किया, जिसमें हरे रंग वाले अच्छे हैं : वह नीचे झुक कर बैठ गयी और उस दिन उसने सामान्य से भी कम काम किया।

हरे रंग वाले कई लोगों के पास एक अलौकिक छठी इंद्रीय होती है, जो उन्हें बताती है कि चीज़ों को और अधिक आसान कब बनाया जा सकता है। लेकिन, यहाँ सब कुछ बेपटरी हो गयी है। इस महिला ने वस्तुतः कुछ भी नहीं किया क्योंकि वह मेरे अपराधबोध और झिझक को समझ सकती थी। इससे बचने के लिए उसने बस मेरे बुरे विवेक का फायदा उठाया। मैंने उसे पूरी तरह खो दिया था। अंत में, उसे नौकरी से निकाल दिया गया, क्योंकि उसने अपना काम नहीं किया और मेरे बॉस द्वारा मुझे बहुत जबरदस्त डांट पड़ी, क्योंकि मैं इस मुद्दे से सही से निपट नहीं पाया था।

सुनिश्चित करें कि आपने वही ग़लती नहीं की, जो मैंने की थी। चीज़ों को अपने से बहुत दूर न जाने दें। अभी भी ज़रूरत से पहले ही समस्या का समाधान करें। तो खड़े हो जाओ और जो भी दोस्त हों, उनके लिए जो भी प्रतिक्रिया हो, नकारात्मक या सकारात्मक ज़रूर दें।

नीले रंग वाले को फीडबैक कैसे दें, लेकिन सबसे पहले चेतावनी का एक शब्द

इससे पहले कि आप किसी नीले रंग वाले को नकारात्मक प्रतिक्रिया देने का प्रयास करें, सुनिश्चित करें कि आप जानते हैं कि आप किस बारे में बात कर रहे हैं। मैं आपको याद दिला दूँ कि नीले रंग वाले जानते हैं कि उसने क्या किया है और उसके पास अपने किए गए कामों के लिए आपकी तुलना में कहीं बेहतर फीडबैक है। इसलिए सुनिश्चित करें कि आपके दिमाग़ में विचार आने से पहले ही विचार के समर्थन में तथ्य तैयार हैं। इसके बाद का हिस्सा प्रतिक्रिया देने के तरीक़े से संबंधित

है, लेकिन यहाँ सबसे बड़ा काम यह है कि आपके द्वारा प्रतिक्रिया दिए जाने से पहले वहाँ क्या हुआ, कैसा माहौल है, इसके विवरण का पता लगाना है।

इस मुद्दे में शामिल कई अन्य लोगों के साथ चीज़ों की जाँच करना और वे इस मुद्दे पर क्या कहते हैं, उनके द्वारा पेश किए गए तथ्यों का दस्तावेजीकरण करना एक अच्छा विचार हो सकता है। नीले रंग वाले लोग सब कुछ और सभी को उद्धृत करने में सक्षम होंगे और उसके पास हमेशा इस बात का सबूत होगा कि उसने जो किया वह सही था, इसलिए उसने ऐसा किया। अगर यह ग़लत होता, तो वह ऐसा नहीं करते। मीटिंग शेड्यूल करने से पहले सुनिश्चित करें कि आपके आप सारे हथियार तैयार हैं।

विशिष्ट और विस्तृत उदाहरण पेश करें, अधिमानतः लिखित रूप में

व्यापक वाक्यांशों के साथ आना बहुत अच्छा नहीं है, जैसे 'मुझे लगता है कि आप बहुत धीरे-धीरे काम कर रहे हैं; क्या आप कृपया गति बढ़ा सकते हैं?' यह बहुत सामान्य है। इससे कोई फ़र्क़ नहीं पड़ता कि आप सही हैं या नहीं, पर वाक्यांश 'बहुत धीमी गति से काम करना' में वस्तुतः ऐसा कुछ भी नहीं है। कौन कहता है ऐसे? किस बात से जोड़कर?

आपको जो करने की आवश्यकता है, वह विशिष्ट सटीक और विस्तृत उदाहरणों की ओर इशारा करता है। आपको इस तरह की बातें कहने की ज़रूरत है, 'नवीनतम परियोजना में साढ़े सोलह घंटे का समय लगा।' फिर इसके प्रभावों को जोड़ें : 'हम ग्राहक से उन साढ़े सोलह घंटों के लिए शुल्क नहीं ले सकते, जिसका अर्थ है कि कंपनी का फायदा अब 4,125 डॉलर (16.5 x 250 डॉलर प्रति घंटे, या आप जो भी शुल्क लेते हैं) तक गिर गया है।

यह एक संदेश है, जिस पर नीले रंग वाले लोग विचार कर सकते हैं। यदि आप इसी रूप में इस संदेश को पीले रंग वालों के लिए प्रस्तुत करते हैं, तो यह कभी काम नहीं करेगा, लेकिन नीले रंग के लिए यह अत्यंत प्रासंगिक है। क्योंकि नीले रंग वालों को विस्तृत फीडबैक की आवश्यकता होती है, यदि आप इसे केवल बातचीत में प्रस्तुत करते हैं, तो यह उनके लिए जोखिम भरा होगा। आपको सब कुछ लिखना होगा। जब लोगों के बहुत अधिक बात करने की बात आती है, तो नीले रंग वाले लोगों में कुछ हद तक अविश्वास होता है; लिखा हुआ शब्द स्वतः ही उनकी दृष्टि में अधिक प्रमाणिक और सत्य होता है।

इसलिए आप जो कहना चाहते हैं, उसे लिख लें, लेकिन हर चीज़ की दोबारा जाँच करें। और क्यों न नीले रंग वालों के साथ अपनी मीटिंग बुक करने से पहले किसी और से उनके नंबरों की जाँच करने के लिए कहें?

अगर आप एक-दूसरे को अच्छी तरह से नहीं जानते हैं, तो ज़्यादा पर्सनल न हों

एक पीला और एक हरा रंग वाला बॉस आसानी से एक बैठक में नीले रंग वाले के कंधे थपथपा सकता है और कुछ हद तक पर्सनल हो सकता है, क्योंकि वे कुछ कठिन नकारात्मक प्रतिक्रिया देने की योजना बना रहे हैं। कारण सरल है, वे जानते हैं कि यदि कोई व्यक्ति उन्हें बिना सहज किए सीधे आलोचना में कूद जाता है, तो फीडबैक देनेवालों को स्वयं बहुत नकारात्मक प्रतिक्रिया मिलती है। नीले रंग वालों से संपर्क करने का यही सबसे ख़राब पहलू है। वह बस संदिग्ध की तरह व्यवहार करने लगेगा और जिस तरह से आप चाहते हैं कि वह आपकी बात सुने, वह नहीं सुनेगा।

इस बारे में सोचें कि एक लाल रंग वाले ने कैसे यह काम किया होगा। उसने बस एक मीटिंग अरेंज की होगी,आमने-सामने दोनों बैठ गए होंगे और सामने वाले व्यक्ति के सामने उस कागज को पेश कर दिया होगा, जिसमें उसके बारे निगेटिव फीडबैक का जिक्र था। (अगर उसके पास ऐसा कोई कागज होता, तो वह किसी पड़ोसी को उसके बगीचे में उड़ने वाले सभी पत्तों के बारे में प्रतिक्रिया देने के बारे में होता, वह उसे सभी पत्तों के साथ एक कचरा बैग देता और उसे उन्हें गिनने के लिए कहता।) एक लाल रंग वाला व्यक्ति चीज़ों को व्यवस्थित नहीं करेगा। वह सीधे मुद्दे पर आता है। आमतौर पर उसे आपको यह बताने में कोई परेशानी नहीं होगी कि आपका काम काफ़ी अच्छा नहीं है। एक प्रोजेक्ट को रोकना उनके लिए अक्षम्य है और क्योंकि उसे उम्मीद थी कि सब कुछ एक दिन पहले समाप्त हो जाएगा और एक दिन भी देर नहीं होगी, वह अब काम को लेकर बहुत परेशान है।

तथ्यों पर टिके रहें

यदि आप नीले रंग वालों तक पहुँचना चाहते हैं, तो आपको ठोस तथ्यों पर टिके रहने की ज़रूरत है। हर बार जब आप नकारात्मक बातें कहने के लिए ख़ुद को दोषी महसूस करना शुरू करते हैं और उसके बारे में बोलना शुरू करते हैं कि वह कितना

प्रशंसनीय है, तो आप उसे भ्रमित कर देंगे। वह आश्चर्य करना शुरू कर देगा कि आप वास्तव में क्या कहने की कोशिश कर रहे हैं। उसके पास कोई अहंकार नहीं है जिससे उसे चने के झाड़ पर चढ़ाया जा सके और वह आपके द्वारा वास्तव में की गयी आलोचना को बड़ी मिठास के साथ ढंकने के आपके प्रयासों के रूप में देखेगा। इसलिए तथ्यों पर टिके रहें।

कई प्रबंधकों और नेताओं द्वारा बड़े पैमाने पर उपयोग की जाने वाली प्रसिद्ध सैंडविच विधि के उपयोग का प्रयास न करें। एक गंभीर संदेश को थोड़ा नरम करने के लिए ('आपने बहुत सारे ग्राहकों को खो दिया है,' 'आपने हमारे पैसे खर्च किए हैं,' 'आप रिसेप्शन में बेन के साथ असभ्यता से पेश आए हैं'), आपको सकारात्मक बातें भी कहनी चाहिए ('आप एक महत्त्वपूर्ण कर्मचारी हैं,' 'आप आमतौर पर सही काम करते हैं,' 'मैं आपको बहुत पसंद करता हूँ') आलोचना करने से पहले और बाद में।

सैंडविच पद्धति के साथ समस्या यह है कि जिसे आमतौर पर 'प्रशंसा और दोषारोपण' के रूप में जाना जाता है, यह है कि कोई भी आपके द्वारा कही गयी बातों को समझ ही नहीं पाता है। आप वास्तव में क्या कहना चाहते थे? नीले रंग वालों के लिए, यह विशेष रूप से समझ से बाहर होगा क्योंकि आपने अपने संदेश को जिस सकारात्मक फीडबैक से लपेट कर पेश किया था, वह संबंधपरक था और शायद पेशेवर नहीं, भावनात्मक था। याद रखें कि वह आपका दोस्त बनने के लिए नहीं है, वह वहाँ सिर्फ़ एक काम करने के लिए है। इसके बारे में आपस में बात करना सुनिश्चित करें।

बेझिझक पूछें कि क्या उसके पास सुधार के लिए कोई सुझाव है। गुणवत्ता, मूल्यांकन, विश्लेषण, अनुसरण जैसे शब्दों का उपयोग करें। बस उसी भाषा का प्रयोग करें, जिसका वह आदी है। आप बहुत अधिक आसानी से सब कुछ प्राप्त कर लेंगे।

बाल की खाल निकालने की हद तक सवाल-जवाब के लिए तैयार रहें

निश्चित रूप से वह उस चीज़ को नहीं ख़रीदेगा, जिसे आप उसे सीधे ख़रीदने के लिए कहते हैं। आपने जो कहा है, उसके बारे में उसे कुछ सवाल पूछने का मौका देना निश्चित रूप से उचित है। हालाँकि, उसमें इस बात का जोखिम रहेगा कि आप कई सारे प्रतिप्रश्नों का सामना करेंगे, जिससे आपको ऐसा महसूस होगा कि आपका ही मूल्यांकन किया जा रहा है।

'आपको कैसे मालूम?' 'किसने कहा कि?' 'आपने यह हिसाब कैसे लगाया है?' 'यह कहा कहा गया है कि इसे इस तरह से किया जाना चाहिए?' 'मुझे यह जानकारी हमारे इंट्रानेट पर क्यों नहीं मिल रही है?' 'आपने मुझे यह बताने के लिए अब तक का इंतजार क्यों किया?' 'क्या मैं सहायक दस्तावेजों पर एक नज़र डाल सकता हूँ?' हमारी बिलिंग को नियंत्रित करने वाला अनुबंध कहाँ है?' 'क्या आप सुनिश्चित हैं कि हम इस बिल में साढ़े सोलह घंटे नहीं जोड़ सकते?' 'क्या यह पहले नहीं किया गया है?' मुझे चार साल पहले एक ग्राहक याद आया जो..."

हो सकता है कि आप उसके सभी सवालों का जवाब न दे पाए, इसलिए आपको बस यह तय करना होगा कि आप कितनी गहराई तक जाना चाहते हैं। आप हमेशा कह सकते हैं, 'ऐसा ही है; अब काम पर वापस जाओ।' लेकिन यह सबसे ख़राब चीज़ है, जो आप कर सकते हैं, पर यह कम-से-कम आपका विश्वास बनाए रख सकता है। केवल एक चीज़ जो आपने सिद्ध की है, वह यह है कि आपने विवरणों पर नज़र नहीं रखी है।

आपने जो कहा है, उसे दोहराने के लिए सामने वाले व्यक्ति से कहें और बाद में जल्द ही इसका पालन करें

जब मैं नेतृत्व पर सेमिनार आयोजित करता हूँ, तो फीडबैक देने का मुद्दा अक्सर उठाया जाता है। यह एक अत्यंत जटिल विषय है, क्योंकि जब हम प्रतिक्रिया देते हैं (और इसे प्राप्त करते हैं!) तो हम अपनी भावनाओं को ख़ुद को निर्देशित करने की अनुमति देते हैं। लेकिन नीले रंग वालों के लिए मैं वही सलाह देता हूँ, जो मैं अन्य रंगों के लिए देता हूँ : अपने नीले रंग वाले कर्मचारी से वह दोहराने के लिए कहें, जिसके लिए आपने सहमति दी है। उसे फीडबैक को विधिवत उसी रूप में स्वीकार करने की आवश्यकता है, उसने वही बातें देखी और सुनी हैं, जो आपने कही हैं।

इस बात की बहुत संभावना है कि वह कमोबेश शब्दशः सब कुछ दोहराने में सक्षम होगा, लेकिन यह भी संभावना है कि उसने संदेश को दिल से नहीं लिया है यदि आप अपने फीडबैक को डिलीवर करने में अस्पष्ट थे या अपने रिश्ते की रक्षा करने के लिए बहुत अधिक दृढ़ थे। वह समझता है कि उसे वही दोहराना चाहिए, जो वह जानता है कि आप उसे कहते हुए सुनना चाहते हैं। लेकिन यह वही बात नहीं है, क्योंकि आपकी नकारात्मक प्रतिक्रिया पर विश्वास करना प्रासंगिक था।

कुछ परियोजनाओं का मैंने जो उदाहरण दिया वह एक छिपा हुआ जाल है। क्योंकि एक प्रोजेक्ट जो किसी कर्मचारी को दी जाती है, उसका केवल वही मूल्य होता है, जो ग्राहक मानता है कि उसके पास है। गुणवत्ता का अत्यधिक महत्त्व है। यदि हम नीले रंग वालों के मानकों के अनुसार लापरवाह हैं, तो हमें उस ग्राहक से अधिक ऑर्डर नहीं मिलेंगे। अब हुए नुक़सान की लागत क्या होगी? तो आप उत्पाद की तुलना में समय की पाबंदी को अधिक महत्त्व कैसे दे सकते हैं? तार्किक स्तर पर कहें तो, नीला रंग आपकी आपत्तियों को बेतुका साबित कर सकता है।

लेकिन अगर आप जानते हैं कि आप सही हैं (न केवल यह सही लगता है), बाद में यह सुनिश्चित करने के लिए फॉलो करें कि वह रास्ते पर वापस आ गया है।

निष्कर्ष: पूर्णतावादी की आलोचना करना कठिन है। वह पहले से ही सबसे अच्छा तरीक़ा जानता है और वह सिर्फ़ इसलिए अपनी राय नहीं बदलेगा, क्योंकि आपके विजिटिंग कार्ड पर एक कट्टर स्लोगन है। तो, यह आपके होमवर्क को बहुत अच्छी तरह से करने के बारे में है।

आपको यह भी याद रखने की आवश्यकता है कि फीडबैक का जवाब देने के लिए नीले रंग वालों को मजबूर करना मुश्किल हो सकता है, हालाँकि उसे दूसरों की आलोचना करने में कोई समस्या नहीं है। याद रखें, वह उन सभी ग़लतियों को देखता है, जो हर कोई करता है और जब आप कम-से-कम इसकी उम्मीद करते हैं, तो वह आपकी ग़लतियों की ओर इशारा ज़रूर करेगा। इसलिए नहीं कि वह आपसे प्रतिशोध लेने को उतारू है, बल्कि सिर्फ़ इसलिए कि आपने ग़लती की है।

14

कौन साथ आता है और यह कैसे व क्यों काम करता है

अपने सर्वोत्तम स्तर पर समूह की गतिशीलता

इसका संक्षिप्त उत्तर यह है कि सर्वोत्तम कार्यशीलता बनाने के लिए एक समूह में सभी रंग शामिल किए जाने चाहिए। एक आदर्श दुनिया में, हमारे आस-पास प्रत्येक रंग वाले लोगों की समान संख्या होगी। पीला रंग वाला नए विचार के साथ आता है, लाल रंग वाला हर तरह के निर्णय लेता है, हरे रंग वाले को सारा काम करना होता है और नीले रंग वाला काम का मूल्याँकन करता है और सुनिश्चित करता है कि परिणाम उत्कृष्ट हों, लेकिन ऐसा नहीं है। ऐसा अक्सर नहीं होता है कि हम पीले रंग को लाल रंग से बेहतर स्थिति में पाते हैं या, सबसे ख़राब स्थिति में। वे ऐसी नौकरी में अपनी बात रखने में सक्षम हो गए हैं जिसके लिए वास्तव में नीले व्यवहार की आवश्यकता होती है। वास्तव में, ऐसे कई उदाहरण हैं, जो ग़लत कुर्सियों पर बैठे हैं और स्पष्टीकरण का एक हिस्सा इस तथ्य में निहित है कि उनके पास अपनी नौकरियों का प्रबंधन करने के लिए प्राकृतिक आवश्यकताओं का अभाव है। इसके अलावा, यह सब इस बात से संबंधित है कि अलग-अलग लोगों के पास कौन-सी प्रेरक शक्तियाँ हैं। अलग-अलग लोग अलग-अलग चीज़ों से प्रेरित होते हैं और यह उन्हें विशिष्ट परिस्थितियों में अपने मूल व्यवहार से दूर जाने का कारण बन सकता है। लेकिन यह एक बिल्कुल अलग विषय है और ऐसा कुछ नहीं है जिसे मैं इस पुस्तक में शामिल करता हूँ।

तो आप अपनी टीम को एक साथ कैसे रखते हैं? अगले पृष्ठ पर चित्र देखें। यहाँ आप देख सकते हैं कि क्यों कुछ संयोजन दूसरों की तुलना में अधिक उपयुक्त होते हैं। यदि आप अपनी टीम में सदस्यों की भर्ती कर रहे हैं, तो यह शुरुआत करने के लिए एक अच्छा मौका हो सकता है।

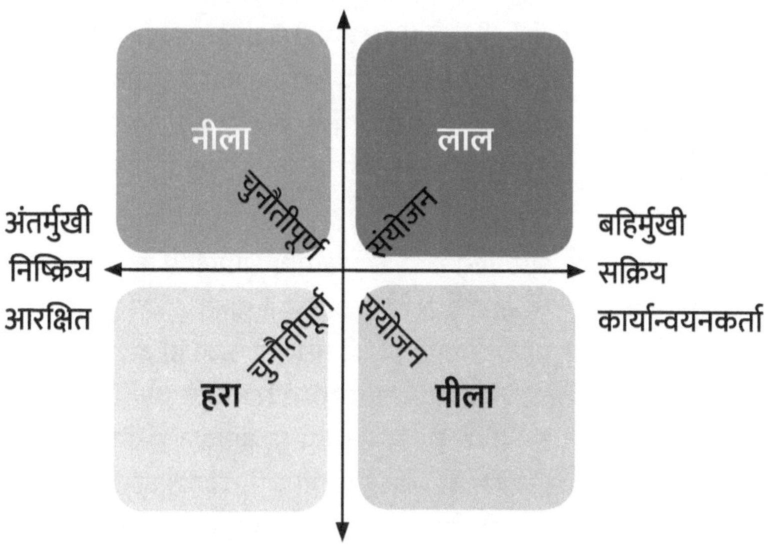

जैसा कि आप देख सकते हैं, अलग-अलग रंग एक साथ अलग-अलग तरह से काम करते हैं। फिर भी, बहुत सारे अपवाद हैं, लेकिन यदि समूह में किसी को भी उनके व्यवहार पैटर्न के बारे में कोई जानकारी नहीं है, तो कुछ रंग स्वाभाविक रूप से एक साथ अच्छा काम करेंगे। उदाहरण के लिए, आम तौर पर दो लोगों के लिए एक साथ काम करना आसान होता है, यदि उनके बीच काम की समझ समान हो और वे समान गति से काम करें।

प्राकृतिक संयोजन

यदि हम ऊपर दिए गए चित्र को देखें, तो हम देख सकते हैं कि नीले और हरे रंग वालों का एक उपयुक्त संयोजन हो सकता है, बिना उनमें से किसी के भी अधिक प्रयास के। वे निश्चित रूप से एक दूसरे को शांति से सांस लेने देने और कुछ करने से पहले दो बार सोचने की क्षमता को पहचानेंगे। चूंकि दोनों अंतर्मुखी हैं, उनमें से प्रत्येक एक-दूसरे के साथ सुरक्षित महसूस करते हैं। दोनों को एक ही प्रकार की ऊर्जा है। उनमें से कोई भी हवा में महल नहीं बनाएगा, क्योंकि दोनों अपने पैर ज़मीन पर रखना पसंद करते हैं। वे तनाव नहीं लेते, बल्कि ख़ुद को काम की गहराई से उतरने का मौका देते हैं। निश्चित रूप से, उन्हें निर्णय लेने में कठिनाई हो सकती है, लेकिन वे जो निर्णय लेंगे, वह संभवतः अच्छी तरह से सोच-समझकर लिया जाएगा।

इसी तरह, लाल और पीला रंग वाले एक साथ आसानी से काम कर सकते हैं, क्योंकि वे दोनों कंधे से कंधा मिलाकर काम करना चाहते हैं और हमेशा आगे बढ़ना चाहते हैं। यहाँ भी हमारे पास एक ही तरह की ऊर्जा है, बस एक अलग प्रकार की। दोनों शक्तिशाली और मिलनसार हैं और क्योंकि दोनों मुखर हैं, वे आसानी से सही शब्द ढूंढ सकते हैं। निश्चित रूप से, बातचीत में उनका फोकस अलग तरीक़े का होगा, लेकिन बातचीत फिर भी जारी रहेगी। दोनों ऊँचे लक्ष्य निर्धारित करते हैं और तेज़ी से सोचते हैं। पीले और लाल रंग वालों की टीम तेज़ गति से काम करेगी और जबकि वे दोनों इस बारे में स्पष्ट हैं कि वे क्या चाहते हैं, वे अपने आस-पास के लोगों को महान चीज़ें हासिल करने के लिए प्रेरित करेंगे। चुनौती शायद इस तथ्य में निहित है कि एक लाल रंग वाला पीले रंग वाले को बहुत अधिक बातूनी मान सकता है, लेकिन उनमें से कोई भी विश्वस्तरीय श्रोता नहीं है, वे दोनों काम तभी बंद करते हैं, जब समय उनके अनुकूल होता है।

पूरक संयोजन

यह दूसरों की पसंद-नापसंद का ध्यान रखने और प्रत्येक रंग के फोकस के आधार पर जोड़े बनाने का भी काम करता है। नीले और लाल रंग वाले दोनों ही कार्य पसंद लोग हैं। लाल निश्चित रूप से प्रक्रिया की तुलना में परिणाम में अधिक रुचि रखते हैं और नीले रंग वाले प्रक्रिया को लेकर अधिक चिंतित होते हैं और

परिणाम को अनदेखा करते हैं - लेकिन प्लस प्वाइंट यह है कि वे दोनों कम-से-कम एक ही बात कर रहे होते हैं। दोनों ख़ुद को काम के लिए समर्पित करते हैं और केवल फुटबॉल या घर में कुछ काम को लेकर बातचीत करने में सीमित समय बिताते हैं - शायद दोपहर के भोजन के समय को छोड़कर। वे अच्छे तरीक़े से एक-दूसरे के पूरक होंगे। यदि हम इसकी तुलना एक कार से करें, तो लाल रंग एक्सीलेरेटर है, जबकि नीला रंग ब्रेक है। सफलतापूर्वक गाड़ी चलाने के लिए दोनों की आवश्यकता होती है। एक ही समय में दोनों पैडल को दबाने की कोशिया नहीं करें, कार नहीं चल पाएगी।

इसी तरह, हरे को पीले रंग वालों के साथ रखने के पीछे भी कुछ तर्क है। उनके काम करने की गति अलग-अलग होगी, लेकिन वे दोनों एक-दूसरे के बारे में जानने को उत्सुक होंगे। दोनों का मानना है कि लोग दिलचस्प और महत्त्वपूर्ण होते हैं। जहाँ एक को आराम से रहना पसंद है, वहीं दूसरे को मौज-मस्ती करना पसंद है। वे आसानी से एक समान लक्ष्य ढूंढ लेंगे। हरा, पीले को उतना ही काम करने की अनुमति देगा, जितना वह चाहता है। समूह में दोनों में से एक बात करता है; तो दूसरा सुनता है। यह अच्छे तरीक़े से काम कर सकता है। इसके अलावा, हरे रंग वाले लोग थोड़े उन्मादी प्रवृत्ति के पीले रंग वाले लोगों को शांत करने में अच्छे होते हैं, जिन्हें कभी-कभी ज़मीन पर टिके रहने में भी कठिनाई होती है। बेशक, यह जोखिम है कि वे काम के लिए पर्याप्त समय देने में असफल हो सकते हैं, लेकिन वे बहुत अच्छा समय बिता सकते हैं। उनके आस-पास के लोगों को यह महसूस हो सकता है कि वे केवल अच्छा समय बिता रहे हैं और वास्तव में कुछ कर नहीं रहे हैं। चूंकि दोनों के लिए न कहना मुश्किल हो सकता है, इसलिए उन्हें बहुत अधिक पैसा सौंपने से बचना भी एक अच्छा विचार हो सकता है।

चुनौतीपूर्ण संयोजन

साथ ही, दो बहुत जटिल संयोजन भी हैं। इसका मतलब यह नहीं है कि वे एक साथ काम नहीं कर पाएंगे, लेकिन इसका निश्चित रूप से मतलब है कि कुछ बाधाएँ हैं, जिन पर विचार करने की आवश्यकता है। एक संभावित समाधान यह है कि वे दोनों जिस तरह से काम करते हैं और एक-दूसरे के साथ बातचीत करते हैं, उसमें वे अधिक आत्म-जागरूक हो जाते हैं।

अगले पृष्ठ पर दिए गए चित्र को देखें।

दायाँ कॉलम उन चीज़ों को दिखाता है, जो व्यक्ति स्वयं अपनी प्रोफाइल में देखता है। बाएँ कॉलम से पता चलता है कि उसके ठीक सामने वाला प्रतिकूल परिस्थितियों में उसे कैसे समझ सकता है। आपने शायद सुना होगा कि एक व्यक्ति वास्तव में बोरिंग होता है, इसलिए केवल उससे मिलने तक ही सीमित रहें और एक दिलचस्प व्यक्ति की खोज में जुटे रहें जिसके पास कहने के लिए बहुत सारी रोमांचक बातें हों। कौन सही है और कौन ग़लत? यह इस बात पर निर्भर करता है कि आप किससे पूछते हैं।

समस्या प्रत्येक रंग और उसके ठीक विपरीत रंग के बीच परस्पर क्रिया में निहित है। सकारात्मक छवि यह व्यक्त करती है कि प्रत्येक प्रोफाइल वाले स्वयं को किस प्रकार अनुभव करते हैं। नकारात्मक छवि इस बात की अभिव्यक्ति है कि दूसरे लोगों द्वारा उनका अनुभव कैसे किया जा सकता है। हम सभी अलग-अलग चीज़ें देखते हैं।

नीला : विश्लेषणात्मक	लाल : प्रभुत्त्वादी
• नकारात्मक सकारात्मक	• नकारात्मक सकारात्मक
• आलोचनात्मक गंभीर	• धक्का देने वाला दृढ़ इच्छाशक्ति
• अनिर्णायक विचारशील	• सख्त महत्त्वाकांक्षी
• तुनक मिजाज मांग करने वाला	• प्रभुत्वशाली दृढ़निश्चयी
• नैतिक व्यवस्थित	• कठिन प्रभावी

हरा : स्थिर	पीला : प्रेरक
• नकारात्मक सकारात्मक	• नकारात्मक सकारात्मक
• जिद्दी सहायक	• चालाकीपूर्ण प्रेरक
• अनिश्चित सम्मानजनक	• तुरंत गुस्साने वाला उत्तेजक
• अनुपालन आज्ञापालक	• अनुशासनहीन उत्साही
• आश्रित विश्वसनीय	• प्रतिरोधी नाटकीय
• अजीब सुखद	• अहंकारी चला जाने वाला

वास्तविक समस्याएँ

किसी समस्या को हल करने के लिए लाल और हरे रंग को एक साथ रखना काफ़ी चुनौतीपूर्ण होगा। यदि कार्य साथी के प्रभावी सहयोग पर निर्भर करता है, तो समस्याएँ जल्दी ही सामने आयेंगी। प्रारंभ में, हरा बहुत निष्क्रिय होता है, खासकर तब जब उसकी तुलना लाल रंग वाले से की जाती है, ऐसा करने पर वह निर्देशों को सुनने से पहले ही आगे बढ़ जाता है। हरे रंग वालों को लगता है कि उन्हें जो काम मिला है, वह बहुत बोझिल है, जबकि लाल रंग वालों ने काम मिलते ही फटाफट काम करना शुरू कर दिया है।

हरे रंग वाले अधिक काम देखकर लगातार आलोचनात्मक मूड में रहते हैं, इससे लाल रंग वाले चिढ़ जाते हैं। वहीं, हरे रंग वाले सोचते हैं कि लाल बहुत आक्रामक है, जो कभी किसी की नहीं सुनता। हालाँकि, अनुकूल परिस्थितियों में वह काम कर सकता है। सामान्य तौर पर, हरे रंग वाले सहयोग करने के लिए तैयार रहते हैं; यही उनकी ताक़त है। वे अकेले नहीं, कई अन्य लोगों के साथ मिलकर बहुत अच्छा काम करते हैं क्योंकि वे डिमांडिंग की तुलना में मिलनसार अधिक होते हैं। इसलिए लाल रंग वाले को हरे रंग के साथ काम करने देने के पीछे एक निश्चित तर्क हो सकता है। लाल को ऑर्डर देना पसंद है और हरे रंग को आमतौर पर ऑर्डर प्राप्त करने में कोई आपत्ति नहीं होती है।

मार्स्टन के सिद्धांतों के आधार पर (पेज 265 देखें), सबसे बड़ी चुनौती पीले और नीले रंग वालों को एक साथ काम करने के लिए कहना है। यदि उनमें से किसी को भी एक दूसरे के व्यक्तित्व के बारे में जानकारी नहीं है, या वे किस प्रकार का काम कैसे करते है, तो शुरू से ही मनमुटाव या टकराव निश्चित है। पीले रंग वाले बिना सोचे-समझे काम में लग जाते हैं, क्या करना है या कैसे करना है, इस पर सोच विचार नहीं करते। वे कोई निर्देश नहीं पढ़ते हैं और वह यह पता लगाने के लिए कि काम वास्तव में किस बारे में है, सुनने के लिए पर्याप्त समय तक नहीं देते हैं। हाँ, वह इस बारे में विस्तार से ज़रूर बोलेंगे कि उन्हें कितना रोमांचक प्रोजेक्ट दिया गया है। इस बीच, नीले रंग वाले उपलब्ध सभी सामग्रियों को पढ़ना और उसपर शोध करना शुरू कर देते हैं। वह एक शब्द भी नहीं कहता, बस वहीं बैठ जाता है। वह कमोबेश निश्चल तो सोचता है।

एक ओर, पीला रंग वाला अपने नीले रंग वाले सहयोगी को सबसे प्रेरणाहीन और बोर करने वाले इंसान के रूप में मानेगा, जितने लोगों से अभी तक वह मिला

है। दूसरी ओर, नीले रंग वाले पीले रंग वालों की निरंतर टीका टिप्पणी से परेशान हो जाएँगे। चारों ओर लगातार सुनाई पड़ रही उन आवाज़ों का धीरे-धीरे उनपर असर होने लगेगा। वह अंदर ही अंदर उबलने लगेगा। नीले रंग वाल पीले रंग वालों को एक तुच्छ चीज़ की तरह मानते हैं, जो किसी भी तरह का ध्यान आकर्षित करने लायक नहीं है। और जब पीले रंग वालों को अंततः पता चलता है कि उसने नीले रंग वालों को अपने पक्ष में नहीं किया है, तो वह सभी अवरोधों को पार कर लेगा और बहुत अधिक बातें करेगा। सबसे ख़राब स्थिति तब होगी, जब पीले रंग वाला व्यक्ति नीले रंग वाले को आकर्षित करने की कोशिश करेगा, जो अंततः उन्हें विनाश की ओर ले जाएगा। वे अपने-अपने कोनों में बैठे रहेंगे, ऐसे चेहरों के साथ जैसे- उन्होंने खट्टा दूध चख लिया हो, दोनों पूरी तरह से अलग-अलग कारणों से थोड़ा खिसके हुए हैं।

मेरे मिल, आत्म-जागरूकता ही इसका समाधान है।

पर्यावरण के अनुकूल बनें!

हर किसी को समझना और उसकी व्याख्या करना आसान नहीं है। यदि कोई व्यक्ति केवल एक ही रंग का प्रतिनिधित्व करता है, तो इस पुस्तक को पढ़ने के बाद आपको उससे कोई समस्या नहीं होगी। यह स्पष्ट हो जाएगा कि आपको क्या करना चाहिए। एक व्यक्ति जो केवल लाल या केवल पीला है, उसे छोड़ना कठिन है। लेकिन अगर आप जानते हैं कि असली हरे या नीले रंग वालों में क्या देखना है, तो उनका भी पता लगाना काफ़ी आसान हो जाएगा।

जैसा कि मैंने पहले उल्लेख किया है, सांख्यिकीय रूप से कहें, तो केवल पांच प्रतिशत आबादी ही एक रंग वाली है, जो उनके व्यवहार में भी दिखता है। लगभग 80 प्रतिशत के पास दो हैं और बाकी के पास तीन हैं। किसी के पास चार नहीं हैं, मेरे द्वारा उपयोग किए जाने वाले उपकरण तक भी नहीं।

ऐसे लोगों को पहचानना भी अपेक्षाकृत आसान है, जिनके दो रंग हैं। दो रंगों का संयोजन आम तौर पर किसी धुरी का अनुसरण करते हैं। वे हैं : नीला/लाल, लाल/पीला, पीला/हरा, या हरा/नीला।

निस्संदेह, ऐसा होता है कि एक ही व्यक्ति में बिल्कुल विपरीत गुण पाए जा सकते हैं। मैं बहुत से पीले/नीले लोगों से मिला हूँ। उसके साथ कुछ भी ग़लत नहीं

है; लेकिन यह बहुत कम देखने को मिलता है। वास्तव में जो असामान्य है, वह स्पष्ट रूप से लाल/हरा प्रोफाइल है। ऐसा क्यों है, मैं नहीं जानता।

एक मौके पर, मेरी मुलाकात एक महिला से हुई, जो कार इंडस्ट्री में की एक कंपनी में काम करने वाली मिडिल मैनेजर थी। वह हर तरीक़े से दृढ़निश्चयी और शक्तिशाली थी, लेकिन साथ ही, वह बेहद केयरिंग भी थी। अपने कर्मचारियों के प्रति उसकी सजगता और ध्यान वास्तविक था और इसके कुछ अजीब परिणाम भी हुए। अन्य बातों के अलावा, वह बहुत जल्दी अपना आपा खो देती थी। उसके कथन बहुत पुराने होते थे। हालाँकि, एक बार जब उसे इसका एहसास हुआ, तो वह उसके प्रभाव को कम करने और हुए नुक़सान की क्षतिपूर्ति के लिए जो भी आवश्यक होगा, वह करेगी। विभिन्न व्यक्तियों के प्रति कठोर व्यवहार करने के कारण उसे वास्तव में बुरा लगा, लेकिन साथ ही वह ख़ुद पर नियंत्रण भी नहीं रख सकी। उसके व्यवहार में दो परस्पर विरोधी रंगों (लाल और हरा) के बीच इस संघर्ष का मतलब था कि वह झुंझलाहट के बहुत करीब थी।

तीन रंगों वाले लोगों की व्याख्या करना हमेशा अधिक कठिन होगा। यदि किसी को मानचित्र पर स्थान देना बहुत कठिन है, तो इसका कारण यह हो सकता है कि उसके पास तीन रंग हैं। स्थिति ही तय करेगी कि उसका व्यवहार कैसा होगा।

यदि आप वास्तव में उस व्यक्ति का विश्लेषण नहीं कर सकते हैं जिससे आप मिलते हैं, तो मैं जो सबसे अच्छी सलाह दे सकता हूँ, वह यह है कि अपना मुंह बंद कर लें और सुनना शुरू कर दें। यदि आप अनिश्चित हैं, तो बस हरे रंग का कार्य करें। लोग कभी-कभी मुझसे कहते हैं कि वे किसी व्यक्ति को नहीं समझ सकते क्योंकि वह कुछ नहीं करता है। लेकिन बहुत निष्क्रिय व्यक्ति भी किसी न किसी प्रकार का व्यवहार ज़रूर प्रदर्शित करता है। और इस स्तर पर आप जानते हैं कि कौन-सा रंग किसी ऐसे व्यक्ति से जुड़ा है, जो बहुत कुछ नहीं करता है - यह एक सामान्य नीले रंग वाले का व्यवहार है।

15

लेखन से पहचान

**जब आप किसी से व्यक्तिगत रूप से मिल नहीं सकते,
तो उसका मूल्यांकन कैसे करें**

हमारे लिखने के तरीक़े से कई बातों का खुलासा होता है। विभिन्न रंग वाले लोगों की अलग-अलग लिखने की शैली होती है; कुछ लोग अपने विचार व्यक्त करने के लिए, स्वयं को अभिव्यक्त करने के लिए समय निकालते हैं, ढेरों बातें करते हैं। जबकि अन्य संक्षेप में बातें करना पसंद करते हैं। अगर आपको किसी व्यक्ति की लिखी हुई एक लंबी रचना को पढ़ने का मौका मिलता है, जैसे कि एक रिपोर्ट, कॉलम, पत्र, या संपादक को पत्र, तो आपके पास काफ़ी सारी जानकारी होती है। बहुत बार लिखे गए शब्दों में एक व्यक्ति की शैली को पहचानना संभव होता है। रंग का पता लगाना संभव होता है। यदि आप कम बोलने वाले व्यक्ति हैं, तो आप लिखने में भी वैसे ही हो सकते हैं। या फिर इसके विपरीत।

यदि आपके पास केवल एक ई-मेल है, तो आपको उसी से सारी जानकारी प्राप्त करनी होगी। मान लें कि आप किसी ग्राहक के संदेश का जवाब दे रहे हैं। आप अपने आप को ठीक से तैयार करना चाहते हैं। आप ध्यान से ई-मेल को देखते हैं, पढ़ने की कोशिश करते हैं और सोचते हैं कि क्या यह तथ्यात्मक है? क्या इसमें किसी प्रकार का व्यक्तिगत स्पर्श है? क्या यह छोटा और संक्षिप्त है, या थोड़ा अनायास या अनियमित तरीक़े से लिखा गया मालूम पड़ता है? ये सभी छोटे विवरण महत्त्वपूर्ण संकेत हैं, जिनका उपयोग आप अपने फ़ायदे के लिए कर सकते

हैं। हमेशा की तरह इसमें कई अपवाद भी हैं, लेकिन फिर भी ऐसे पैटर्न हैं, जिनके बारे में जागरूक होना ज़रूरी है।

यह कैसा हो सकता है, यहाँ इसके कुछ उदाहरण दिए गए हैं।

द्वारा : kristian.jonsson@teamcommunication.com

मिले : Cina.cinasson@coco.net

विषय : बैठक

कल सुबह 11 बजे मीटिंग है। समय की पाबंदी का ध्यान रहे।

- क

आप क्या सोचते हैं? क्या 'क' इसलिए चीख रहा है कि उसने मेल में बड़े अक्षरों का प्रयोग किया है? यह स्पष्ट नहीं है। हो सकता है कि वह सिर्फ़ इस बात पर जोर देना चाहता हो कि बैठक का समय महत्त्वपूर्ण है। शायद वह किसी जगह जल्दी जाना चाह रहे थे और उन्होंने यह सुनिश्चित करने के लिए इसका इस्तेमाल किया ताकि संदेश को प्राप्त करने वाले व्यक्ति को संकेत मिले कि वक्त की पाबंदी निहायत ज़रूरी है। शायद उन्हें इस बारीकी और शीर्षक अक्षरों की शैली व कैप्स लॉक की जानकारी प्राप्त न हो। हमेशा की तरह वह एक लाल व्यक्ति के साथ रह सकता है। साहस करो, उसे समझो! वह बस स्पष्ट करना चाहता था।

आपका उत्तर : तुरंत जवाब दें! संक्षिप्त और छोटी बात कहें। एक तरीक़ा यह हो सकता है कि आप सीधे उत्तर दें : ठीक है।

द्वारा : kristian.jonsson@teamcommunication.com

मिले : Cina.cinasson@coco.net

विषय : बैठक

हैलो, सीना! क्या चल रहा है? क्या कल रात किसी खेल के दौरान तुम उपस्थित थी? मैंने लास को वहाँ देखा था। उसने अपना ड्रिंक अपने ऊपर गिरा दिया था और यह देखकर मैंने सोचा कि मेरी हंसी रुकेगी ही नहीं! मैंने फेसबुक पर जो तस्वीर डाली है, उसे देखो। वैसे, मैंने सोचा था कि कल सुबह दोपहर के भोजन से पहले हम बैठ कर उस ग्राहक के बारे में बात कर सकते हैं। अगर यह तुम्हें ठीक लगे। ग्यारह बजे ठीक रहेगा? सियाओ! क्रिल

द्वारा : kristian.jonsson@teamcommunication.com

मिले : Cina.cinasson@coco.net

विषय : बैठक

ओह, मैं फोटो अटैच करना भूल गया। कोई बात नहीं, यह यहाँ है।

क्रिल

यहाँ तक कि लिखने में भी, पीले रंग वाले अपने आप को बहुत सहज और आसान तरीक़े से अभिव्यक्त करते हैं। उसे कहानियाँ साझा करना और चीज़ों को व्यक्तिगत तौर पर रखना पसंद है। गरीब लोगों के खानपान के बारे में सामाजिक प्रलाप पर ध्यान दें। आपको हंसी आ जाएगी, जिसे आप ध्यान आकर्षित करने के लिए हाइलाइट किया जाना चाहेंगी।

आपका उत्तर? जल्दबाजी करने की ज़रूरत नहीं है, लेकिन जवाब देने से न चूकें, नहीं तो वह असुरक्षित महसूस करेगा। सौहार्दपूर्वक रहें। मजाकिया माहौल के लिए उन्हें धन्यवाद देना न भूलें और विशेष रूप से उल्लेख करें कि आप उनकी कहानी पर हंसे थे।

मिले : Cina.cinasson@coco.net

विषय : बैठक

मैं आपको कल ग्यारह बजे होने वाली बैठक के बारे में याद दिलाना चाहता हूँ। आशा है कि यह अभी भी आपके लिए काम करता हो। मैं अपनी कॉफी के साथ कुछ घर में बनी तिल लगी बन (एक तरह का ब्रेड) लाने जा रहा हूँ। अच्छा आप भी एक लें!

सादर, क्रिस्टियन

एक नरम, अधिक आत्मीयता भरे स्वर। क्रिस्टियन ने संभवतः इस ई-मेल को उचित रूप से संवादित किया था, यह सुनिश्चित करने के लिए कि इसमें कुछ भी विवादास्पद न रहे। लोगों को उन बैठकों के बारे में याद दिलाना, जो काफ़ी समय पहले नियोजित की गयी थीं, कुछ लोगों द्वारा थोड़ा अपमानजनक माना जा सकता है, इसलिए यहाँ हम निश्चित होना चाहते हैं कि किसी भी चीज़ का ग़लत अर्थ न समझा जा सके।

और आप इस बढ़िया ई-मेल का जवाब आप कैसे देते हैं? जवाब में व्यक्तिगत और सौम्य रहें। अपना आभार व्यक्त करें। आपको यह कहने की ज़रूरत नहीं है कि कुछ तिल लगी बन्स खाना बहुत अच्छा होगा, लेकिन अगर आप ऐसा करते हैं, तो इससे कोई नुक़सान नहीं होगा। फिर याद रखें कि इसे सहजता से लें और बैठक में तनाव न लें।

द्वारा : kristian.jonsson@teamcommunication.com

मिले : Cina.cinasson@coco.net

विषय : बैठक

गुड मॉर्निंग, क्रिस्टीना।

हमारे ग्राहकों के साथ कल की बैठक से पहले, यदि आप स्वयं को आवश्यक जानकारी से परिपूर्ण कर लें, तो बहुत बढ़िया होगा। मैं इसकी सराहना करूँगा। मैंने इस मुद्दे से संबंधित तीन दस्तावेज भी संलग्न किए हैं।

अभिवादन,

क्रिस्टियन जॉनसन

+ 46704808080

तारीखों और प्रतिभागियों की संलग्न प्रति.एक्सएलएस

आइटी रणनीति अपडेट यूजीएमटी.डॉक

फ्लायर टेम्पलेट 27 नवंबर, 2014.डॉक

हाँ, मैं समझता हूँ। बैठक का मूल निमंत्रण बहुत पहले भेजा गया था और याद दिलाने के लिए एक दिन पहले कुछ अलार्म सेट किया गया है। लेकिन आपने पहले ही इसका पता लगा लिया है, है न? संभवतः एक दिन पहले बैठक के बारे में रिमाइंडर भेजने के लिए कंप्यूटर पर अलार्म सेट किया गया था। ई-मेल का पाठ तथ्यात्मक है और इसमें व्यक्तिगत स्पर्श का कोई अंश भी नहीं है। एक छोटा-सा नोट आपको याद दिलाता है कि अच्छी तरह से तैयार रहना सबसे अच्छा है।

इस ब्लू ई-मेल का उत्तर देने का सबसे अच्छा तरीक़ा क्या है? पुष्टि करें कि आपको यह फाइलों के साथ ही प्राप्त हुआ है। कहें कि सामग्री पढ़ने के बाद यदि इससे संबंधित आपके कोई प्रश्न हों, तो आप उनसे संपर्क करेंगे। और जान लें कि प्रेषक मानता है कि आप पूरी बात ध्यान से पढ़ेंगे।

16

ज़िंदगी नरक की तरह ख़राब कब बनती है?

स्वभाव व्यक्ति के बारे में सब कुछ बता सकता है

इस पुस्तक के अंत में, मैं आपको इतिहास का एक पाठ प्रस्तुत करूँगा। यह हिप्पोक्रेट्स के चार स्वभावों के बारे में है, जिनके बीच का अंतर का वर्णन इस पुस्तक में किया गया है।

किसी के स्वभाव के आधार पर उसके व्यवहार के बारे में निष्कर्ष निकालना संभव है। 'स्वभाव' या 'व्यवहार' से मेरा मतलब केवल यह नहीं है कि किसी व्यक्ति को किस बात से निराशा होती है, बल्कि यह है कि जब कुछ भी अप्रत्याशित होता है, तो वह उसपर कैसे प्रतिक्रिया देता है। दूसरे तरीक़े से कहें, तो इसे कहने का मतलब किसी व्यक्ति के स्वभाव के बारे में बात करना हो सकता है। यह हो सकता है कि बदलती परिस्थितियों को लेकर उसकी प्रतिक्रिया कैसी होती है और इससे निपटने के लिए उसके पास किस प्रकार की ऊर्जा है।

लेकिन हाँ, गुस्सा एक अच्छा और रोमांचक पैमाना है, जिससे किसी व्यक्ति के रंग का अंदाजा लगाया जा सकता है। इसके अलावा, यह परिस्थितिजन्य भी है। जो बात एक व्यक्ति को परेशान कर सकती है, हो सकता है कि वह किसी दूसरे को बिल्कुल भी परेशान न करे। जब कोई चीज़ ग़लत हो जाती है, तो कोई कैसे प्रतिक्रिया करता है, इस पर ध्यान देकर आप कुछ महत्त्वपूर्ण जानकारी प्राप्त कर सकते हैं। मैं आपको त्वरित निदान का एक उदाहरण देता हूँ।

क्या बकवास है...!!!

इसे सरल रूप से समझने के लिए, आइए विभिन्न प्रकार के स्वभावों की तुलना अलग-अलग प्रकार के गिलासों से करें। मैं लाल स्वभाव वाले लोगों के लिए एक छोटे ग्लास का सुझाव दूँगा। लेकिन, आप कह सकते हैं, उस छोटे गिलास में बहुत कुछ नहीं आ सकता है।

वास्तव में ऐसा नहीं है, लाल रंग वाले कई लोग भी ऐसे ही होते हैं। उन्हें अपना आपा खोने और भड़कने में ज़्यादा समय नहीं लगता। यह ट्रैफिक जाम के कारण हो सकता है, मिस्ड फोन कॉल से हो सकता है, बहुत धीमी गति से एस्केलेटर के आगे बढ़ने पर हो सकता है, कुछ भी। वे जैसा सोचते हैं या चाहते हैं, उन्हें वैसा बिलकुल भी नहीं मिल रहा है। उसे सब कुछ बिगड़ता हुआ दिख रहा है। ऐसे में उसका आपा खोना स्वाभाविक है। याद रखें कि सभी रंगों में वे सबसे अधिक बेवकूफ़ों से घिरे होते हैं। लाल रंग वाले लोगों के लिए चिढ़ने के कई कारण होते हैं। लाल रंग वाले व्यक्तियों की ताक़त यह है कि जब वे भड़कते हैं, तो वे ख़ुद को किसी भी क्रोध या जलन से छुटकारा दिलाते हैं, जो वे महसूस कर रहे हैं। वे थोड़े समय के लिए फूटते हैं, लेकिन यह टिकता नहीं है। जैसे छोटा गिलास बहुत जल्दी भरता है और इसे खाली करने में देर नहीं लगती, वैसे ही लाल रंग वाले लोगों का स्वभाव है। वे बस गुस्से और हताशा से भरे छोटे गिलास रूपी अपने मन को खाली कर देते हैं और वापस अपने आप में आ जाते हैं। (मैं यहाँ इसका जिक्र नहीं कर रहा हूँ कि लाल रंग वाले लोगों के आस-पास के लोग इन चीज़ों को कैसे समझते हैं।)

इसका लाभ यह है कि उनकी उग्रता आमतौर पर काफ़ी जल्दी शांत हो जाती है। लाल रंग वाले लोग शायद ही कभी लंबे समय तक क्रोधित रह सकते हैं। वह जो कहना चाहता हैं, उसे तुरंत कह डालता है और फिर आगे बढ़ जाता है। इससे उसके आस-पास रहने वाले लोग भ्रमित हो सकते हैं, लेकिन यह उनकी समस्या है। गुस्सा निकलते ही मामला अब खत्म हो गया है। परेशान करने वाली ऐसी बातें फिर से हो सकती हैं और फिर खत्म हो जाती हैं। और फिर ऐसा ही चलता रहता है।

कल्पना कीजिए कि आप एक छोटा गिलास उठाते हैं और इसे अपने डेस्क पर उड़ेल देते हैं। यह कोई अच्छा काम तो नहीं था, लेकिन मैनेजेबल था। आप इसे कभी भी साफ कर सकते हैं।

लेकिन, याद रखें कि छोटा गिलास जितनी जल्दी खाली किया गया था, उतनी ही जल्दी यह भरता भी है। ऐसा फिर से होगा। कई लोग लाल रंग वालों के स्वभाव को पूरी तरह अप्रत्याशित मानते हैं। वह कभी भी फूट सकते हैं।

फिर भी, मुझे नहीं लगता कि यह अप्रत्याशित है। यदि आप उस व्यक्ति को जानते हैं, तो आप शायद यह भी जानते होंगे कि उसके गुस्से का क्या कारण है।

हालाँकि, यह जानना महत्त्वपूर्ण है कि एक लाल रंग वाला व्यक्ति ख़ुद को कभी गुस्सैल नहीं मानता है। हो सकता है कि उसने अपना दिमाग़ किसी को भाड़े पर दिया है या शायद किसी ने उसके खिलाफ आवाज़ उठायी है। फिर से यह संवाद करने का ही एक तरीक़ा है। हरे रंग वाले को ऐसा लग सकता है कि लाल रंग वाला व्यक्ति गुस्से में है, भले ही वह सिर्फ़ अपनी राय साझा कर रहा हो। सब कुछ देखने वाले की नज़र पर है। यह बहुत सामान्य है कि बहुत से लोग लाल रंग वाले लोगों का सामना करने और उनके क्रोध से बचने के लिए बस पीछे हट जाते हैं। लेकिन, गुस्से को हर समय अपनी नाक पर रखने से लाल रंग वाले लोग बहुत सारे फीडबैक से चूक जाते हैं।

'मैं बहुत परेशान हूँ! क्या आप सुन भी रहे हैं कि मैं क्या कह रहा हूँ?'

यहाँ तक कि हंसमुख लगनेवाले पीले लोग भी अपना आपा खो देते हैं : किसी को भी इसे अन्यथा में न लेने दें। हालाँकि, पीले रंग वाले लोग आशावादी स्वभाव के होते हैं, लेकिन उनमें गुस्सा भी होता है। लाल रंग वालों की तरह, वे भी सक्रिय और अनुभवी लोग हैं। इसका मतलब है कि उनके पास प्रतिक्रिया देने के लिए बहुत कुछ है। और अगर आप जल्दबाजी में कुछ सोच रहे हैं, तो कभी-कभी आपकी जीभ भी आपका साथ नहीं देती है, ऐसे में कुछ तो घटित हो ही सकता है। आपके चेहरे से जो नज़र आता है, वह हमेशा अच्छी तरह से सोचा नहीं जा सकता है।

चूंकि पीले रंग वाले एक ही समय में बहुत ही व्यक्तिगत और भावनात्मक होते हैं, इसलिए आपको पहले से पता चल जाएगा कि पारा कब बढ़ना शुरू होगा। एक सतर्क व्यक्ति को पता चल जाएगा कि पीला रंग वाला व्यक्ति अब बस फटने के कगार पर है। उसकी आँखों में केयर साफ दिखती है; उसके इशारे उग्र हो जाते हैं; उसकी आवाज़ बुलंद होती है। ये सब होता है, लेकिन धीरे-धीरे होता है।

यदि लाल स्वभाव शॉट ग्लास की तरह है, तो हम पीले स्वभाव की तुलना रोजमर्रा के पानी पीने के गिलास से कर सकते हैं। इसमें अधिक क्षमता होती है और यह देखना आसान होता है कि यह कब भरा हुआ है। एक समय में स्तर थोड़ा थोड़ा बढ़ा रहता है और यदि आप ध्यान दे रहे हैं, तो आपको ऐसा महसूस करने में कोई समस्या नहीं होगी।

अब, यदि हम दूध से भरा एक गिलास लें और उसे आपकी मेज पर फैला दें, तो परिणाम क्या होगा? छोटे गिलास की तुलना में यह बहुत अधिक गंदा और अधिक गीला होगा, है ना? कई महत्त्वपूर्ण कागजात नष्ट हो जाते हैं और उन्हें सुखाने के लिए कागज के कई तौलियों की आवश्यकता होती है।

लेकिन हम अभी भी स्थिति को संभाल सकते हैं। यहाँ तक कि इस मनमौजी गुस्से को बहुत अधिक गंभीर जटिलताओं के बिना भी मैनेज किया जा सकता है।

पीले स्वभाव के भी कुछ फ़ायदे होते हैं। वह किसी अपने के ऊपर, चाहे वह कोई सहकर्मी हों, परिवार के सदस्य हों, पड़ोसी हों, या शायद आप ही क्यों न हों, गुस्सा करने पर पश्चाताप करेगा। वह अगले बार आपसे मिलने पर और अधिक उद्देश्यपूर्ण होने का प्रयास करेगा। उसकी असहज अंतरात्मा को पहचानना किसी लाल रंग वाले के लिए मुश्किल हो सकता है।

अगर कोई व्यक्ति लाल और पीले स्वभाव का संयोजन होता है, तो चीज़ें कठिन हो सकती हैं। ऐसा होने पर कमरे में बहुत सारा अहंकार भरा हो सकता है और आपको पता ही नहीं चलेगा कि वास्तव में क्या हो रहा है।

व्यक्ति के पास मौजूद प्रेरक शक्तियों और प्रेरक कारकों के आधार पर, वह अपनी स्थिति को असंगत सीमा तक ले जाता है। असली पीले लोग अक्सर अपने अहंकार को आगे बढ़ने देते हैं। हालाँकि, फायदा यह है कि ख़राब याददाश्त के कारण, वे लंबे समय तक इसे याद नहीं रखते और न ही शिकायत करते हैं। वे जल्दी ही भूल जाते हैं कि कोई समस्या थी, एक ऐसी क्षमता जो हरे और नीले लोगों को पीला रंग वालों में कुछ ज़्यादा ही रोमांचक लग सकती है।

एक धैर्यवान व्यक्ति के गुस्से से सावधान रहे, वास्तव में सतर्क रहें

क्या आप इस पुरानी कहावत को पहचानते हैं? जिस व्यक्ति ने इसे गढ़ा था, उसके मन में शायद एक हरा रंग वाला गुण रहा होगा। हरे रंग वाले को अपना आपा खोते

शायद ही आपने कभी देखा होगा, या शायद कभी नहीं। संभावना है कि आपके अच्छे दोस्त, जिनके साथ आपका कभी भी कोई भी गंभीर विवाद नहीं हुआ हो, कभी भी किसी के साथ भी गुस्सा नहीं किए हों।

तो क्या इसका मतलब यह है कि यह एक ऐसा व्यक्ति है, जो गुस्सा कर ही नहीं सकता? नहीं ऐसा बिल्कुल नहीं है। इसका मतलब सिर्फ़ इतना है कि वह गुस्से को बाहर निकाल कर अपनी ऊर्जा को नष्ट करने की बजाय उसे दूसरी कामों में लगाता है।

मैं एक हरे रंग के स्वभाव वाले को पचास गैलन बीयर बैरल के ऊपर तवज्जो दूँगा। क्या आप सोच सकते हैं कि इसे भरने में कितने शॉट ग्लास लगेंगे? हम इसे कितना भी भरते जाएँ, भरते जाएँ, लेकिन हम इसके निचले हिस्से को ही भर पायेंगे। हरे रंग वाले कई लोग इसी तरह कार्य करते हैं। वे बिना किसी आपत्ति के काम को प्राप्त करते हैं और हर चीज़ को स्वीकार भी करते हैं। यह संघर्ष से बचने की उनकी इच्छा से बहुत हद तक जुड़ा हुआ है और किसी काम को न कहने की उनकी अक्षमता से भी। वे बस सहमत हैं क्योंकि यह उनके लिए आसान है।

क्या इसका मतलब है कि हरे रंग वाले की अपने कोई राय नहीं है? नहीं, ऐसा बिल्कुल नहीं है; चीज़ों के बारे में उनकी उतनी ही राय है, जितनी किसी और के पास। वे बस अपने विचारों के बारे में बात नहीं करते हैं। और यह समस्या अक्सर होती है। वे बैरल को भरते जाते हैं। हर हफ़्ते, हरे रंग वाले एक के बाद एक अन्याय को स्वीकार करते हैं - ध्यान दें कि मैंने इसे 'अनुभवित' कहा है। बैरल भरने में कई साल लग सकते हैं।

अब इस बैरल को उठाएँ, इसे और ऊपर उठाएँ और बैरल की सामग्री को अपने डेस्क पर डालें।

क्या होता है? सब कुछ धुल जाएगा। बैरल में पानी सिर्फ़ आपके डेस्क पर मौजूद सभी चीज़ों को ही नहीं धोएगा; बल्कि डेस्क ख़ुद और आप भी बाढ़ के साथ बह जाएँगे। इसे रोकने का कोई विकल्प नहीं है।

'तुमने कहा कि मैंने प्रोजेक्ट को समय पर पूरा नहीं किया? सचमुच? क्या यह सच है?! पिछले हफ़्ते, तुमने कहा कि मैंने इसे अच्छी तरह से पूरा नहीं किया। अब मुझे यह बताओ : एक साल पहले तुमने मुझे एक नए ऑफिस का वादा किया था और यह अब तक पूरा नहीं हुआ है। और जब मैंने 1997 में यहाँ काम करना शुरू किया था, तो भी तुमने वही कहा था और अब मुझे यह कहने दो...

सब कुछ बाहर आना चाहिए और हर चीज़ सामने आनी भी है। बस यह सुनिश्चित करें कि आप वह चिंगारी नहीं हों, जो यह सब खत्म कर देती है।

समस्या बड़ी है। हरे रंग वाले व्यक्ति कोई गुस्सा या हताशा नहीं दिखाते हैं, बल्कि अपनी भावनाओं पर नियंत्रण रखते हैं ताकि परेशानियाँ पैदा न हों या वे अलग न दिखें। लेकिन वे भी उतना ही अनुभव करते हैं और महसूस करते हैं, जैसा कि दूसरों को होता है। सब कुछ बाहर निकालने के लिए वे प्राकृतिक रूप से सक्षम नहीं हैं। लेकिन हम उनके सहायक बनकर उनकी मदद कर सकते हैं। हम सवाल पूछ सकते हैं, उन्हें अपने साथ आमंत्रित कर सकते हैं और संकेतों की खोज कर सकते हैं। उनके शारीरिक भाषा को देखें कि क्या ये असहमति के संकेत हैं। एक हरे रंग वाले व्यक्ति के चारों ओर एक स्वस्थ और सहूलियत भरा वातावरण बनाएँ, ताकि वह अपने ख्यालात को बयाँ कर सकें, उसे लगातार अपनी स्थिति से समझौता न करना पड़े। अन्यथा, वह अपने सभी प्रतिकूलताओं को अपने अंदर ही रख लेगा। और हम जानते हैं कि इस प्रकार का तनाव व्यक्ति पर क्या प्रभाव डाल सकता है।

मेरा अपना निजी सिद्धांत है, जिसे मैं निश्चित रूप से वैज्ञानिक तरीक़े से साबित नहीं कर सकता, लेकिन मुझे संदेह है कि हरे रंग वालों इस तरह व्यवहार का यही मुख्य कारण हो सकता है। वे चिंता, पीड़ा और यहाँ तक कि क्रोध को भी इतने लंबे समय तक अपने साथ रखते हैं कि अंततः यह उन्हें बीमार बना देता है। यह एक ध्यान देने योग्य समस्या है, जिसे गंभीरता से लिया जाना चाहिए।

एक दिन, एक शिकायत

बैंकिंग क्षेत्र में अपने पहले करियर के बेहद तनावपूर्ण दौर के दौरान, मैंने एक बार नीले रंग के बारे में एक टिप्पणी सुनी थी। हम सभी रोजाना दिन-रात काम कर रहे थे और हममें से कई लोग तनावग्रस्त दिख रहे थे। निराशा हमारे आस-पास हवा में तैर रही थी।

हमारी क्रेडिट नियंत्रक पूरे मामले के बीच में थी। लेकिन इसका उनपर कोई असर नहीं हुआ। उन्होंने कभी तनावग्रस्त व्यवहार भी नहीं किया। उनका चेहरा बिल्कुल समझ से बाहर था और हाव-भाव हमेशा की तरह सीमित और संयत थे। जबकि हममें से बाकी लोगों ने चलते-फिरते अपना दोपहर का खाना खाया, उन्होंने

पूरे साठ मिनट का समय लिया और शांति से खाना खाया... ऐसा लग रहा था मानो कोई भी चीज़ उनकी शांति को भंग नहीं कर सकती थी।

फिर मेरे एक पीले-लाल सहकर्मी ने कहा, 'वह सामान्य नहीं है। उसके शरीर में किसी तरह की कोई फीलिंग्स नहीं है।'

उस समय, यह मुझे तर्कसंगत लगता था, लेकिन जब आप इसके बारे में सोचते हैं, तो यह सच नहीं हो सकता। हरे लोगों की तुलना में नीले लोगों को संवाद करने की कम आवश्यकता होती है। इसलिए वे ऐसा बिल्कुल नहीं करते। नीले रंग वालों के लिए भी कुछ चीज़ें समझ से परे होती हैं। जो लोग सोचने वाले होते हैं, तुरंत विचार करने वाले होते हैं, उन्हें आश्चर्य हो सकता है कि क्या नीले रंग वालों में हरे लोगों जितना ही बर्नआउट का जोखिम होता है। बिल्कुल नहीं। उनके पास तनाव को नियंत्रण में रखने की व्यवस्था है।

प्रतीकात्मक रूप से कहें तो, नीले रंग वालों के पास हरे रंग वालों जितना बड़ा बियर बैरल है, लेकिन एक महत्त्वपूर्ण अंतर भी है : बैरल के निचले भाग में एक छोटा-सा नल है। यह नल नीले रंग वालों को बैरल की सामग्री का कुछ हिस्सा छोड़ने के लिए एक वाल्व देता है। वह जब चाहे दबाव को नियंत्रित कर सकता है।

इसके अलावा, उसका नल लीक करता है। नल को बंद करने से भी यह पूरी तरह से सील नहीं हो पाता है और अधिकांश समय बूंदें टपकती रहती हैं। इसी तरह से नीले रंग वालों का असंतोष भी छोटी-छोटी शिकायतों के रूप में सामने आता है।

देखो। किसी ने फिर से पेन गुम कर दिया है! बिलकुल उसी तरह! अब मुझे इसे ख़ुद पूरा करना होगा। जैसा की हमेशा करना होता है, मुझे सबसे बोरिंग काम मिलता है। यहाँ कोई वर्क कल्चर नहीं है। एकदम उसी तरह।

और इस प्रकार वह आगे बढ़ता है। उसकी चुभन उसके आस-पास के लोगों को प्रभावित करती है, लेकिन वे हर समय जो सुनते हैं वह महज गुनगुनाने वाली तुरही होती है। ऐसे अंगारे आग नहीं भड़काते। हम इसकी व्याख्या लगातार रोने-धोने के रूप में करते हैं, लेकिन असंतोष वास्तविक है। और क्योंकि नीले रंग वाले किसी चीज़ को भड़काने के लिए पर्याप्त रूप से सक्रिय नहीं हैं, वे उन चीज़ों के बारे में बहस करेंगे, जिन्हें वे नहीं करना चाहते हैं। यह सब शिकायतों पर आधारित है। वह जो देखता है, उसे दूसरों को देखना चाहिए कि उसके पास कार्य करने का कोई अधिकार नहीं है, या कि बस उसका मूड ख़राब है। लेकिन उनके लिए यह

दबाव को नियंत्रण में रखने का एक शानदार तरीक़ा है। इसलिए बैरल को कभी भी किसी की मेज पर खाली करने की आवश्यकता नहीं होगी और इस प्रकार गंभीर आपदाओं से बचा जा सकेगा।

उसकी झुंझलाहट को मैरेन करने के लिए मैंने तुरंत एक तरीक़ा ढूंढ लिया। उससे सवाल पूछे और उनके जवाब के रूप में ठोस उदाहरण मांगें। सुधार के लिए सुझाव मांगे। वास्तव में, ऐसा हो सकता है कि नीले रंग वालों ने उस समस्या का समाधान कर लिया है, जो उसे परेशान कर रही थी, लेकिन आगे बढ़ने और समाधान सुझाने के लिए उसे एक सीधे प्रश्न की आवश्यकता है।

आप क्या कर सकते हैं कि लोग नाराज न हों?

इन सरल टिप्पणियों को ध्यान में रखते हुए, आप फटाफट यह अनुमान लगा सकते हैं कि आप किस प्रकार के व्यक्ति के साथ कैसा व्यवहार कर रहे हैं। देखें कि तनाव और दबाव में वह कैसे प्रतिक्रिया करता है, इस पर ध्यान दें।

लेकिन साथ ही यह भी याद रखें कि कोई भी सिस्टम परफेक्ट नहीं होता है। ये केवल संकेत हैं और जो केवल अलग-अलग रंगों पर लागू होते हैं। इसके अलावा, जैसा कि मैंने पहले लिखा था, अलग-अलग स्थितियाँ पूरी तरह से अलग तरह के आचरण को जन्म दे सकती हैं। सामान्यतया, एक व्यक्ति के लिए एक विशेष चीज़ जितनी अधिक महत्त्वपूर्ण होगी, उसकी प्रतिक्रिया उतनी ही मज़बूत होगी।

अपने लिए यह देख लो। यदि कोई आपके पड़ोसी का अपमान करता है, तो आप सोच सकते हैं कि यह अनुचित था। लेकिन, आप इसको लेकर कोई बड़ा हंगामा नहीं खड़ा करते हैं। हालाँकि, अगर कोई आपके पति या पत्नी का अपमान करता है, तो आप बिल्कुल उग्र हो जाएँगे। यह सिर्फ़ एक उदाहरण है। प्रतिक्रिया देने के लिए आप कई स्तर और ऊँची पहुँच तक का इस्तेमाल कर सकते हैं।

17

क्यों होता है तनाव और क्या हैं ऊर्जा ह्रास के कारण

तनाव क्या है?

गुस्सा और तनाव दो अलग-अलग चीज़ें हैं। कभी गुस्से के कारण तनाव होता है, तो कभी तनाव के कारण गुस्सा, लेकिन हमेशा ऐसा नहीं होता। कुछ लोग तनाव के कारण क्रोधित हो जाते हैं; दूसरे क्रोध के कारण तनावग्रस्त हो जाते हैं। जब हम तनाव के बारे में बात करते हैं, तो हमारा मतलब अक्सर यह महसूस करना होता है कि करने के लिए तो बहुत कुछ है और इसे करने के लिए समय बहुत कम है। काम के दौरान सब कुछ करने के लिए पर्याप्त समय नहीं है, फिर भी आपकी प्राथमिकता सूची में जिम जाने, दोस्तों से मिलने, परिवार के साथ समय बिताने, विभिन्न प्रकार की मनोरंजक गतिविधियों में भाग लेने और अंतिम में शायद सोने के लिए भी समय निकालने की ज़रूरत पड़ती है।

हालाँकि, जो तनाव हमें वास्तव में परेशान करता है, वह अक्सर समय की कमी के अलावा अन्य चीज़ों के कारण भी होता है। यदि आपकी अपेक्षाएँ आसमान जितनी ऊँची है, वह भी इस बारे में कि आप क्या करेंगे, आपका जीवन कैसा होनेवाला है, तो आपका तनावग्रस्त होना लाजिमी है, भले ही आप वास्तव में दबाव में न हों।

दबाव, मांग और अपेक्षाएँ तनाव पैदा करती हैं और आपको स्वयं की आलोचना करने के लिए मजबूर कर सकती हैं, आपको शक्तिहीन महसूस करा

सकती हैं। आपकी नींद हराम हो सकती है या आपको शारीरिक पीड़ा महसूस हो सकती है। सीधे शब्दों में कहें, तो तनाव की भावना तब पैदा होती है, जब हम अपनी क्षमता से अधिक मांगों और अपेक्षाओं का अनुभव करते हैं।

अलग-अलग लोग तनाव के प्रति अलग-अलग तरह से प्रतिक्रिया करते हैं : क्या आपको आश्चर्य है!

सच कहें, तो हम सभी तनाव के लिए अलग-अलग तरह से प्रतिक्रिया देते हैं। अलग-अलग लोग एक ही घटना को अलग-अलग तरीक़ों से अनुभव कर सकते हैं और एक व्यक्ति अलग-अलग समय पर अलग-अलग घटनाओं का अनुभव कर सकता है। अतीत में आप जिन चीज़ों से गुज़रे हैं और आप अभी कैसा महसूस कर रहे हैं, इन सभी का आपके काम और प्रतिक्रिया पर असर पड़ता है।

यदि आपने अच्छी तरह से आराम किया है और आप बेहतर महसूस कर रहे हैं, तो हफ़्ते भर के काम का भारी बोझ भी आपको हल्का मालूम देगा, जिसे करने के लिए आप उत्साहित रहेंगे। लेकिन, यदि आप थके हुए हैं और ख़ुद में ऊर्जा की कमी महसूस कर रहे हैं, तो हफ़ते भर का वही काम आपके लिए भयानक और मनोबल गिराने वाला साबित होगा।

आप किस रंग का प्रतिनिधित्व करते हैं और यह कैसे आपके तनाव को प्रभावित करता है? यह आपकी तनाव की सीमा के बारे में कुछ नहीं कहता है (अर्थात, आप कितना तनाव सहन कर सकते हैं)। लेकिन, आपको किस बात का तनाव है और आप इस पर आप कैसे प्रतिक्रिया देंगे, इस बारे में ज़रूर कुछ कह सकता है। पहले, मैं शरीर को प्रेरित करने वाली ताक़तों का उल्लेख कर चुका हूँ। ये वो ताक़तें हैं, जो मुझे हर सुबह बिस्तर से उठने, काम पर जाने और अतिरिक्त दूरी तय करने के लिए प्रेरित करती हैं। यह पुस्तक इन बातों से संबंधित नहीं है, लेकिन यहाँ यह समझना आसान है कि जब हमें लगता है कि हम ग़लत चीज़ों पर बहुत अधिक समय व्यतीत कर रहे हैं, हम तनावग्रस्त हो जाते हैं।

एक बार जब आप समझ जाते हैं कि आपके जीवन में तनाव का सबसे महत्त्वपूर्ण कारण क्या है, आप उनसे बचने के लिए बेहतर तरीक़े से तैयार होंगे। यदि आप एक मैनेजर हैं और कई लोगों की जिम्मेदारी आपके ऊपर है, तो आप सबसे पहले उनके बिहैवियर प्रोफाइल को जानते हैं और ख़ुद को बड़े नुक़सान से बचा सकते हैं। बहुत हद तक ऐसे तनाव से बचा जा सकता है, यदि आप जानते

हैं कि इससे कैसे निबटा जाए। और आप समूह की क्रियाशीलता को बनाए रख सकते हैं।

शेष अध्याय कुछ विडंबनाओं के साथ लिखा गया है और मैं आपसे इसे उसी तरह पढ़ने का आग्रह करता हूँ।

लाल रंग वालों के लिए तनाव के कारण

यदि आप लाल रंग का प्रतिनिधित्व करने वाले किसी व्यक्ति के तनाव को दूर करना चाहते हैं, तो आप पहले उसके आत्मविश्वास को कम करने की कोशिश करें, इसके लिए निम्न में से किसी एक तरीक़े को आप आजमा सकते हैं।

सत्ता का हर रूप करो धारण

किसी भी निर्णय में शामिल नहीं होना लाल रंग वाले लोगों के लिए वास्तव में कठिन है। लाल रंग वाले लोग हमेशा मानते हैं कि उनके पास बेहतर विचार हैं और इसलिए वे यह भी मानते हैं कि उसे परियोजना का प्रभारी ज़रूर होना चाहिए।

कोई परिणाम प्राप्त न करें

'अगर हम अपने लक्ष्यों को लेकर तत्काल कोई कदम नहीं उठा रहे हैं, तो हमारा सारा काम बेकार हो जाता है।' इस तरह की अंतर्दृष्टि लाल रंग वाले किसी व्यक्ति में गंभीर तनावी प्रतिक्रियाओं को ट्रिगर कर सकती है और ऐसे समय में उसके आस-पास के लोगों को अपनी रक्षा के लिए तैयार होना चाहिए। ऐसे समय में वह बलि का बकरा ढूंढता है।

चुनौती कोई भी हो, उसे खत्म करें

अगर सब कुछ बहुत आसान हो, तो यह उबाऊ हो जाता है। लाल रंग वाले लोगों का व्यवहार एक चीज़ पर टिका होता है : समस्याओं और कठिन चुनौतियों को संभालने की क्षमता पर। यदि उनके पास हल करने के लिए कोई समस्या नहीं होगी, तो लाल रंग वाले लोगों में उत्तेजना में कमी होगी। वे निष्क्रिय हो जाएँगे, यह विश्वास करते हुए कि उनके पास करने के लिए बिल्कुल कुछ नहीं है। वे अपनी गति को धीमा कर सकते हैं और इसे वापस पटरी पर लाना उनके लिए मुश्किल हो सकता है।

समय व संसाधन की बर्बादी करें और अक्षमता से काम करें

बिना कुछ किए यूं ही बैठे रहना समय की बर्बादी है। ऐसा नहीं है कि जो हम कर रहे हैं, वह ज़रूरी है, लेकिन लाल रंग वालों के सामने यदि आप अपने समय से अधिकतम उत्पादकता प्राप्त नहीं करते हैं, तो उनके लिए यह प्रबंधकीय दृष्टिकोण से बेकार और विशेष रूप से तनावपूर्ण है। मूल्यांकन शायद संगठन की दक्षता पर किया जाता है।

सुनिश्चित करें कि सब कुछ एक रूटीन की तरह हो

सांसारिक और बार-बार किए जाने वाले काम लाल रंग वालों के लिए मौत के समान है। उनके लिए यह बस उबाऊ है। ऐसा होने पर लाल रंग वाले अपनी एकाग्रता खो देते हैं व काम करने के लिए कुछ और खोज लेते हैं। उनके लिए रूटीन काम वह नहीं है, जिसमें वे अच्छे हैं। ऐसे काम उनके लिए घटिया प्रतीत होते हैं और वे इसे जानते भी हैं। लाल रंग वालों के अनुसार किसी और को इन नीरस व रूटीन काम का ध्यान रखना चाहिए, क्योंकि उनका मानना है कि उन्हें बड़े कामों की बेहतर समझ है।

मूर्खतापूर्ण ग़लतियों की एक सूची बनाओ

ग़लतियाँ होनी एक बात है, लेकिन मूर्खतापूर्ण ग़लतियाँ पूरी तरह इससे अलग है। यह कहीं से भी स्वीकार्य नहीं है। यदि किसी लाल रंग वाले व्यक्ति को यह समझ में आ जाता है कि उसके सहयोगी बुद्धिहीन हैं, तो वह पागल हो जाता है,वह चिल्ला उठता है : 'वे क्यों नहीं समझते कि उन्हें क्या करना है? वह इतना लापरवाह कैसे हो सकता है?'

उन्हें दूसरों पर हावी होने न दें

लाल रंग वालों की फितरत सभी चीज़ों को नियंत्रित करने की है, इसीलिए उनकी आवश्यकता व्यापक हो सकती है। यह तथ्यों और विवरणों को नियंत्रित करने के बारे में नहीं है। वे लोगों को नियंत्रित करना चाहते हैं। सभी चीज़ों पर, जैसे- वे क्या करते हैं, कैसे करते हैं, इत्यादि। इस नियंत्रण के बिना लाल रंग वाले लोग निराशा के गहरे गर्त में चले जाते हैं।

उन्हें नियमित रूप से शांत रहने या आवाज़ धीमी करने को कहें

वे पागलों की तरह व्यवहार करने लग जाते हैं, जब लोग कहते हैं कि वे गुस्से में हैं, जबकि वास्तव में वे गुस्से में नहीं होते हैं। वे हमेशा औसत से थोड़े अधिक गर्म स्वभाव के होंगे, लेकिन इसका वास्तव में यह अर्थ नहीं है कि वे क्रोधित हैं। और ठीक यही आरोप उन्हें क्रोधित कर देता है, जबकि वे वास्तव में क्रोधित नहीं हैं।

क्या करते हैं लाल रंग वाले, जब वे तनावग्रस्त हो जाते हैं और दबाव महसूस करते हैं?

वे हर किसी को दोष देने लग जाते हैं। चूंकि लाल रंग वाला व्यक्ति अक्सर बेवकूफ़ों से घिरा होता है, इसीलिए उसके लिए बलि का बकरा चुनना आसान होता है। और जब वह चीज़ों को गड़बड़ करने के लिए किसी को आड़े हाथों लेना चाहता है, तो वह आसानी से यह काम कर सकता है। सावधान रहें! मेरी तुम्हें यही सलाह है, क्योंकि तुम उसके क्रोध की दंश को महसूस करते हो।

अन्य रंग वालों की तुलना में लाल रंग वाले लोगों की डिमांड हमेशा अधिक होती है। वे ख़ुद से जितनी अधिक उम्मीद करते हैं, उतनी ही वे आपसे भी उम्मीद करते हैं। जब वे तनाव में होते हैं, तो उनकी मांग अत्यधिक बढ़ जाती है और सामान्य से बहुत अधिक वे प्रतिक्रियात्मक भी हो जाते हैं।

लाल रंग वाले अपने अन्य सहयोगियों पर हावी हो जाते हैं। वह मानो ख़ुद को एक कमरे में बंद कर लेते हों, जो काम हाथ में है, उसमें डूब जाते हैं और बहुत अधिक कठिन परिश्रम करते हैं। याद रखें कि उनका गुस्सा और हताशा दोनों सतह के ठीक नीचे दबी हुई हैं, इसलिए आप उनकी उपस्थिति में क्या करते हैं, कृपया इसको लेकर सावधान रहें।

क्या मैं तनाव को प्रबंधित करने में लाल रंग वालों की मदद कर सकता हूँ?

यदि आपके पास सीधे आदेश देने का अधिकार है, तो उत्तर सरल है : उनसे ख़ुद पर नियंत्रण रखने के लिए कहें। यह वास्तव में काम करता है। तनावपूर्ण स्थितियों में लाल रंग वालों के लिए इसे आसान बनाने का एक और तरीक़ा है, वह यह कि उन्हें घर भेज दिया जाए और उन्हें कुछ शारीरिक व्यायाम करने के लिए कहा जाए

ताकि उस निराश, बेचैन ऊर्जा को कम किया जा सके। उन्हें ऐसी जगह भेजें, जहाँ वे किसी तरह की प्रतियोगिता में भाग ले सकें, अपनी ऊर्जा को कुछ जीतने पर खर्च कर सकें, हालाँकि ग्रुप के लिए इसका कोई महत्त्व नहीं होगा। इसके बाद जब वे वापस आयेंगे, तो उनकी अधिकांश आक्रामकता समाप्त हो चुकी होगी।

पीले रंग वालों को क्यों होता है तनाव

यदि किसी भी कारण से आप चाहते हैं कि पीले रंग वाले तनाव महसूस करें, तो उन्हें असंतुलित करने के लिए निम्न में से किसी एक कारक को अपना सकते हैं।

दिखाओ कि वह आपको नज़र नहीं आ रहा है

आपको पीले रंग वालों की सबसे बड़ी कमज़ोरी याद है, चलिए ठीक है? 'मेरी तरफ देखो! मैं यहाँ हूँ!' वे ऐसा कहते सुने जा सकते हैं। यदि आप उसे असंतुलित करना चाहते हैं, तो बस उसे महसूस कराएँ कि आपकी नज़र उस पर नहीं है। यदि आप उसे अनदेखा करते हैं, तो उसे लगेगा कि उसका अस्तित्व नहीं है। वह उपेक्षित और ख़ुद को ठगा हुआ महसूस करता है और यह तनाव पैदा करने की गारंटी है।

थोड़ा शंकालु बनें

बहुत अधिक संशय प्रकट करने वाला कोई भी व्यक्ति बहुत नकारात्मक होता है और ऐसे लोग पीले रंग वालों को बहुत तनाव देते हैं। पीले रंग वाले जीवन में उजाला और सकारात्मकता देखना चाहते हैं, यहाँ तक कि रोजमर्रा मिलनेवाले यथार्थवादी लोगों को भी वे कयामत के दिनों का भविष्यवक्ता मानते हैं। निराशावाद और नकारात्मकता पीले रंग वाले लोगों के उत्साह को प्रभावी ढंग से खत्म कर देते हैं और उन्हें तनाव महसूस कराते हैं।

जितना अधिक संभव हो, काम को उतना प्लान करें

लाल रंग वालों की तरह, पीले रंग वाले भी रूटिन वर्क, दोहराए जाने वाले कार्यों और एक बिजी शेड्यूल से दूर ही रहते हैं। वे ख़ुशी-ख़ुशी दूसरों के लिए शेड्यूल बनाते हैं, लेकिन वे ख़ुद उनका पालन नहीं कर पाते। उन्हें अपनी योजनाओं में से एक में शामिल करें और आप देखेंगे कि आपके पीले रंग वाले दोस्त कैसे खुल कर सामने आने लगेंगे।

उसे समूह के बाकी हिस्सों से अलग करें

बात करने के लिए किसी को न होना पीले रंग वालों के लिए शायद सबसे बुरी बात है। उनके लिए यह दुनिया का अंत है। क्योंकि उन्हें बात करने की ज़रूरत है, वे जो बोलें, उसे सुनने के लिए वहाँ कोई होना चाहिए। ऑफिस में एक सीमित जगह में केवल एक डेस्क पर बैठकर काम करना उनके लिए फंसने के समान है, उनके लिए यह मौत से भी बदतर सजा है। उनके लिए यह साइबेरिया में निर्वासित होने जैसा है।

स्पष्ट करें कि काम के समय मजाक करना अनुचित है

'कोई मजाक नहीं और किसी सेंस ऑफ ह्यूमर का प्रदर्शन नहीं? क्या यह कोई श्मशान घाट है?' मुझे एक बार एक पीले रंग वाले से बिल्कुल यही टिप्पणी सुनने को मिली जिसमें कहा गया कि सलाहकारों के पास तो उठने-बैठने का भी समय नहीं है। इतना गंभीर वातावरण देख वह बहुत तनाव में थी और अपनी परिवीक्षा अवधि समाप्त होने से पहले ही वह वहाँ से चली गयी।

किसी काम को हैंडओवर करने से पहले उसपर दो बार ध्यान से सोचने के लिए पीले रंग वालों को कहें

पीले रंग वालों की सहजता को दबाना दूध के उबलने पर बरतन को ढक्कन से ढकने जैसा है। यह काम नहीं करता। जब पीले रंग वाले जानबूझकर जोर से बोलकर हर किसी को तनाव के लपेटे में लेना चाहते हैं, तो यह भयानक गड़बड़ी पैदा करता है और हर कोई इसमें शामिल हो जाता है। याद रखें कि पीले रंग वालों का तनाव हमेशा देखा जाएगा। इसे अन्यथा मत मानो।

महत्त्वहीन बातों को लेकर लगातार तू-तू, मैं-मैं करना और बखेड़ा खड़ा करना

लगातार टकरावों का सामना करना थका देने वाला होता है। यह कुछ विरोधाभासी है, क्योंकि पीले रंग वाले हरे रंग वालों की तरह संघर्ष से डरते नहीं हैं। लेकिन अगर बहुत अधिक मनमुटाव है, तो यह उनकी मस्ती और सकारात्मकता की इच्छा के रास्ते में बाधा बनेगा, जो अंतत: तनाव का कारण बनता है। वे तकरार का सामना कर सकते हैं, लेकिन जब यह बहुत अधिक हो जाता है, तो पीला रंग वाला सबसे सामने नहीं होगा और ऐसे में वे अपना महत्त्व खो देंगे।

कोशिश करो कि लोगों का अपमान कम हो

एक पीले रंग वाला व्यक्ति जिसे दूसरों की उपस्थिति में नकारात्मक प्रतिक्रिया दी गयी है, वह किसी के भी देखने के लिए एक सुखद दृश्य नहीं होगा। उसके फिर से कभी आपसे बात नहीं करने के लिए ये कारण पर्याप्त हैं। इसके अलावा, वह अविश्वसनीय रूप से रक्षात्मक भी हो जाएगा और अंत में आपको कुछ भी हासिल नहीं होगा।

एक पीले रंग वाला व्यक्ति क्या करता है, जब वह तनावग्रस्त हो जाता है और दबाव महसूस करता है?

इस तथ्य के लिए तैयार रहें कि वह सामान्य से अधिक ध्यान आकर्षित करेगा। उसका अहंकार उसके लिए यह असंभव बना देता है कि वह अधिक ध्यान और पुष्टि की तलाश न करे, क्योंकि उसे तनाव की नकारात्मक भावनाओं की भरपाई करनी होती है। इसका मतलब है कि वह सक्रिय रूप से लोगों का ध्यान आकर्षित करेगा, जिससे वह बेहतर महसूस करेगा। दिक़्क़त यह है कि वह बहुत ज़्यादा बात करेगा और ख़ुद को हर चीज़ के केंद्र में ले जाएगा।

शायद आपने सोचा था कि यह संभव नहीं था, लेकिन वह अत्यधिक और अवास्तविक रूप से आशावादी बनने का जोखिम भी उठाता है। जब तक आपने किसी तनावग्रस्त पीले रंग वाले से निपटने की वास्तव में कोशिश नहीं की है, तब तक आपने कभी भी वास्तविक चुनौती का अनुभव नहीं किया है। वह ऐसी योजनाएँ लेकर आएगा, जो इतना वाहियात और विचित्र हैं कि कोई दूसरा क्या, वह ख़ुद उन पर विश्वास भी नहीं कर सकता। यह उसके लिए काम निकालने का सिर्फ़ एक प्राकृतिक तरीक़ा है।

क्या मैं पीले रंग वाले को उनके तनाव को मैनेज करने में मदद कर सकता हूँ?

एक पीले रंग वाले को कोई पार्टी आयोजित करने दें। उसे सामाजिक संदर्भों में लोगों से मिलने की तत्काल ज़रूरत है। यदि वह बहुत अधिक समय तक तनाव में रहता है, तो वह अपने ही दुख में बहुत गहरे डूब सकता है। जब चीज़ें सबसे ख़राब होती हैं, तो पब क्रॉल, पार्टी, या सिर्फ़ एक साधारण बारबेक्यू का सुझाव दें? यहाँ

फैंसी होने की ज़रूरत नहीं है, लेकिन सुनिश्चित करें कि वह थोड़ी देर के लिए ख़ुद का आनंद ले सके। साथ ही, सुनिश्चित करें कि यह मजेदार है!

हरे रंग वालों के लिए तनाव के कारक

यदि आप किसी भी कारण से हरे रंग वालों को तनाव महसूस कराना चाहते हैं, तो मैं निम्नलिखित अप्रिय बातों का प्रस्ताव करता हूँ।

हर तरह की सुरक्षा को उससे दूर कर दो

उसे कुछ भी समझाए बिना ऐसे काम दें, जो उसने पहले कभी नहीं किए हों। लेकिन साथ ही, उससे सही काम और समय पर मिलने की अपेक्षा करें। उन बैठकों में उसे अकेला छोड़ दें, जहाँ उससे अनुचित मांगें रखी जाएँ। बातचीत का माहौल जब तनावपूर्ण होने लगे, तो उसका समर्थन न करें। उस पर नाराजगी दिखाने के लिए एक लाल रंग वाले को गुस्से में उसके पास भेजें। जल्द ही वह तनाव में आ जाएगा।

बहुत सारे छोर खुला छोड़ दें

अधूरे कार्य और ढीले सिरे बहुत परेशान करते हैं। हरे रंग वाले लोग यह जानना पसंद करते हैं कि चीज़ें एक साथ कैसे फिट होती हैं और जब वे यह नहीं समझ पाते कि प्रक्रिया कैसे काम करती है, तो यह ठीक नहीं होगा। अधूरी परियोजनाएँ, वैसे काम जो शुरू किए गए हैं, लेकिन बिना किसी योजना के खींचे जा रहे हैं, वास्तव में हरे रंग वालों के लिए गड़बड़ी पैदा करते हैं। यही कारण है कि हरे रंग वालों को यदि तनाव में डालना हो, तो पीला रंग अभूतपूर्व साबित होता है।

उसके चारों ओर लगातार परेशानियाँ बढ़ाओ

यदि हरे रंग वालों को अपना प्राइवेट स्पेस कहीं नहीं मिलता है, तो वह वहाँ से अलग हो सकता है, वह बहुत तनावग्रस्त हो जाता है। वह बेशक दूसरे लोगों को पसंद करता है, लेकिन उसे ख़ुद भी अकेले रहने की ज़रूरत है। यदि यह संभव नहीं है, तो वह अब और नहीं सोच सकता।

बिजली की तेज़ी से दशा और दिशा में अप्रत्याशित परिवर्तन करें

यह लाल और पीले रंग वालों की खासियत है। त्वरित निर्णय जिसके बारे में वे कभी स्पष्ट नहीं बताते हैं। हरे रंग वालों की स्थिति दयनीय हो जाती है, जब उन्हें अप्रत्याशित और तेज़ गति से परिवर्तन करने के लिए मजबूर किया जाता है, ऐसी स्थिति में वे पूर्णत: उदासीन हो जाते हैं और अंत में जवाब देकर ख़ुद को अलग कर लेते हैं। सबसे ख़राब प्रकार का परिवर्तन तब होता है, जब हरे रंग वालों को सुबह एक आदेश मिलता है और जैसे ही वह इस पर विचार करना शुरू करता है कि वह इसे कैसे करेगा, एक दूसरा आदेश मिल जाता है।

उससे पूछें 'क्या आप इतने दक्ष होंगे कि शुरू से अंत तक पूरी चीज़ को फिर से तैयार कर सकें?"

किसी कार्य को फिर से करना असफलता का पर्याय है। अगर किसी काम को फिर से किया जाना चाहिए, तो यह केवल इसलिए हो सकता है क्योंकि पहली बार आपका काम काफ़ी अच्छा नहीं था। दूसरे शब्दों में, निगेटिव फीडबैक। विस्तार से देखें, तो इसका मतलब है कि आप एक व्यक्ति के रूप में काफ़ी अच्छे नहीं हैं, जो निश्चित रूप से बेहद तनावपूर्ण है।

एक हरे रंग वाले को बताओ, यहाँ देखो! हम हर बात पर पूरी तरह सहमत नहीं हो सकते।'

कार्य समूह या परिवार में असहमति अनिवार्य रूप से तनाव का कारण बनती है। केवल राह में रोड़े अटकाने वाले ही तनाव का आनंद लेते हैं। सबसे महत्त्वपूर्ण बात यह है कि समूह, परिवार में सामंजस्य न होना विशेष रूप से गंभीर है। ऐसी स्थिति में हरे रंग वाले को पता नहीं होगा कि उसे क्या करना चाहिए।

उन्हें संघर्षों का सामना करने के लिए आगे बढ़ायें

जब वे बड़े समूहों में होंगे, तो किसी भी परिस्थिति में हरे रंग वालों को केंद्र स्तर पर नहीं जाना चाहेंगे। तीन से अधिक लोगों के समूह को बड़ा माना जाएगा, जब तक कि हरे रंग वाले लोग सभी को अच्छी तरह से नहीं जानते। अगर आप हरे रंग के व्यक्ति को ऐसी स्थिति में आने के लिए मजबूर करते हैं, तो वह बस नज़रें झुकाए अपने पैरों को घूरता रहेगा। हर कोई इस बात को महसूस कर सकता है

कि वह कितना बेचैन है और समूह के बाकी लोग भी असहज होंगे। यह अच्छा नहीं है।

हरे रंग वाले लोग क्या करते हैं, जब वे तनावग्रस्त हो जाते है और दबाव महसूस करने लगते हैं?

वह बहुत रिजर्व्ड और शांत हो जाता है। उसकी शारीरिक भाषा कठोर और ख़ुद को समेट लेने वाली हो जाती है और यदि आप वह हैं जिसने उसके तनाव को बढ़ाया है, तो समझ लें कि उसका आपसे कोई लेना-देना नहीं है। कुछ हरे रंग वाले लोग तीव्र उदासीनता का प्रदर्शन करते हैं। वे उन लोगों के प्रति भी उदासीन और बेपरवाह हो जाते हैं, जिनके लिए वे सामान्य परिस्थितियों में बहुत फ़िक्रमंद रहते हैं।

वे बहुत झिझकते हैं और अनिश्चितता उन्हें घेर लेती है। तनाव हरे रंग वालों को असुरक्षित महसूस कराता है और कुछ भी करने पर ग़लतियाँ न हो जाए, ऐसा सोचकर वे डरने लगते हैं। ऐसा ऑफिस में काम के दौरान भी हो सकता है और घर पर भी। यदि कोई बच्चा बीमार हो जाता है, तो हरे रंग वाले निष्क्रिय हो जाते हैं और बस देखते रहते हैं, क्योंकि कुछ भी करने पर कुछ भी ग़लत न हो जाए, यह सोच कर वे डरने लगते हैं। वह उस स्थिति के लिए भी ख़ुद को दोषी मानेगा और ख़ुद को वह मामले से पूरी तरह अलग कर लेगा।

ऑफिस में यह थोड़ा अलग हो सकता है। यह कई बातों पर निर्भर करता है। कई हरे रंग वाले हठ या जिद की एक लकीर पर आकर सिमट जाते हैं, ख़ुद में कुछ भी बदलाव लाने से इनकार करके वे अपने आस-पास के लोगों को उत्तेजित करते हैं। यहाँ तक कि जब वे देखते हैं कि कोई विशेष तरीक़ा ठीक से काम नहीं कर रहा है, तो वे काम करने से मना तक कर सकते हैं। यह अजीब लगता है, लेकिन हरे रंग वालों की जिद उनपर हावी हो चुकी होती है और उन्हें कुछ भी करने से रोकती है।

क्या मैं हरे रंग वाले को उनके तनाव को कम करने में मदद कर सकता हूँ?

उन्हें कुछ करने की अनुमति नहीं दें। उन्हें बागवानी करने को बोलें, उसे नींद लेने या आराम करने को कहें, उसे खाली समय दें। हो सकता है कि उन्हें लोगों के एक

बड़े समूह के साथ नहीं, बल्कि संभवतः अपने दम पर फिल्म देखने या उन्हें एक अच्छी किताब लेने के लिए भेजा जाए, जिसे पढ़ने में दो दिन लगते हैं। लेकिन, वे वास्तव में कुछ भी नहीं करना चाहते हैं। तनाव कम होने तक उन्हें कुछ न करने दें। फिर वे अपने सामान्य रूप में वापस आ जाएँगे।

नीले रंग वालों के लिए तनाव कारक

यदि आप, किसी भी कारण से, एक नीले रंग वाले को तनाव महसूस कराना चाहते हैं, तो बस उसके सभी कैलकुलेशन को लेकर उसे परेशान करें।

उन्हें पूछें, 'तुम नहीं जानते कि तुम किस बारे में बात कर रहे हो'

आप सोच सकते हैं कि नीले रंग वाले लोग आलोचना को व्यक्तिगत रूप से नहीं लेते हैं, लेकिन अगर उनका मानना है कि आलोचना असत्य और निराधार है, तो यह उनके लिए बहुत कठिन हो सकता है। इसलिए नहीं कि वे संघर्ष से डरते हैं, या कि आपके साथ उनके रिश्ते को नुक़सान होगा, बल्कि इसलिए कि उनकी पूर्णता की भावना पर कलंक लगाया जा रहा है।

प्रबंधन टीम को एक सहज निर्णय लेने दें

एक नीला रंग वाला व्यक्ति अक्सर परिवर्तन को खुले दिल से स्वीकार करता है, क्योंकि वह कभी भी किसी भी चीज़ को पूरी तरह से सही नहीं मानता। लेकिन उसे बदलाव के पीछे की मंशा जानने की ज़रूरत है। यदि योजना का कोई लक्ष्य नहीं है, तो यह अनियोजित है और प्लानिंग में किसी भी प्रकार की कमी किसी भी चीज़ को कभी अच्छा नहीं होने देती है। अनिवार्य रूप से यह सिरदर्द ही उत्पन्न करता है।

उसे समझाएँ, 'भले ही यह जोखिम भरा या अनिश्चित हो सकता है, लेकिन हमें आगे बढ़ना है, आगे बढ़ने के लिए तैयार रहना है

हर काम में एक निश्चित मात्रा में जोखिम होता ही है। नीले रंग वालों को हर काम में जोखिम देखता है। यदि एक लाल रंग वाला कहता है कि बिना पैराशूट के हवाई जहाज से कूदना एक बड़ा जोखिम है, तो एक नीला रंग वाला कहेगा कि लॉन घास काटने की एक नई मशीन ख़रीदना जोखिम भरा है। आप वास्तव में कभी नहीं

जान सकते कि क्या हो सकता है। चीज़ें जितनी तेज़ी से आगे बढ़ती हैं, जोखिम उतने ही बड़े होते जाते हैं।

उसे कुछ इस तरह से सरप्राइज दें, जैसे- 'तुम्हारे ससुराल वाले बिना बताए आ रहे हैं! जबरदस्त!'

यह स्पष्ट रूप से किसी बेहतर योजना के अनुसार आराम से काम करने या रसोई का नवीनीकरण करने के लिए आदेश देने और पूरा करने का मामला है। पर यदि अचानक घर में आधे परिवार और आ जाएँ, तो सब कुछ अस्त-व्यस्त हो जाएगा। आपको कभी भी नीले रंग वालों को सरप्राइज देने की कोशिश नहीं करनी चाहिए। हो सकता है कि उसने अपनी योजनाओं को लेकर दूसरों सं अच्छी तरह से बात नहीं की हो, ऐसी स्थिति में आप काफ़ी समस्या पैदा कर सकते हैं।

अपनी अनभिज्ञता जाहिर करते हुए कहें, क्या हुआ?

ग़लतियाँ मूर्खों और लापरवाह लोगों द्वारा की जाती हैं। नीले रंग वाले लोग ग़लतियाँ नहीं करते हैं, इसलिए जब लोग किसी काम में गड़बड़ करते हैं और उनकी योजनाओं को बाधित करते हैं, तो नीले रंग वाला दरवाजा बंद कर कुछ भी सुनने से इंकार कर सकता है। वह यह नहीं सुनना चाहता कि प्रोजेक्ट गड़बड़ा गया है; वह बस अपने हिस्से का काम करते रहना चाहता है, भले ही उस काम का अब कोई मतलब न हो।

उससे कहें, ब्यूरोक्रेसी के बारे में भूल जाओ, कुछ नया करो

'क्या आपके पास कोई कल्पना नहीं है? हमें यहाँ थोड़ा और लचीला होना होगा।' काम पर पकड़ कम करवाने का नीले रंग वालों को यह एक शानदार तरीक़ा है। जो लोग नियमों को तोड़ते हैं और नियमों के खिलाफ जाते हैं, उन्हें संदेह की दृष्टि से देखा जाना चाहिए और आपको उन्हें थोड़े समय के लिए अलग रखने की आवश्यकता है। यदि नीले रंग वाले को पता चलता है कि वह एक ऐसे संगठन में है, जो उचित प्रक्रियाओं पर बिल्कुल भी ध्यान नहीं देता है, तो वह अपनी मनमर्जी दिखा सकता है।

उन्हें याद दिलाएँ, 'हमें केवल बड़े जोखिम लेने की ज़रूरत है।'

पहले की बातों पर मतभिन्नता। जो सही है, वही सही है और उचित तैयारी ही सब कुछ है, अल्फा और ओमेगा यही काम का सही अंत है। एक किताब में भी ऐसी बातें कही गयीं हैं। इसलिए जब नीले रंग वाले अपने (कभी-कभी बेहद बोझिल) तरीक़े से ख़ुद को तैयार नहीं कर पाते हैं, तो यह उनके तनाव को और बढ़ा देता है। वह स्वतः स्फूर्त होने के बिल्कुल विपरीत है और आप किसी नीले रंग वाले को किसी बात का जवाब देने के लिए मजबूर नहीं कर सकते, इससे पहले कि उसके पास विषय की पूरी जानकारी लेने का समय न हो। वह ख़ुद में इतना व्यस्त होगा कि उसे जो भी जानकारी मिलेगी, उसका कोई उपयोग नहीं कर पाएगा।

उन्हें अत्यधिक भावुक लोगों से घेरें

नहीं। अविवेकी भावनात्मकता बिल्कुल अप्रिय होती है। यह अस्तव्यस्त और अजीब है और एक नीला रंग वाला इसे बिल्कुल पसंद नहीं करता है। तर्क सबसे ज़्यादा मायने रखता है और यदि आप इसकी अनदेखी करते हैं, तो नीले रंग वालों के लिए यह बहुत कठिन हो जाएगा। वह अपने आप को एक खोल में छिपा लेगा और वह यह कभी नहीं भूलेगा कि आप एक अत्यधिक भावुक व्यक्ति हैं, जो आपके दिमाग़ का उपयोग उस तरह नहीं करता है, जैसे वह अपनी बुद्धि चलाता है।

नीले रंग वाले क्या करते हैं, जब वह तनावग्रस्त हो जाते हैं और दबाव महसूस करते हैं?

वह अत्यधिक निराशावादी हो जाता है। ओह हाँ। वह वास्तव में सामान्य से भी बदतर हो जाता है। अचानक सब कुछ अंधकार के समान लगने लगता है और वह निराशा के गर्त में गिर जाता है। सुस्ती छा जाती है और किसी भी काम में मन नहीं लगता है। हम सब पर इसका असर होगा और हमारे ऊपर भी कयामत बरसेगी। ऐसी स्थिति वास्तव में असहनीय हो जाती है। जब वे तनाव महसूस करते हैं, तो कई लोग मामले को ठीक करने के लिए आगे बढ़ते हैं। पर नीले रंग वाला नहीं। वह तुरंत ऐसी स्थिति पर रोक लगाता है। अब कोई ग़लती करने का समय नहीं है। उसके आस-पास के लोग लगातार उससे आलोचना की उम्मीद कर सकते हैं। वह

अचानक अपनी हर छोटी-छोटी ग़लती की ओर इशारा करेगा और वहाँ वास्तव में बहुत कुछ है। वह असहनीय हो सकता है, उसके बारे में सब कुछ जानें।

क्या मैं तनाव को प्रबंधित करने में नीले रंग वालों की मदद कर सकता हूँ?

उन्हें प्राइवेसी चाहिए। उन्हें सोचने के लिए समय और एकांत स्थान मिलना चाहिए। वे स्थिति का विश्लेषण करना चाहते हैं, संबंधों को समझना चाहते हैं और उन्हें ऐसा करने के लिए समय दिया जाना चाहिए। अगर आप थोड़ी देर के लिए उन्हें अकेला छोड़ देते हैं, तो वे कुछ समय बाद आखिरकार वापस आ ही जाएँगे। लेकिन, अगर वे किसी परेशानी में बहुत गहराई तक घिर जाते हैं, तो आपको उन्हें अधिक सहायता देने की सक्रिय रूप से आवश्यकता हो सकती है।

निष्कर्ष : विभिन्न तनावग्रस्त लोगों का अध्ययन करने से हम क्या सीख सकते हैं? तनाव में होने पर किसी व्यक्ति के सामान्य आचरण और व्यवहार को बढ़ावा मिलता है और उसे बढ़ा-चढ़ाकर भी पेश किया जाता है। एक लाल रंग वाला अपने आस-पास के लोगों के प्रति और भी सख्त और अधिक आक्रामक हो जाता है, एक पीला अधिक रूखा और प्रतिबद्ध हो जाता है, एक हरे रंग वाला सामान्य से अधिक निष्क्रिय और असंबद्ध हो जाता है और एक नीला रंग वाला पूरी तरह से ख़ुद को एक खोल में बंद कर सकता है और बातों को इतना उलझाऊ बना देता है कि वह समझ से परे हो जाता है।

तो सबसे ज़रूरी है लोगों को बेवजह तनाव देने से बचें। बेशक आप पहले से ही यह जानते थे, लेकिन यह समझने में मददगार हो सकता है कि वास्तव में प्रत्येक प्रोफाइल के लिए तनाव का कारण क्या है। लाल रंग वालों को आगे बढ़ाना उतना तनावपूर्ण नहीं है, जितना कि हरे या नीले रंग वाले को बढ़ावा देना। इसके विपरीत, आपको लाल रंग को उसके वास्तविक स्थिति में लाने के लिए फिर से उल्टी दिशा में कोशिश करनी होगी। अगर सब कुछ सुचारु रूप से एक जैसा चलता रहा, तो वह ऊब जाएगा।

आपकी स्थिति, आपका प्रोफाइल, दिन का समय, काम का स्तर, समूह, मौसम बहुत-सी चीज़ें हमारे जीवन में तनाव का कारण बनती हैं। लेकिन अगर आप ध्यान देंगे और सावधान रहेंगे, तो यह पूरी तरह से आपके पक्ष में काम करेगा।

18

इतिहास के माध्यम से एक संक्षिप्त टिप्पणी

लोग हमेशा से ऐसे ही रहे हैं

अब तक आपने जो कुछ भी पढ़ा

यह अध्याय बताता है कि उस शोध तक मैं कैसे पहुँचा, जो इस पुस्तक में दी गयी जानकारी का आधार है। यदि आपको इतिहास, या संदर्भों, या शोध, या ऐसी चीज़ों में कोई दिलचस्पी नहीं है, जो आपके जीवन से अन्यथापूर्ण कुछ समय ले लेती हैं, तो आप इस अध्याय को छोड़ सकते हैं। बहुत समय पहले बाकी सभी के लिए ...

अबतक जितनी भी संस्कृतियाँ अस्तित्व में रहीं हैं, इनमें लोगों को अलग-अलग श्रेणियों में वर्गीकृत करने की हमेशा से आवश्यकता रही है। जब पाषाण युग की अवधि समाप्त हो गयी और हम अपने आस-पास के लोगों को लेकर अधिक चिंतनशील हो गए, तो हमने पाया कि पूरी दुनिया में लोग अलग-अलग स्वभाव के थे। क्या आश्चर्य की बात है।

लेकिन लोग वास्तव में कितने अलग हैं? और उन अंतरों का वर्णन कैसे किया गया है? इसका वर्णत करने की शायद उतनी ही विधियाँ हैं, जितनी की आजतक पृथ्वी पर संस्कृतियाँ पनपी हैं, लेकिन कृपया इसका कुछ उदाहरण साझा करें।

यूनानी

हिप्पोक्रेट्स, जो ईसा से चार शताब्दी पहले जीवित थे, को चिकित्सा का जनक माना जाता है। उस समय के कई अन्य चिकित्सकों के विपरीत, वह अंधविश्वासी नहीं थे। उनका मानना था कि रोग प्रकृति से उत्पन्न हुआ है और देवताओं के किसी कोप के कारण यह नहीं है। उदाहरण के लिए, हिप्पोक्रेट्स का मानना था कि मिर्गी मस्तिष्क में किसी प्रकार की रुकावट के कारण होती है। आजकल यह सामान्य ज्ञान है, लेकिन तब यह क्रांतिकारी था।

ह्यूमरल पैथोलॉजी, या चार ह्यूमर्स या चार शारीरिक द्रवों का सिद्धांत, चार स्वभावों के बदलने के साथ संबंधित है। हिप्पोक्रेट्स के अनुसार, हमारा स्वभाव हमारी प्रतिक्रिया देने का मौलिक तरीक़ा है। यह हमारा व्यवहार या मन का प्राकृतिक आईना है। हमारा स्वभाव हमारे व्यवहार को नियंत्रित करता है।

हिप्पोक्रेट्स का मानना था कि जब चार शारीरिक द्रव रक्त, पीला पित्त, काला पित्त और कफ संतुलन में होते हैं, तो आपका स्वास्थ्य अच्छा रहता है। उदाहरण के लिए, जब हम उल्टी करते हैं, खांसी करते हैं, या हमें बहुत पसीना आता है, तो शरीर इनमें से एक या अधिक पदार्थों से छुटकारा पाने की कोशिश कर रहा होता है।

'क्लोए' शब्द ग्रीक से आया है और इसका अर्थ है 'पीला पित्त।' इसलिए, एक कोलेरिक व्यक्ति पीले पित्त या यकृत द्वारा नियंत्रित किया जाता है। उग्र और मनमौजी, चिड़चिड़े लोग कभी-कभी अपने शक्तिशाली तरीक़ों से अपने आस-पास के लोगों को डराते हैं। 'कोलेरिक' का वर्णन 'गर्म खून वाले' या क्रोधी व्यक्ति के रूप में किया जा सकता है।

लैटिन शब्द 'Sanguis' का अर्थ होता है 'रक्त'। किसी 'सैंगुइन' व्यक्ति को खून द्वारा या हृदय द्वारा नियंत्रित होता है। ऐसे लोग रचनात्मक, ख़ुश-मिज़ाज और भाग्यशाली होते हैं, वे अपने चारों ओर सकारात्मक ऊर्जा फैलाते हैं। ऐसे व्यक्ति का शरीर रक्त के रूप में ऊर्जा से भरा होता है। इसलिए ये आशावादी और ख़ुश-मिज़ाज होते हैं। 'सैंगुइन' व्यक्ति का पर्यायवाची शब्द आशावादी होता है।

एक फ्लेगमैटिक (सुस्त) व्यक्ति मस्तिष्क से प्रभावित होता है। 'फ्लेग' (कफ) का मतलब बलगम से ज़्यादा कुछ नहीं है। बलगम चिपचिपा होता है, जो कफ वाले व्यक्ति के स्वभाव का प्रतीक होता है। एक कफयुक्त व्यक्ति सुस्त और गति में धीमा होता है।

अंत में, एक उदासीन व्यक्ति के पास काले पित्त की अधिकता होती है, ग्रीक शब्द 'मेलेइना क्लोए' का अर्थ है 'काला पित्त', जो पेट की तिल्ली में पाया जाता है और इसलिए अक्सर इसे उदासीन और अकेला माना जाता है। उदासीन व्यक्ति के लिए एक सामान्य पर्यायवाची शब्द निराशावादी है।

और वहाँ हमारे पास संक्षेप में हिप्पोक्रेट्स के सिद्धांत भी हैं।

रंग को देखनेवाले एक आँख वाले प्राचीन लोग : एज़्टेक

एज़्टेक शक्तिशाली लोग थे, जो चौदहवीं शताब्दी से सोलहवीं शताब्दी तक मध्य मेक्सिको में रहे। उनकी सभ्यता अविश्वसनीय रूप से उन्नत थी और वे अपनी प्रभावशाली मंदिरों के लिए जाने जाते हैं।

जब उन्होंने लोगों को अलग-अलग श्रेणियों में बांटने की कोशिश की, तो उन्होंने कुछ ऐसा इस्तेमाल किया, जिसे वे अच्छी तरह से जानते थे। जैसे- चार तत्व : आग, हवा, पृथ्वी और जल। आज तक इन चार तत्वों का उपयोग मन के विभिन्न दशाओं का वर्णन करने के लिए किया जाता है, लेकिन वास्तव में कोई नहीं जानता कि एज़्टेक वास्तव में इस विचार से लोगों का परिचय करवानेवाले पहले व्यक्ति थे या नहीं। लेकिन हम इस तथ्य के बारे में जानते हैं कि उन्होंने इस विचार का उपयोग किया था, क्योंकि इस दृष्टिकोण को दर्शाने वाली उनकी नक्काशियाँ आज भी वैसी ही है।

आग लगाने वाले लोग बिल्कुल वैसे ही थे, जैसे ये लगते हैं : उग्र, विस्फोटक, थोड़ा गर्म दिमाग़ वाला। ये लोग योद्धा थे जिन्होंने अपना रास्ता बनाने के लिए तलवार उठायी, नेताओं की तरह।

हवाई लोग इनसे बहुत अलग थे। वे भी दृढ़ निश्चयी थे, लेकिन सहज उससे कहीं अधिक थे। वे एक मनोरम हवा की तरह थे, जो इस प्रक्रिया में हल्की धूल उड़ाते हुए आगे बढ़ गए।

वैसे लोग जिन्हें पृथ्वी के रूप में वर्गीकृत किया गया, ऐसे लोगों ने सामूहिक रूप से गांव के लिए काम किया। उन्हें स्थिरता और सुरक्षा की मिसाल लोगों के सामने पेश करनी थी। वे लंबे समय तक चलने वाली चीज़ों को बनाने में, भविष्य के निर्माण के लिए वहाँ थे।

पानी वाले लोगों का क्या? जल एक ऐसा तत्व था, जिसके लिए लोगों के बीच एज्टेक का सम्मान था। पानी अपने रास्ते में आने वाली हर चीज़ को कुचल सकता है, लेकिन अगर आप इसे चाहें, तो इसे बोतल में भी डाल सकते हैं। शांत और सुरक्षित, पानी वाले लोग सब कुछ देख रहे थे, जो हो रहा था।

जैसा कि आप देख सकते हैं, ये विभाजन हिप्पोक्रेट्स द्वारा प्रतिपादित सिद्धांतों से काफ़ी समानता रखते हैं, एक ही चीज़ के लिए ये अलग-अलग हैं और वह है नाम।

विलियम मोलटन मार्स्टन

विलियम मोलटन मार्स्टन ने एक सिस्टोलिक (प्रवेगी) रक्तचाप परीक्षण का निर्माण किया, जिसका उपयोग धोखाधड़ी का पता लगाने के प्रयास में किया गया था। इस खोज के परिणामस्वरूप आधुनिक लाई डिटेक्टर का निर्माण हुआ। मार्स्टन मनोविज्ञान के लोकप्रिय निबंध लेखकों में से एक थे। 1928 में उन्होंने अपना शोध 'इमोशंस ऑफ नॉर्मल पीपल' प्रकाशित किया, जिसमें उन्होंने स्वस्थ लोगों के व्यवहार पैटर्न में अंतर की जाँच की। इससे पहले, जंग और फ्रायड दोनों ने मानसिक रूप से अस्थिर लोगों से जुड़े अध्ययनों को प्रकाशित किया था, लेकिन मार्स्टन एक अग्रणी मनोवैज्ञानिक लेखक थे जिन्होंने 'दिसा' मॉडल के रूप में जाना जाने वाला एक उपकरण प्रदान किया, वह मॉडल जो इस पुस्तक का आधार है। मार्स्टन की खोज के कुछ साल बाद (1950 के दशक में), वाल्टर क्लार्क ने मार्स्टन की टिप्पणियों के आधार पर 'दिसा' अवधारणा विकसित की। जैसा कि आप देख चुके हैं, यह एक मॉडल है जिसका उपयोग विभिन्न प्रकार के मानव व्यवहारों को वर्गीकृत करने के लिए किया जाता है। उनका काम व्यवहार और मानवीय संबंधों के बारे में मूल्यवान अंतर्दृष्टि का एक अंतहीन स्रोत रहा है, लेकिन यह इसके आलोचकों के बिना सफल नहीं रहा है। हालाँकि, मार्स्टन के दिनों से 'दिसा' पर काफ़ी काम किया गया है और वर्षों से कई अन्य लोग 'दिसा' उपकरण को ठीक करने में शामिल रहे हैं।

मार्स्टन ने यह प्रदर्शित करने का एक तरीक़ा खोजा कि लोग कैसे अलग थे। उन्होंने विभिन्न व्यक्तित्व के लोगों के बीच अलग-अलग अंतरों पर ध्यान दिया, जो इस पुस्तक में प्रयुक्त मॉडल के लिए आधार बने। इनदिनों हम निम्नलिखित वर्गीकरण का उपयोग करते हैं :

- प्रभुत्ववादी प्रवृत्ति विरोधी वातावरण में गतिविधि पैदा करता है।
- प्रेरणा अनुकूल वातावरण में गतिविधि पैदा करती है।
- ख़ुद को समर्पित कर देना अनुकूल वातावरण में निष्क्रियता पैदा करता है।
- अनुपालन एक विरोधी वातावरण में निष्क्रियता पैदा करता है।

चार अक्षरों D, I, S और C (प्रभुत्व, प्रेरणा, संग्रह और अनुपालन) DISC प्रोफाइल का संक्षिप्त नाम है, जो दुनिया भर में उपयोग किया जाता है। मार्स्टन ने

'अनुपालन' शब्द का प्रयोग किया; हालाँकि, इस पुस्तक में मैं इसे 'विश्लेषणात्मक क्षमता' के रूप में प्रस्तुत करता हूँ, क्योंकि यह व्यक्तियों के प्रकार का बेहतर वर्णन करता है।

किसी भी व्यक्ति में प्रभुत्व का गुण इस बात से संबंधित है कि वह समस्याओं को किस प्रकार लेता है और चुनौतियों से कैसे निपटता है।

प्रेरणा उस व्यक्ति को संदर्भित करती है, जो दूसरों को प्रभावित करना पसंद करता है। इस गुण वाला व्यक्ति दूसरों को हमेशा अपनी बात मनवाने में सक्षम होता है। सरल शब्दों में, आप कह सकते हैं कि प्रभुत्व कुछ करने के बारे में है और प्रेरणा लोगों को प्रभावित करने के बारे में है।

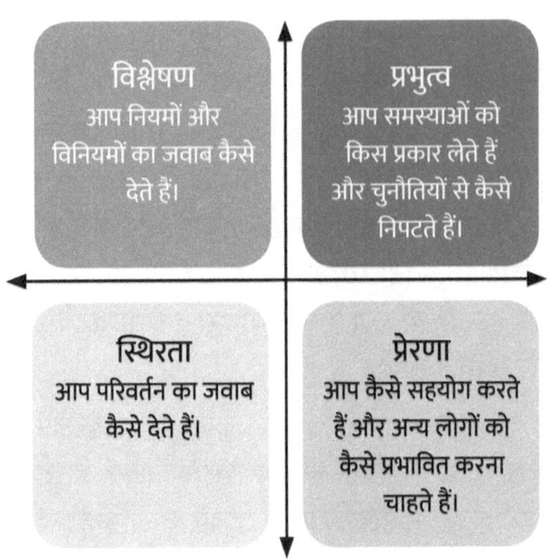

स्थिरता की डिग्री मुख्य रूप से इस बात से मापी जाती है कि कोई व्यक्ति ख़ुद को बदलने के लिए कितना तैयार है, वह नई चीज़ों के लिए कितना ग्रहणशील है। जिस व्यक्ति को स्थिरता की बहुत आवश्यकता हैए इसका मतलब है कि वह व्यक्ति परिवर्तन के लिए प्रतिरोधी है, वह आसानी से परिवर्तन को स्वीकार नहीं करता है। जबकि परिवर्तन का आनंद लेने वाले व्यक्ति को स्थिरता की कम आवश्यकता होगी। उदाहरण के लिए, यह निश्चित रूप से एक ऐसे विशिष्ट व्यवहार पैटर्न की ओर जाता है, जिसमें लोग 'अच्छे पुराने दिनों' को याद करके उदासीन

रवैया अपना लेते हैं, या लंबे समय से खोए हुए विश्वास के बारे में सोचकर पुन: चिंतित होते हैं।

अंत में, विश्लेषणात्मक क्षमता से पता चलता है कि कोई व्यक्ति नियमों और विनियमों का पालन करने के लिए कितना इच्छुक है। बेशक, यह कुछ विशेषताओं को भी सामने लाता है, जो परस्पर एक दूसरे से संबंधित हैं। यहाँ हम उन लोगों को ढूंढते हैं, जो यह स्वीकार नहीं कर सकते कि चीज़ें उनसे ग़लत हो जाती हैं। गुणवत्ता महत्त्वपूर्ण है।

आपने शायद नोटिस किया होगा कि चाहे वह आधुनिक मनोविज्ञान से संबंधित कोई उत्पाद हो या लैटिन अमेरिका में प्राचीन एज़्टेक, ये सभी एक ही रंग से जुड़े हुए व्यवहार के लक्षण हैं। रंग महत्त्वपूर्ण नहीं हैं; यह केवल उन लोगों के लिए इसे आसान बनाने का एक तरीक़ा है, जो प्रोफाइल को समझने के सिस्टम से परिचित नहीं हैं। एक सलाहकार के रूप में, मैंने बीस वर्षों तक लोगों को इस विषय में प्रशिक्षित किया है और मैंने पाया है कि रंगों के रूप में विभाजन लोगों को सीखने में मदद करते हैं।

1930 के दशक में किसी समय मार्स्टन का इस विषय पर शोध समाप्त हुआ। कई अन्य लोगों ने उनके शोध का उपयोग किया है और एक उपकरण विकसित किया है, जो कि नवीनतम आंकड़ों के अनुसार, पिछले पैंतीस वर्षों से लगभग पांच करोड़ लोगों द्वारा उपयोग किया गया है। उदाहरण के लिए, अमेरिकी बिल बॉनस्टेटर ने संपूर्ण व्यक्ति का विश्लेषण करने में मदद करने वाले निश्चित उपकरण बनाकर अमूल्य उपलब्धियाँ हासिल कीं। संयुक्त राज्य अमेरिका में, एक कंपनी टीटीआई सक्सेस इनसाइट्स (ttisuccessinsights.com) एक व्यापक विश्लेषण उपकरण प्रदान करती है।

लेकिन यह याद रखना हमेशा मददगार होता है कि सैद्धांतिक रूप में पृष्ठ पर अवधारणा और अभ्यास के बीच कोई अंतर नहीं है, पर वास्तविक दुनिया में सही में एक बड़ा अंतर है।

मैंने उन चार मुख्य लक्षणों का वर्णन किया है, जो मार्स्टन ने बताए थे, लेकिन याद रखें कि हममें से अधिकांश लोग दो रंगों के संयोजन हैं।

19

वास्तविक जीवन के अनुभव

आपके हाथ में जो किताब है, वह 'सराउंडेड बाय इडियट्स' के चौथे संस्करण का स्वीडिश अनुवाद है : 'हाउ टू अंडरस्टैंड दोज हू कैन नॉट बी अंडरस्टूड' । जब स्वीडिश संस्करण प्रकाशित हुआ, तो स्वीडन में लगभग पंद्रह हजार लोगों ने इसे पढ़ा। मैंने यह पुस्तक इसलिए लिखी क्योंकि कई वर्षों तक प्रशिक्षण पाठ्यक्रमों, व्याख्यानों आदि के विभिन्न संदर्भों में लोग हमेशा मुझसे पूछते थे, 'हम इस प्रणाली के बारे में और अधिक कहाँ पढ़ सकते हैं?' अब तक हमेशा मेरा जवाब था, कहीं नहीं। फिर मैंने यह किताब लिखी और अब आपने इसे पढ़ लिया है।

एक लेखक के रूप में, मैं हमेशा जानना चाहता हूँ कि मैंने जो लिखा है, उसके बारे में लोग क्या सोचते हैं। क्योंकि मैं कल्पना साहित्य भी लिखता हूँ, मुझे पता है कि सच सुनना बिजली के झटके के समान हो सकता है, लेकिन साथ ही, मुझे ख़ुद को चुनौती देना पसंद है, मुझे ख़ुद को परखने का भी शौक है। इसलिए, मैंने पूरी तरह से अलग-अलग प्रोफाइल वाले चार लोगों का साक्षात्कार लिया, न केवल सिस्टम के बारे में उनके विचार पूछे, बल्कि यह भी पूछा कि वे अपने रोजमर्रा के जीवन को किस रंग के आधार पर कैसे देखते हैं। जब आप पढ़ते हैं, तो इस बात पर ध्यान दें कि वे प्रश्नों का उत्तर कैसे देते हैं (सिर्फ़ उनके कहे गए शब्दों के साथ ही नहीं, बल्कि उनके जवाबों के तरीक़े पर भी)। आप उनके जवाबों से उतना ही सीख सकते हैं, जितना कि उनके जवाबों से ख़ुद को समझ सकते हैं।

हेलेना लगभग पचास कर्मचारियों वाली एक निजी कंपनी की सीईओ। उनमें से ज़्यादातर लाल रंग वाले थे, बिना किसी हरे या नीले रंग वालों की उपस्थिति के और एक पीले रंग वाला छोटा-सी लड़की।

आप इस टूल के बारे में क्या सोचती हैं? दिसा भाषा?

मुझे लगता है कि यह ग़लत-फ़हमी से बचने का एक प्रभावी तरीक़ा है। मैं तुरंत समझ गयी कि इसका मुख्य उद्देश्य क्या है, इसलिए मुझे लगता है कि किताब छोटी हो सकती थी-शायद अभी जितनी लंबाई है, उससे आधी लंबी। मैं पाठ को और संक्षिप्त करती। मुझे दोहराव पसंद नहीं है। लेकिन बेशक यह एक उपयोगी उपकरण है। पिछले क्रिसमस पर मैंने अपने सभी सहकर्मियों को उपहार के रूप में पुस्तक की एक कॉपी दी और कहा कि वे इसे पढ़ें। और लगभग सभी ने ऐसा किया।

किताब से मेरे लिए सबसे महत्त्वपूर्ण बात क्या है?

यही कि अब मुझे और किसी चीज़ के लिए चारों ओर घूमना नहीं पड़ेगा, इधर-उधर भटकना नहीं पड़ेगा। अब मेरे कर्मचारी जान गए हैं कि मैं कोई दुष्ट निरंकुश व्यक्ति नहीं हूँ; मैं सिर्फ़ लाल रंग वाली एक महिला हूँ। उन्हें समझ में आ गया है कि मैं क्रोधित नहीं हूँ, बस दृढ़ निश्चयी हूँ। सबसे दिलचस्प बात थी नीले रंग वाले लोगों के व्यवहार के बारे में पढ़ना। मैंने कभी भी यह विचार नहीं किया कि वे चीज़ों को मुझसे इतना अलग क्यों देखते हैं। अब मुझे समझ में आता है कि यह प्रक्रिया ही उनके ख़ुद के लिए महत्त्वपूर्ण है, इसलिए इसमें उन्हें इतना समय लग रहा होता है।

और कुछ?

नहीं। ठीक है, पीले रंग वालों के बारे में। मैं हमेशा उनके बारे में सोचता रहता हूँ और सोचकर हैरान रह जाता हूँ। वह सब बकवास। मेरे कुछ परिचित हैं, जो ऐसे हैं। वे बस बैठ जाते हैं और बिना ज़्यादा कुछ कहे आपके चेहरे पर पसीना ला देते हैं। मेरे पड़ोसी भी ऐसे ही हैं। वह हर समय योजनाएँ बनाता है, लेकिन उसकी कोई भी योजना वास्तव में काम नहीं आती। मुझे इससे कोई फ़र्क़ नहीं पड़ता, लेकिन उसकी पत्नी को अब तक पागल हो जाना चाहिए था। और मेरी कंपनी में पीले रंग वालों की संख्या बहुत कम है। लेकिन मेरी राय में यह कोई बड़ी समस्या नहीं

है। मैं बस दृढ़ हूँ और उनसे मांग करती हूँ कि वे काम समय से पूरा करें। मैं उनके उदास चेहरों के साथ जी सकती हूँ। मैं यहाँ नरम और प्यारी होने के लिए नहीं हूँ।

हरे रंग वाले लोगों के व्यवहार के बारे में आपके क्या अनुभव हैं?

बिल्कुल... हाँ, ठीक है, मैं क्या कह सकती हूँ? [हेलेना एक लंबी सांस लेती है और खिड़की की तरफ देखती है।] वे भी जरुरी हैं। वफ़ादार और कर्तव्यपरायण हैं। लेकिन पूरी ईमानदारी से कहूँ, तो मुझे कभी एहसास नहीं हुआ कि वे मेरी पीठ पीछे बात करते हैं। लेकिन यह बिल्कुल सत्य है। लेकिन यह निश्चित रूप से सच है। अफवाहें फैलाने की उनकी क्षमता अद्भुत है। यहाँ तक कि एक छोटा-से-छोटा बदलाव भी लंचरूम में गपशप का तूफ़ान खड़ा कर देता है। एक के बाद एक चीज़ों को लेकर अटकलें, विचारों का स्पष्टीकरण। यह सब आमतौर पर पूरी तरह से ग़लत और त्रुटिपूर्ण जानकारी पर आधारित होता है। यह आसान होगा, यदि वे अपने प्रश्न लेकर सीधे मेरे पास आएँ। मेरा मतलब है, प्रबंधक के कार्यालय में प्रवेश करना और सीधे पूछ लेना कितना कठिन हो सकता है? वे जानते हैं कि मैं हमेशा ईमानदारी से जवाब दूँगी, इसलिए इधर-उधर भटकना निराशाजनक है। मैं नहीं जानती कि मैंने कितनी बार कहा है कि हमें इस फर्म में एक-दूसरे के प्रति ईमानदार रहना होगा। क्या यह इतना कठिन है?

आपको ऐसा क्यों लगता है कि वे जो सोचते हैं, उसे आपके साथ साझा नहीं करते?

बेशक, उन्हें डर है कि मैं नाराज हो जाऊँगी। मैंने इसके बारे में पहले कभी विचार नहीं किया था। वे सोचते हैं कि मैं गुस्सैल हूँ, क्योंकि कभी-कभी मैं अपनी आवाज़ ऊँची कर लेती हूँ या किसी की ओर कड़ी नज़र से घूरकर देखती हूँ, लेकिन इसका मतलब सिर्फ़ इतना है कि मैं यह उजागर करने की कोशिश कर रही हूँ कि मैंने जो कहा है, वह महत्त्वपूर्ण है। [विराम।] निजी तौर पर, अगर बातचीत थोड़ी तनावपूर्ण हो, तो मैं इसकी परवाह नहीं करती; यह क्रोधित होने जैसी बात नहीं है। लेकिन मेरे लिए बड़ी ख़बर यह थी कि कुछ लोग सक्रिय रूप से मज़बूत लोगों से बचते हैं। मुझे समझ नहीं आता कि बड़े लोगों के बीच ऐसा क्या होता है।

आप इसे अपरिपक्व व्यवहार मानती हैं- यह नहीं कह रहे कि आप क्या सोचते हैं?

अपरिपक्व। वास्तव में बेईमान। बिल्कुल उस बच्चे की तरह, जो यह स्वीकार करने से इंकार कर देता है कि उसने चॉकलेट चिप कुकी ली, भले ही उसे इसकी अनुमति नहीं थी। मैं जानती हूँ कि उसने ऐसा किया है, तो इससे इनकार करने का क्या मतलब है? यह कुछ ऐसा है जिसे मैं वास्तव में नहीं समझती। बस अपनी ग़लतियाँ स्वीकार करें! यह इतना कठिन क्यों है? आपने जो किया है या नहीं किया है उसे स्वीकार करें और फिर हम आगे बढ़ सकते हैं। लेकिन इसे नकारना या इससे बचना... यह मुझे पागल बना देता है।

ठीक है। आइए अन्य रंगों पर विचार करें, आपने कहा कि आपको नीले रंग वालों से निबटना सबसे आसान लगता है? पीले रंग वालों के साथ तो थोड़ी समस्या हो सकती है, लेकिन अन्य रंग वालों के बारे में क्या? उन लोगों के साथ कैसे काम करना है, जिनकी प्रोफाइल आपके जैसी ही है?

आमतौर पर, यह कोई समस्या नहीं है। हम वह करते हैं, जो करना होता है। मेरी प्रबंधन टीम में मेरे अलावा पांच और लोग शामिल हैं। मैं कहूँगी कि इनमें से तीन लाल रंग वाले हैं। या अभी इंतजार करें। दो लाल और एक लाल या पीला है। एक है नीला, जो नियंत्रक की भूमिका में है। और आखिरी वाले के बारे में कहना मुश्किल है। वह दूरदर्शी है और साथ ही विवरण पर भी ध्यान केंद्रित करता है। क्या कोई व्यक्ति पीला या नीला ऐसा हो सकता है?

हाँ, एक सामान्य संयोजन है, लेकिन तब टीम में कोई हरा रंग वाला नहीं था?

[मुस्कराते हुए] नहीं।

क्या आपको लगता है कि सामान्य तौर पर आपका लाल व्यवहार कैसे कार्य करता है?

खैर, किताब पढ़ने और अपनी व्यक्तिगत प्रोफाइल खोजने से पहले मैंने इसके बारे में कभी इतना नहीं सोचा था। मैंने वास्तव में उन तरीक़ों पर कभी विचार नहीं किया, जिनका मैं अनुसरण करता हूँ। लेकिन जितना अधिक मैंने पढ़ा, उतना ही अधिक मुझे एहसास हुआ कि काम में मेरी कुछ समस्याओं का कारण मैं ही था। लोगों द्वारा अपनी वास्तविक भावनाओं को छिपाने की बात कहानी का केवल एक हिस्सा थी। मेरे साथ ऐसा कभी नहीं हुआ कि कुछ लोग मेरे व्यवहार के तरीक़े

से डरते या धमकाते हों। जब मैंने बहुत जल्दी निर्णय लिए या जब चीज़ों पर ठीक से विचार नहीं किया गया, तो बहुत अशांति महसूस हुई। निःसंदेह, मैं जानता हूँ कि किसी भी चीज़ पर निर्णय लेने से पहले मुझे चीज़ों के बारे में सोचने की ज़रूरत है, लेकिन यह बस हो जाता है। मुझे एक विचार आता है और हम चल पड़ते हैं! डिसीजन को लॉन्च से पहले ही लागू किया जा चुका होता है।

इन ठीक से विचार नहीं किए गए निर्णयों के क्या परिणाम होते हैं? क्या आपके पास कोई उदाहरण हैं?

ढेर सारी। [हंसी।] एक बार मैंने वेतन की जानकारी पूछे बिना ही एक नौकरी स्वीकार कर ली। पता चला कि मुझे सप्ताह में साठ घंटे काम करना था, वह भी ओवरटाइम बिना किसी पैसे के। एक बार मैंने एक ऐसे व्यक्ति को काम पर रखा, जो पूरी तरह से बेकार निकला। मैंने किसी भी संदर्भों की मांग नहीं की थी और मैंने यह समझ लिया कि वह जो कुछ कह रहा है, वह समझता होगा। उसे उद्योग या उत्पाद के बारे में कुछ भी नहीं था। वह पूरी तरह से धोखेबाज था। दुर्भाग्य से मुझे उससे छुटकारा पाने में काफ़ी समय लग गया और उसकी हमें बहुत बड़ी कीमत चुकानी पड़ी। उससे पहले वह हमें काफ़ी हानि पहुँचा चुका था। बहुत सारा पैसा बर्बाद हुआ।

यह आदर्श स्थिति नहीं है, काम के बाहर चीज़ें कैसी लगती हैं? आप अपने व्यक्तिगत संबंधों को कैसे मैनेज करते हैं?

उन क्षेत्रों में मैं इससे और भी कम सोचता हूँ। लेकिन यह थोड़ा मजेदार और अजीब है। मैंने अपने पति को पुस्तक दिखायी और उनसे पढ़ने के लिए कहा। उन्होंने ऐसा नहीं किया, लेकिन मैंने कुछ क्षेत्रों को हाइलाइट किया और फिर पढ़ने के लिए दबाव डाला।

लाल रंग वालों का व्यवहार?

लाल रंग वालों का व्यवहार। और उन्होंने इसमें से कुछ पढ़ा भी। वे शायद अपनी पत्नी को पहचान गए। वह थोड़ा हंसे, लेकिन अब जब मैं इसके बारे में सोचती हूँ, तो उन्होंले विशेष रूप से कुछ नहीं कहा।

क्या उन्होंने हरे रंग वालों के बारे में कुछ टिप्पणी की?

नहीं।

आप एक साथ कैसे काम करते हैं? एक टीम के रूप में?

हम साथ कैसे काम करते हैं? [जोर की हंसी।] मैं उसे बताती हूँ कि क्या करने की ज़रूरत है और वह वही करता है। इससे पहले कि वह इसे पूरा कर ले, मैं उसके लिए करने के लिए कुछ और ढूंढ लेती हूँ और उसे ऐसा करने के लिए भेज देती हूँ। बाद में, मुझे गुस्सा आता है क्योंकि उसने काम पूरा नहीं किया है। उन्होंने अपने पूरे जीवन में कभी भी कुछ भी पूरा नहीं किया। मैं अव्यवस्था पैदा करती हूँ, लेकिन दोष उसे देती हूँ। मुझे यकीन है कि उसका जीवन आसान नहीं है।

मैं समझता हूँ, आपके लाल व्यवहार के आधार पर आप क्या कहेंगे कि आपकी सबसे बड़ी चुनौतियाँ क्या हैं?

कुछ लोगों को एक साधारण निर्णय लेने में बहुत समय लग जाता है और यह मुझे परेशान कर देता है। मैं जानता हूँ कि मैं तेज़ हूँ, लेकिन कुछ लोग बेहद धीमे हैं। इससे कोई फ़र्क़ नहीं पड़ता कि वह मित्र है या सहकर्मी। उदाहरण के लिए, हमने कहा कि हम अपने लिविंग रूम के लिए एक कुर्सी ख़रीदने जा रहे हैं। क्योंकि मैं बहुत काम करती हूँ, हम सहमत थे कि मेरे पति ऐसा करेंगे [यहाँ हेलेना अपनी भौंहें उठाती है और धीरे-धीरे उसके चेहरे पर मुस्कान फैल जाती है]। उनके पति इस बात पर सहमत थे कि तमाम खोजबीन उसे ही करनी है। चाहे ऑनलाइन हो, फर्नीचर स्टोर हो, सेकेंड हैंड फर्नीचर दुकानें आदि। लेकिन कुछ नहीं हुआ, बिल्कुल भी नहीं! दो दिन बाद, जब मैंने उनसे इसके बारे में पूछा, तो उन्होंने बताया कि कुछ भी नहीं हुआ था, बिल्कुल भी नहीं! अगले दिन दोपहर के भोजन से पहले जब मैं बाथरूम में थी, मैंने पांच अलग-अलग विकल्प ढूंढ लिए और उन्हें अपने पति को भेज दिया। और पांच घंटे बाद जब मैं घर पहुँची, तब भी उसने कुछ नहीं किया था! मैं उस पर भड़क उठी और वह तहखाने में जाकर बैठ गया।

ठीक है, यह एक अच्छा उदाहरण है, धन्यवाद, आप कितने वर्ष से शादीशुदा हैं?

चौदह साल। हम संयोग से मिले थे। मैं आमतौर पर कहती हूँ कि जिस चीज़ ने मुझे उनकी ओर आकर्षित किया, वह यह थी कि ज़रूरत पड़ने पर वह अपना मुंह बंद रख सकता था और वह अब भी करता है। लेकिन कभी-कभी मेरी इच्छा होती है कि वह थोड़ी और पहल करे, कुछ और करे। मैंने वास्तव में उनसे कभी नहीं पूछा कि उन्होंने मुझमें ऐसा क्या देखा था।

लेकिन अगर वह हरा है और आप लाल हैं, तो आप अपने संघर्षों को कैसे सुलझाती हैं?

मुझे नहीं लगता कि वास्तव में हमारे बीच बहुत ज़्यादा संघर्ष होते हैं। कुल मिलाकर, मैं वह हूँ, जो कुछ भी होने पर बहस करती है और दूसरी ओर वह बहुत उदास हो सकता है।

उदास से आपका क्या मतलब है?

वह घर में पैर घसीटते हुए कई दिनों तक इधर से उघर घूम सकता है। आम तौर पर, मैं उसे अनदेखा करती हूँ; और वह आमतौर पर ठीक हो जाता है। लेकिन कभी-कभी मैं उसके उदास चेहरे देख-देखकर थक जाती हूँ और अंत में उससे पूछ ही लेती हूँ कि क्या समस्या है। मैं उसका सामना उसी तरह करती हूँ, जैसा वह था।

और फिर थोड़ी देर की चुप्पी।

फिर क्या होता है?

वह कहता है, सब ठीक है..., कोई समस्या नहीं है। वह सब कुछ बढ़िया है। लेकिन यह सच नहीं है। उसे जानना वास्तव में बहुत आसान है, उसका चेहरा सब कुछ बता देता है, इसलिए मुझे हमेशा पता रहता है कि क्या सही में कुछ ग़लत है। समस्या यह है कि वह यह मानने से इंकार कर देता है कि वह चिड़चिड़ा है। जिसका आमतौर पर मतलब है कि वह मेरे द्वारा किए गए किसी काम से परेशान है। या कहे गए किसी बात से। समस्या यह है कि मुझे कुछ भी याद नहीं रहता। मुझे अनुमान लगाना शुरू करना होता है, जो मेरे लिए बिल्कुल असंभव है। अक्सर यह कुछ बेकार की टिप्पणियाँ होती हैं, जो मैं उसे लेकर कह देती हूँ, पर आमतौर ये बातें कुछ ऐसी होती हैं जिसे मैं उसी समय भूल जाती हूँ। और अगर मैं सही-सही अनुमान नहीं लगा पाती, तुक्के मारती हूँ, तो वह और भी क्रोधी हो जाता है। यह हफ़्तों तक चल सकता है। मुझे समझ नहीं आता कि वह इससे कैसे निपटता है।

लेकिन आप कैसे आगे बढ़ती हैं? क्या आप इसे सुलझा नहीं सकतीं?

हाँ, ठीक है, हम इसे कुछ ऐसा कह सकते हैं, जैसे- गलीचे के नीचे झाड़ू लगाना। यानी समस्या क्या है, इसे सुलझाए बिना ही आगे बढ़ जाना। मैं सब कुछ भूल जाती हूँ। लेकिन मेरे पति इन बातों को मन में जमा करते हैं और ये ऐसा तहखाना है, जिसके बारे में केवल वे ही जानते हैं। मेरा अंदाजा है कि अब उनका

मन पूरी तरह से भर चुका होगा। [हेलेना एक पल के लिए सोचती है। तुम्हें पता है, मैं हमेशा अपनी राय तुम्हारे साथ साझा करने के बाद परेशानी में फंस जाती हूँ, अपने बनाए रास्ते पर चलने के लिए मुझे मुसीबतों से घिरना पड़ता है। मैं वास्तव में इन बातों में कभी फिट ही नहीं हुई। एक बच्चे के रूप में भी, मैंने बेवकूफ़ी भरी बातें कीं और तमाम जोखिम उठाए। लेकिन अब मुझे ख़ुशी है कि मैंने जोखिम उठाया क्योंकि इसी ने मुझे सब कुछ सिखाया है। लेकिन यह निश्चित रूप से हमेशा आसान नहीं रहा है।

आपके रिस्क लेने से आपको क्या फायदा हुआ है?

बैठ कर चीज़ों के बारे में सोचने से कुछ हासिल नहीं होता। इससे कोई फ़र्क़ नहीं पड़ता कि आपकी योजनाएँ कितनी महान हैं, यदि आप अपनी मांद से नहीं निकलते और उसे पूरा नहीं करते हैं, तो इसका कोई मतलब नहीं है। मैं हमेशा नहीं जानती थी कि मैं कहाँ जा रही हूँ, लेकिन उसने मुझे कभी नहीं रोका। मेरी स्थिति विकट हो गयी, मैं दिवालिया हो गयी, मेरी नौकरी चली गयी और इस तरह की कई चीज़ें मेरे सामने आयीं। इन संघर्षों में उतना मजा नहीं आया, लेकिन उन चीज़ों ने मुझे वहाँ पहुँचाया, जहाँ मैं अभी हूँ। जिस तरह से मैं इन सबको देखती हूँ, यह नहीं है कि आप कितना जानते हैं या आप कितने चतुर हैं, बल्कि आप वास्तव में इन परिस्थितियों में क्या करते हैं। और मैं हमेशा इसमें अच्छी रही हूँ। बातें करने में।

आप उन लोगों को क्या सलाह देंगी, जो आपसे मिलते हैं? उन्हें किस बात का ध्यान रखना चाहिए?

[कुछ देर के लिए रुककर] इस तथ्य से भयभीत न हों कि मैं कभी-कभी थोड़ा बहुत धक्का-मुक्की करती हूँ। सिर्फ़ इसलिए पीछे मत हटिए कि मैं अपनी आवाज़ को थोड़ा ऊँचा कर सकती हूँ। मैं सिर्फ़ इसलिए गुस्सा नहीं हूँ क्योंकि लोगों से मेरी बहुत अपेक्षाएँ हैं। इसलिए भी कि उन्हें सामने आना है और बेहतर प्रदर्शन करना है। मेरे पति और मैं अक्सर बात करते हैं कि लोगों को अपनी बात समझाने में हम कितने अलग हैं। वह दस मिनट के लिए पहले भूमिका बांधता है और फिर मुद्दे पर आता है, जबकि मैं सीधे मुद्दे पर आती हूँ और लोगों को बताती हूँ कि क्या महत्त्वपूर्ण है। शायद मैं भी थोड़ी भूमिका बांधूं, लेकिन शायद नहीं भी। लोगों को इस बात का ध्यान रखना चाहिए कि आप हर वक्त बिना बात किए भी काम कर सकते हैं। अपनी ऊर्जा को इघर-उधर के कामों में लगाने के बजाय सिर्फ़ एक

निर्धारित काम में लगाएँ। वीकेंड में आप अपने सभी दोस्तों-रिश्तेदारों से मिलें, अपना सामाजिक मेलजोल बढ़ाएँ।

हाकान प्रमुख वाणिज्यिक टीवी चैनलों में से एक पर विज्ञापन स्लॉट के विक्रेता, ज़्यादातर पीले प्रवृत्ति के, लेकिन हरे रंग वालों के कुछ इनपुट के साथ, नीले या लाल रंग का कोई नहीं

आप इस टूल के बारे में क्या सोचते हैं? दिसा भाषा?

बढ़िया, बहुत बढ़िया है! अविश्वसनीय रूप से उपयोगी एक ऐसा उपकरण जिसके बारे में अधिक से अधिक लोगों को पता होना चाहिए। मैंने इस किताब को पढ़कर ख़ुद के बारे में भी बहुत कुछ जाना है, ख़ुद को भी पहचाना है। इसका अनुभव बहुत यह शानदार है। मैंने उन सभी को यह पुस्तक दिखायी, जिन्हें मैं जानता हूँ और आप विश्वास करें कि हम सभी को इस बात पर आश्चर्य हुआ कि यह पुस्तक लोगों के बारे में कितनी सही है। मैंने किताब में ज़्यादातर चीज़ें पीले रंग वाले लोगों के बारे में पढ़ीं। मैं पुस्तक में लिखी हर बात से सहमत तो नहीं हूँ, लेकिन इसमें से अधिकांश बिल्कुल सटीक थी।

पीले रंग वालों के व्यवहार के कौन-से हिस्से पुस्तक में आपको सबसे सटीक लगे?

यही कि हम पीले रंग वाले बहुत रचनात्मक और साधन संपन्न हैं। लोग हमेशा से मुझे यह बताते रहे हैं। साथ ही, मैं जटिल समस्याओं को हल करने में माहिर हूँ, क्योंकि मैं हर किसी से समस्याओं का अलग-अलग तरीक़े से समाधान मांग सकता हूँ।

अलग-अलग से आप क्या समझते हैं?

आइंस्टीन ने एक बार कहा था कि आप एक ही दिमाग़ से किसी समस्या का अलग-अलग हल नहीं निकाल सकते, जैसा कि आपने इसके बारे में सोचा था। या कुछ और अलग तरह का। मुझे लगता है कि यह बिल्कुल सही है। इसलिए मैं हमेशा किसी भी समस्या को नई, ताजी आँखों से देखता हूँ। मेरे ग्राहक हमेशा मेरी रचनात्मक सोच की सराहना करते हैं। और मैं वास्तव में लोगों का दिल जीतने में

माहिर हूँ। लोगों को आकर्षित करना मुझे हमेशा से आसान लगा है; यह वास्तव में एक प्रकार की नैसर्गिक प्रतिभा है। मैं बहुत से लोगों को जानता हूँ; और मेरे पास यह हमेशा ही रहा है। और मैं लोगों के बीच सार्वजनिक स्थानों पर बोलने में भी बहुत अच्छा हूँ। स्कूल में मैं विद्यार्थी परिषद का अध्यक्ष था और इस नाते अक्सर पूरे स्कूल से बात करता था, लोगों की समस्याएँ जानता था।

पूरा स्कूल?

हाँ, सभी छात्रों से। या सभी से नहीं, वास्तव में कहूँ, तो नहीं। ठीक है, आमतौर पर अपने ग्रेड वालों से तो करता ही था। सभी नए लोगों से भी। वहाँ माहौल हमेशा शानदार रहता था और लोग इसे काफ़ी पसंद भी करते थे। तब से मुझे लोगों के साथ बात करना हमेशा से अच्छा लगता है। मुझे अक्सर विभिन्न कार्यक्रमों में प्रवक्ता बनने के लिए कहा भी जाता है।

क्या आप मुझे कुछ और उदाहरण दे सकते हैं?

ओह हाँ, क्यों नहीं। उदाहरण के लिए जब आप किसी पर प्रोजेक्ट पर हों। मैं हमेशा उन लोगों में से रहा हूँ, जो अपने बॉस को हर काम की रिपोर्ट करता है। मैं क्लाइंट की मीटिंग्स में भी एक शानदार प्रस्तुति देता हूँ। अगर मीटिंग में अपने फर्म की तरफ से हम में से कई लोग शामिल हैं, तो मैं ही बात करता हूँ।

इसके बारे में दूसरे क्या सोचते हैं?

कोई बात नहीं। वे इससे बचना पसंद करते हैं। जैसा कि आप शायद जानते हैं, बहुत से लोगों को सभी के सामने बात करने में कठिनाई होती है। क्या आप मनोवैज्ञानिक थे? मैं एक लड़की को जानता हूँ, जो एक मनोवैज्ञानिक है। वह जेल में काम करती है; लेकिन बहुत रोचक बातें करती है। वह कहती है कि अधिकांश कैदियों पर बहुत दया आती है, उनकी स्थिति बहुत दयनीय है, जिसपर विश्वास करना मुश्किल नहीं है। मैं उन्हें इस तरह खत्म होने नहीं होने दूँगी।

मैं वास्तव में एक मनोवैज्ञानिक नहीं हूँ, मैं एक व्यवहार विशेषज्ञ हैं

पुस्तक में एक बात थी जो मुझे समझ में नहीं आयी, वह थी सुधार की किन क्षेत्रों में ज़रूरत है।

आपको क्या लगा कि इसका क्या मतलब है?

किताब में बताया गया है कि पीले रंग वाले निर्णय लेने में कैसे तेज़ होते हैं और यह सच भी है। लेकिन मैं इस विचार से असहमत हूँ कि मेरे फैसले अच्छी तरह से सोच-समझ कर नहीं लिए गए हैं। विश्लेषणात्मक मुद्दों पर मेरी शुरू से ही बहुत रुचि रही है। मैं हमेशा गहन शोध करता हूँ। मैं कुछ भी तय करने से पहले सभी तथ्यों को इकट्ठा करता हूँ। इस संबंध में किताब में जो रिपोर्ट थी, उसने मेरे लिए आधार का काम किया।

मैं समझता हूँ, क्या कोई अन्य विसंगतियाँ हैं?

यही कि जब मैं आलोचना करता हूँ, तो बहुत-से शब्दों का प्रयोग करती हूँ। यह पूरी तरह ग़लत है। इन मामलों में मैं बहुत संक्षिप्त और मुखर हूँ, इसलिए मुझे नहीं लगता कि यह सटीक था। प्रवृत्तियों का पालन करना और अपने साहस के साथ आगे बढ़ना भी वास्तव में एक अच्छी बात है, कमज़ोरी नहीं।

तथ्यों की तुलना में भावनाओं पर अधिक विश्वास करना?

बिल्कुल सही। मनुष्य एक भावनात्मक प्राणी है। इसलिए हमें अपनी भावनाओं का उपयोग करना आना चाहिए। विशेष रूप से मेरे लिए। मेरा अंतर्ज्ञान बहुत मज़बूत हैं, इसलिए मैं बहुत सहज हूँ, यह कुछ ऐसा है जिसमें मैं वास्तव में अच्छा हूँ। हर के पास अच्छी प्रवृत्ति नहीं होती है, इसलिए यह एक वास्तविक संपत्ति है।

यह सच हो सकता है, क्या आपको लगता है कि लोग समय के साथ ऐसी प्रवृत्ति विकसित कर सकते हैं?

नहीं। यह कुछ ऐसा है जिसके साथ आप पैदा हुए हैं, यह जन्मजात है। आपके पास यह या तो मेरे जैसा हो सकता है, या नहीं हो सकता है।

फिर इसके बारे में कुछ भी करने के लिए तो बहुत देर हो चुकी है?

नहीं, बहुत देर नहीं हुई है। मेरा मतलब वह नहीं था, जैसा आप सोच रहे हैं।

लेकिन आपने कहा कि अगर लोगों में यह शक्ति नहीं है, तो वे उस कौशल को विकसित नहीं कर सकते?

ठीक है, शायद मैं अतिशयोक्ति कर रहा था। लेकिन, यह निश्चित रूप से महत्त्वपूर्ण है!

क्या आपको कभी भावनाओं को काबू में रखने और इसके बजाय तर्क का उपयोग करने की आवश्यकता पड़ी है?

अरे हाँ, बिल्कुल पड़ी है। तार्किक और तर्कसंगत रूप से सोचना बहुत महत्त्वपूर्ण है। मैं हमेशा यही कहता हूँ। आपको यह देखना होगा कि क्या काम करता है और क्या नहीं। मुझे लगता है कि मेरे जैसे किसी व्यक्ति के लिए यह आसान है, जिसके पास कुछ अनुभव भी है। मैं कई वर्षों से एक विक्रेता हूँ, इसलिए मुझे पता है कि किन बातों का ध्यान रखना चाहिए।

मुझे माफ करें, लेकिन मैं यहाँ थोड़ी कन्फ्यूज हूँ, अभी-अभी आपने मुझे बताया था कि केवल अंतर्ज्ञान की भावना ही महत्त्वपूर्ण थी, आप उन दो चीज़ों को कैसे मिलाते हैं?

अब आप मेरे शब्दों को घुमा रहे हैं। मैंने कभी नहीं कहा कि आपको तर्कों का इस्तेमाल नहीं करना चाहिए। [यहाँ हाकान अपने हाथों को अपनी छाती के ऊपर फेरता है और अपने होठों को भींचता है।] मैं जो कह रहा हूँ, वह यह है कि आपको अंतर्ज्ञान महसूस करना चाहिए। [थोड़ी देर की चुप्पी]] और तथ्यों को भी।

आगे बढ़ते हैं, किताब पढ़ने के बाद आपने सबसे व्यावहारिक चीज़ क्या सीखी?

यही कि नीले रंग वाले बहुत बोरिंग हैं। हालाँकि यह मुझे पहले से ही पता था। लेकिन, मुझे यह नहीं पता था कि वे नीले रंग वाले लोग थे। लेकिन वो लालफीताशाही वाले गधे, ठीक है ... मुझे अब भी उनके बारे याद है, जब मैं इस परियोजना पर काम कर रहा था। कुछ भी जटिल नहीं था और हम पहले भी यही काम कर चुके हैं। एक नया प्रोडक्ट बेचने का एक विशेष तरीक़ा। हमारी टीम में कुछ नीले रंग वाले लोग थे। वे चतुर, हर चीज़ की जानकारी रखनेवाले और सभी काम में माहिर थे, लेकिन उन्होंने कभी कोई काम नहीं किया था। उन्होंने योजना बनायी और ज़रूरत के मुताबिक सामानों की लिस्ट लिखी और कैलकुलेशन भी किया, पर उन्होंने पूरी योजना का गड़बड़झाला कर दिया। और अंत में उन्होंने कुछ भी नहीं किया!

शायद वे अपने अंतर्ज्ञान का उपयोग करने में उतने अच्छे नहीं थे?

इससे आपका क्या मतलब है?

इसलिए आपको नीले रंग वालों के साथ काम करना कठिन लगता है?

वे मेरे साथ नहीं रह सकते, काम नहीं कर सकते। बस इतना ही।

क्या आपने पुस्तक से जो कुछ सीखा है, उसका आपके व्यक्तिगत जीवन पर क्या कोई प्रभाव पड़ा है?

नहीं। मैं पहले भी वही था, जो आज हूँ। मेरे बहुत सारे दोस्त हैं। हम घर पर जो पार्टियाँ आयोजित करते हैं, वे बड़ी लाजवाब होती हैं। पड़ोसी महीनों बाद तक उसके बारे में बात करते रहते हैं।

तो यहाँ भी आप पड़ोसियों को आमंत्रित करें? यह बहुत अच्छा लगता है।

ओह, नहीं बिलकुल नहीं! वे आकर यहाँ नरक बना देंगे, पूरा माहौल उबाऊ हो जाएगा।

लेकिन फिर पड़ोसी बात करेंगे तो? अगर वे पार्टी में नहीं आए?

[थोड़ी देर के लिए विराम] अच्छा, यार, कौन जानता है? हा हा!

आप अपने मिलने वालों को क्या सलाह देंगे? उन्हें क्या सोचना चाहिए?

जो मुझसे मिलते हैं?

हाँ, आपके आस-पास के लोग जो ऐसी प्रतिक्रिया देते हैं, उन्हें आप किस प्रकार पसंद करते हैं?

मैं आपको बता दूँ। ज़िंदगी को इतना सीरियसली मत लो। मेरा मतलब है, हम केवल एक बार ही जीते हैं। लोगों को यह याद रखना चाहिए। हम सभी को एक ही समय में ख़ुद को मौज-मस्ती करने देना चाहिए। और हर समय छोटी-छोटी बातों में न पड़ें। आगे बढ़ो। चीज़ों के पीछे मत पड़ो। मैं ऐसा नहीं करता। जीवन बस एक उल्लास की तरह है।

ठीक है, आप यही मानते हैं। लेकिन आप उनसे मिलने वालों को क्या सलाह देंगे? आप कैसा व्यवहार चाहते हैं?

मुस्कान के साथ। टेंशन लेने पर आप मुस्कान से बहुत दूर भी जा सकते हैं।

और जब काम की बात आती है? आप वहाँ कैसा व्यवहार करना चाहेंगे?

वही जो मैंने अभी कहा। मुस्कान के साथ। बाकी सब समय पर छोड़ दो। सब हमेशा अपना काम करेंगे।

[थोड़ी देर चुप्पी रही] ओके। दुनिया में कोई भी लोग पूर्ण नहीं हैं। हम सभी में कुछ दोष और कमियाँ होती हैं, तो आप क्या कहेंगे कि आपकी कमज़ोरियाँ क्या हैं, क्या आपको ऐसा कुछ लगता है?

मैं आमतौर पर ऐसा नहीं सोचता। मेरा ध्यान हमेशा सकारात्मक चीज़ों पर रहा है। मैं जीवन में अच्छी चीज़ों पर जोर देना पसंद करता हूँ। कुछ भी नहीं हो सकता है, कुछ भी ठीक नहीं है, अगर हर कोई ऐसा ही सोचकर इधर-उधर घूमता रहेगा, तो क्या कोई काम हो सकता है?

यह तार्किक है, लेकिन हर व्यवहार प्रोफाइल में कमज़ोरियाँ होती हैं, वे सिर्फ़ इसलिए नज़र नहीं आते क्योंकि हम उनके बारे में बात करने से बचते हैं।

हालाँकि, मेरा यह मतलब नहीं था। मेरे कहने का मतलब यह था कि आपको नकारात्मक चीज़ों पर ध्यान नहीं देना चाहिए। सकारात्मक पर जोर देना बेहतर है। भगवान जानता है कि दुनिया में पहले से ही काफ़ी निराशाजनक चीज़ें हैं, ठीक है? उदाहरण के लिए, हरे रंग वालों के व्यवहार को ही लें। उन्हें हर चीज़ की चिंता होती है। उन्हें हर जगह सिर्फ़ खतरा दिखायी देता है। मेरा मतलब है, आप हर समय किसी चीज़ को लेकर चिंतित नहीं रह सकते। यह उस तरह काम नहीं करता है। मेरा एक पड़ोसी है, जो हर चीज़ से डरता है। खासकर नई चीज़ों से, ऐसी चीज़ों से जिनमें मैं अच्छा हूँ। कभी-कभी मुझे लगता है कि वह अपनी ही परछाई से भी डरता है। या नीले रंग वालों के व्यवहार के बारे में ही सोचें। जोखिम से पीछे भागने वाले! उनके लिए सब कुछ जोखिम भरा है। यहाँ तक कि अगर आप जानते हैं कि आपको अमुक काम का क्या परिणाम होगा, तब भी वे जोखिमों पर ही ध्यान केंद्रित कर रहे होते हैं। यह मेरे लिए समझ से बिल्कुल बाहर है।

आप बिल्कुल सही कह रहे है! हरे रंग वाले लोग चीज़ों को बदलने में बहुत ज़्यादा इच्छुक नहीं होते हैं, नीले रंग वाले लोग जोखिमों का विश्लेषण करते हुए फंस जाते हैं। क्या आप लाल रंग वालों के व्यवहार में कोई कमी देखते हैं?

झगड़ालू। मैं लाल रंग वालों के बारे में यही सोचता हूँ। उनमें से अधिकतर, तो वास्तव में काफ़ी ख़राब हैं। ज़रूर, वे परिणामों के प्रति सजग रहते हैं और हों

भी क्यों नहीं, लेकिन काम करने के लिए कठोर होने की कोई आवश्यकता नहीं है। कुछ में थोड़ी कमी की जा सकती है। आप जानते हैं, आप उन्हें एक लंबा मैसेज भेजते हैं, जो बहुत अच्छा है और आपको उत्तर मिलता है, 'ओके।' एक अच्छा जवाब लिखने में मुश्किल से पांच सेकेंड लगते हैं, इसमें कुछ भी खर्च नहीं होता है और यह बहुत अधिक आकर्षक भी होता है! मैं हमेशा इस बात को लेकर बहुत सावधान रहता हूँ कि मैं ख़ुद को कैसे अभिव्यक्त करता हूँ।

तो आपने लाल, हरा और नीले रंग वालों की कमज़ोरियों का विश्लेषण किया है। क्या आपको लगता है कि पीले रंग वालों के व्यवहार में सुधार की कोई गुंजाइश है?

हाँ... । यह सब आत्म जागरूकता पर निर्भर करता है। आत्म-जागरूकता के बिना चीज़ें थोड़ी अटपटी हो सकती हैं। [कुछ देर के लिए शांति]

क्या आप कुछ खास सोच रहे हैं?

एक बुरा श्रोता का हिस्सा होने के बारे में। यह महत्त्वपूर्ण है, 'क्योंकि अगर आप इसके बारे में सावधान नहीं हैं, या आपको इसकी जानकारी नहीं है, तो बातचीत किसी और दिशा में जा सकती है। हालाँकि, कभी-कभी आप बस बैठकर सुन नहीं सकते। बहुत बार मुझे बैठकों में कमान संभालने और शो चलाने के लिए मजबूर किया जाता है, वरना वहाँ कुछ नहीं होगा। लेकिन, मैं साथ में अन्य चीज़ों को भी आगे बढ़ाता हूँ, इसलिए यह बहुत अच्छा काम करता है।

ठीक है, तो कुछ पीले रंग के लोग बेहतर सुनना सीख सकते हैं। आपके लिए ये सब चीज़ें कैसी दिखती हैं? क्या आपको लगता है कि आपकी कोई कमज़ोरियाँ हैं जिन पर आप काम कर सकते हैं?

[बातचीत के बीच में एक बहुत लंबा विराम आता है।

ऐसा कुछ भी नहीं, जो दिमाग़ में आ रहा हो।

एलिसाबेथ पब्लिक हेल्थकेयर ऑर्गनाइजेशन का एक कर्मचारी नीले रंग वालों के कुछ गुणों के साथ एक हरे रंग वाली महिला, उसमें पीले रंग के कुछ इनपुट हैं, लेकिन लाल बिल्कुल नहीं है।

आप इस टूल के बारे में क्या सोचती हैं? दिसा भाषा?

किताब पढ़कर मजा आ गया! मुझे ऐसा लगा कि मैं पहले से ही अपने व्यवहार के बारे में बहुत कुछ जानता था, लेकिन मुझे लगता है कि इससे यह और भी स्पष्ट हो गया है। अब मुझे पता है कि लाल रंग वाले सोचते हैं कि मैं जिद्दी हूँ और स्वभाव से थोड़ा सतर्क रहनेवाला हूँ। लेकिन मैं चाहता हूँ कि हर कोई इससे सहमत हो। सहयोग की भावना मेरे लिए महत्त्वपूर्ण है और मुझे लगता है कि सभी को ऐसा महसूस करना चाहिए।

आपने इस किताब से क्या सीखा है?

मेरे बेटे ने मुझे जन्मदिन पर उपहार के रूप में यह किताब दी। वह बहुत दयालु है, वह हमेशा मुझे कुछ-न-कुछ देता रहता है, भले ही मैंने कहा हो कि मुझे कोई उपहार नहीं चाहिए। वह बेरोजगार है और उसके पास पैसे को लेकर कुछ परेशानी है, लेकिन फिलिप फिर भी पीछे नहीं हटता है, वह देखभाल करता है। किताब पढ़ना शुरू करने में मुझे थोड़ा समय लगा। वास्तव में मेरे लिए इस किताब में घुसकर पढ़ना थोड़ा कठिन था, ज़्यादातर इसलिए क्योंकि मैं हर समय व्यस्त रहता था और पढ़ने के बीच में उठने से एकाग्रता भंग हो जाती थी। लेकिन एक बार जब मैंने समय निकालकर इसमें अपनी रुचि जगायी, तो मुझे मजा आ गया! किताब में कई मजेदार उदाहरण हैं। मैंने अपने पति के रंग वाले व्यक्तियों के गुण/ दोष के बारे में जोर से पढ़ा और हम दोनों बहुत हंसे।

आपको क्या लगता है कि वह कौने-से रंग के हैं?

अरे, वह पीले रंग का प्रतिनिधित्व करते हैं। और साथ ही वास्तव में नीला भी। क्या कोई ऐसा हो सकता है?

हाँ, यह बिल्कुल संभव है, आपको इसमें मजाक क्या लगा?

उसके बारे में सबसे बेहतर यह है कि वह समय के प्रति आशावादी है। वह हमेशा मानता है कि वास्तव में वह जितना करता है, उससे कहीं अधिक हासिल करेगा। वह जैसे ही कार में बैठता हैं, भारी ट्रैफिक से सामना होता है। या वह मेहमानों के आने से तीन मिनट पहले स्नान करता है। इस तरह की सभी चीज़ें। उसकी आशावादिता ही थी, जिसे देखकर तीस साल पहले मैं उसके प्यार में पड़ गयी थी। मेरा टॉमी, वह एक अच्छा लड़का है।

व्यावहारिक ज्ञान के रूप में आप अपने साथ क्या लेकर जाएँगे?

यही कि मैं अन्य हरे लोगों के साथ अच्छी तरह से घुल-मिल जाता हूँ, जो अच्छा है, क्योंकि हम में से बहुत सारे हरे रंग वाले हैं! मुझे किताब का वह हिस्सा पसंद आया, जहाँ इस बात का जिक्र है कि हरे रंग वाले लोग हर समय एक-दूसरे का ख्याल कैसे रखते हैं। यह महत्त्वपूर्ण है। आपको वह करना है। लेकिन इन दिनों ऐसा लगता है कि हर कोई अधिक से अधिक स्वार्थी होता जा रहा है, पर मुझे नहीं लगता कि लंबे समय तक ऐसा रहेगा। मैंने पीले रंग वालों के बारे में बहुत कुछ पढ़ा है, अपने पति की तरह और नीले रंग वालों के बारे में, जिसका प्रतिनिधित्व मेरी बहन करती है। वह बहुत कंजूस है। बहुत कठोर और थोड़ी-सा अरुचिकर।

किसमें दिलचस्पी नहीं है?

दुनिया की बाकी चीज़ों में, सच में। वह कभी नहीं पूछती और क्या चल रहा है और शायद ही वह आपको जन्मदिन पर बुलाती है।

मुश्किल से उसे कॉल करता हूँ? क्या इसका मतलब यह है कि वह आपको जन्मदिन पर नहीं बुलाती है?

ठीक है, वह ऐसा करती है। लेकिन ऐसा लगता है कि वह इसे वास्तविक रुचि की बजाय जिम्मेदारी से ही बाहर कर रही है। और वह वास्तव में आलोचनात्मक भी हो सकती है। टॉमी ने कुछ साल पहले ही हमारे पिछले डेक को फिर से तैयार किया था। फिर इवोर आयी, वह मेरी बहन है और उसने सबसे पहले जो काम किया, वह था उसके काम की आलोचना।

उसने क्या कहा?

उसके मुंह से निकलने वाले पहले शब्द यह इंगित करने के लिए काफ़ी थे कि डेक की रेलिंग समतल से दो डिग्री दूर थी।

क्या यह था?

हाँ, यह थोड़ा टेढ़ा था। लेकिन उसे इसका जिक्र क्यों करना पड़ा? वह कई हफ़्तों से डेक पर काम कर रहा था और उसकी कड़ी मेहनत की तारीफ करने की बजाय, उसने हर चीज़ की आलोचना करना शुरू कर दिया।

तो यह सिर्फ़ रेलिंग नहीं थी, जिसकी उसने आलोचना की थी?

[एलिसाबेथ न में सिर हिलाती है।]

आप लाल रंग वालों के बारे में क्या सोचती हैं?

ओह... वे ठीक हैं, अपने तरीक़े से रहते हैं। [थोड़ी देर ख़ुद को रोकती है।]

आपका क्या मतलब है?

वे बहुत कुशल हैं, दक्ष हैं। वे बहुत कुछ कर सकते हैं और जल्दी भी करते हैं। कभी-कभी मैं चाहता हूँ कि मुझमें वह महत्त्वाकांक्षा थोड़ी अधिक हो, लेकिन मैं नहीं कर पाता। मैं बस मैं हूँ।

लेकिन क्या आपको लगता है कि कभी-कभी थोड़ा लाल होना मददगार हो सकता है?

हाँ, यकीनन। लेकिन आप वहीं हैं, जो आप हैं। और वे थोड़े... कठिन।

वे किस प्रकार सख़्त हैं?

ठीक है, कुछ स्थितियों में वे थोड़े असंवेदनशील होते हैं। हमारे डिपार्टमेंट हेड भी शायद एक लाल रंग वाला व्यक्ति ही है। वह कभी भी कुछ भी कहेगा। और अगर ये सर्जन हों, तो उनसे निपटना और भी भयानक है। मालिक लोगों को जैसा चाहते हैं, वैसा ही बना लेते हैं।

यह आपको कैसे प्रभावित करता है?

मेरे लिए संघर्षों से निबटना कठिन है। आप इसे पूरी तरह से टाल नहीं सकते, मुझे पता है, लेकिन यह तब और भी मुश्किल है जब कोई हर समय सिर झुकाए रहता है।

इसलिए हर कोई हर समय आपस में उलझा रहता है?

वास्तव में हर कोई नहीं। और हर समय तो बिल्कुल भी नहीं। लेकिन, हममें निश्चित रूप से आपसी बोलचाल संबंधी समस्याएँ हैं। यहाँ माहौल ख़राब है और प्रबंधन है कि सुनता ही नहीं है। हममें से बहुत से लोग काम के उस माहौल से पीड़ित हैं। बीमार होने के कारण मैं पिछले साल छुट्टी पर था।

क्या आपने इस मामले को अपने बॉस के सामने उठाया है?

हमने कोशिश की थी, पांच साल पहले। इससे बहुत मदद नहीं मिली। कुछ देर के लिए स्थिति ठीक हुई, लेकिन फिर सब कुछ पहले जैसा ही हो गया।

ओके, तो अब आप कैसा महसूस कर रहे हैं?

सब कुछ ठीक ठाक है। काम पर हमारे पास लोगों की एक अच्छी टीम है और यह हमारे लिए महत्त्वपूर्ण है। हम लंबे समय तक एक साथ काम करते रहे। हममें से कई लोग वहाँ लंबे समय से काम कर रहे हैं और हम छोड़ना भी नहीं चाहेंगे।

आप अपने रंग के बारे में क्या सोचते हैं? एक हरे रंग वालों के रूप में आप अन्य रंगों के साथ कैसे सामंजस्य बिठाते हैं?

ठीक है, लाल रंग वाले निश्चित रूप से पेचीदा हैं।उन्हें हरे रंग वाले लोग पसंद नहीं है, जोकि हममें से अधिकतर लोग हैं। वे हमारे बारे में शिकायत करते हैं; मैंने इसे व्यक्तिगत रूप से सुना है। वे बातें करते हैं; बेवजह हमारा नाम लेते हैं।

उससे तुम्हारा क्या मतलब है? क्या आप एक विशिष्ट उदाहरण दे सकते हैं?

मेरे पास ऐसा कोई विशिष्ट उदाहरण नहीं है, लेकिन कुछ ऐसा है, जिसे आप भी जानते हैं। जब आप असंतुष्ट होते हैं, तो आप इसे महसूस करते हैं। यह मानो हवा में है।

आपने कहा था कि आपका बॉस लाल रंग वाला था?

मेरे बॉस नहीं, बल्कि मेरे डिपार्टमेंट हेड। वह लाल से भी ज़्यादा लाल थे।

और आप यह कैसे जानते हैं?

हाँ, वह है। यह उतना ही स्पष्ट है, जैसे कि दिन। वह जल्दी-जल्दी चलता है, जल्दी-जल्दी बोलता है। उसकी चाहत बहुत अधिक है। वह लक्ष्य को लेकर बहुत सजग है। कठिन है। उसने कई तरह की कटौतियाँ की हैं।

यदि आप कटौती लागू करते हैं, तो आप कठोर हैं?

निश्चित रूप से।

तो फिर डिपार्टमेंट हेड के साथ चीज़ें कैसे चल रही हैं?

मुझे नहीं पता। मैंने उनसे सीधे तौर पर कभी बात नहीं की। लेकिन आप अभी जानते हैं।

आप बस जानते हैं?

हमने अन्य कर्मचारियों के बारे में सुना है, जो उसके साथ ऑफिस में उलझ गए थे।

फिर क्या हुआ?

उनमें से एक को देर से आने जैसी छोटी-छोटी बातों पर कड़ी फटकार लगायी गयी। उन्हें तुरंत केबिन में बुलाया गया। लेकिन वह मैं नहीं था। मैं हमेशा समय पर ऑफिस पहुँचता हूँ।

तो कोई काम के लिए समय पर नहीं आया और उसके लिए उसे फटकार झेलनी पड़ी?

उसे एक बहाना मिल गया था।

क्या कहा गया?

मैं निश्चित रूप से वहाँ नहीं था और क्या कहा गया, मैंने नहीं सुना, लेकिन उसने मुझसे कहा कि उसे इस तरह से नहीं व्यवहार करना चाहिए था।

क्या आपको लगता है कि काम के लिए देर हो जाना ठीक है?

नहीं, यह ठीक नहीं है।

लेकिन, क्या इस तरह के व्यवहार को सही करने की जिम्मेदारी विभाग के प्रमुख की नहीं है?

मुझे ऐसा लगता है, लेकिन यह इस बात पर निर्भर करता है कि आप इसे कैसे सामने लाते हैं।

क्या वह चीखा और चिल्लाया?

नहीं, लेकिन उसने कहा कि किसी को भी देर से आने की अनुमति नहीं है और अगर वह फिर से देर से आएगी, तो उसे पुनः चेतावनी मिलेगी।

वह कितनी बार देर से आयी थी? ओह, वह तो कभी समय पर आती ही नहीं है।

ठीक है, जब आप वास्तविक जीवन में दूसरे लोगों से मिलेंगे, तो आपमें ऐसी कौन-सी बात होगी, जो आप चाहेंगे कि अन्य लोग इसे जानें? आप अपने लिए कैसा व्यवहार चाहते हैं?

खैर, यह बहुत अच्छा होगा, अगर लोग यह समझें कि हममें से कुछ इसे सरलता के साथ स्वीकार करना चाहते हैं और यह कि हर समय व्यवहार में परिवर्तन मुझे पसंद नहीं है। इससे पहले कि हम काम पर जाएँ, मैं लोगों को जानने का थोड़ा अवसर प्राप्त करना चाहता हूँ। चलो एक कॉफी पीते हैं, थोड़ी गपशप भी हो जाएगी। लोग जिस रूप में हैं, उन्हें उसी रूप में जानना अच्छा है और फिर हम अपने काम पर वापस लग सकते हैं।

और कुछ?

हाँ, हम हरे रंग वाले लोग संघर्षों से निपटने में अच्छे नहीं हैं। हमें इससे बेहतर तरीक़े से निपटना सीखना होगा।

स्टीफन एक बहुत बड़ी कंपनी के मुख्यालय में कार्यरत अर्थशास्त्री, जिनके कार्यालय यूरोप के कई देशों में हैं।

लाल रंग के कुछ संकेतों के साथ नीला का मिश्रण। कोई पीला या हरा नहीं।

आप इस टूल के बारे में क्या सोचते हैं? DISA भाषा?

यह काफ़ी दिलचस्प विचार है। ऐसा लगता है कि इस विषय पर काफ़ी शोध किया गया है, जो मुझे रोमांचित करता है। मैंने पहले भी इस टूल की विविधता देखी है, लेकिन उस सिस्टम ने अक्षरों का अलग-अलग संयोजन करके निर्दिष्ट लोगों को वर्गीकृत किया। दोनों मॉडलों की तुलना करना दिलचस्प होगा।

ऐसे कई अलग-अलग टूल उपलब्ध हैं, उनमें से अधिकांश एक ही मूल शोध पर आधारित हैं, लेकिन जैसे-जैसे समय बीतता गया, वे अलग-अलग विकसित हुए। मैं जिस टूल का उपयोग करता हूँ, वह विशेष रूप से सटीक है।

क्या आपका मतलब विश्वसनीयता या वैधता के संबंध में है?

दोनों, यदि आप अधिक जानने के लिए उत्सुक हैं, तो मैं आपको मार्स्टन की पुस्तक 'इमोशंस ऑफ नॉर्मल पीपल' पढ़ने के लिए कहूँगा, किताब पढ़ने के बाद आपने क्या निष्कर्ष निकाला?

यह देखना दिलचस्प था कि लेखक ने कैसे इसकी रचना की थी। उन्होंने सबसे पहले लाल रंग वालों के बारे में लिखा, फिर पीला, हरा और नीले रंग वालों के बारे में। प्रत्येक नए विषय को चार अलग-अलग रंगों के संदर्भ में समझाया गया था। यह अच्छा था, क्योंकि इसका मतलब है कि आप किसी एक विशिष्ट रंग के बारे में पढ़कर बोर नहीं होंगे। और मैंने देखा कि प्रत्येक रंग पर बराबर तवज्जो दी गयी थी। सभी रंगों के लिए लगभग समान पृष्ठ थे, जो बहुत प्रभावशाली हैं। मुझे आश्चर्य है कि उन्होंने कैसे इसे प्रबंधित किया?

व्यवहार के पैटर्न के बारे में आपने अब तक क्या सीखा?

यही कि लोग अलग-अलग हैं। मुझे यह पहले से ही पता था कि हम सब अलग हैं, लेकिन यह देखना या समझना दिलचस्प था कि कैसे हैं। और किताब में इसके कई अच्छे उदाहरण थे। उदाहरण के लिए, मुझे विशेष रूप से लाल रंग वाले लोगों के व्यवहार में दिलचस्पी थी।

इस पर आपके क्या विचार हैं?

आगे बढ़ने की उनकी जबरदस्त चाह। मेरा एक सहयोगी है, जो बिल्कुल उसी तरह के रवैये और आत्मबल के साथ काम करता था। हमेशा आगे बढ़ते रहें, हमेशा पहली पंक्ति में रहें। शीघ्र निर्णय लेने की उसकी क्षमता बहुत प्रभावशाली थी। वह निश्चित रूप से बहुत सारी ग़लतियाँ करता है, लेकिन वह उन्हें जल्दी से ठीक कर लेता है, इसलिए मुझे नहीं लगता कि यह एक बड़ी समस्या है।

क्या आप लाल रंग वालों के साथ अच्छा काम करते हैं?

मुझे लगता है, बहुत अच्छी तरह से। निश्चित रूप से, वे अक्सर लापरवाह होते हैं, जैसा कि मैंने कहा, लेकिन आप उन्हें और अधिक सटीक बनाने में मदद कर सकते हैं। मेरी भूमिका आमतौर पर यह सुनिश्चित करने की होती है कि हम अपने काम में लगे रहें और ऐसा कुछ नहीं है जिससे कि लाल रंग वालों को महान

माना जाए। लेकिन वे अक्सर ख़ुद में सुधार लाने में काफ़ी अच्छे होते हैं, जो एक मूल्यवान कौशल है। और वे बहादुर भी हैं।

ऐसा लगता है जैसे आपको लाल रंग वालों के व्यवहार से कोई बड़ी समस्या नहीं है?

नहीं। यह इस बात पर निर्भर करता है कि आप सामनेवाले से क्या आशा करते हैं, लेकिन मैं कहूँगा कि मुझे उनसे कोई बड़ी समस्या नहीं है। लेकिन, ऐसा कहने के बाद, मुझे लगता है कि उन्हें मेरे जैसे लोगों से निपटने में काफ़ी कठिनाई होती है।

इससे आपका क्या मतलब है?

मुझे सब कुछ अच्छी तरह से व्यवस्थित चाहिए। ग़लतियाँ एक भी नहीं। इस व्यवसाय में, हम वित्त का काम देखते हैं और लुटि की कोई गुंजाइश नहीं है। यह उद्योग काफ़ी सावधान रहने वाले व्यक्ति की मांग करता है। अगर मैंने पुस्तक को सही ढंग से समझा है, तो लाल रंग वालों को किस प्रकार के विवरण में कोई दिलचस्पी नहीं है, जो मूल रूप से मेरे काम का पैमाना है। अगर मैं दशमलव के बाद कुछ स्थानों तक भी लापरवाह होऊँगा, तो इसके बहुत बड़े परिणाम होंगे। यह हो ही नहीं सकता।

ठीक है, अन्य रंगों के बारे में क्या सोचते हैं? आप हरे रंग वाले लोगों के साथ कैसे मिलते हैं?

काफ़ी अच्छी तरह से। हम दोनों में से कम-से-कम एक पुस्तक के अनुसार अंतर्मुखी हैं, जो मुझे लगता है कि सकारात्मक भी है। तब आप केवल चैटिंग के इर्द-गिर्द अपना समय बर्बाद करने की बजाय ख़ुद को काम के लिए समर्पित कर सकते हैं। [थोड़ी देर के लिए चुप्पी।]

लेकिन हरे रंग वालों को चैट करना पसंद है।

यह सच है, वे करते हैं। हालाँकि मैं नहीं। जब तक कि यह काम से संबंधित न हो। तब हम बहुत देर तक बात कर सकते हैं। मुझे हरे रंग वाले लोगों के बारे में यह पसंद नहीं है कि उनके पास काम करने का ढोंग करने की प्रवृत्ति है। वे अक्सर अपने डेस्क से दूर रहते हैं, काम करने के बजाय कुछ और करते हैं और यह सब सारे काम को धीमा कर देता है। यह एक समस्या है।

क्या आपको लगता है कि यह आपके ऑफिस की एक आम समस्या है?

हाँ।

आपने समस्या से निपटने के लिए क्या किया है?

कुछ नहीं।

क्यों नहीं?

यह मेरी जिम्मेदारी नहीं है। यह प्रबंधन का मामला है।

क्या आपने प्रबंधन टीम के सामने इस मुद्दे को उठाया है?

नहीं।

तो आपके कुछ सहकर्मी काम करने का नाटक करते हैं और यह पूरी टीम के काम को धीमा कर देता है, आपने ऐसा होते देखा है, लेकिन इसके बारे में कुछ भी नहीं किया है?

यह सही है।

लेकिन क्यों नहीं?

जैसा मैंने पहले भी कहा है, यह प्रबंधन की समस्या है। मेरे पास इस मुद्दे पर कार्रवाई करने का कोई अधिकार नहीं है।

अगर आपके पास अधिकार होता, तो आप क्या करते?

यह एक काल्पनिक प्रश्न है।

हाँ, लेकिन मान लीजिए कि आपने किया।

लेकिन यह वास्तविक स्थिति नहीं है। मुझे प्रबंधन में कोई दिलचस्पी नहीं है, इसलिए मुझे नहीं पता कि मैं क्या करूँगा।

जिज्ञासावश अगर आपके बॉस ने आपसे ठीक इसी मुद्दे पर सलाह मांग ली, एक कर्मचारी जो कोई काम नहीं करता है, जो उसे करना चाहिए, तो आप क्या सलाह देंगे?

विशुद्ध रूप से काल्पनिक?

हाँ।

मैं बॉस से कहूँगा कि समस्या जिस कर्मचारी के साथ है, उससे बात की जाए। जो काम नहीं कर रहा है, उन्हें बताएँ कि इससे लोगों को समस्या होती है और मांग करें कि वे इस तरह के अपने व्यवहार को बदल दें।

ओके। क्या हम पीले रंग वाले लोगों के व्यवहार के बारे में थोड़ी बात कर सकते हैं?

[इस सवाल पर, स्टीफन अपने हाथों को अपनी छाती पर रखता है और सिर हिलाता है।]

आप विशिष्ट पीले व्यवहार वाले लोगों को कैसे देखते हैं?

वे थोड़े परेशान हैं। मैं बस यही कामना करता हूँ कि वे चीज़ों को और अधिक गंभीरता से लें। काम करें, कुछ शुरू करने के लिए। बेशक, मुझे एहसास है कि आपको काम करने के बीच में मजा करने की भी ज़रूरत है, लेकिन दिन के अधिकांश समय के लिए नहीं। आप काम के घंटों के दौरान हर समय दूसरों को बेवकूफ़ नहीं बना सकते। सबसे बुरी बात यह है कि ये सिर्फ़ शोर मचाते हुए घूमते हैं, सबको परेशान करते हैं। कई बार वे बहुत मनोरंजक हो सकते हैं, लेकिन काम, काम है और खेल, खेल है। तथ्यों को सही ढंग से समझने में उनकी अक्षमता भी एक बड़ा मुद्दा है। मुझे लगता है कि जब तथ्यात्मक मुद्दों की बात आती है, तो वे बहुत अक्षम हो जाते हैं। वे किसी भी बात को गंभीरता से नहीं लेते और इससे कई ग़लतियाँ होती हैं। उदाहरण के लिए, यदि एक विशुद्ध पीला व्यक्ति कंट्रोलर के रूप में काम करता है, तो वह कैसे काम करेगा? उसे यह भी नहीं पता होगा कि देखना क्या है। लेकिन वास्तव में सबसे गंभीर मुद्दा यह है कि वह बहुत-सी ऐसी बातें कहता है, जो सच नहीं है। उदाहरण के लिए, वे वास्तव में ऐसा किए बिना कह सकते हैं कि उन्होंने कुछ विवरणों की दोबारा जाँच की है। या वह जोर देकर कहता है कि वह इस तथ्य के बावजूद लापरवाह नहीं है कि हर कोई उसे ऐसा करते देख सकता है, जो कि वे निश्चित रूप से है। पूरी बात बेतहाशा निराशाजनक है।

क्या आपने कभी वास्तव में पीले रंग वालों को जाना है?

आप इससे कैसे बच सकते हैं? वे अविवेकपूर्ण तरीक़े से अपनी रामकहानी उसके सामने उड़ेल देते हैं, जिसे भी वे पसंद करते हैं। वे सोचते हैं कि हम सभी

उनके समर हाउस, या उनके कुत्ते के पिल्लों, या उनके बच्चे के नए दांत, या उनके भाई की मछली पकड़ने की नई नाव के बारे में जानने में रुचि रखते हैं। लेकिन वह सब पूरी तरह से और निश्चित रूप से अप्रासंगिक है।

क्या आप कभी पीले रंग वालों के साथ घूमे हैं?

नहीं। मैं उनसे बचना चाहता हूँ।

क्यों?

मैं इतनी सारी बातें बर्दाश्त नहीं कर पाऊँगा। वे मुझसे ऐसी बातें करेंगे कि लगेगा कि अंत समय ही आ गया है। मैं उन्हें हर चीज़ के बारे में और कुछ भी नहीं के बारे में चिल्लाते हुए नहीं सुन सकता। और आप कभी नहीं जानते कि वे जो कह रहे हैं, वह वास्तव में सच है या नहीं। वह मुझे परेशान करता है। वे हर समय अतिशयोक्ति बने रहेते हैं; एक पीले रंग के साथ पांच मिनट बिताने के बाद मुझे लगा कि मेरी बुद्धि समाप्त हो गयी है। मेरे देवर हमेशा काम पर अपनी नई स्थिति के बारे में बात करते हैं। लेकिन वह हर बार इसका अलग-अलग तरह से वर्णन करता है। मैंने उससे पूछा है कि ऑफिस में उसकी पोजिशन क्या है, क्योंकि मुझे अबतक समझ नहीं आया था कि वह वास्तव में करता क्या है, लेकिन वह हमेशा इन बातों को लेकर बहुत अस्पष्ट हो जाता है। एक बार मैंने पूछा कि कंपनी कैसी चल रही है और मुझे इस बारे में एक लंबा तर्क सुनने को मिला कि कैसे वे किसी चीज़ पर पूरे विश्व का पेटेंट लेने वाले थे। लेकिन उसने मुझे यह नहीं बताया कि यह कैसे होने जा रहा है और परियोजना का ब्योरा क्या है। यह बहुत निराशाजनक था।

शायद उसे इसका जवाब पता ही नहीं था?

तब उन्हें ऐसा कहना चाहिए था! 'मुझें नहीं पता।' मेरा मतलब है कि यह क्या इतना कठिन हो सकता है? इसके बारे में बताने की बजाय, उसने उन करोड़ों चीज़ों की व्याख्या कर दी, जिनमें मेरी दिलचस्पी नहीं थी।

आप दूसरों को आपके साथ बेहतर तरीक़े से बातचीत करने में मदद करने के लिए क्या सलाह देंगे?

अच्छा प्रश्न है ये। मैं उन्हें सलाह दूँगा कि कृपया पेशेवर बनने की मेरी इच्छा का सम्मान करें और उन चीज़ों के लिए अपना मूल्यवान समय बर्बाद न करें, जो

काम से संबंधित नहीं हैं। जब वे मेरे पास कोई प्रश्न लेकर आएँ, तो उन्हें अच्छी तरह से सब्जेक्ट तैयार रखना चाहिए। सही तरीक़े से उत्तर देने के लिए मुझे पीछे घटित सारी जानकारी चाहिए होती है।

आपकी सबसे बड़ी कमज़ोरी क्या है?

मुझे सोचने दीजिए। कभी-कभी मैं लंबे विवरणों में बहुत अधिक फंस जाता हूँ। मुझे यह पता है। मुझे नहीं लगता कि यह काम से जुड़ी कोई समस्या है, लेकिन मेरे निजी जीवन में यह एक समस्या हो सकती है।

ऐसा कैसे?

मेरी पत्नी लाल रंग का प्रतिनिधित्व करनेवाली है। वह सोचती है कि मैं हर चीज़ में धीमा हूँ और वह सही है। मेरे नए विचारों पर शक किया जाता है। ऐसा नहीं है कि मैं बदल नहीं सकता, लेकिन मैं अक्सर ऐसी समस्याएँ देखता हूँ, जो वास्तव में है ही नहीं। कभी-कभी मुझे निर्णय लेने में कठिनाई होती है और मैं चिंतित हो जाता हूँ। हमें वास्तव में घर पर एक नए टेलीविजन की ज़रूरत है, क्योंकि अभी जो टीवी है, उसकी मियाद पूरी ही होनेवाली है। लेकिन इतने सारे अलग-अलग मॉडल हैं और मेरे पास हर मॉडल के बारे में अलग-अलग पता करने का समय नहीं है। मेरी पत्नी का सोचना है कि हमें तो बस दस मिनट ही टीवी देखने हैं, तो एक नया ख़रीदने की ज़रूरत क्या है। क्या हुआ अगर यह अच्छा नहीं है? मुझे कैसे पता चलेगा कि यह उसी तरह का है, जिसकी हमें आवश्यकता है? आखिरकार, यह एक बड़ा निवेश है। इसलिए हम पुराने वाले से ही काम चला रहे हैं।

कोई अंतिम विचार?

जैसा कि मैंने कहा, यह एक दिलचस्प अवधारणा है। मैं मास्र्टन किताब ऑर्डर करने जा रहा हूँ।

20

आपने जो सीखा, उसका आकलन करने के लिए एक त्वरित प्रश्नोत्तरी

यहाँ आपके लिए अपने कौशल का परीक्षण करने का मौका है! यह एक मजेदार चीज़ है, जिसका उपयोग आप अपने परिचितों को परखने के लिए कर सकते हैं। यह इस बारे में है कि आप वास्तव में कितना जानते हैं कि लोग कैसे काम करते हैं? मुझे आशा है कि आपको जो उत्तर मिलेंगे, उनसे या तो कूलर के आस-पास या खाने की मेज पर एक दिलचस्प चर्चा होगी।

1. इनमें से कौन-सी दो प्रोफाइल का संयोजन सामाजिक स्तर पर स्वाभाविक रूप से स्वीकार्य होगा?

    दो पीले

    दो लाल

    पीला और लाल

    नीला और हरा

    उपरोक्त सभी

2. प्रोफाइल का कौन-सा संयोजन स्वाभाविक रूप से एक साथ अच्छा काम करता है?

    किसी और के साथ हरा

    दो पीले

दो लाल

नीला और लाल

उपरोक्त सभी

3. कौन-सी प्रोफाइल हमेशा किसी प्रोजेक्ट का प्रमुख बनना पसंद करेगी?

लाल

पीला

हरा

नीला

4. कौन-सी प्रोफाइल सर्वश्रेष्ठ सर्जन साबित होगी?

लाल

पीला

हरा

नीला

5. किस प्रोफाइल वाले व्यक्ति को भाषण देने में सबसे ज़्यादा मजा आएगा?

लाल

पीला

हरा

नीला

6. किस प्रोफाइल के व्यक्ति को ठीक-ठीक पता होगा कि उसने अपने बॉस के ई-मेल को कहाँ सेव किया था?

लाल

पीला

हरा

नीला

7. निर्णय लेने से पहले कौन-सा व्यक्ति अधिक परीक्षण करना चाहेगा या अधिक जानकारी प्राप्त करना चाहेगा?

लाल

पीला

हरा

नीला

8. आप किस प्रोफाइल वाले व्यक्ति पर हमेशा समय पर पहुँचने को लेकर भरोसा कर सकते हैं?

लाल

पीला

हरा

नीला

9. कौन-सा व्यक्ति काम को लेकर नियम पुस्तिका का पालन नहीं करता है?

लाल

पीला

हरा

नीला

10. कौन-सा व्यक्ति काम पूरा करने के लिए कुछ नया करने की सबसे ज़्यादा कोशिश करेगा?

लाल

पीला

हरा

नीला

11. कौन-सा व्यक्ति व्यक्तिगत आलोचना को सबसे लंबे समय तक याद रखेगा?

लाल

पीला

हरा

नीला

12. कौन-सा व्यक्ति, जो सबसे कम संगठित है, लेकिन यह जानता है कि उसे जो चाहिए उसे पाने के लिए कहाँ जाना है?

लाल

पीला

हरा

नीला

13. कौन-सी प्रोफाइल हमेशा निर्णय लेना चाहती है?

लाल

पीला

हरा

नीला

14. कौन-सी प्रोफाइल नवीनतम फैशन के कपड़े पहनती है?

लाल

पीला

हरा

नीला

15. कौन-सी प्रोफाइल नई चुनौतियों का सबसे अधिक आनंद उठायेगी?
लाल
पीला

हरा

नीला

16. लोगों का न्याय करने में कौन-सी प्रोफाइल सबसे तेज़ होगी?

लाल

पीला

हरा

नीला

17. प्रोफाइल के किस संयोजन से सर्वश्रेष्ठ टीम बनेगी?

दो हरा

दो लाल

पीला और लाल

नीला और हरा

सभी रंगों के मिलने से बना समूह

18. कौन-सी प्रोफाइल शायद सबसे ज़्यादा बात करेगी?

लाल

पीला

हरा

नीला

19. कौन-सी प्रोफाइल नए विचारों को सबसे तेज़ी से आत्मसात करेगी?

लाल

पीला

हरा

नीला

20. कौन-सी प्रोफ़ाइल किसी कार्य को दूसरे को सौंपेगी, लेकिन फिर अंत में उसे स्वयं करेगी?

लाल

पीला

हरा

नीला

21. कौन-सी प्रोफाइल सबसे अच्छा श्रोता है?

लाल

पीला

हरा

नीला

22. कौन-सी प्रोफाइल दिए गए निर्देशों के अंतिम वाक्य तक को नहीं छोड़ेगा?

लाल

पीला

हरा

नीला

23. आपके सामाजिक दायरे में कौन-सी प्रोफाइल सबसे आम है?

लाल

पीला

हरा

नीला

उत्तर पृष्ठ 309 पर दिए गए हैं।

प्रश्न 23 के बारे में और अधिक

काम करते समय ज़रूरी नहीं है कि आपको उन्हीं लोगों का साथ मिले, जिनके साथ आप काम करना चाहते हैं। वे वहीं हैं और रहेंगे, चाहे आपने उन्हें चुना है या नहीं। पेशेवर दुनिया में आपको अपने पास मौजूद कार्ड से ही सबसे बेहतर खेल दिखाना होता है। लेकिन काम के बाहर, जब आप चुन सकते हैं कि आप किसके साथ अपना समय बिताएँगे, तो आप किस तरह के लोगों को चुनते हैं? क्या आपने ऐसे लोगों को कभी चुना है, जो आपके समान हैं, या आप ऐसे लोगों के साथ घूमते हैं जो आपके बिल्कुल विपरीत हैं?

बेशक, कोई जवाब सही या ग़लत नहीं है, लेकिन इसके बारे में सोचना दिलचस्प है कि जब हम चुन सकते हैं, तो हम किसे चुनते हैं?

और उस साथी का चुनाव हम कैसे करें जिसके साथ हम अपना शेष जीवन व्यतीत करना चाहते हैं? वह आपकी मिरर इमेज हो, या आपके बिलकुल विपरीत? एक बड़ा ही आकर्षक सवाल, पर ठीक है?

21

रोज़मर्रा की ज़िंदगी से
एक अंतिम उदाहरण

दुनिया के इतिहास में शायद सबसे ज्ञानवर्धक टीम प्रोजेक्ट

ओके, मेरे दोस्तों यह सभी बातों को संक्षेप में प्रस्तुत करने का समय है। ऐसा करने से पहले मैं आपको अपने एक दिलचस्प अनुभव के बारे में बताना चाहता हूँ, जो कुछ साल पहले मेरे साथ पेश आया था।

मैं एक सम्मेलन का नेतृत्व कर रहा था और मेरे दिमाग़ में था कि मुझे एक दूरसंचार कंपनी में काम कर रहे प्रबंधकों के एक समूह के साथ एक प्रयोग करना है। प्रतिभागी पेशेवर और चतुर थे और वे सभी अपने-अपने क्षेत्र में सफल रहे। उनके पास उत्कृष्ट योग्यताएँ थीं और एक शानदार करियर उनके स्वागत के लिए बांह फैलाए खड़ा था। मैंने पहले ही उन सभी की प्रोफाइल बना ली थी और उनके सेल्फ असेसमेंट का चक्र भी पूरा हो चुका था, जिससे उनके बातचीत करने के ढंग का भी पता लगा।

मैंने प्रतिभागी प्रबंधकों के प्रोफाइल के हिसाब से समान व्यवहार वाले समूहों में विभाजित कर दिया। ऐसा करते हुए मैंने सोचा था कि उनके लिए आपस में सामंजस्य बिठाना आसान होगा। वे निश्चित रूप से एक दूसरे को समझेंगे। वे कुल बीस लोग थे। मैंने समूहों को लाल, पीला, हरा और नीला के नाम से पुकारा। मुझे उन्हें किसी और नाम से पुकारना चाहिए था।

उन्हें एक समस्या का हल निकालना था, जो उनके क्षेत्र से जुड़ा था और विशेष रूप से उन्हीं के लिए बनाया गया था। इसमें उन्हें एक दूसरे के सहयोग की आवश्यकता थी। इसे पूरा करने के लिए उन्हें एक घंटे का समय दिया गया। मैंने उन्हें चुनौती के बारे में बताया और सभी समूहों ने जिज्ञासापूर्वक निर्देशों को सुना और अपने-अपने काम पर लग गए।

समूहों को काम करते हुए जब कुछ समय बीत गया, तो मैंने इधर-उधर झांकते हुए पता लगा लिया कि विभिन्न टीमों में क्या चल रहा था।

जिस समूह को मैंने लाल से वर्गीकृत किया था, उस ग्रुप में बहुत अधिक शोर हो रहा था। तीन लोग खड़े होकर जोर-जोर से एक-दूसरे को समझा रहे थे कि वे जो कह रहे हैं, बिलकुल सही है। उनमें से दो बहस कर ही रहे थे कि तीसरे व्यक्ति ने अकेले काम करने का फैसला किया। तीन फीट दूर क्या हो रहा है, इस बात से पूरी तरह बेपरवाह वह इतनी तेज़ी से लिख रहा था, मानो उसकी कलम से चिंगारी निकल रही हो।

जब मैंने पूछा कि क्या वहाँ सब ठीक है, तो सब कुछ अचानक बंद हो गया और वे सभी मुझे आश्चर्य से देखने लगे।

'क्या सब कुछ ठीक है?' मैंने उत्सुकता से दोहराया।

'सब कुछ ठीक है!' उनमें से जुझारू दिख रहे एक ने गंभीर होकर कहा। 'हमारा काम पूरा हो चुका है।'

मैं उनके पास से हट गया और अपना काम जारी रखा। पीले समूह में जो लोग थे, वे धड़ल्ले से काम कर रहे थे। कमरे में कोई भी उनकी ऊर्जा का अंदाजा लगा सकता था। काम चल रहा था! चर्चा जीवंत थी, हर कोई अपनी स्थिति के बारे में दूसरों को समझाने की कोशिश कर रहा था। जबकि लाल समूह वाले एक-दूसरे के साथ पागलों की तरह व्यवहार कर रहे थे और यहाँ मुस्कुराहट के अलावा कुछ नहीं था। पीले रंग वाले तीनों लोग व्हाइटबोर्ड पर जगह बनाने में लगे थे और उन्हीं में से एक ने मुझे एक मनोरंजक किस्सा सुनाया, जिसका विषय से कोई लेना-देना नहीं था (लेकिन यह वास्तव में प्रफुल्लित करने वाला था)। पीले समूह में शामिल पांचवां प्रतिभागी कागज के एक टुकड़े पर डूडल बना रहा था और अपने सेल फोन पर ई-मेल भेज रहा था।

अब मैं हरे रंग वाले समूह की बढ़ रहा था। कमरे के अंदर एक अजीब शांति थी। उनकी आवाज़ बहुत सौम्य थी और वे सभी बोलने के बजाय सुन रहे थे।

उनका मुख्य लक्ष्य स्थिरता और सुरक्षा था। पांचों प्रतिभागी प्रबंधक बड़े आराम से बैठे थे, एक सहकर्मी उन्हें अपने कुत्ते की दुखद कहानी सुना रहा था, जो उसी सर्दी में वृद्धावस्था में मर गया था और वे उसे सुन रहे थे। उन्हें अभी भी अपने उस साथी की याद आ रही थी।

अंतिम प्रबंधक ने मेरे द्वारा दिए गए टास्क को हल करने के बारे में कुछ सुझाव दिए थे, लेकिन प्रत्येक सुझाव एक प्रश्न के साथ समाप्त हुआ। उसे और इनपुट चाहिए थे और ऐसा लग रहा था कि उसे इसके लिए उसे किसी से कुछ और पूछना होगा। वह मुश्किल में थी।

मैंने अपना काम जारी रखा। प्रतिभागी प्रबंधकों के अंतिम समूह यानी नीले समूह वालों के बीच अजीब सी शांति थी। तीन मिनट तक मैं उनके साथ बैठा, इस बीच किसी के मुंह से एक शब्द भी नहीं निकला। यह देखकर मैं गंभीर रूप से चिंतित हो गया। देखने से लग रहा था मानो उनके मन में तरह-तरह के विचार उठ रहे हों, लेकिन कोई वास्तविक चर्चा नहीं हो रही थी। एक महिला चुपचाप अपने होठों को हिलाते हुए दिए गए टास्क को पढ़ रही थी। मैंने उनसे पूछा कि क्या उन्हें आरंभ करने के लिए सहायता की आवश्यकता है। जवाब में मुझे कुछ हिचकिचाहट ही मिली। जल्द ही उनके बीच बहुत गहन विचार-विमर्श शुरू हो गया। ऐसा लग रहा था, मानो वे चीज़ों की तह तक पहुँचे जाएँगे। यह स्पष्ट था कि वे सही रास्ते पर थे, लेकिन अत्यंत विस्तृत स्तर तरीक़े से। उन्होंने लंबे समय तक इस बात को लेकर चर्चा की कि उनकी कार्ययोजना क्या होनी चाहिए।

मैंने घड़ी देखा। प्रतिभागियों को दिया गया आधा समय बीत चुका था, लेकिन अभी तक कुछ भी ठोस तरीक़े से सामने नहीं आया था। प्रस्ताव रखे जा रहे थे, पर दूसरे उसे खारिज कर दे रहे थे। हर शब्द का चुनाव सोच-समझकर किया गया था और फ़ायदे व नुक़सान का आकलन भी कर लिया गया था। वे वास्तव में काम पूरा करने की अपेक्षा चीज़ों को ठीक से करने में अधिक रुचि रखते थे।

मैंने उन्हें उनके भाग्य पर छोड़ दिया और कॉन्फ्रेंस रूम में वापस चला गया।

निर्धारित समय पूरा होने से पहले ही लाल समूह वाले विजयी मुस्कुराहट के साथ बाहर आ गए। सबसे पहले टास्क पूरा करने को लेकर सभी ने एक-दूसरे को बधाई दी। उन्हें लगा कि उन्होंने स्पष्ट रूप से टेस्ट जीत लिया था।

मुझे अब अन्य सभी समूहों के परिणामों को देखना था। पीला समूह सबसे धीमा था। उनके आने से पहले मुझे दो बार उनके रूम से वापस जाना पड़ा। उनमें

से दो फोन पर बात कर रहे थे और तीसरा व्यक्ति कॉफी और केक के बाद ख़ुद को परीक्षा के माहौल से बाहर निकाल पाया।

जब सभी समूहों का टास्क खत्म हो गया, तो मैंने उन्हें अपना प्रेजेंटेशन देने को कहा।

लाल समूह विजयी घोषित हुआ। उन्होंने दिए गए टास्क को एक रेस में बदल दिया। एक घंटे का समय दिए जाने के बावजूद उन्होंने इसे तीस मिनट में ही पूरा कर दिया। बाकी समय वे अपने सहकर्मियों को फोन कर बात करते रहे, यह जाँचने के लिए कि वे क्या कर रहे हैं। प्रेजेंटेशन काफ़ी अच्छा था, मैटर सुव्यवस्थित था और लग रहा था कि विषय ठीक से सोचा गया था। लेकिन रिपोर्ट चेक करना शुरू करने के लगभग तीस सेकेंड में ही यह स्पष्ट हो गया कि लाल समूह वालों एक अलग ही समस्या का समाधान किया था। यह उस टास्क से पूरी तरह अलग था, जो मैंने उन्हें दिया था। मैंने जो समाधान मांगा था, वह बिल्कुल नहीं था।

जब मैंने उनसे पूछा कि क्या उन्होंने वास्तव में निर्देश पढ़े हैं, तो वे सब एक-दूसरे से बहस करने लगे। समूह के पुरुष प्रतिभागियों में से एक ने आत्मविश्वास से कहा कि उन्होंने कार्य को वास्तविकता के अनुकूल पूरा किया है। उन्होंने कहा कि उन्होंने शानदार काम किया है। उन्हें तालियों के साथ-साथ स्टैंडिंग ओवेशन की उम्मीद थी, लेकिन जब दोनों में से कुछ नहीं मिला, तो समूह के सदस्य कंधे उचकाते हुए अपनी सीटों पर लौट आए। बैठने के एक सेकेंड के भीतर ही समूह की महिला प्रतिभागी अपने फोन से खेलने लगी। उनके इस व्यवहार को लेकर एक मैसेज तुरंत भेजा जाना था।

इसके बाद पीले समूह की बारी थी। इस समूह में तीन महिलाएँ और दो पुरुष थे। पास आते ही वे सभी मुस्कुराए और सामने आकर खड़े हो गए। कौन सामने जाएगा, किसे शुरू करना चाहिए, इसको लेकर महिला प्रतिभागियों में से एक के पोडियम पर जाने से पहले एक संक्षिप्त विचार-विमर्श हुआ। लेकिन, जल्द ही वह अपने विषय में डूब गयीं, जिसपर पिछले एक घंटे में समूह में रोमांचक चर्चा हुई थी, वह उन्हें प्रस्तुत करले लगीं। कुछ देर तक तो उन्होंने इन सब को एक प्रेरणादायी अभ्यास बताया; उसने कहा कि वापस जाने के बाद जब वह काम पर लौटेगी, तो उसने जो कुछ भी सीखा है, उसका अपने काम में बेहतर तरीक़े से कैसे उपयोग करने जा रही है। उसकी प्रस्तुति बहुत मनोरंजक थी, जिसे सुनकर सभी लोग हंस पड़े। उस महिला प्रतिभागी की बात सुनकर मैं भी चकित था, विशेष रूप

से यह देखते हुए कि इसका केवल एक ही उद्देश्य था : इस तथ्य को छिपाना कि समूह ने दिए गए टास्क को ढंग से हल नहीं किया था। हालाँकि, पीले समूह वालों ने अपनी प्रस्तुति से लोगों का जो मनोरंजन किया, उसके लिए उन्हें वाहवाही ज़रूर मिली।

अब हरे समूह वालों की बारी थी। सभी को पोडियम तक आने में थोड़ा समय लगा। जबकि पीले समूह के लोगों में इस बात को लेकर बहस थी कि कौन पहले जा रहा है, वहीं हरे समूह वाले लोग इसे लेकर चिंतित थे। उन्होंने पूछा, 'क्या हम सब ऊपर जाएँ?' 'किसे रिपोर्ट पेश करनी चाहिए? क्या मुझे ऐसा करना चाहिए? क्या तुम्हें यह नहीं करना चाहिए?' वगैरह-वगैरह। कुछ देर में छह प्रतिभागियों में से कम-से-कम आधे ऐसे दिखे, जैसे उनके पेट में दर्द हो रहा हो। हालाँकि, यह अन्य सभी समूहों में सबसे बड़ा समूह था, लेकिन फिर भी वे सभी घबराए हुए थे।

कोई आगे नहीं बढ़ा। कुछ देर के विचार-विमर्श के बाद समूह में शामिल एक पुरुष प्रतिभागी ने बोलना शुरू किया। इस दौरान ज़्यादातर समय वह व्हाइटबोर्ड की ओर ही घूमा रहा। अपनी टीम के सदस्यों की ओर मुड़ते हुए उसने धीरे से उनसे समर्थन की अपील की। वह अपनी टिप्पणियों में इतना खो गया कि टास्क का वास्तविक संदेश इसमें बुरी तरह खो गया। बढ़ती हताशा के साथ उसने मदद के लिए अपनी टीम की ओर देखा।

जब उनकी प्रस्तुति समाप्त हो गयी, तो मैंने देखा कि इस समूह वालों ने भी अपने टास्क को हल नहीं किया था, भले ही वे पीले समूह वालों से आगे थे। इस कमज़ोर प्रस्तुति को लेकर मैंने उनसे पूछा कि क्या प्रेजेंटेशन की सामग्री को लेकर समूह में हर कोई सहमत था।

दुर्भाग्य से समूह के प्रवक्ता ने कहा कि उन्होंने सोचा कि शायद यही सबसे बेहतर है, क्योंकि समूह के ज़्यादातर लोग उसके समर्थन में थे और उनके बीच समझौता भी इसी बात को लेकर हुआ था। मैंने समूह से पूछा और उन सभी ने एक साथ सिर हिलाया। समूह में कम-से-कम चार प्रतिभागियों के चेहरे उदास थे, उनकी शारीरिक भाषा सब कुछ बयाँ कर रही थी, उनकी बाहें उनके शरीर पर कस गयी थीं, जो यह घोषित कर रही थीं कि जो कहा गया था वे उससे सहमत होना तो दूर, उसके आस-पास भी नहीं थे। महिलाओं में से एक ने प्रवक्ता की ओर नाराजगी भरी नज़रों से देखा। लेकिन, वह तो समझौते से बंधी थीं।

अंत में नीले रंग वाला समूह सामने आया और एक पूर्व निर्धारित एजेंडे के अनुसार नाम के वर्णानुक्रम में खड़ा हो गया। अर्ने ने निर्देशों का अध्ययन किया और खुलासा किया कि ऐसे कई बिंदु थे, जिन्होंने कार्य को चुनौतीपूर्ण बना दिया था। अन्य बातों के अलावा, उन्होंने टास्क के वाक्य संरचना पर भी टिप्पणी की, जो मैंने उन्हें सौंपे थे, उन्होंने ज़्यादातर समय यह समझाने में बिताया कि 'सलाहकार' (संज्ञा की तरह प्रयुक्त) के बजाय 'सलाहकार' (विशेषण की तरह प्रयुक्त) कहना बेहतर था, हालाँकि दोनों रूप तकनीकी रूप से सही हैं, फिर भी पहले पृष्ठ पर व्याकरण संबंधी दो लुटियाँ रह ही गयीं।

आर्ने द्वारा दो बार टोकने के बाद भी, जिनका मानना था कि कुछ मामूली विवरणों को स्पष्ट करने की आवश्यकता है, अब उस चरण से गुज़रने की बारी बेरिट की थी, जिस पर उनका सारा काम आधारित था। फिर भी समस्या का समाधान नहीं हो पाया। इसके बाद जब केजेल ने कार्यभार संभाला, तब भी वे समस्या का समाधान प्रदान करने के करीब नहीं थे। स्टीफन ने किसी भी मुद्दे को ठीक नहीं किया और जब योलान्डा ने अंततः घोषणा की कि उन्हें कार्य को ठीक से पूरा करने के लिए और समय चाहिए, तो सम्मेलन कक्ष में एकाएक विरोध की आवाज़ें आने लगीं, तुरंत अराजकता की स्थिति उत्पन्न हो गयी।

लाल रंग वाले समूह ने तुरंत ही नीले समूह के सदस्यों को पूर्णतः बेवकूफ़ करार दिया, पीले समूह वालों ने महसूस किया कि यह अब तक की सबसे उबाऊ चीज़ थी और हरे समूह वाले पूरे शो के दौरान चुपचाप उन्हें बर्दाश्त करते रहे।

निष्कर्ष

इस पूरे अध्याय का उद्देश्य यह उजागर करना था कि कोई भी समूह केवल एक ही प्रकार के व्यक्तियों से नहीं बना होना चाहिए। विविधता ही एकमात्र समाधान है। लोगों के समूह को एक साथ रखने का सबसे अच्छा तरीक़ा विभिन्न प्रकार के लोगों को आपस में मिलने-जुलने देना है। किसी भी समूह को आगे बढ़ाने का यही एकमात्र तरीक़ा है। एक बार तो यह सहज लगता है, लेकिन इसके बावजूद जिन संगठनों में मैंने अभी तक काम किया है, उनमें से अधिकांश लोगों की भर्ती करते समय इस मूलभूत आवश्यकता को भूल जाते हैं और असफल होते हैं। प्रबंधक उन्हीं नए लोगों को लाते हैं, जो उनके जैसे ही होते हैं क्योंकि उस समय वे एक-दूसरे को समझते हैं।

यह किताब इस बारे में बताती है कि उदाहरण के लिए पेश किए गए समूहों ने उस तरह से काम क्यों किया और जैसा उन्होंने किया उससे बचाने के लिए आपको इसमें सलाह भी दी गयी है। ताकि आप अपने जीवन में इस तरह की समस्याओं से दो-चार न हों। मुझे आशा है कि आपको इसे पढ़ने और लोगों के कार्य करने के तरीक़े, उन्हें समान बनाने वाली चीज़ और उन्हें अलग बनाने वाली इस रोमांचक खोज में शामिल होने में ख़ुशी मिली होगी। ऐसा इसलिए, क्योंकि हम सब अलग हैं। यदि आप अपनी आँखें खुली रखते हैं, तो आपको पता चलेगा कि वास्तव में यह कितना अलग है।

बाकी आप पर निर्भर है।

अध्याय 20 में दिए गए प्रश्नों के जवाब

1. दो पीले
2. हरे के साथ कोई भी दुसरा रंग
3. लाल
4. नीला
5. पीला
6. नीला
7. नीला
8. नीला
9. लाल
10. पीला
11. हरा
12. पीला
13. लाल
14. पीला
15. लाल
16. लाल
17. सभी रंगों का मिश्रण
18. पीला
19. लाल
20. लाल
21. हरा
22. नीला
23. इसका कोई उत्तर नहीं दिया गया है, आप समझ सकते हैं।

LIST OF TITLES WITH ISBN NO.

ISBN	TITLE
9788194914129	1984
9789390575220	1984 & Animal Farm (2In1)
9789390575572	1984 & Animal Farm (2In1): The International Best-Selling Classics
9789390575848	35 Sonnets
9789390575329	A Clergyman's Daughter
9789390575923	A Study In Scarlet
9789390896097	A Tale Of Two Cities
9789390896837	Abide in Christ
9789390896202	Abraham Lincoln
9789390896912	Absolute Surrender
9789390896608	African American Classic Collection
9789390575305	Aldous Huxley: The Collected Works
9789390896141	An Autobiography of M. K. Gandhi
9789390575886	Animal Farm
9789390575619	Animal Farm & The Great Gatsby (2In1)
9789390575626	Animal Farm & We
9789390896158	Anna Karenina
9789390575534	Antic Hay
9789390896165	Antony & Cleopatra
9789390896172	As I Lay Dying
9789390896226	As You like it
9789390575671	At Your Command
9789390575350	Awakened Imagination
9789390575114	Be What You Wish
9789390896233	Believe In yourself
9789390896998	Best of Charles Darwin: The Origin of Species & Autobiography
9789390896684	Best Of Horror : Dracula And Frankenstein
9789390575503	Best Of Mark Twain (The Adventures of Tom Sawyer AND The Adventures of Huckleberry Finn)
9789390896769	Black History Collection
9789390575756	Brave New World, Animal Farm & 1984 (3in1)

ISBN	Title
9789390896240	Brother Karamzov
9789390575053	Bulleh Shah Poetry
9789390575725	Burmese Days
9789390896257	Bushido
9789390896066	Can't Hurt Me
9788194914112	Chanakya Neeti: With The Complete Sutras
9789390896042	Crime and Punishment
9789390575527	Crome Yellow
9789390575046	Down and Out in Paris and London
9789390896844	Dracula
9789390575442	Emersons Essays: The Complete First & Second Series (Self-Reliance & Other Essays)
9789390575749	Emma
9789390575817	Essential Tozer Collection - The Pursuit of God & The Purpose of Man
9789390896578	Fascism What It Is and How to Fight It
9789390575688	Feeling is the Secret
9789390575190	Five Lessons
9789390575954	Frankenstein
9789390575237	Franz Kafka: Collected Works
9789390575282	Franz Kafka: Short Stories
9789390575060	George Orwell Collected Works
9789390575077	George Orwell Essays
9789390575213	George Orwell Poems
9788194914150	Greatest Poetry Ever Written Vol 1
9788194914143	Greatest Poetry Ever Written Vol 1
9789390896301	Gulliver's Travel
9789390575961	Gunaho Ka Devta
9789390575893	H. P. Lovecraft Selected Stories Vol 1
9789390575978	H. P. Lovecraft Selected Stories Vol 2
9789390896059	Hamlet
9789390575022	His Last Bow: Some Reminiscences of Sherlock Holmes
9789390896134	History of Western Philosophy
9789390575121	Homage To Catalonia

9789390896219	How to develop self-confidence and Improve public Speaking
9789390896295	How to enjoy your life and your Job
9789390575633	How to own your own mind
9789390896318	How to read Human Nature
9789390896325	How to sell your way through the life
9789390896370	How to use the laws of mind
9789390896387	How to use the power of prayer
9789390896028	How to win friends & Influence People
9788194824176	How To Win Friends and Influence People
9789390896103	Humility The Beauty of Holiness
9789390896653	Imperialism the Highest Stage of Capitalism
9789390575084	In Our Time
9789390575169	In Our Time & Three Stories and Ten poems
9789390575145	James Allen: The Collected Works
9789390896189	Jesus Himself
9789390575480	Jo's Boys
9789390896394	Julius Caesar
9789390575404	Keep the Aspidistra Flying
9789390896400	Kidnapped
9789390896424	King Lear
9789390575824	Lady Susan
9789390896455	Law of Success
9789390896264	Lincoln The Unknown
9789390575565	Little Men
9789390575640	Little Women
9788194914174	Lost Horizon
9789390896462	Macbeth
9789390896929	Man Eaters of Kumaon
9789390896523	Man The Dwelling Place of God
9789390896349	Man The Dwelling Place of God
9789390575909	Mansfield Park
9788194914136	Manto Ki 25 Sarvshreshth Kahaniya
9789390896509	Marxism, Anarchism, Communism
9789390575664	Mathematical Principles of Natural Philosophy

ISBN	Title
9788194914198	Meditations
9789390575800	Mein Kampf
9789390575794	Memory How To Develop, Train, And Use It
9789390896486	Mind Power
9789390896585	Money
9789390575039	Mortal Coils
9789390575770	My Life and Work
9789390896035	Narrative of the Life of Frederick Douglass
9789390575152	Neville Goddard: The Collected Works
9789390575985	Northanger Abbey
9789390896530	Notes From Underground
9789390896547	Oliver Twist
9789390575459	On War
9789390575541	One, None and a Hundred Thousand
9789390896554	Othelo
9789390575435	Out Of This World
9789390575015	Persuasion
9789390575510	Prayer The Art Of Believing
9789390575091	Pride and Prejudice
9789390896561	Psychic Perception
9789390575381	Rabindranath Tagore - 5 Best Short Stories Vol 2
9789390575367	Rabindranath Tagore - Short Stories (Masters Collections Including The Childs Return)
9789390575374	Rabindranath Tagore 5 Best Short Stories Vol 1 (Including The Childs Return
9789390896622	Romeo & Juliet
9789390896127	Sanatana Dharma
9789390575596	Seedtime & Harvest
9789390896639	Selected Stories of Guy De Maupassant
9789390575206	Self-Reliance & Other Essays
9789390575176	Sense and Sensibility
9789390575299	Shyamchi Aai
9789390896738	Socialism Utopian and Scientific
9789390896646	Success Through a Positive Mental Attitude
9789390575428	The Adventures of Huckleberry Finn

9789390575183	The Adventures of Sherlock Holmes
9789390575343	The Adventures of Tom Sawyer
9789390896691	The Alchemy Of Happiness
9789390575862	The Art Of Public Speaking
9789390896288	The Autobiography Of Charles Darwin
9788194914181	The Best of Franz Kafka: The Metamorphosis & The Trial
9789390575008	The Call Of Cthulhu and Other Weird Tales
9789390575107	The Case-Book of Sherlock Holmes
9789390896110	The Castle Of Otranto
9789390896745	The Communist Manifesto
9789390575589	The Complete Fiction of H. P. Lovecraft
9789390575497	The Complete Works of Florence Scovel Shinn
9789390896820	The Conquest of Breard
9789390896813	The Diary of a Young Girl
9789390896332	The Diary of a Young Girl The Definitive Edition of the Worlds Most Famous Diary
9789390575701	The Great Gatsby, Animal Farm & 1984 (3In1)
9789390575312	The Greatest Works Of George Orwell (5 Books) Including 1984 & Non-Fiction
9789390575992	The Hound of Baskervilles
9789390896707	The Idiot
9789390896714	The Invisible Man
9789390575657	The Knowledge of the holy
9789390575558	The Law & the Promise
9789390896721	The Law Of Attraction
9789390896776	The Leader in you
9789390896363	The Life of Christ
9789390896196	The Man-Eating Leopard of Rudraprayag
9789390896783	The Master Key to Riches
9789390575268	The Memoirs Of Sherlock Holmes
9789390896479	The Midsummer Night's Dream
9789390575466	The Mill On The Floss
9789390896790	The Miracles of your mind
9789390896660	The Mutual Aid A Factor in Evolution
9789390896448	The Origin of Species

ISBN	Title
9789390896905	The Peter Kropotkin Anthology The Conquest of Bread & Mutual Aid A Factor of Evolution
9789390896806	The Picture of Dorian Gray
9789390896271	The Picture of Dorian Gray
9789390575275	The Power Of Awareness
9789390896356	The Power of Concentration
9788194824169	The Power of Positive Thinking
9789390575411	The Power of the Spoken Word
9788194914105	The Power Of Your Subconscious Mind
9789390896899	The Power of Your Subconscious Mind
9789390896417	The Principles of Communism
9789390575787	The Psychology Of Mans Possible Evolution
9789390896615	The Psychology of Salesmanship
9789390575732	The Pursuit of God
9789390575398	The Pursuit of Happiness
9789390896851	The Quick and Easy Way to effective Speaking
9789390575947	The Return Of Sherlock Holmes
9789390575138	The Road To Wigan Pier
9789390896981	The Root of the Righteous
9789390575855	The Science Of Being Well
9788194914167	The Science Of Getting Rich, The Science Of Being Great & The Science Of Being Well (3In1)
9789390896011	The Screwtape Letters
9789390896073	The Screwtape Letters
9789390575336	The Secret Door to Success
9789390575695	The Secret Of Imagining
9789390896868	The Secret Of Success
9789390896431	The Seven Last Words
9789390575930	The Sign of the Four
9789390896004	The Sonnets
9789390896516	The Souls of Black Folk
9789390896875	The Sound and The Fury
9789390575244	The State and Revolution
9789390896882	The Story of My Life
9789390896936	The Story Of Oriental Philosophy

9789390896752	The Strange Case of Dr. Jekyll and Mr. Hyde
9789390896943	The Tempest
9789390575916	The Valley Of Fear
9789390575879	The Wind in the willows
9789390896080	The Wind in the willows
9789390575763	Their eyes were watching gofd
9789390575831	Three Stories
9789390896950	Twelfth Night
9789390896592	Twelve Years a Slave
9789390896677	Up from Slavery
9789390896974	Value Price and Profit
9789390896967	Wake Up and Live
9789390896493	With Christ in the School of Prayer
9789390575602	Your Faith is Your Fortune
9789390575473	Your Infinite Power To Be Rich
9789390575251	Your Word is Your Wand
9789390575718	Youth
9789391316099	A Christmas Carol
9789391316105	A Doll's House
9789391316501	A Passage to India
9789391316709	A Portrait of the Artist as a Young Man
9789391316112	A Tale of Two Cities
9789391316747	A Tear and a Smile
9789391316167	Agnes Gray
9789391316174	Alice's Adventures in Wonderland
9789391316136	Anandamath
9789391316181	Anne Of Green Gables
9789391316754	Anthem
9789391316198	Around The World in 80 Days
9789391316013	As A Man Thinketh
9789391316242	Autobiography of a Yogi
9789391316266	Beyond Good and Evil
9789391316761	Bleak House
9789391316778	Chitra, a Play in One Act
9789391316310	David Copperfield

9789391316075	Demian
9789391316785	Dubliners
9789391316051	Favourite Tales from the Arabian Nights
9789391316235	Gitanjali
9789391316068	Gravity
9789391316150	Great Speeches of Abraham Lincoln
9789391316662	Guerilla Warfare
9789391316839	Kim
9789391316822	Mother
9789391316211	My Childhood
9789391316846	Nationalism
9789391316327	Oliver Twist
9789391316853	Pygmalion
9789391316334	Relativity: The Special and the General Theory
9789391316389	Scientific Healing Affirmation
9789391316341	Sons and Lovers
9789391316587	Tales from India
9789391316372	Tess of The D'Urbervilles
9789391316396	The Awakening and Selected Stories
9789391316402	The Bhagvad Gita
9789391316303	The Book of Enoch
9789391316228	The Canterville Ghost
9789391316907	The Dynamic Laws of Prosperity
9789391316006	The Great Gatsby
9789391316860	The Hungry Stones and Other Stories
9789391316433	The Idiot
9789391316440	The Importance of Being Earnest
9789391316297	The Light of Asia
9789391316914	The Madman His Parables and Poems
9789391316457	The Odyssey
9789391316921	The Picture of Dorian Gray
9789391316464	The Prince
9789391316938	The Prophet
9789391316945	The Republic
9789391316518	The Scarlet Letter

9789391316143	The Seven Laws of Teaching
9789391316525	The Story of My Experiments with Truth
9789391316532	The Tales of the Mother Goose
9789391316549	The Thirty Nine Steps
9789391316594	The Time Machine
9789391316600	The Turn of the Screw
9789391316983	The Upanishads
9789391316617	The Yellow Wallpaper
9789391316426	The Yoga Sutras of Patanjali
9789391316990	Ulysses
9789391316624	Utopia
9789391316679	Vanity Fair
9789391316020	What Is To Be Done
9789391316686	Within A Budding Grove
9789391316693	Women in Love